“十二五”职业教育国家规划教材修订版

高职高专学前教育
课－岗－证一体化新形态系列教材

U0892685

XUEQIAN JIAOYU ZHENGCE FAGUI

学前教育政策法规

（第二版）

主编　李红霞　朱　萍　范文明

高等教育出版社·北京

内容提要

本书是“十二五”职业教育国家规划教材修订版、高职高专学前教育课－岗－证一体化新形态教材。

本书遵循从抽象到具体的逻辑顺序，对教育政策与教育法规、学前教育政策与法规做了详细介绍。

本书内容共分为十二章，包括：教育政策与法规、学前教育政策与法规、《幼儿园管理条例》解读、《幼儿园工作规程》解读、《幼儿园教育指导纲要（试行）》解读、《国务院关于当前发展学前教育的若干意见》解读、《3—6岁儿童学习与发展指南》解读、《中共中央 国务院关于学前教育深化改革规范发展的若干意见》解读、学前教育机构、学前教育教师队伍、学前教育中的安全与法律责任、国外学前儿童教育与保育的政策与法规。

本书介绍的法律规范齐全，教学案例丰富，分析透彻，时效性强，实用性高，对幼教工作者具有一定的指导价值。

本书可作为高职高专院校、五年制高专、本科院校的职业学院、成人教育、中职学前教育专业的教材，也可作为幼儿园教师教学活动的参考书及培训用书。

图书在版编目（CIP）数据

学前教育政策法规 / 李红霞，朱萍，范文明主编. --2版. --北京：高等教育出版社，2019.10（2021.1重印）
ISBN 978-7-04-052456-7

Ⅰ.①学… Ⅱ.①李… ②朱… ③范… Ⅲ.①学前教育-教育政策-中国-高等职业教育-教材②学前教育-教育法-中国-高等职业教育-教材 Ⅳ.①G619.20 ②D922.169

中国版本图书馆CIP数据核字（2019）第162545号

策划编辑 赵清梅　　责任编辑 赵清梅　　封面设计 王　鹏　　版式设计 徐艳妮
责任校对 马鑫蕊　　责任印制 刁　毅

出版发行	高等教育出版社	网　　址	http://www.hep.edu.cn
社　　址	北京市西城区德外大街4号		http://www.hep.com.cn
邮政编码	100120	网上订购	http://www.hepmall.com.cn
印　　刷	肥城新华印刷有限公司		http://www.hepmall.com
开　　本	787mm×1092mm　1/16		http://www.hepmall.cn
印　　张	19	版　　次	2015年3月第1版
字　　数	460千字		2019年10月第2版
购书热线	010-58581118	印　　次	2021年1月第4次印刷
咨询电话	400-810-0598	定　　价	39.90元

物 料 号　52456-00

前言

学前教育是终身学习的开端，是国民教育体系的重要组成部分。党和国家把发展学前教育摆在十分重要的位置，将大力发展学前教育作为贯彻落实《国家中长期教育改革和发展规划纲要（2010—2020年）》的突破口，作为推动教育事业科学发展的重要任务。改革开放以来，特别是近几年来，我国颁发了一系列学前教育政策法规，建立了比较完整的学前教育政策法规体系，使我国学前教育进入了“依法治教”“依法执教”的新时期。目前，我国专科、本科和研究生等不同层次的学前教育专业基本上开设了学前教育政策法规课程，但相关的教材和教学参考书并不多，特别是能容纳国家最新学前教育政策与法规的教材更是缺乏。

伴随着我国学前教育事业的飞速发展，学前教育机构在迅速增加，幼儿教师队伍也在日益壮大，为了更好地规范学前教育的发展，提升学前教育教师队伍的素质，2018年1月《中共中央 国务院关于全面深化新时代教师队伍建设改革的意见》及2018年11月《中共中央 国务院关于学前教育深化改革规范发展的若干意见》颁行，进一步对幼儿教师队伍提出了新的要求，“认真落实教师资格准入与定期注册制度”“全面落实幼儿园教师持证上岗”，提升了幼儿教师的准入门槛。为了在全社会推广普及学前教育政策和法规知识，促进学前教育的科学发展，全面提升学前教育的质量和水平，更好地服务学前教育机构、培养幼儿教师队伍，我们适时对教材第一版《幼儿教育政策法规》进行修订。

本教材遵循从抽象到具体的逻辑顺序，对教育政策与法规、学前教育政策与法规、重要的学前教育法规等做了详细介绍。内容包括教育政策与法规、学前教育政策与法规、《幼儿园管理条例》解读、《幼儿园工作规程》解读、《幼儿园教育指导纲要（试行）》解读、《国务院关于当前发展学前教育的若干意见》解读、《3—6岁儿童学习与发展指南》解读、《中共中央 国务院关于学前教育深化改革规范发展的若干意见》解读、学前教育机构、学前教育教师队伍及学前教育中的安全与法律责任等。

本教材有以下特点：①时效性强。教材内容新，吸纳了国家最新出台的学前教育政策文件和法律法规。②指导性强。教材涉及面广，包括学前教育机构建设、教职工人员的素质、经费资产的管理使用、安全及法律责任的追究等方面，对社会、家长、教师、儿童都具有指导性。③实用性强。教材采用案例导入、以案说理、以法析案的方式，案情真实具体，内容通俗易懂，教者与学者均容易接受。此外，教材关于教师资格制度、教师权利与义务及《幼儿园教育指导纲要（试行）》《3—6岁儿童学习与发展指南》等内容的解读，无论是对于在校学生，还是对于幼教工作人员都很有帮助。

本教材由运城幼儿师范高等专科学校李红霞、连云港师范高等专科学校朱萍、运城幼儿师范高等专科学校范文明担任主编，其中，李红霞负责全书的整体设计和统稿工作及第十一章的编写；朱萍负责第四章的编写；范文明负责第六章的编写。运城幼儿师范高等专科学校赵红霞担任副主编，负责第十章的编写；安阳幼儿师范高等专科学校王俊娥负责第一章的编写；芜湖师范学校王燕负责第二章的编写；雅安职业技术学院郭红霞负责第三章的编写；运城幼儿师范高等专科学校龚凡霞负责第五章的编写；运城幼儿师范高等专科学校张君法负责第七章的编写；运城幼儿师范高等专科学校张秀龙负责第八章的编写；运城幼儿师范高等专科学校附属幼儿园原媛负责第九章的编写；石家庄幼儿师范高等专科学校寇文亮负责第十二章的编写。

本教材参编者均为专业院校或幼儿园一线教师，年轻教师学历高，观念新颖，思维敏捷，中年教师从教时间长，有丰富的实践教学经验，参编教师优势互补，强强合作。本教材是优秀教学团队合作的成果，可作为本、专科院校学前教育专业教学用书，也可作为幼儿园教师、幼儿园园长培训、研修活动的参考书及培训用书。

在本教材编写过程中，参阅和借鉴了国内外学前教育领域权威专家的最新研究成果，也吸收了大量一线教师的教学经验，并得到了同人及专家学者的指导和帮助，在此，对各位同人及专家学者一并表示感谢。由于编者研究能力、学术水平及编写时间所限，教材中难免有疏漏和不足之处，敬请读者批评指正。

编　者

2019年5月

目 录

导论 …… 1
一 课程设置的必要性 …… 1
二 学习本课程的意义 …… 3
三 学习本课程的基本方法 …… 3
思考与练习 …… 4
第一章 教育政策与法规 …… 5
第一节 我国教育政策概述 …… 5
一 教育政策介绍 …… 5
二 教育政策的功能 …… 6
三 教育政策的分类 …… 7
四 教育政策的基本特点 …… 7
第二节 我国教育法律体系 …… 9
一 教育法的基本内容 …… 9
二 我国的教育法体系 …… 14
三 教育法规与教育政策的关系 …… 16
四 教育法律关系 …… 18
第三节 教育法律责任 …… 20
一 教育法律责任的含义 …… 20
二 教育法律责任的分类 …… 20
三 教育法律责任的归责要件及原则 …… 22
思考与练习 …… 24
国考聚焦 …… 24
第二章 学前教育政策与法规 …… 27
第一节 学前教育政策法规概述 …… 27
一 学前教育的方针和政策 …… 28
二 学前教育法规 …… 30
三 学前教育法规与学前教育政策的关系 …… 32
第二节 我国学前教育政策法规的发展历程 …… 34
一 新中国成立前学前教育政策法规的萌芽时期 …… 35
二 中华人民共和国成立初期学前教育政策法规的初步发展（1949—1965 年） …… 37
三 改革开放至 21 世纪前学前教育政策法规的全面建设（1978—2000 年） …… 39
四 21 世纪以来学前教育政策法规的建立健全（2000—2010 年） …… 41
五 近十年学前教育政策法规的新发展（2010 年以来） …… 43
思考与练习 …… 45
国考聚焦 …… 45
第三章 《幼儿园管理条例》解读 …… 47
第一节 《幼儿园管理条例》概述 …… 47
一 《幼儿园管理条例》制定的背景及意义 …… 48
二 《幼儿园管理条例》的基本结构 …… 49
第二节 《幼儿园管理条例》的内涵及实质 …… 50
一 总则 …… 50
二 举办幼儿园的基本条件和审批程序 …… 51
三 幼儿园的保育和教育工作 …… 54
四 幼儿园的行政事务 …… 57
五 奖励与处罚 …… 60
六 附则 …… 62
思考与练习 …… 63

国考聚焦 …… 63
第四章 《幼儿园工作规程》解读 …… 65
第一节 《幼儿园工作规程》概述 …… 65
一 《幼儿园工作规程》产生的时代背景 …… 66
二 《幼儿园工作规程》的结构及意义 …… 69
第二节 《幼儿园工作规程》的内涵及实质 …… 72
一 幼儿园的性质与任务 …… 72
二 幼儿园的安全 …… 74
三 幼儿园的卫生保健 …… 78
四 幼儿园的教育 …… 80
五 幼儿园的管理 …… 87
六 幼儿园的教职工 …… 89
七 幼儿园的经费 …… 93
思考与练习 …… 95
国考聚焦 …… 95
第五章 《幼儿园教育指导纲要(试行)》解读 …… 99
第一节 《幼儿园教育指导纲要(试行)》概述 …… 100
一 《幼儿园教育指导纲要(试行)》产生的背景 …… 100
二 《幼儿园教育指导纲要(试行)》产生的意义 …… 101
三 《幼儿园教育指导纲要(试行)》的结构 …… 102
四 《幼儿园教育指导纲要(试行)》的指导思想 …… 103
第二节 《幼儿园教育指导纲要(试行)》的内涵及实质 …… 106
一 《幼儿园教育指导纲要(试行)》五大教育领域的目标与要求 …… 106
二 《幼儿园教育指导纲要(试行)》的实施对幼儿教师的要求 …… 114
三 《幼儿园教育指导纲要(试行)》中关于教育评价的内容 …… 118
思考与练习 …… 121
国考聚焦 …… 122
第六章 《国务院关于当前发展学前教育的若干意见》解读 …… 125
第一节 《国务院关于当前发展学前教育的若干意见》概述 …… 125
一 《国务院关于当前发展学前教育的若干意见》出台的背景 …… 126
二 《国务院关于当前发展学前教育的若干意见》出台的意义 …… 128
第二节 《国务院关于当前发展学前教育的若干意见》的内涵及实质 …… 130
一 《国务院关于当前发展学前教育的若干意见》的核心精神 …… 130
二 《国务院关于当前发展学前教育的若干意见》的主要内容 …… 133
思考与练习 …… 140
国考聚焦 …… 141
第七章 《3—6岁儿童学习与发展指南》解读 …… 145
第一节 《3—6岁儿童学习与发展指南》概述 …… 146
一 研究制定《3—6岁儿童学习与发展指南》的背景 …… 146
二 《3—6岁儿童学习与发展指南》的内容框架 …… 148
三 制定和实施《3—6岁儿童学习与发展指南》的意义 …… 150
四 实施《3—6岁儿童学习与发展指南》应遵循的基本原则 …… 151
第二节 《3—6岁儿童学习与发展指南》的内涵及实质 …… 153
一 健康 …… 153

二　语言 …… 156
三　社会 …… 158
四　科学 …… 160
五　艺术 …… 163
思考与练习 …… 165
国考聚焦 …… 166
第八章　《中共中央 国务院关于学前教育深化改革规范发展的若干意见》解读 …… 169
第一节　《中共中央 国务院关于学前教育深化改革规范发展的若干意见》概述 …… 170
一　《中共中央 国务院关于学前教育深化改革规范发展的若干意见》出台的背景 …… 171
二　《中共中央 国务院关于学前教育深化改革规范发展的若干意见》出台的意义 …… 172
第二节　《中共中央 国务院关于学前教育深化改革规范发展的若干意见》的内涵及亮点 …… 174
一　《中共中央 国务院关于学前教育深化改革规范发展的若干意见》的七大亮点 …… 174
二　《中共中央 国务院关于学前教育深化改革规范发展的若干意见》的主要内容 …… 176
思考与练习 …… 186
国考聚焦 …… 186
第九章　学前教育机构 …… 189
第一节　幼儿园 …… 189
一　幼儿园的法律地位、设置条件及程序 …… 190
二　幼儿园的权利和义务 …… 194
三　幼儿园资产与经费的相关规定 …… 198
第二节　早教中心与托儿所 …… 199
一　早教中心、托儿所的概念与职能 …… 200
二　设置条件和程序 …… 201
三　资产及其管理规定 …… 204
思考与练习 …… 206
国考聚焦 …… 206
第十章　学前教育教师队伍 …… 209
第一节　国家教师制度 …… 209
一　教师资格制度 …… 210
二　教师职务制度 …… 215
三　教师聘任制度 …… 216
四　教师待遇、培养和培训、考核、奖励的有关规定 …… 217
第二节　幼儿园教师 …… 222
一　幼儿园教师的含义 …… 222
二　幼儿园教师的职责 …… 222
三　幼儿园教师的专业素质 …… 223
四　幼儿园教师的权利与义务 …… 225
五　幼儿园教师教育课程标准 …… 228
第三节　幼儿园园长 …… 231
一　园长的地位 …… 232
二　园长的资格 …… 233
三　园长的职责 …… 233
四　园长岗位要求 …… 234
思考与练习 …… 235
国考聚焦 …… 235
第十一章　学前教育中的安全与法律责任 …… 241
第一节　幼儿的合法权益及其法律责任 …… 241
一　幼儿的合法权益 …… 242
二　与幼儿相关的法律责任 …… 243
第二节　幼儿教师的合法权益及其法律责任 …… 246
一　侵害教师合法权益应承担的法律责任 …… 246
二　幼儿教师违反有关法律法规承担的法律责任 …… 248
第三节　幼儿园的权益及其法律责任 …… 249

一 侵犯幼儿园权益的法律责任类型 …………………… 249
二 幼儿园违反有关规定应承担的法律责任………………… 252
第四节 幼儿园事故类型及其处理 … 254
一 幼儿园的事故类型 ………… 255
二 幼儿园的事故原因及防范措施 ……………………… 256
三 幼儿园事故的赔偿责任 …… 258
思考与练习 ………………………… 260
国考聚焦 …………………………… 260
第十二章 国外学前儿童教育与保育的政策与法规 …… 263
第一节 国外学前儿童教育及保育发展概况………………… 263
一 国外学前教育机构 ………… 264
二 学前教育理念与教育方式 … 270
第二节 美日关于幼儿园办园的政策与法规……………………… 277
一 美国 ……………………………… 278
二 日本 ……………………………… 280
思考与练习 ……………………… 282
国考聚焦 ………………………… 282
附录 学前教育法规政策汇总 …… 285
参考文献 ………………………………… 287

二维码资源目录

教育法律责任 22
幼儿教育政策 30
幼儿教育法规 30
幼儿教育政策与法规的关系 32
幼儿教育政策法规的全面建设时期（1978—2000 年） 39
幼儿教育政策法规的健全时期 41
幼儿教育政策法规的新发展时期 43
幼儿园的安全管理 75
幼儿园的卫生保健 79
保育员的资格和职责 91
保健员的资格和职责 92
保护幼儿生命 促进幼儿健康——健康领域目标及要求 106
科学领域目标及要求 112
幼儿园教育评价的探讨 121
解析“入园难、入园贵” 126
解读学前教育“国十条” 133
幼儿教师“国培计划” 136
学前教育三年行动计划 139
《纲要》与《指南》的关系 147
语言领域目标及要求 156
社会领域目标及要求 158
艺术领域目标及要求 163
幼儿园的法律地位 191
幼儿园的设置条件和程序 192
幼儿园的权利与义务 194
早期教育机构 200
幼儿教师资格制度 210
幼儿教师资格丧失 213
幼儿教师职务制度 215
幼儿教师聘任制度 216
幼儿教师的福利待遇 217
幼儿教师的权利与义务 225
园长的资格及职责 233
儿童权利公约 242
幼儿权益维护及侵权赔偿 243
幼儿教师权益维护及责任追究 247
幼儿园权益维护及侵权责任 251
幼儿园事故及防范 256
国际学前教育理念 270
国际学前教育政策发展趋势 278

导 论

学前教育政策法规是师范类院校学前教育专业开设的一门公共必修课程。对于从事幼教工作的人员来说，理解并掌握国家学前教育的相关政策和法律法规，有助于增强政策和法规意识，加深对学前教育的认识，坚定从事幼教工作的信念，提升从事幼教工作的能力。在学习本门课程的具体内容之前，我们需全面了解本课程的设置背景、意义和学习方法。

一 课程设置的必要性

中国是一个法治国家，依法治国已经成为我国社会主义现代化建设的发展目标之一。而教育事业是具有基础性、先导性、全局性的重要工作，因此，作为依法治国的重要组成部分，依法治教有其重要意义。

（一）依法治教的必然性

1. 依法治教是依法治国的必然要求

依法治国是全国人民治理国家的基本方略，是发展社会主义市场经济的客观需要，是社会文明进步的重要标志，是国家长治久安的重要保障。

教育是兴国之基础，强国之支柱。依法治教是依法治国在教育上的具体体现。教育的天然使命是教书育人，教育的主要功能是提高全民族的素质。只有依法治教，才能迅速提高全民族的法律素质，全面落实依法治国的基本国策。

2. 依法执教是依法治教的具体落实

依法治教指的是国家机关有关教育的管理活动、各种社会组织和个人举办的学校及其他教育机构的活动、学校及其他教育机构的办学活动、教师及其他教育工作者实施教育教学的活动、学生及其他教育对象参与教育教学的活动，以及各种社会组织和个人从事有关教育的活动，必须依法进行。

依法治教的主体，不仅包括各级行政机关，也包括各级权力机关、审判机关和检察机关；不仅包括各级教育行政部门，也包括各级政府的其他有关行政部门；不仅包括各级各类学校及其他教育机构、企业事业单位、社会团体，也包括公民个人。依法治教的主要内容是各类教育部门及其工作人员要按照法定的要求来治理教育，依法指挥、组织、管理、实施、监督、参与教育活动。

依法治教要求教师做到依法执教，在所从事的教育教学活动中，严格按照《中华人民共和国宪法》和教育方面的法律、法规及其他相关的法律、法规的规定，使自己的教学活动法制化、规范化，并在教育法律的宣传与普及，教育法律的遵守及教育法律的研究等方面做表率。在从教过程中，教师要做到依法执教，首先要认真地学法、知法、懂法和守法，自觉增强法律意识，依法行使教书育人的权利，同时，履行法定的教育义务和教育责任，模范执行国家的政策法律对学生进行教育。教师只有做到了依法执教，才能更好地为国家培养遵纪守法的人才。

（二）加强幼儿教师专业性的必然要求

1. 幼儿教师队伍现状的需要

根据教育部有关部门的统计，截止到 2018 年，我国学前教育教职工人数达 600 多万。他们兢兢业业、努力工作，在幼教岗位上，为我国的社会主义现代化建设做出了巨大的贡献，这其中，也涌现出一大批师德典范。但是，仍有一部分幼儿教师法律意识不强，既不懂法，又不学法。近年来媒体上频频曝光的幼儿教师虐童事件，反映了一些幼儿教师依法执教的意识淡薄，法律素质不高，不能为人师表，难以完成教书育人的使命。同时，也有一些地方教师待遇较低，政府将教师的工资挪用去建楼堂会所，随意拖欠教师的工资。还有一些政府随意拆占学校场地，甚至有个别学生家长殴打辱骂教师，严重影响了教师队伍的稳定和从教人员的积极性。这些问题也从侧面反映了教师的维权意识较弱，他们需要拿起法律武器，依法维权。

2. 幼儿教师素质提升的要求

学前教育是终身学习的开端，是国民教育体系的重要组成部分，是重要的社会公益事业。办好学前教育、实现幼有所育，是党的十九大作出的重大决策部署，是党和政府为老百姓办实事的重大民生工程，关系亿万儿童健康成长，关系社会和谐稳定，关系党和国家事业未来。

学前教育的发展离不开幼儿教师队伍的支撑，稳定、高素质的幼儿教师队伍是完成教育任务的关键。改革开放以来，特别是进入 21 世纪以后，我国政府日益重视学前教育，加大了发展力度。学前教育发展迅猛，学前教育专业的开设数量和规模均大幅增加，各种培训机构纷纷出现，幼儿园及教师队伍迅速壮大。然而，学前教育领域仍存在诸多问题，如学前教育机构的不规范，学前教育师资队伍的不稳定，教师师德素质和法律素质的低下等，致使学前教育发展问题日益凸显，为此，国家颁发了一系列的教育法律法规及政策方针，如《中华人民共和国教育法》《中华人民共和国教师法》《中华人民共和国民办教育促进法》《国家中长期教育改革和发展规划纲要（2010—2020 年）》《国务院关于当前发展学前教育的若干意见》《中国儿童发展纲要（2011—2020 年）》《3—6 岁儿童学习与发展指南》《教师资格条例》《幼儿园工作规程》《中共中央 国务院关于学前教育深化改革规范发展的若干意见》等，为教育机构的设置、教师行为的规范、教师权益的维护提供了法律依据。

学前教育事业的发展，师生合法权益的维护，迫切需要法律作为指导和保障，真正实现依法治国和科教兴国的战略决策。

二 学习本课程的意义

1. 宣传政策精神，引导国民观念转变

党和国家的政策法规具有强烈的导向作用。“十二五”期间，《国务院关于当前发展学前教育的若干意见》《国家中长期教育改革和发展规划纲要（2010—2020年）》《3—6岁儿童学习与发展指南》等一系列教育政策的颁布，以及对《幼儿园工作规程》的修订，标志着国家发展学前教育的号角已吹响，学前教育的春天已来临，学前教育的发展步伐日益加快使得幼儿教师的地位逐步提高，目前高校学前教育专业发展迅猛，幼儿教师成为热门职业。人们对学前教育的发展充满信心，越来越多的人加入学前教育队伍。

2. 贯彻法规要求，规范学前教育发展

幼儿教师及管理人员接受良好的教育培训，并在未来的学前教育机构和学前教育活动中，自觉遵守国家的教育政策，依照法律程序建设幼儿园，依法管理幼儿园，规范教育行为，这对家长及社会将产生积极辐射作用，有助于学前教育健康稳步发展。

3. 掌握相关知识，提升教师专业素养

在学前教育专业开设本课程，帮助学生掌握学前教育政策法规的相关知识，有助于培养一批具有较高职业道德素质和法律素质的教师队伍，这在一定程度上提高了学前教育的发展质量。

三 学习本课程的基本方法

1. 加强理论学习

从事幼教工作的人员，需全面系统地学习并领会党和国家的教育政策精神，掌握国家颁行的教育法律法规的基本内容，提高自身的理论素养。

2. 注重联系实际

理论是抽象的，我们只有将教育理论和法规知识与具体的教学实际相结合，灵活应用，才能掌握理论，为解决实际问题提供法律依据。

学生在学习过程中，应正确认识基本理论与教学案例的关系。政策法规具有普遍性的指导意义，而教学案例具有代表性，两者的有机结合为我们提供了解决问题的思路，因此，在学习中，我们要善于思考，勤于总结，不断提升我们的理论水平和实际工作能力。

思考与练习

1. 谈谈开设学前教育政策法规课程的必要性。
2. 谈谈学习学前教育政策法规的意义。

第一章 教育政策与法规

学习目标

1. 理解和掌握现行教育政策与法规的基础知识，增强教育法制观念，提高运用相关知识解决实际问题的能力。

2. 能够初步运用法律武器解决教育活动中出现的法律问题，依法从事教育教学活动；同时，能够运用法律保护自己的合法权益。

教育政策与法规是以教育学和法学等理论为基础，综合研究教育政策与法律现象的一门学科。学习者通过对本章的学习，能够比较全面、系统地掌握我国当前的教育政策和有关教育法的基本原理、基本知识、基本概念和基本法律制度，增强教育法制观念，提升法律素养，在未来的教育实践中真正做到知法、懂法，从而自觉守法和善于用法。

第一节 我国教育政策概述

一 教育政策介绍

（一）教育政策的含义

教育政策是一个国家在一定历史时期内为实现一定的教育目标而制定的调整国家与教育、社会与教育之间各种关系的行为准则。它作为国家基本政策的一个重要组成部分，是依据国家在一定历史时期的基本任务、基本方针，由国家制定的，而不是个人制定的；是一定历史时期的产物，是一种行为准则，它决定着国家在教育方面的工作方向和措施，而不仅仅是一种思想。不同性质的国家，有不同的教育政策。

具体说来，我国的教育政策是我们国家关于教育的方向、方针、任务、目标、原则、体制、内容、途径和基本措施等方面的指导准则。因此，从本质上说，教育政策是国家意志在教育中的反映，即国家通过制定和执行教育政策来对教育事业进行调控，使其按照预定的方向发展。

（二）教育政策的表现形式

教育政策通常体现在政府做出的决议、决定、纲领、通知、报告、声明、号召、口号等政策性文件中；我国教育政策性文件的种类极为丰富，它可以是表述国家在教育问题上的根本大政方针，也可以是对某一事件或某一现象的处理性文件。

二 教育政策的功能

教育政策的功能，是指教育政策在运行中为实现一定的教育目的所发挥的效力。

（一）教育政策的导向功能

所谓导向功能，是指教育政策对教育教学活动、对人们的行为具有引导作用。教育政策的导向功能通常体现在两个方面：一是为教育事业的发展提出明确的目标。如《中国教育改革和发展纲要》就为20世纪末我国教育发展的总目标做了如下规定："全民受教育水平有明显提高；城乡劳动者的职前、职后教育有较大发展；各类专门人才的拥有量基本满足现代化建设的需要；形成具有中国特色的、面向21世纪的社会主义教育体系的基本框架。"二是推出了一整套旨在促进教育事业发展、实现教育政策目标而规定的行动准则或重大措施。仍以《中国教育改革和发展纲要》为例，为了实现上述目标，《中国教育改革和发展纲要》提出八项措施：深化教育改革，坚持协调发展，增加教育投入，提高教师素质，提高教育质量，注重办学效益，实行分区规划，加强社会参与。这些措施的提出，对促进教育事业的发展有明显的推动作用。

（二）教育政策的协调功能

教育政策的协调功能，是指教育政策在社会发展过程中能起到协调和平衡各种教育关系的作用。教育事业是一个庞大的系统工程，组成这个系统工程的各个要素之间，如初等教育与中等教育之间、中等教育与高等教育之间，就存在着各种各样的关系。除此之外，教育系统还与社会大系统之间也发生着复杂的物资、信息、能量的交换，它们之间有时"平安无事"，有时矛盾重重，甚至表现为异常激烈的冲突。这种冲突可分为三类：一是发生在教育部门和政府其他部门之间的"全局性或部门间的"冲突。二是发生在不同教育目标间的"部门内的"冲突，如在选拔与平等、数量与质量之间的取舍上。三是在目标确定后，由实现这一目标的方式、手段、步骤、方法和服务等方面引起的"分部门"教育政策冲突。教育政策的一个重要功能就是化解这些冲突，调解这些关系，保证教育事业健康有序地发展。

教育政策的协调功能具有三个基本特点：一是多维性。教育政策所要协调的对象，不是单一的，而是多方面的。协调某一事物，正是为了使该事物与其他事物取得相对平衡。二是动态性。协调的过程,即是由失衡、不协调状态向平衡、协调发展转化的过程。三是适度性。教育政策在协调教育发展过程中的各种不平衡关系时,应掌握利益需求的最佳满足界限,妥善处理各种矛盾和利益关系,违背了适度原则,就会物极必反,产生新的不平衡。

三　教育政策的分类

按照一定的标准可以将我国的教育政策作不同的分类。

(一)根据政策制定主体的不同,可将其分为党的教育政策和国家的教育政策

党的教育政策是由党的机关制定的,其中党的最高领导机关包括党的全国代表大会和它所产生的中央委员会,它们负责制定全国性的教育政策;党的地方各级领导机关包括党的地方各级代表大会和它们所产生的委员会,它们可以在自己的职责范围内制定地区性的教育政策;国家的教育政策是由有关国家机关制定的,其中最高国家权力机关包括全国人民代表大会及其常委会,它们是制定国家教育政策的重要机关,而地方国家权力机关包括地方各级人民代表大会,它们在不违背宪法、法律的前提下,可以制定本地区范围内的教育政策。最高国家行政机关国务院在自己的职责范围内制定全国性的教育政策,而地方各级人民政府可依照法律规定的权限制定仅在自己所辖区域内有效的教育政策。

以上这些党和国家机关所制定的教育政策在内容和效力方面是不尽相同的。此外,中共中央、国务院经常对教育工作联合发布指示、决议、通知,其中属于政策方面的,既是党的教育政策,也是国家的教育政策。

(二)根据教育政策影响力的不同,可将其划分为基本政策和具体政策

教育的基本政策是对涉及教育全局、具有普遍指导意义的问题而制定的政策;教育的具体政策是针对教育中某一方面的问题而制定的政策。具体的教育政策又被划分为若干层次,有的是国家一级的,有的是省(自治区、直辖市)一级的。国家一级的教育政策往往也是重大政策。

四　教育政策的基本特点

(一)教育政策的目的性与可行性

制定教育政策,就是为了解决教育中存在的一些问题。明确的目的性是教育政策的基本特征,没有目的性的教育政策是不存在的。教育政策的目的性特点要求教育政策的内容必须有很强的针对性,需围绕教育政策所要解决的问题和实现的目标而展开,有针对性地提出解决问题的规划和步骤,力避泛泛而论。

为了实现教育政策的目的,就要同时考虑教育政策的可行性,这就要求政策制定者在制定教育政策时,将目的性和可行性联系起来考虑,使两者有机地结合起

来。因此，全面理解教育政策的目的及实现目的所必备的条件、手段和可能性是至关重要的。

（二）教育政策的全面性与广泛性

教育政策规定的内容一般是国家为实现教育目标和任务、协调教育内外关系而做出的战略性规定，从它们协调的内外关系上可以看出，教育政策具有全面性与广泛性的特征。

教育的外部关系包括教育与社会其他行业如工业、农业、商业等的关系，教育工作与其他工作的关系及教育人员与其他人员的关系；教育的内部关系包括各级教育（学前教育、初等教育、中等教育、高等教育）间的关系，各类教育（青少年教育和成人教育、普通教育与职业教育、公办教育和民办教育、全日制教育与非全日制教育）间的关系，各种教育工作（教育、教学、管理）间的关系，各类教育人员（教师、教辅人员、管理干部、工勤人员）间的关系及他们同受教育者的关系等。

（三）教育政策的科学性与实用性

教育政策是以人们对教育的内外诸关系的认识为基础而制定的解决问题的原则，它的科学与否要看它是否正确地反映了这些关系的内在的本质联系。所以制定教育政策要实事求是，使教育政策切实建立在科学理论的基础上，具有科学性。

教育政策的科学性在实践中表现为具有很强的实践性即实用性。教育政策与教育理论不同，它不是概念、范畴、体系的组合，而是连接理论与实践的中介。教育政策的各项内容，不是以抽象的理论出现的，而是以具体的行为准则出现的，它清楚地告诉人们应该怎样做，不应该怎样做，而不仅仅是做一些理论上的论证、解释和说明。

（四）教育政策的系统性与多功能性

任何教育政策都是在与其他政策的相互作用中发挥其功能的，它既是一般政策体系的有机组成部分，同时自身又组成一个相对独立的体系。教育政策的系统性，从横向上看，一是表现在它与其他公共政策相互支持、相互制约，组成了有关社会发展的整体政策；二是表现在教育内部形成了一个结构严谨的国家基本教育政策体系。从纵向上看，教育政策的系统性也表现为空间和时间两方面的教育政策关系，前者是中央的教育政策与地方的教育政策，后者是过去、现在和未来的教育政策等。

教育政策的系统性决定了教育政策所引导的行为必然要牵涉到教育事业的方方面面，这决定了教育政策的功能必定是多方面的，而不是单一零散的。实践表明，教育政策的功能无论在性质上还是在具体内容上都是丰富多样的，如育人、导向、协调、控制等。

（五）教育政策的严肃性与灵活性

教育政策同其他政策一样，具有严肃性、稳定性的特点，一经公布，在一定时期内就不能随意变动，而应保持一定的稳定性，并坚决贯彻执行。否则，教育政策就会失去其功能，影响人们对教育政策的信任程度和执行政策的坚定性。

但是，教育政策的严肃性、稳定性只是相对的，随着外部环境的变化及教育自身因素的改变，在执行教育政策的过程中，必须根据具体情况做出相应的调整和改革。所以，教育政策又具有灵活性与可变性的特点，这主要是由教育事业本身的发展所决定的。我们应将教育政策的严肃性与灵活性有机地统一起来，使教育政策在不断调整中走向成熟。

第二节 我国教育法律体系

一 教育法的基本内容

（一）教育法的概念及特点

教育法是体现统治阶级在教育方面意志的，由国家制定或认可，并以国家强制力保证实施的在教育活动中普遍遵守的行为规则的总称。我们可以从以下几个方面来把握教育法的特征。

1. 教育法是统治阶级在教育方面意志的体现，并最终取决于统治阶级的物质生活条件

从法律的本质上说，教育法所确定的行为规则是统治阶级在教育方面意志的反映。它由统治阶级的物质生活条件所决定（包括物质生产方式、地理环境、人口状况等），并根据统治阶级的利益标准和价值观念来调整相应的社会关系。在阶级社会里，教育法所体现的意志既不是任何"个人意志"，也不是全体社会所有阶级的"全民的共同意志"，而是整个统治阶级的共同意志和利益。统治阶级使其某些意志通过国家政权上升为法，旨在建立、维护和发展有利于自己的社会关系和社会秩序的各项制度。中华人民共和国是工人阶级领导的、以工农联盟为基础的人民民主专政的社会主义国家，与之相适应，我国教育法也必然是以工人阶级为领导的、以工农联盟为基础的广大人民在教育方面共同意志的体现，是阶级性、国家性和人民性的高度统一。

2. 教育法是调整教育活动的行为规则

教育法调整有关教育活动中形成的各种社会关系。这里的"教育活动"专指有目的、有意识、有组织地培养人的教育活动及与此紧密相关的其他活动，既包括教育行政机关与学校、学校与学生、教师与学生、学校之间的教育的内部关系，也包括教育行政机关、学校、学生、教师与其他国家机关、社会组织、公民在举办、管理、实施及参与教育的各种活动中产生的社会关系，即教育的外部关系。随着教育教学活动范围的不断扩展，将会有更多的教育关系需要相关的教育法来调整和规范。

调整范围的不同，是区分教育法与其他法律的一个标准。非教育活动中发生的各种社会关系，即使有教育机关、学校或者教育工作者参加，如教育行政机关以

民事主体身份与教育机构之间发生的财产关系，教师与校长个人之间的金钱借贷关系等不属于教育法调整范围。

3. 教育法是由国家制定或认可的行为规则

从法律产生方面看，教育法是出自国家，由国家通过法定程序采取制定或认可两种方式确定的行为规则。所谓国家制定教育法，是指国家机关按照法定权限和程序，制定具有不同法律效力的规范性文件。所谓国家认可的教育法，是指国家机关通过一定形式赋予某些早已存在的习惯、判例等以法律效力。教育法的出处揭示了教育法与国家的必然联系，明确了教育法与教育政策、教育道德等其他社会规范的重要区别。教育法具有国家意志的属性，因此，它高度统一、普遍有效。一个国家除了极特殊情况，只能有一个教育法体系，并且一体遵行。而其他社会规范不具有国家意志的属性，因而不具有这种高度统一的特征。例如，政党的章程就是由政党的领导机关制定的，职业道德是该行业自律过程中形成的规范，它们都不是出自国家，不具有国家意志的属性。

4. 教育法是以国家强制力保证实施的行为规则

从法律的实施方式上看，教育法是以国家政权的强制力为后盾来保证其实施的，以国家的名义规定了人们在教育活动中应享有的权利和应履行的义务。为了使人们的法定权利免遭非法侵犯或剥夺，使人们的法定义务得以全面履行，把教育法所确定的行为规则变为社会现实，就必须以国家强制力为后盾，通过相应的强制措施予以保障，如《中华人民共和国义务教育法》规定："适龄儿童、少年的父母或者其他法定监护人无正当理由未依照本法规定送适龄儿童、少年入学接受义务教育的，由当地乡镇人民政府或者县级人民政府教育行政部门给予批评教育，责令限期改正。"对"非法招用应当接受义务教育的适龄儿童、少年的""依照有关法律、行政法规的规定予以处罚"。这些对违法者的制裁是保证教育法实施的必要强制手段。这是教育法与教育政策、职业道德及各种政治规范、社会规范的一个重要区别。教育政策的实施主要靠宣传教育和深入细致的思想工作、组织工作；教育道德的约束主要靠舆论、信念和习惯。违反教育政策、违背教育道德，可能也会受到法律的制裁或舆论的谴责，有时甚至也带有一定的强制性质，但这与实施教育法所依靠的国家强制力在本质上是不同的。

最后应当指出，教育法的概念有广义和狭义之分。广义的教育法是指体现统治阶级在教育方面意志的，由国家制定或认可，并以国家强制力保证实施的有关教育活动的行为规范的总称。狭义上的教育法专指国家最高权力机关制定的有关教育的规范性文件，即教育法律。如《中华人民共和国教育法》《中华人民共和国教师法》等。我们一般从广义上使用教育法的概念。

（二）教育法的作用

教育法作为教育活动行为准则具有规范作用和社会作用。这两个作用相辅相成，不可分割，但又不是等同的，前者是手段后者是目的。教育法通过调整人们行为这种规范作用（作为手段）来实现维护社会主义教育秩序、保障社会主义教育事业顺利改革和发展的作用（作为目的）。

1. 教育法的规范作用

(1) 指引作用。教育法明确规定人们应该怎样做,禁止做什么和可以怎样做。它为人们的行为提供一个明确的方向。指引人们自觉地依法作为或不作为。

(2) 评价作用。教育法作为教育活动的行为准则,是判断、衡量人们教育行为是否合法或有无法律效力的一个标准。督促教育法主体自觉遵守教育法,规范自己的行为。

(3) 教育作用。教育法通过对守法者给予肯定、支持和奖励,对于违法者给予否定和制裁,来实现对当事人及其他教育法关系主体的教育作用。

(4) 强制作用。教育法以国家名义规定了人们在教育活动中应享有的权利和应履行的义务,告诉人们应该做什么、可以做什么、禁止做什么。如果行为人违反了教育法规范,就必须受到教育法的制裁。教育法的强制作用有助于维护社会主义教育秩序,保障社会主义教育事业顺利发展。

2. 教育法的社会作用

教育法的社会作用指其对维护教育秩序,保障社会主义教育事业顺利改革和发展具有的重要作用,具体表现为以下几个方面。

(1) 保障教育政策的贯彻实施。教育法以法律的形式把教育政策确定下来,使其具有国家意志的属性;同时它以权利和义务的形式对人们的行为产生普遍的约束力,从而保障教育政策得以贯彻实施,以实现国家的政治意图。

(2) 实现教育管理科学化。健全教育法,就是要依法进行教育管理,使教育行政权受到法律的规范和调整,防止行政机关滥用权力,保护相对人的合法权益。同时,改变过去以行政手段为主的教育管理,尊重教育规律,保证教育管理决策的科学化、法制化,走依法治教的道路,这样才能更好地促进我国教育事业的发展。

(3) 保障教育者与受教育者的合法权益。《中华人民共和国宪法》《中华人民共和国教育法》等法律法规,详细规定了教育行政机关、学校、教师、学生等教育法关系主体的权利和义务,并且正在进一步建立和完善教育纠纷处理的各种法律救济制度,为教育法关系主体通过法定途径维护其合法权益提供了公正、有效的法律保障。

(4) 深化教育改革,推进依法治教进程。《中华人民共和国教育法》规定:“国家适应社会主义市场经济发展和社会进步的需要,推进教育改革,促进各级各类教育协调发展,建立和完善终身教育体系。”这为教育改革和发展提供了法律保障。随着教育领域的不断扩大、教育活动主体的不断增加,教育发展中新情况、新问题的不断涌现,只有依法治教,建立以法治为基础的教育新体制和运行新机制,才能规范复杂的教育活动,更好地保护公民的受教育权,更好地培养人才。

(三) 教育法的渊源

我国教育法的主要渊源是:宪法、教育法律、教育行政法规、地方性教育法规、教育规章及教育条例和条约。

1. 宪法

宪法是国家最高权力机关制定的根本大法,世界上绝大多数国家的宪法中有专门关于教育的条款甚至章节。各国宪法中关于教育的条款,通常规定教育指导思想、目的、教育制度、公民在教育方面的权利和义务、教育行政管理权等,它具有最高的法律效力。

我国宪法为教育法提供了基本指导思想和立法依据,也为教育教学提供了基本法律规范。

特别应当指出的是,宪法是国内全部法律的总渊源,宪法中规定的国家的根本制度(社会制度、国家制度)、国家生活的基本原则、国家机构、公民的基本权利和义务等,都直接或间接地制约着教育活动,是一切教育立法的重要依据。任何形式的教育法都不得与宪法相抵触。

2. 教育法律

由国家最高权力机关或专门的立法机关制定的教育法律规范性文件,称教育法律。教育法律又分为教育基本法律和教育单行(也称部门)法律。

(1) 教育基本法律。教育基本法律是依据宪法制定的调整教育内部、外部相互关系的基本法律准则,也可以说是"教育的宪法"或教育法规体系中的"母法"。教育基本法律通常规定一国教育的基本方针、基本任务、基本制度及教育活动中各主体的权利义务。

我国的教育基本法律——《中华人民共和国教育法》,在 1995 年 3 月 18 日召开的第八届全国人民代表大会第三次会议上通过。该法共 10 章 84 条,规定了我国教育的地位、性质、方针和教育活动的基本原则,教育基本制度,学校、教师、学生等教育关系主体的法律地位及其权利义务,教育投入与条件保障,教育对外交流与合作,以及保护教育关系主体合法权益的法律措施。该法于 2009 年和 2015 年分别进行修正,修正后共 10 章 86 条。

(2) 教育单行法律。教育单行法律是指根据宪法和教育基本法律原则制定的调整某类教育或教育的某一具体部分关系的教育法律。前者如《中华人民共和国义务教育法》《中华人民共和国职业教育法》等,后者如《中华人民共和国教师法》《中华人民共和国学位条例》等。在完备的教育法律制度下,教育单行法律应基本覆盖教育的主要部类和教育的主要方面。

我国的教育单行法律属于一般法律(即基本法律以外的其他法律),根据现行宪法第 67 条的规定,一般由全国人民代表大会常务委员会制定。目前,按照时间顺序,我国已经制定并公布实施的教育单行法律如下。

《中华人民共和国学位条例》(第五届全国人民代表大会常务委员会第十三次会议于 1980 年 2 月 12 日通过,1981 年 1 月 1 日起施行),该条例共 20 条,对学位的层次、学位评定和授予等都做了明确规定。该条例于 2004 年进行修正。

《中华人民共和国义务教育法》(第六届全国人民代表大会第四次会议于 1986 年 4 月 12 日通过,1986 年 7 月 1 日起施行),该法共 18 条,对义务教育的性质、学制、管理体制、保障措施等都做了相应的规定。该法已由中华人民共和国第十届全国人民代表大会常务委员会第二十二次会议于 2006 年 6 月 29 日修订通过,修订后的《中华人民共和国义务教育法》自 2006 年 9 月 1 日起施行,由 1986 年的 18 条到 2006 年的 63 条,体现了我国教育立法水平、立法技术和立法质量的飞跃。该法于2015年和2018年分别进行修正。

《中华人民共和国教师法》(第八届全国人民代表大会常务委员会第四次会议于1993年10月31日通过,1994年1月1日起施行,根据2009年8月27日第十一届全国人民代表大会常务委员会第十次会议通过的《全国人民代表大会常务委员会关于修改部分法律的决定》修正)是我国第一部以职业人员为对象的法律,共9章43条,对教师的权利与义务、资格和作用、培养和培训、考核、待遇、奖励等做了相应的规定。

《中华人民共和国职业教育法》(第八届全国人民代表大会常务委员会第十九次会议于1996年5月15日通过,1996年9月1日起施行),该法共5章40条,规定了职业教育的地位、发展方针,职业教育的管理,职业教育体系,职业教育的实施,职业教育的保障条件等。

《中华人民共和国高等教育法》(第九届全国人民代表大会常务委员会第四次会议于1998年8月29日通过,1999年1月1日起施行,根据2015年12月27日第十二届全国人民代表大会常务委员会第十八次会议《关于修改〈中华人民共和国高等教育法〉的决定》修正),该法共8章69条,规定了高等教育的地位、发展方针、指导思想、任务、管理体制、基本制度,高等学校的设立、组织和活动,高等学校教师和其他教育工作者、学生的权利和义务,高等教育投入和条件保障等。

《中华人民共和国民办教育促进法》(2002年12月28日颁布,于2003年9月1日正式施行,2013年第一次修正,2016年第二次修正),它的出台是我国民办教育事业发展史上一个重要的里程碑。

此外,全国人民代表大会及其常务委员会发布的教育方面的决定、决议等法律文件,如1985年第六届全国人民代表大会常务委员会第九次会议通过的《全国人民代表大会常务委员会关于教师节的决定》,也属于教育法律范畴。

3. 教育行政法规

教育行政法规是指国家最高行政机关为管理教育事业,根据宪法和教育法制定的规范性文件。教育行政法规在内容上是针对某一类教育管理事务,而不是针对某个具体的事件和具体问题,它在形式和结构上必须比较规范,在时效上必须有相对的稳定性;并且其制定、审定、发布须经过法定的程序。

4. 地方性教育法规

根据《中华人民共和国宪法》第100条和《中华人民共和国地方各级人民代表大会和地方各级人民政府组织法》第7条的规定,省、自治区、直辖市的人民代表大会和它们的常务委员会根据本行政区域的具体情况和实际需要,在不与宪法、法律、行政法规相抵触的前提下,可以制定和颁布地方性法规,报全国人民代表大会常务委员会备案。一般称地方性法规为“条例”,有时区别不同情况也采用“规定”“实施办法”“补充规定”等名称。

地方性教育法规是我国教育法的一个重要渊源。与教育法、行政法规相比,地方性教育法规有三个特点:一是地方性教育法规不得与宪法、法律、行政法规相抵触,具有从属性;二是地方性教育法规只在本行政区域内有效,具有区域性;三是地方性教育法规是根据本地的具体情况和实际需要制定的,它在调整对象、权利义务、罚则等方面的规定更为具体,操作性更强。

5. 教育规章

《中华人民共和国宪法》和《中华人民共和国地方各级人民代表大会和地方各级人民政府组织法》规定,国务院各部、各委员会和省、自治区、直辖市及省、自治区的人民政府所在地的市和经国务院批准的较大的市的人民政府可以根据法律、国务院的行政法规,在自身权限内发布规章。其中属于调整教育范围的,统称为教育规章或教育行政规章。

教育规章的调整范围极其广泛,调整数量也很大。这些规章在管理教育中起着十分重要的作用,它们都具有一定的法律效力,是教育法的一个重要表现形式。

除了上述法律法规外,教育法的渊源还包括自治条例或单行条例和教育国际条约或协定,限于篇幅这里不予介绍。

二 我国的教育法体系

所谓教育法体系,是指教育法作为一个专门的法律部门,根据法学原理,按照一定原则组成的一个相互协调、完整统一的整体。它是一国教育法按照一定的纵向联系和横向联系构成的有机整体,覆盖不同层级、不同效力的教育法规范。

(一) 教育法体系的纵向结构

教育法体系的纵向结构,是指不同效力等级调整相同内容的教育法所形成的纵向体系。

我国教育法体系的纵向结构就是调整某一相同内容的教育法按照前面讲到的五个层级(教育基本法律—教育单行法律—教育行政法规—地方性教育法规—教育规章)形成的系统的规则体系。以调整义务教育活动的教育法为例,其纵向结构见表 1-1。

表 1-1 我国教育法体系的纵向结构层级

层级	形式		制定机关
	宪法中关于教育的条款		全国人民代表大会
第一层次	教育基本法律		全国人民代表大会
第二层次	教育单行法律		全国人民代表大会常务委员会
第三层次	教育行政法规		国务院
第四层次	地方性教育法规		省、自治区、直辖市人大或其常委会
第五层次	教育规章	部门教育规章	国家教育委员会及国务院部委
		政府教育规章	省、自治区、直辖市人民政府

这五个层次,连同最根本的宪法渊源,为教育活动提供了系统的行为规则。其中,前四个层次为人民法院审理教育行政案件的依据;这五个层次共同构成了教育行政机关进行教育管理活动和教育行政复议的依据。

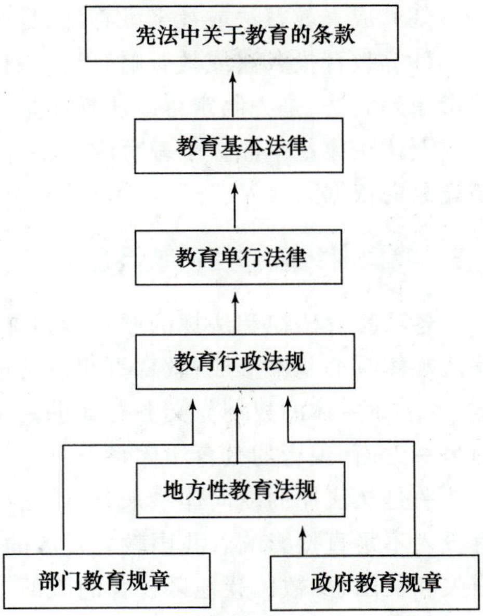

图 1－1 我国教育法体系效力从属关系

在我国教育立法过程中，由于立法主体的性质和权限不同，其所制定的教育法的效力和层次也各不相同。立法主体的级别越高，权力越大，其所制定的教育法的效力相应也越大，在教育法体系纵向结构中的地位也越高。各种形式的教育法、法规在这一纵向结构中，相互之间形成等级从属关系，进而形成一个和谐统一的整体。

通过分析立法机关的权力和立法依据，我们可以判定各种形式的教育法在效力上有如图1－1所示的从属关系。

判定教育法的效力等级通常应遵循以下原则。

下位法服从上位法。一般来说，制定机关的地位越高，其所制定的教育法规范的效力越高。

后定法优于先定法。当同一机关先后就同一领域的问题制定颁发了两个以上的法律时，后来制定的法律在效力上大于先前制定的法律。

特别法优于一般法。当同一主体在某一领域既有一般性立法，又有不同于一般性立法的特别立法时，特别立法的效力优于一般性立法。

（二）教育法体系的横向结构

处于同一层级的部门法，形成了教育法体系的横向结构。

我国教育法的横向体系正在形成之中。教育部有关部门已初步拟订了我国教育法规体系的总体框架。它借鉴了发达国家教育立法的经验，同时从我国教育关系主体的特点出发，从现有状况和立法趋势看，横向结构主要包含以下九个部类。

（1）教育基本法律，即《中华人民共和国教育法》（以下简称《教育法》），已颁布施行。

（2）义务教育法，已颁布施行，名称为《中华人民共和国义务教育法》（以下简称《义务教育法》）。

（3）职业教育法，已颁布施行，名称为《中华人民共和国职业教育法》（以下简称《职业教育法》）。

（4）高等教育法，已颁布施行，名称为《中华人民共和国高等教育法》（以下简称《高等教育法》）。

（5）学位法，已颁布施行，名称为《中华人民共和国学位条例》。

（6）教师法，已颁布施行，名称为《中华人民共和国教师法》（以下简称《教师法》）。

（7）民办教育法，已颁布施行，名称为《中华人民共和国民办教育促进法》。

(8) 成人教育法或社会教育法，是否单独立法尚在论证。

(9) 教育投入法或教育财政法。目前，各部门对制定这项教育法的呼声很高，但考虑到立法，是先制定行政法规还是一步到位仍有争议。

上述法律基本涵盖了教育的主要部类和方面，为我国教育走上法制轨道提供了充分的依据。

(三) 我国现行教育法体系状况

各项教育法律和法规的颁布与实施，标志着具有中国特色的社会主义教育法律法规体系的基本形成；教育事业发展过程的一些重大教育关系得到了法律的确定，各法律主体的权利与义务得到进一步明确，我国教育法制步入一个新的时期。但另一方面，现行的教育法体系仍有一些需要完善的地方。

一是从法律的横向体系来分析，当前急需的教育法律法规尚未完全建立。教育投入不足直接影响着我国教育发展的速度、规模、质量。全国范围的教师工资的拖欠和贫困、少数民族地区校舍的破旧、课桌的不足、危房的大量存在等都是教育投入不足的集中表现。虽然《教育法》《义务教育法》就教育投入问题做了原则性的规定。但这些法律过于概括，使得这些规定不具有可操作性。因此，尽快制定教育投入法或教育财政法是十分必要的。

二是从法律的纵向体系看，一些下位法规的制定缺乏效率且不够全面，这使得教育法所规定的各主体权利与义务难以具体化，给教育法的实施造成困难。从我国的立法现状看，无论是《教育法》《教师法》《义务教育法》，还是《高等教育法》《职业教育法》等，只是对重要的教育关系进行了原则性的规范，对法律主体的权利与义务的规定及法律责任的追究都比较笼统。这就迫切需要国家立法机关、行政机关、地方立法机关及教育主管部门与地方人民政府，依据最高权力机关制定的教育法，制定相应的细则、条例、地方性法规和行政规章，作为法律的补充和解释，使教育法所规定的权利与义务及法律责任更具体、明确，更符合地方实际，进而有利于教育法的实施，使法律真正成为调整人们行为的准则。因此，加快制定与之配套的下位法规是必不可少的。

三 教育法规与教育政策的关系

我国的政治体制，决定了教育法规和教育政策在本质上是一致的。它们都是由社会主义经济基础决定的，都是广大人民群众利益和意志的体现，都具有规范性。但党的教育政策通常对国家教育事业的发展起着指导作用。制定和执行教育法规，要以党的教育政策为依据。为此，有必要明确社会主义教育法规与党的教育政策之间的区别与联系，正确把握和处理好两者之间的关系。

(一) 教育法规与教育政策的区别

1. 制定机关和约束力不同

教育法规是国家机关依照法定程序制定或认可的、调整法律主体在教育活动中所发生的社会关系的法律规范体系的总和，具有国家意志的属性和普遍的约束力。而教育政策则由中国共产党的领导机关制定，其本身并不具有国家意志的属性和普遍约束力，亦不具有法律的效力。

2. 表现形式不同

教育法规有其特定的规范形式，如表现为教育基本法律、教育单行法律、教育行政法规等。通常对适用该法的行为模式和后果模式都有明确表述，具有高度的明确性、具体性、公开性和严密的逻辑结构。而教育政策的表现形式则多种多样，如党的决议、决定、通知等，它们大多数富于指导性和号召性，一般来说不具有严格的条文形式。

3. 规范和稳定的程度不同

教育法规一经制定，就不能轻易改动，一般是多年不变，或视需要对个别条款进行修改，而且修改必须按照特定程序进行，比较稳定。而教育政策则比较灵活，往往根据社会和教育发展的形势需要进行变更，一般是一旦发现问题就及时更改。

4. 实施方式不同

教育法规以国家强制力保证实施，它不是可做可不做的行为，而是必须做的行为，不为者将要承担相应的法律责任。而教育政策的贯彻执行，主要是靠党员的忠诚和广大人民群众的信赖，靠宣传教育、深入细致的思想工作和组织工作，靠党内纪律和党政组织的作用，它在处理违背教育政策的行为时也主要是采用批评教育、做思想工作等手段。

（二）教育法规与教育政策的联系

1. 教育法规与教育政策之间具有共性

主要表现在以下几方面。

第一，教育法规与教育政策具有共同的经济基础。两者都是建立在社会主义物质生产方式基础之上的上层建筑组成部分，因而，两者都是调整教育关系的需要，并都是通过保障教育事业的健康发展，来为巩固和发展社会主义的物质生产服务的。

第二，教育法规与教育政策具有共同的指导思想。两者都是在马克思列宁主义、毛泽东思想、邓小平理论、“三个代表”重要思想、科学发展观、习近平新时代中国特色社会主义思想指导下，从我国实际出发制定的，都是人民教育意志的体现。

第三，教育法规与教育政策具有共同的作用。两者都是国家管理教育事业的手段。它们有共同的使命——发展社会主义教育事业，促使教育事业更好地服务于社会主义建设事业，从而促进社会的发展进步和国家的繁荣昌盛。

第四，教育法规与教育政策有共同的实践基础。两者作为教育思想意识的特殊表现，制定时都必须充分考虑教育规律的要求和教育对象身心发展的特点。两者只有符合这些规律，才能在实践中发挥它们的作用。

2. 教育法规与教育政策之间是相互制约、相互补充的

教育法规与教育政策存在密切的联系，两者之间是一种相互制约、相互补充的

辩证关系。一方面,社会主义教育法规的制定和执行必须以党的教育政策为指导,以相应的教育政策为依据。教育政策是根据社会政治、经济形势发展对教育提出的要求来制定的。而社会政治经济形势的发展变化是很快的,当变化达到一定程度时,教育法规必须根据教育政策加以立、改、废弃,这样才能使教育法规的内容更加符合实际需要,起到保障教育关系健康发展的作用。在这种意义上可以说,社会主义教育法规是党的教育政策的条文化、定性化和具体化。教育法规是成熟了的教育政策,甚至可以说教育法规是党的教育政策的特殊表现形式,是贯彻党的教育政策的重要工具。另一方面,教育政策一旦经由国家权力机关的法定程序审议,被制定成为教育法规以后,对党本身也有了一定的约束力。因为党章中也规定了党的活动不得违背国家的宪法和法律,党不能有超出法律以外的特权。所以,执行教育政策也不能与教育法规相抵触。党的教育政策一经转化成为教育法规,就应具有最大的权威性。当教育法规与现实发生矛盾时,党可以通过制定相应的教育政策指导教育法规的修改,但需要经过一套修改程序,而不能是一种随意行为。实际上,无论是教育政策还是教育法规,其制定过程都是十分慎重的,必须经过广泛调查、论证、审议,要求尽量符合实际需要。

总之,社会主义教育法规与党的教育政策之间的关系是相互制约、相互补充的。在实践中,要善于把握好两者之间的关系,既不能将二者割裂开来,也不能相互取代。否则,将不利于教育事业的发展。

四 教育法律关系

(一)教育法律关系的含义和特点

教育法律关系是指教育法律规范在调整人们的教育行为过程中形成的教育权利和教育义务关系。它有如下特点。

(1)未经教育法律规范调整的教育关系不属于教育法律关系。例如,我国《义务教育法》实施前,适龄儿童、少年入学问题,只是公民的愿望、政府的要求,属于一般的教育关系。《义务教育法》实施后,关于适龄儿童、少年入学接受义务教育的问题,在国家和公民个人之间就产生了一系列教育法律关系。

(2)教育法律关系由主体间的教育权利和教育义务构成。有关教育主体之间在教育活动中形成的权利和义务关系,不仅受教育法律规范调整,而且也构成了教育法律关系的具体内容。某种社会关系即使属于人们之间的权利和义务关系,如果不在教育法律规范调整的范围之内,也不属于教育法律关系。

(3)教育法律关系是以国家强制力作为保障的社会关系。教育法律关系体现了国家对教育活动的态度。如果某种现实的教育权利、义务关系受到破坏,就意味着国家意志受到侵犯,因而国家就会以强制力来加以保障。

(二)教育法律关系的构成要素

教育法律关系是由教育法律关系主体、内容(权利和义务)、客体构成的。这三个要素相互依存、相互制约、缺一不可。

1. 教育法律关系的主体

教育法律关系的主体是指教育法律关系的参加者，即在教育法律关系中权利的享有者和义务的承担者，通常称为权利主体和义务主体。

教育法律关系中的主体包括：教育行政机关，其他国家机关；学校及其他教育机构；教育者、学生及其他教育对象；企事业单位、社会组织和其他公民等。居住在我国境内的外国人和无国籍的人，财团法人也可以成为我国某些教育法律关系的主体。我国教育法律关系的主体非常广泛，每一种教育法律关系中主体的具体数目因法律关系性质的不同而有所差异，但不能少于两个。

2. 教育法律关系的内容

教育法律关系的内容，是教育法律关系主体在依法成立的法律关系中享有的权利和应承担的义务。这里所说的教育法律关系主体享有的某种权利，是指权利享有者有权按照自己的意愿，在教育法律规定的范围内做出一定行为。它经过法律确认、设定，并受法律保障。这里所说的教育法律关系主体的义务是指该主体所承担的某种行为的必要性或责任，是对义务承担者必须做出一定行为或者必须抑制一定行为的一种约束。它以法律规定为前提，不履行者将受到国家强制力制裁。教育法律关系主体之间的关系实际上就是权利和义务关系。权利和义务是教育法律关系的核心内容，也是构成教育法律关系的要素。

3. 教育法律关系的客体

教育法律关系的客体是指教育法律关系主体的权利和义务所指向的共同对象。它是构成教育法律关系的要素之一。可以成为教育法律关系客体的主要有物、行为和精神产品。

物：它是指教育法律关系的主体在教育活动中支配的客观实体，可分为动产和不动产两类。前者包括教育方面的资金、教学仪器设备等，后者包括教育场地、房屋等建筑设施及公益性、教育性的场馆等。

行为：它是指教育法律关系的主体实现权利义务的作为与不作为，既包括行为的过程，也包括行为的结果；既包括积极作为，也包括消极不作为。比如，教师体罚学生的行为和学校管理的行为都可以构成教育法律关系的客体。

精神产品：它是人们创造性智力活动的结晶，属于非物质性财富。如著作、教育科研成果及各种具有独创性的教案、教法及学校、教师和学生获得的荣誉等，都可以成为教育法律关系的客体。

（三）教育法律关系的发生、变更和消灭

教育活动本身是不断变化的，教育法律关系也具有某种变动性，通常表现为一个发生、变更与消灭的过程。

1. 教育法律关系的发生

教育法律关系的发生是指教育法律关系主体之间为了某种利益的实现而形成了权利与义务关系。如因委托培养合同而产生的用人单位与学校及学生之间的权利义务关系。

2. 教育法律关系的变更

教育法律关系的变更是指因某种事实存在而使原有的教育法律关系的主体、客体乃至权利义务关系发生变更。教育法律关系主体发生变更,指主体增加、减少或改变。如学校与企业的委托培养人才合同因企业的破产而改变委托方。教育法律关系客体发生变更,指法律关系中权利和义务所指向的对象的变更。如学校基建合同有关建筑物的地点、面积的变更。权利义务关系的变更,如学校之间签订的协作合同,经协商同意后修改某些原定义务或履行期限及条件等。

3. 教育法律关系的消灭

教育法律关系的消灭是指教育法律关系主体之间权利义务关系的终止。如某学校解聘教师,即终止了教师与学校之间的权利义务关系。

教育法律关系发生、变更和消灭的意义在于其能规范和制约教育活动。人们之间一旦发生教育法律关系,各方主体就应该按照教育法律的规定享受权利,履行义务;当教育法律变更后,主体应该按照变更了的教育法律关系去进行各项活动;教育法律关系消灭了,权利主体即不再享有权利,负有义务的人也不再承担义务。人们在教育活动中,相互关系的利益化与规范化,就是通过教育法律关系的发生、变更和消灭来维持的。

第三节 教育法律责任

一 教育法律责任的含义

教育法律责任是指行为人因违反教育法律规范的行为所引起的,应当由其依法承担的惩罚性的法律后果。由于行为人违反教育法律规范的程度不同,其所应该承担的教育法律责任在程度和性质上也会有所不同。

二 教育法律责任的分类

根据违法主体的法律地位、违法行为的性质和危害程度,通常将教育法律责任分为行政法律责任、民事法律责任和刑事法律责任三种。除此之外,在某些特定情况下还可以追究违法者的违宪责任。

(一) 行政法律责任

行政法律责任是指行为人因实施行政违法行为而应承担的法律责任,简称行政责任。行政法律责任应由国家机关依照相关行政法规定的条件和程序予以追究。人民法院或有关行政机关依法拥有此项权力。对违反教育法规的行为的行政法律责任追究,在《教育行政处罚暂行实施办法》和《国家教育考试违规处理办法》中有明确规定。

（二）民事法律责任

民事法律责任是指由于人们实施民事违法行为所导致的赔偿或补偿的法律责任，简称民事责任。民事法律责任基于民事违法行为而产生，这主要包括违反合同的民事法律责任和侵权的民事法律责任。违反合同的民事法律责任是指合同当事人违反合同的规定而应承担的财产责任。侵权的民事法律责任，是指行为人因侵害他人合法财产权利或人身权利而应承担的财产责任或其他责任。

（三）刑事法律责任

刑事法律责任是指由于实施刑事违法行为受到刑罚处罚的法律责任，简称刑事责任。刑事法律责任是一种惩罚最为严厉的法律责任。需要指出的是，很多人知道违反教育法律法规要承担行政法律责任、民事法律责任，但对于教育中的违法违规需要承担刑事法律责任的情况则不够了解。其实，《教育法》《义务教育法》《中华人民共和国义务教育法实施细则》《教师法》等教育法律法规，对需要承担刑事法律责任的情况都有十分明确的规定。

一般说来，在教育活动中需要承担刑事法律责任的情况包括：①侵占、克扣、挪用教育经费或义务教育经费的；②扰乱学校教学秩序，情节严重的；③侵占或者破坏学校校舍、场地和设备情节严重的；④侮辱、殴打教师、学生情节严重的；⑤体罚学生情节严重的；⑥玩忽职守致使校舍倒塌，造成师生伤亡事故情节严重的；⑦招生中徇私舞弊的。

当然，对以上的各种违法行为，大部分以情节严重作为追究刑事法律责任的必要条件。不过，不同行为中“情节严重”的含义是有所不同的。比如，体罚学生情节严重是指体罚学生的手段恶劣，或者致学生重伤等情况。又如，玩忽职守致使校舍倒塌，造成师生伤亡事故的“情节严重”，是指明知是危险校舍而不向上级报告或不采取措施处理而致使校舍倒塌，造成死亡 1 人以上或者重伤 3 人以上等情况。

最新修订的《中华人民共和国刑法》第 138 条和第 418 条，专门针对教育犯罪的特点，设置了“教育设施重大安全事故罪”和“招收公务员、学生徇私舞弊罪”这两个罪名。这从侧面说明，国家是十分重视打击那些违反教育法律法规中的犯罪现象的。

（四）违宪责任

教育作为宪法规定的公民基本权利之一，与宪法所确立的教育基本制度密切相关。依据宪法和有关教育法的规定，公民对义务教育以外的其他教育具有选择的自由，参与平等竞争的自由，教育者具有学术自由等。这些权利的获得，均以宪法为基础。因此，教育活动在一定情况下，有可能产生违宪责任。

国外的相关案例中，也曾经发生过产生违宪责任的教育事件。如美国一度采取黑白儿童分校实施义务教育的做法，违背了其联邦宪法关于公民权利平等的规定。

最后需要指出的是，在涉及共同违法的教育案例处置中，行政法律责任、民事法律责任和刑事法律责任可能会同时出现。此时，应根据各个违法主体所处的地位、所做出的行为及其主观过错的程度，分别予以不同的制裁。

三 教育法律责任的归责要件及原则

（一）教育法律责任的归责要件

所谓归责，是指法律责任的归结。它要解决的是法律责任应该由谁来承担的问题。

教育法律关系主体只有具备以下四个归责要件，才被认为是教育法律责任主体，才应该承担相应的法律后果。

1. 有损害事实

有损害事实，即行为人有侵害教育管理、教学秩序及从事教育教学活动的公民、法人和其他组织的合法权益的客观事实存在。这是构成教育法律责任的前提条件。

违法对社会所造成的损害，有两种情况：一种是造成了实际的损害，如体罚学生致学生身体受到伤害；另一种是虽未实际造成损害，但已存在这种可能性，如有关部门明知学校房屋有倒塌的危险，却拒不拨款维修。

违法行为造成的损害后果，表现为物质性的后果和非物质性的后果。物质性的后果具体、有形、能够计量。如挪用学校建设经费，其数额可以计算。非物质性的后果抽象、无形、难以计量。如教师侮辱学生，造成学生精神上、心理上长期的伤害，则无法计量。

2. 有违法行为

有违法行为，即行为人实施了违反法律、法规的行为。假若行为人的行为没有违法，他就不应承担法律责任。行为违法也是构成教育法律责任的前提条件。这个条件包含两个方面的含义：一方面是指行为的违法性。只有行为违反了现行法律的规定才是违法行为。这种违法行为可以是积极作为，如考试作弊，殴打、侮辱教师，侵占学校财产；也可以是消极不作为，如不及时维修危房、拖欠教师的工资等。另一方面，违法行为必须是一种行为。人的行为虽然受思想支配，但是如果思想不表现为行为，则并不构成违法。内在的思想，只有表现为外在的行为时，才可能构成违法。

教育法律责任

3. 行为人主观上有过错

所谓过错，是指行为人在实施行为时，具有主观上的故意或过失的心理状态。所谓故意的心理状态，是指行为人明知自己的行为会发生危害社会的结果，但仍放任这种结果的发生。例如，招生办公室主任收受贿赂后，有意招收分数低的学生，不招收分数高的学生，致使分数高的学生落榜。所谓过失的心理状态，是指行为人本应避免危害的发生，但由于疏忽大意或者过于自信而没有避免，以致产生危害结果。例如，教师教育方式不当，在对学生进行人格侮辱后，学生因不堪忍受而自杀。该教师的行为有过失的因素。

4. 违法行为与损害事实之间有因果关系

违法行为与损害事实之间有因果关系，即违法行为是导致损害事实发生的原因，损害事实是违法行为造成的必然结果，二者之间存在着内在的必然联系。前者决定后者的发生，后者是前者的必然结果。因果关系是承担法律责任的重要条件之一。

（二）教育法律责任的归责原则

法律责任的归责原则是指确认和承担法律责任时必须依照相应的标准和原则。学校教育活动所产生的法律责任绝大多数情况下是侵权导致的民事法律责任，根据《中华人民共和国侵权责任法》（以下简称《侵权责任法》）的规定，这种民事法律责任的追究，主要适用过错责任原则、过错推定原则、公平责任原则和无过错责任原则。

1. 过错责任原则

所谓过错责任，是指以过错作为归责的构成要件和最终要件，同时，以过错作为确定行为人的责任范围。《侵权责任法》第 6 条规定："行为人因过错侵害他人民事权益，应当承担侵权责任"。表明我国民事立法将过错责任原则以法律形式固定下来，确认了它作为一般归责原则的法律地位。

2. 过错推定原则

推定，是指根据已知的事实所进行的推断和判定。过错推定，也称为过失推定，是指如果原告能证明其所受的损害是由被告所致，而被告不能证明自己没有过错，则应推定被告有过错并应承担民事责任。《侵权责任法》第 6 条第 2 款规定："根据法律规定推定行为人有过错，行为人不能证明自己没有过错的，应当承担侵权责任。"这一规定以立法的形式确认了过错推定原则的合法地位。

3. 公平责任原则

公平责任是指当事人双方在造成损害时均没有过错的情况下，由人民法院根据公平的原则，来判定当事人对受害人的财产损失应给予的补偿。《侵权责任法》第 24 条规定："受害人和行为人对损害的发生都没有过错的，可以根据实际情况，由双方分担损失。"这一规定以立法的形式确认了公平责任原则的法律地位。

4. 无过错责任原则

无过错责任，也称为无过失责任，是指当损害事实发生后，当事人无过错也要承担责任的一种法定责任形式，其目的在于补偿受害人所受到的损失。《侵权责任法》第 7 条规定："行为人损害他人民事权益，不论行为人有无过错，法律规定应当承担侵权责任的，依照其规定。"这一规定明确了无过错责任原则的法律地位。

追究法律责任只有遵循上述原则，严格依据法律规定，使违法者得到相应的法律制裁，才能真正有效地规范教育活动，减少违法行为的发生。

综上所述，教育政策是政党和国家为实现教育目标、任务而制定的行动准则，是各种教育方针的统称。

教育法律是一切调整教育关系的法律规范的总称,即有关教育方面的法律、条例、规章等规范性文件的总和,是国家管理教育的基础和基本依据。

教育法律责任是教育法律关系主体因实施了违反教育法律的行为而依法承担的强制性的法律后果。

思考与练习

一、辨析题

教育法律是体现统治阶级在教育方面意志的,由中国共产党制定的,并以国家强制力保证实施的行为规则的总称。

二、问答题

1. 什么是教育法律?它有哪些特点?
2. 简述我国教育法律的基本形式和我国教育法律体系的现状。
3. 论述教育法规与教育政策的关系。
4. 简述教育法律责任的构成要件。

三、做一做

在教师的指导下,针对当地幼儿教师的教育法律意识状况,自拟提纲,进行实地调查,写出一份调查分析报告。

国考聚焦

选择题

1. 为了解决新建小区幼儿园入园难的问题,某房地产开发公司在所建小区引入了一家由某教育发展集团独资举办的幼儿园。根据《中华人民共和国教育法》的规定,有权确立该幼儿园体制的是(　　)。

A. 当地人民政府　　B. 当地教育行政部门

C. 该教育集团　　D. 该房地产开发公司

【答案】A

【解析】《中华人民共和国教育法》第14条规定,国务院和地方各级人民政府根据分级管理、分工负责的原则,领导和管理教育工作。中等及中等以下教育在国务院领导下,由地方人民政府管理。

2. 下列选项中,不属于公民的基本权利的是(　　)。

A. 人身自由权　　B. 信仰自由权　　C. 通信自由权　　D. 教育自由权

【答案】D

【解析】A 选项人身自由权是指中华人民共和国公民的人身自由不受侵犯。任何公民，非经人民检察院批准或者决定或者人民法院决定，并由公安机关执行，不受逮捕。禁止非法拘禁和以其他方法非法剥夺或者限制公民的人身自由，禁止非法搜查公民的身体。B 选项信仰自由权是指中华人民共和国公民有宗教信仰自由。任何国家机关、社会团体和个人不得强制公民信仰宗教或者不信仰宗教，不得歧视信仰宗教的公民和不信仰宗教的公民。国家保护正常的宗教活动，任何人不得利用宗教进行破坏社会秩序、损害公民身体健康、妨碍国家教育制度的活动。宗教团体和宗教事务不受外国势力的支配。C 选项通信自由权是指中华人民共和国公民的通信自由和通信秘密受法律的保护，除因国家安全或者追查刑事犯罪的需要，由公安机关或者检察机关依照法律规定的程序对通信进行检查外，任何组织或者个人不得以任何理由侵犯公民的通信自由和通信秘密。

3. (2019 年上半年教师资格考试幼儿园综合素质真题)下列不属于教育行政法规的文件是(　　)。

A.《中华人民共和国学位条例》　B.《上海市中小学校学生伤害事故处理条例》

B.《教学成果奖励条例》　D.《教育行政处罚暂行实施办法》

【答案】B

【解析】教育行政法规是指国家最高行政机关为实施、管理教育事业，根据宪法和教育法律制定的规范性文件。教育行政法规在内容上是针对某一类教育管理事务发布的行为规则，而不是针对某个具体的事件和具体问题作出决定。在形式和结构上必须比较规范；在时效上必须有相对的稳定性；其制定、审定、公布须经过法定的程序。B 选项属于地方性的法律法规。

4. (2019 年上半年教师资格考试幼儿园综合素质真题)教师赵某因当地教育行政部门侵犯其合法权益，依法提出了申诉，对于赵某的申诉，有权受理的机关是(　　)。

A. 同级人民政府或上一级人民政府有关部门

B. 所在地区中级人民法院或省高级人民法院

C. 所在地区人民检察院或最高人民检察院

D. 上一级人民政府或中央人民政府有关部门

【答案】A

【解析】根据《中华人民共和国教师法》，教师认为当地人民政府有关行政部门侵犯其根据本法规定享有的权利的，可以向同级人民政府或者上一级人民政府有关部门提出申诉。

5. (2019 年上半年教师资格考试幼儿园综合素质真题)雯雯还未完成义务教育就辍学回家了。班主任王老师多次上门家访，雯雯的父母总以读了书也找不到工作为由，拒绝让雯雯回校上学。根据《中华人民共和国义务教育法》的规定，对于雯雯的父母，当地居委会可以采取的措施是(　　)。

A. 给予批评教育，督促期限改正

B. 给予行政处分，责令赔礼道歉

C. 做好协助工作，督促家长送雯雯接受义务教育

D. 采取强制措施，责令家长送雯雯接受义务教育

【答案】C

【解析】《中华人民共和国义务教育法》第 58 条规定：适龄儿童、少年的父母或者其他法定监

护人无正当理由未依照本法规定送适龄儿童、少年入学接受义务教育的，由当地乡镇人民政府或者县级人民政府教育行政部门给予批评教育，责令限期改正。第 13 条规定：居民委员会和村民委员会协助政府做好工作，督促适龄儿童、少年入学。

6. 在学生伤害事故处理中，学校责任适用的归责原则是（　　）。

A. 过错责任原则　　B. 无过错责任原则

C. 严格责任原则　　D. 公平原则

【答案】A

【解析】未成年学生在校受到伤害，学校责任适用的归责原则是过错责任原则。

7. 侵占学校及其他教育机构校舍、场地及其他财产的，依法承担（　　）。

A. 行政责任　　B. 刑事责任

C. 民事责任　　D. 行政和刑事责任

【答案】C

【解析】《中华人民共和国教育法》第 72 条规定，侵占学校及其他教育机构的校舍、场地及其他财产的，依法承担民事责任。

8. 教育法律责任不包括（　　）。

A. 行政法律责任　　B. 民事法律责任

C. 刑事法律责任　　D. 经济法律责任

【答案】D

【解析】教育法律责任有四种：行政法律责任、民事法律责任、刑事法律责任和违宪责任。

第二章 学前教育政策与法规

学习目标

1. 了解学前教育方针、政策、法规的含义；掌握我国在不同历史时期颁布的学前教育政策法规的内容；理解我国学前教育政策法规的发展历史及特点。

2. 结合学前教育发展现状，理解学前教育方针、政策、法规的制定依据。

3. 培养学生树立“依法进行学前教育工作”的意识。

本章主要介绍了学前教育方针、政策、法规的相关概念及学前教育政策法规的演变。通过对本章的学习，我们应了解学前教育政策法规的指导方向，同时树立“依法教育、依法治园、依法保护自己和幼儿”的意识。

第一节　学前教育政策法规概述

案　例

儿童天赋不容扼杀

1968年，美国内华达州一个叫伊迪丝的3岁小女孩告诉妈妈，她认识礼品盒上“OPEN”的第一个字母“O”。这个妈妈非常吃惊，问她怎么认识的。伊迪丝说：“是薇拉小姐教的。”妈妈在表扬了女儿之后，一纸诉状把薇拉小姐所在的劳拉三世幼儿园告上了法庭。这个妈妈提起诉讼的理由是：她认为女儿在认识“O”之前，能把它说成是苹果、太阳、足球、鸟蛋之类的圆形东西，然而自从劳拉三世幼儿园教她识读了26个字母后，伊迪丝便失去了这种能力。她要求该幼儿园对这种后果负责，赔偿伊迪丝精神损失费1 000万美元。此案在内华达州立法院开庭。法庭裁决劳拉三世幼儿园的做法犹如剪去了伊迪丝一对想象的翅膀，早早地就把她投进了那片只有ABC的小水塘，使孩子在智力的启蒙阶段，丧失了应有的想象力。这个案例后来成了内华达州修改《公民教育保护法》的依据。

思考:1. 该案例中学前教育小学化的表现及你对小学化问题的看法。

2. 儿童健康成长与学前教育政策法规的关系。

案例分析:学前教育政策法规是为解决社会中的教育问题而制定的,受到教育改革理念等因素的影响。

提出问题:学前教育政策法规有哪些?它是怎样起到保护儿童的作用的?

一 学前教育的方针和政策

(一)学前教育方针

教育方针是国家或政党在一定历史阶段提出的教育工作发展的总方向,是教育基本政策的总概括。[①] 例如,党的十九大提出党的教育方针是:坚持教育为社会主义现代化建设服务、为人民服务,把立德树人作为教育的根本任务,全面实施素质教育,培养德智体美全面发展的社会主义建设者和接班人,努力办好人民满意的教育。2018 年 9 月 10 日在全国教育大会上,习近平强调,在党的坚强领导下,全面贯彻党的教育方针,坚持马克思主义指导地位,坚持中国特色社会主义教育发展道路,坚持社会主义办学方向,立足基本国情,遵循教育规律,坚持改革创新,以凝聚人心、完善人格、开发人力、培育人才、造福人民为工作目标,培养德智体美劳全面发展的社会主义建设者和接班人,加快推进教育现代化、建设教育强国、办好人民满意的教育。这一表述明确了我国的教育性质是社会主义的,是为人民服务的,这是教育的全局性和根本性的问题。“培养德智体美劳全面发展的社会主义建设者和接班人”是对学校教育质量提出的要求,它是我国社会主义的教育目的,是教育的起点和归宿,一切教育工作都要围绕这个目的进行。要实现这个目的,必须把立德树人作为教育的根本任务,全面实施素质教育,这些都是实现教育目的的途径。由此可见,教育方针一般包括:教育性质、教育目的及实现教育目的的途径等。其中,教育目的是核心的部分。

学前教育方针是国家或政党在一定历史阶段提出的关于学前教育工作发展的总方向和总指针,是教育方针在学前教育阶段的具体化,它包括学前教育的性质、学前教育的目的及实现学前教育目的的基本途径等。学前教育方针是国家对学前教育工作的总要求,是全国学前教育工作者的工作方向,科学、正确的学前教育方针能指引、促进学前教育事业的发展,反之则阻碍学前教育的发展。同时,由于学前教育是基础教育的重要组成部分,作为教育的基础阶段,它的发展也会影响着整个教育的发展质量,就如盖高楼如果地基不稳,那么楼的质量就会受到很大的影响。总之,学前教育的发展对于促进儿童身心全面健康发展,普及义务教育,提高国民整体素质,实现全面建设小康社会的奋斗目标具有重要意义。

学前教育方针的重要性决定了它必须通过权威部门,以较为有效力的文件的形式加以规定和公布,这样才能保证学前教育方针的严肃性、稳定性和权威性。一

① 中国大百科全书出版社编辑部. 中国大百科全书:教育[Z]. 北京:中国大百科全书出版社,1985.

般来说,学前教育方针是由国家或政党制定的,一般以文件、领导人的著作和有关法律条文等形式发布,具有一定的政治性和历史性。为进一步完善学前教育公共服务体系,切实办好新时代学前教育,更好实现幼有所育,2018 年 11 月 7 日,颁布了《中共中央 国务院关于学前教育深化改革规范发展的若干意见》,提出:"到 2020 年,全国学前三年毛入园率达到 85%,普惠性幼儿园覆盖率(公办园和普惠性民办园在园幼儿占比)达到 80%。广覆盖、保基本、有质量的学前教育公共服务体系基本建成,学前教育管理体制、办园体制和政策保障体系基本完善。""到 2035 年,全面普及学前三年教育,建成覆盖城乡、布局合理的学前教育公共服务体系,形成完善的学前教育管理体制、办园体制和政策保障体系,为幼儿提供更加充裕、更加普惠、更加优质的学前教育。"

学前教育方针所规定的学前教育的性质、培养目标和实现途径是比较宏观的要求,它必须要通过一系列学前教育政策体现。为了更科学合理地贯彻学前教育方针,学前教育政策的制定和执行是非常重要的。

(二) 学前教育政策

学前教育政策是国家或政党为完成一定历史时期的学前教育任务、实现教育方针、协调教育内外关系所做出的一种战略性、准则性和可操作性的规定。一般以决议、决定、命令、指示、通知、意见、复函或重要领导人的讲话、报告、谈话、批示等形式发布。

学前教育政策是党和政府为实施和发展学前教育事业而制定的行动准则,它规定了做什么和怎么做的问题。例如,为推进幼儿园实施素质教育,全面提高幼儿园教育质量,2001 年 7 月教育部颁发了《幼儿园教育指导纲要(试行)》,指出健康领域的内容与要求如下:建立良好的师生、同伴关系,让幼儿在集体生活中感到温暖,心情愉快,形成安全感、信赖感。与家长配合,根据幼儿的需要建立科学的生活常规。培养幼儿良好的饮食、睡眠、盥洗、排泄等生活习惯和生活自理能力。教育幼儿爱清洁、讲卫生,注意保持个人和生活场所的整洁和卫生。密切结合幼儿的生活进行安全、营养和保健教育,提高幼儿的自我保护意识和能力。开展丰富多彩的户外游戏和体育活动,培养幼儿参加体育活动的兴趣和习惯,增强体质,提高对环境的适应能力。用幼儿感兴趣的方式发展基本动作,提高动作的协调性、灵活性。在体育活动中,培养幼儿坚强、勇敢、不怕困难的意志品质和主动、乐观、合作的态度。

由此可以看出学前教育政策具有以下特点。

(1) 目的性。学前教育政策具有明显的价值取向,它制定的具体措施与要求,都是为了落实学前教育方针,达到学前教育的目标,解决学前教育中出现的问题。

(2) 系统性。学前教育政策既是党和政府教育政策体系的有机组成部分,同时其自身也是一个相对独立的体系。首先,学前教育政策包括多方面内容,结构严谨,自成体系。其次,学前教育政策与其他政策相互联系、相互作用。最后,学前教育政策的发展演变过程构成了其纵向体系,它具有连接过去、现在和未来的系统性。

幼儿教育政策

(3) 灵活性。学前教育政策是为完成一定历史时期的学前教育方针、任务而制定的,在特定的历史时期内它具有一定的稳定性。但随着社会的发展与变化,学前教育政策也会及时做出相应的调整和改革。因此,学前教育政策的稳定性是相对的,它在实施过程中,具有一定的灵活性。

(三) 学前教育方针和学前教育政策的关系

在日常生活中,我们经常会把学前教育方针和学前教育政策放在一起使用,即“学前教育方针政策”。事实上,两者在本质上并无区别,它们同属于国家宏观教育规范范畴,都是代表特定政党、阶级的政治实体所制定的学前教育阶段的行为规范和行动模式。

学前教育方针和学前教育政策又是有区别的。学前教育方针不属于学前教育政策,它是制定学前教育政策的总的指导思想和原则,学前教育政策是学前教育方针的具体化。两者之间的区别具体表现在以下几方面。

(1) 内容不同。学前教育方针主要规定学前教育的性质、目的及实现教育目的的基本途径。学前教育政策的内容更加广泛,它可以是全国范围内的共同性问题,如学前教育公平的问题;也可以是某一时期或某一地区所面临的局部问题,如贫困地区学前教育的普及性问题。因此,从这个意义上来说,学前教育政策包含了学前教育方针,学前教育方针是一种特殊的学前教育政策。

(2) 制定主体不同。学前教育方针一般由国家最高领导机关制定,学前教育政策可以由中央领导机关,也可以由地方权力机构或政府机关制定。例如,2001年,北京市第十一届人民代表大会常务委员会第二十七次会议通过并于9月1日正式实施的《北京市学前教育条例》,是我国第一部关于学前教育的地方性法规。从制定主体来看,它就不可能是学前教育方针,而只能是学前教育政策。

(3) 稳定程度不同。学前教育方针具有稳定性和原则性,它是学前教育中的灯塔,在一定的历史时期内一旦制定就不会改变,除非随着社会的发展,新的学前教育方针替代旧的学前教育方针后,能够更好地指引学前教育的发展;而教育政策有较大的变通性和灵活性,它是为了实现学前教育方针而制定的,会随着实践不断进行调整。

两者关系密切,只有制定正确的、科学的学前教育方针,才能保证学前教育政策不会出现方向性错误;只有按照学前教育方针制定具体、可行、科学的学前教育政策,才能保证学前教育方针的切实落实。

二 学前教育法规

幼儿教育法规

要切实贯彻学前教育方针和政策,必须有权威的法律护航。近年来,诸如幼儿园教师师德问题、校车安全问题、学前教育“小学化”现象和“入园难”“入园贵”等一系列学前教育问题的妥善解决,表明了学前教育法规在学前教育发展中不可或缺的作用,它给我们提供了依法治园的法律依据。制定和贯彻、落实学前教育法规,是国家管理学前教育的重要方法和途径,它对于学前教育管理的规范化、科学化、法制化有着重要的作用。因此,国家在管理学前教育过程中必须重视学前教育法律法规的影响。

(一) 学前教育法规的含义

教育法规是国家机关依照法定程序制定的、调整有关法律主体在教育活动中所发生的社会关系的法律规范体系的总和。① 而学前教育法规是指国家教育行政机关依照法定程序制定的、调整有关学前教育法律主体在学前教育活动中所发生的社会关系的法律规范体系的总和,是国家教育行政机关所制定的关于学前教育规范性文件的总体。它是由国家制定或认可的,由国家强制力保证实施的,以保障学前教育活动正常、有序进行的法律规范体系,往往以法规、规程、规章、条例、细则等形式颁布。

(二) 学前教育法规的特点

1. 权威性和规范性

学前教育法规是国家教育行政机关按一定的法定程序,以法的形式和手段对学前教育相关人员、机构所从事的学前教育活动所进行的规范和约束。因此,它具有相应的法律效力,具有一定的权威性和规范性。

2. 约束性和稳定性

学前教育法规对社会具有普遍的约束性,并通过国家强制力保证实施,无论是谁触犯了学前教育法规,都必然会受到法律的制裁。学前教育法规经过严格的制定和修改程序,是比较成熟的学前教育政策,具有相对的稳定性。

改革开放后,特别是进入中国特色社会主义建设新时代以来,我国学前教育政策法规建设发展迅速,学前教育法规日趋完善,具体表现在:将学前教育纳入我国学校教育制度,确立了学前教育的法律地位;确立了学前教育方针,即“贯彻国家的教育方针,按照保育与教育相结合的原则,遵循幼儿身心发展特点和规律,实施德、智、体、美等方面全面发展的教育,促进幼儿身心和谐发展。幼儿园同时面向幼儿家长提供科学育儿指导。”“学前教育是终身学习的开端,是国民教育体系的重要组成部分,是重要的社会公益事业。办好学前教育、实现幼有所育,是党的十九大作出的重大决策部署,是党和政府为老百姓办实事的重大民生工程,关系亿万儿童健康成长,关系社会和谐稳定,关系党和国家事业未来。”完善学前教育的管理体制,根据学前教育发展的新形势制定了相关政策法规,使管理有据可依。如2018年11月7日,颁布的《中共中央 国务院关于学前教育深化改革规范发展的若干意见》,规定:以县为单位,各地要充分考虑人口变化和城镇化发展趋势,结合实施乡村振兴战略,科学规划布局,制定幼儿园布局规划,着力构建以普惠性资源为主体的办园体系,坚决扭转高收费民办园占比偏高的局面。大力发展公办园,切实把普惠性幼儿园建设纳入城乡公共管理和公共服务设施统一规划,配备专职巡回指导教师,积极扶持民办园提供普惠性服务,规范营利性民办园发展,满足家长不

---

① 林天卫,吴华细. 教育法规读本[M]. 广州:广东高等教育出版社,2005:18.

同选择性需求，完善县乡村三级学前教育公共服务网络。

然而，目前我国学前教育政策法规还不够成熟，我国还没有一部全国层面的专门针对学前教育的单项法律，这已成为制约学前教育事业健康、有序发展的重要障碍。只有完善教育法律体系和立法，才能让学前教育的“依法治园”的前提得以实现，才能使我国学前教育事业的发展得到根本保障，才能更好地解决教育公平等学前教育问题。

三 学前教育法规与学前教育政策的关系

（一）二者的联系

学前教育法规与学前教育政策有着密切的联系。我国的政治体制决定了教育法规和教育政策在本质上是一致的。它们都是上层建筑的组成部分，都是由社会主义经济基础决定并为之服务的，都是广大人民群众利益和意志的体现，都具有规范性。学前教育政策和学前教育法规都以学前教育方针为总的指导思想，它们都是国家和政党管理学前教育的重要手段。因此两者本质相同，密切联系，相互影响又相互依存。具体表现在：学前教育法规是以法的形式来规定学前教育政策，是学前教育政策的具体化、规范化和法律化，是学前教育政策得以贯彻落实的保证。学前教育政策是学前教育法规的依据，指导着学前教育法规的制定过程和实施过程。只有在正确的学前教育政策指导下，科学实施学前教育法规，才能更好地发挥学前教育法规服务学前教育政策的作用，才能更好地发展学前教育事业。

（二）二者的区别

1. 制定机关和约束力不同

学前教育法规是由国家教育行政机关按照一定的法定程序，以法的形式确立下来的，依其层次级别的不同，在特定范围内，它具有相应的约束力。如《中华人民共和国教师法》中第 2 条规定：“本法适用于在各级各类学校和其他教育机构中专门从事教育教学工作的教师。”即《中华人民共和国教师法》中所有条文对中华人民共和国的所有教师，无论是中小学教师还是幼儿园或高等学校的教师，无论是公立学校还是民办学校的教师，都具有约束力和法律效力。学前教育政策则是由党中央、国务院制定的，地方性学前教育政策是由地方权力机构或政府机关制定的，它在一段时期指导我国学前教育发展的方向，必须遵守，但其灵活性较强，在贯彻和执行过程中，相关部门可以根据实际的教学情况和新出现的教育问题对其进行修改和完善，它没有法律效力。学前教育政策涉及的范围比较广泛，不具有国家意志和普遍的约束力。有些学前教育政策的内容代表了广大人民的意愿，必须强制实施，并且比较成熟与稳定，就可以把它上升为国家意志，转化为学前教育法规，使之具有普遍的约束力。

幼儿教育政策与法规的关系

2. 实施方式不同

学前教育法规是以国家强制力保证实施的，即在学前教育法规中规定的行为准则,是所有适用对象都必须要严格遵守的,否则就会承担相应的法律责任。而学前教育政策的实施主要是靠发挥党政人员和学前教育工作者的作用,来进行宣传教育和深入细致的思想工作,它的强制力有限。

相关链接

幼儿园政策法规宣传教育的方式

为了保证幼儿园政策法规的宣传效果,相关人员必须要在宣传过程中借助多种教育载体,选择丰富多彩的宣传教育方式,开展有意义的教育活动。

一、借助多样化的载体

要使幼儿园政策法规宣传教育得以有效实施,必须通过多样化的载体,将丰富多彩的宣传内容呈现出来,增强其感染力和冲击力,提高宣传教育的效果。主要载体有校园网络、墙报、板报、竞赛活动等。

二、有目的、有计划的系统学习

有目的、有计划的系统学习是针对教师的一种全面、系统的宣传教育形式。幼儿园利用教师的课余时间,通过组织教研活动、聘请专家讲座、观看录像等形式来宣传幼儿园政策法规。这种系统的学习使教师既可以对某一部法律法规进行全面的学习,也可以根据需要分专题进行系统化学习。

三、对常见法律问题的剖析

对常见法律问题的剖析就是幼儿园通过收集大量在幼儿园发生的与幼儿园、幼儿教师、幼儿及家长有关的法律纠纷个案,通过对案情的分析来宣传教育的方式。这种方式克服了单纯法理讲授、墙报板报宣传等形式相对死板的弊端,具有形象生动、贴近教师生活、理论与实践紧密结合、学习效果好的特点。

节选自罗长国、胡玉智《幼儿园管理》(第2版),高等教育出版社,2014,有改动。

课堂活动:结合当前某一学前教育政策法规,为幼儿园设计一期板报或墙报。要求内容简练、形式新颖、主题突出。

3. 规范和稳定程度不同

学前教育法规比学前教育政策更规范、更稳定。学前教育法规是根据国家现有国情,在总结贯彻国家的学前教育政策经验的基础上,通过广泛集中人民群众的智慧和意见,经过严格的制定和修改程序,以法的形式确立下来的,是比较成熟和稳定的学前教育政策。而学前教育政策则随着社会、政治、经济、文化及教育改革的发展而变化,灵活性和指导性较强。在具体规定上,学前教育政策一般比较概括,它只规定大的方向、指导思想及做什么、怎么做,较学前教育法规笼统、概括。学前教育法规则具体、明确,它规定必须要做什么,不要做什么,并以条文形式清晰地进行表述。

4. 表现形式不同

学前教育法规通常以条文形式出现,条文形式是法律规范的特殊表现方式,如

《中华人民共和国未成年人保护法》(节选):

第一条 为了保护未成年人的身心健康,保障未成年人的合法权益,促进未成年人在品德、智力、体质等方面全面发展,培养有理想、有道德、有文化、有纪律的社会主义建设者和接班人,根据宪法,制定本法。

第二条 本法所称未成年人是指未满十八周岁的公民。

学前教育法规包括法规的适用条件、具体情况、行为规则及违反时需承担的法律责任。

学前教育政策表现形式多样,一般不具有严格条文格式,不包括违反后应承担的法律后果和责任等内容。如2012年9月颁布的《3—6岁儿童学习与发展指南》(节选):

一、为深入贯彻《国家中长期教育改革和发展规划纲要(2010—2020年)》和《国务院关于当前发展学前教育的若干意见》(国发〔2010〕41号),指导幼儿园和家庭实施科学的保育和教育,促进幼儿身心全面和谐发展,制定《3—6岁儿童学习与发展指南》(以下简称《指南》)。

二、《指南》以为幼儿后继学习和终身发展奠定良好素质基础为目标,以促进幼儿体、智、德、美各方面的协调发展为核心,通过提出3—6岁各年龄段儿童学习与发展目标和相应的教育建议,帮助幼儿园教师和家长了解3—6岁幼儿学习与发展的基本规律和特点,建立对幼儿发展的合理期望,实施科学的保育和教育,让幼儿度过快乐而有意义的童年。

一般来说,20世纪80年代以前,我国教育工作只讲教育政策的重要性,强调用教育政策来处理各种教育问题。20世纪80年代以后,我国才逐渐形成"依法行事、执法必严和违法必究"等观念和行为。众所周知,我国最早的教育法律《中华人民共和国学位条例》,是在1980年通过的。在这以后,我国才先后起草和颁布了一些有关教育的法律。我国教育立法工作起步较晚,固然有多方面的原因,但很重要的一点是没能处理好教育政策与教育法规的关系。长期以来根植于社会中的某些错误观念(如教育政策高于教育法规,有了教育政策就没必要有教育法规等),严重妨碍了教育事业的发展。明确学前教育法规与学前教育政策的区别,有助于我们更好地理解两者的作用与地位,从而更科学、合理地在教育实践中运用学前教育法规与政策,规范学前教育的发展秩序,指导学前教育的发展。

第二节 我国学前教育政策法规的发展历程

近年来,多次曝光的幼儿教师在幼儿园对幼儿进行殴打的视频新闻让人们不禁寒心。社会人士及家长对此不无担忧,他们最为关心的问题是:谁来保护幼儿的安全?有哪些学前教育政策法规能解决这些问题?我国的学前教育政策法规历经了怎样的发展历程?

一 新中国成立前学前教育政策法规的萌芽时期

（一）清末学前教育政策法规(1903—1911 年)

中国学前教育政策法规的历史最早可以追溯到1904 年清政府颁布的《奏定学堂章程》(以下简称《章程》)，时为清光绪二十九年，旧历为癸卯年，故又称为《癸卯学制》，至今已有一百多年的历史。《章程》是我国近代第一个正式公布的学校教育制度，是西方资本主义的产物，其指导思想为“中体西用”。《章程》中明确提出学制中包括蒙养院，即为学前教育阶段，这标志着中国的学前教育在制度上得以确立。《章程》中有一部分名为《奏定蒙养院章程及家庭教育法章程》，是我国第一部学前教育法规。《章程》自 1904 年开始逐步实行，至 1911 年辛亥革命后废止，是中国历史上第一个正式颁布且在全国普遍实施的学制，它的颁布及随后所实行的一系列措施所产生的影响是十分深远的，它奠定了中国现代教育的基础，打破了儒家经典一统天下的局面，建立了统一的教育行政体系，为结束科举制创造了条件。

清末学前教育政策法规有明显的特点：以国外的学前教育政策法规为模板，带有资本主义思想与制度体系，其指导思想是“中体西用”，价值取向并非是儿童教育，而是辅助家庭教育。这时期学前教育政策还处于探索的萌芽阶段，因此，学前教育政策法规要求不明确，很笼统，没有形成系统。

（二）民国时期学前教育政策法规(1912—1949 年)

1. 民国临时政府时期的学前教育政策法规

辛亥革命后，1912 年 1 月 1 日，孙中山在南京宣告中华民国临时政府成立，这是民国第一个中央政府机构，其存在时间约 3 个月。

1912—1913 年，南京临时政府颁布了《壬子癸丑学制》，是中国第一个正式实施的现代学制。该学制体系为：儿童从 6 岁入学到二十三四岁大学毕业，下设蒙养院，上有大学院，不设年限。1912 年颁布了《师范教育令》，确立了蒙养院的体制，规定师范学校要培养幼稚园教师。1916 年改订的《国民学校令施行细则》中，有 10 条是关于蒙养院保育教育及设施的。

1922 年 9 月，“北洋军阀政府”教育部召开学制会议，通过《学制改革系统案》，11 月公布《学校系统改革令》，又称《壬戌学制》或称《新学制》。《壬戌学制》不同于沿袭日本模式的《壬子癸丑学制》，它采用了美国的“六三三”制的框架。规定在小学下设幼稚园，“幼稚园收受六岁以下之儿童”，并把幼稚园正式列入学校系统，改变了以前蒙养院(蒙养园)在学制中没有独立地位的状况，确定了学前教育机构在学制系统中作为国民教育第一阶段的地位。

2. 民国政府时期的学前教育政策法规

1927 年 4 月 18 日，蒋介石在南京成立了南京国民政府，其统治时间长达 22 年。

国民政府时期，以陈鹤琴、陶行知、张雪门为代表的学前教育专家开始探索适合中国国情的学前教育之路,开展了广泛的教育实践调查。在此基础上,国民政府制定了相关的学前教育政策。1932 年 10 月,国民政府教育部颁布了由陈鹤琴主持编制并修改的《幼稚园课程标准》,并于 1936 年对其进行修订,这是近代首份有关学前教育课程设置及教学要求的专门法规,是我国第一个自己制定的统一的幼稚园课程标准。《幼稚园课程标准》规定幼稚教育的总目标是增进幼稚儿童身心的健康;力谋幼稚儿童应有的快乐和幸福;培养人生基本的优良习惯(包括身体、行为等方面的习惯);协助家庭教养幼稚儿童,并谋家庭教育的改进。同时规定了幼稚园的课程范围,包括音乐、故事和儿歌、游戏、社会和常识、工作、静息、餐点七项,并详细介绍了每门课程的内容大要和最低要求。它还展示了 17 条教育方法要点,强调综合教学、设计教学的原则,注重综合课程和活动课程。《幼稚园课程标准》是以中国学前教育实践经验为基础,以我国具体国情为依据,以西方资产阶级的学前教育思想为参考的民国学前教育政策法规。[①]《幼稚园课程标准》的颁布有利于学前教育现代化水平的提高。

抗日战争时期,国民政府继续关注学前教育。1938 年,国民政府命陈立夫主持拟定《战时各级教育实施方案》,明确规定以"三民主义"作为抗战行动的最高准绳,把各级教育纳入"最高准绳体系",确定了战时教育方针,这一方案在 1938 年 4 月召开的国民党临时全国代表大会上获得通过。《战时各级教育实施方案》规定:幼稚园教育应为协助家庭教养幼稚儿童,以辅助家庭教育之不足,故保育与教导并重,增进幼儿身心之健康,使其健全发育,并培养其人生基本的良好习惯,以为养正之始基;过去幼稚园仅能收容家境较优之儿童,今后施教之对象,应推广及于贫苦儿童,凡在工厂附近及乡村中,应多设幼稚园及托儿所,以收容父母出外工作者之子女,代为教养。方案要求将学前教育推广到下层民众中,首次提出创立托儿所,这些做法无疑推动了近代学前教育体制的发展。

1939 年,南京国民政府教育部颁布了《幼稚园规程》,1943 年,将其修订为《幼稚园设置办法》并进行公布,这是我国第一份比较完备的学前教育法规,它规定幼稚园收 4 足岁至 6 足岁以下儿童,必要时得呈准主管教育行政机关接受未满 3 足岁之婴儿予以保育;附设于国民学校、中心学校或小学,并可单独设置,各地官方及各级师资训练机关、私人等亦得设置;可分为半日制、上下午半日二部制或全日制;幼稚园对于儿童应顺应其个性依照其身心发展之程序施以适当之保育,不得授以读书写字等类似小学功课或使为过度之工作,幼稚园保育应注重养成良好习惯,不得施行体罚及足使儿童感觉痛苦之苛罚。这一法规的颁布,标志着近代学前教育体制逐步走向成熟。《壬戌学制》及后来的有关法规的颁布与实施,进一步完善了学前教育政策法规,促进了我国学前教育的发展。

整个民国期间的学前教育政策法规都建立在清末学前教育政策实施经验的基础上。爱国热情的民主人士、学前教育专家和民间团体都为学前教育政策的本土化发展进行了积极的探索与开创,由主要学习日本转向学习欧美经验,特别是美国

---

① 彭海蕾,王楠,姚国辉. 中国学前教育政策发展历程及其特点研究[J]. 教育导刊(下半月),2010(3).

教育家杜威的"实用主义"对民国期间的学前教育政策法规产生了深远影响。相比清末的政策，民国时期的政策更具体、明确、系统。

3. 新中国成立前革命根据地的学前教育政策法规(1927—1949 年)

新中国成立前革命根据地是指 1927 年大革命失败后到中华人民共和国成立前，在中国共产党领导下建立起来的农村革命根据地、抗日根据地、解放区。新中国成立前革命根据地的学前教育是在当时政治、经济、文化的客观环境下建立和发展起来的。它建立了新的学前教育体制，摸索出一条新民主主义学前教育发展的道路，为新中国成立后学前教育的改造和发展奠定了基础。

1934 年 2 月，中华苏维埃共和国中央人民政府内务部颁布了《托儿所组织条例》，对苏区兴办托儿所运动进行了规范，其中规定：组织托儿所代替妇女担负婴幼儿的一部分教养责任，使每个妇女尽可能参加苏维埃的生产及其他工作，并且使小孩得到更好的教育与照顾，在集体中养成共产儿童的生活习惯；托儿所接纳 1—5 岁的婴幼儿，重在婴幼儿的身体健康和良好习惯的养成。《托儿所组织条例》的颁布开创了苏区的托儿所制度。

1941 年 1 月，陕甘宁边区政府工作报告中，将儿童保育作为工作中心，同年修正并发布了《陕甘宁边区政府关于保育儿童的决定》，要求各地及各机关建立托儿所，在各级政府部门设立保育管理部门或设专人负责保育工作，并对儿童保育工作的管理体制、保育人员的训练、建立保育院的条件、孕母及产妇的保健待遇、婴儿的保育、保姆的待遇等作了具体的规定。

可见，解放区学前教育的主要价值取向是为了广大的幼儿父母能参加抗战和生产劳动，培养革命接班人。然而，由于这一时期社会局势不稳定，相关学前教育政策法规多见于一些政府文件或是报告中，专门性的学前教育政策法规很少，也比较零散，缺乏一致性和系统性。

总之，同其他各类教育相比，近代学前教育受到的重视程度较低，体制也不够完备，学前教育体制从创立之初的模仿到逐步中国化，经过了长期的探索和努力，在学前教育现代化方面取得了可贵的进步，这为新中国成立后学前教育的发展奠定了宝贵的基础。

二　中华人民共和国成立初期学前教育政策法规的初步发展(1949—1965 年)

中华人民共和国成立后，我国各行各业百废待兴，各方面包括法制建设都处于起步阶段。为了更好地服务社会主义建设，国家需要发展学前教育，规范学前教育政策法规。1949 年 11 月，中央人民政府教育部成立，并首次在初等教育司下设置幼儿教育处。1952 年 11 月，中央人民政府委员会第十九次会议决定成立高等教育部，同时对中央人民政府教育部机构进行相应调整，将幼儿教育处由原来的司属处调整为部的一个直属单位，幼儿教育事业在中央人民政府教育部直接领导下迅速发展。设置专门机构领导幼儿教育事业是划时代的进步，学前教育政策法规发生了革命性的变化。1949 年 12 月 23—31 日，第一次全国教育工作会议中提出了教育方针，即“以老解放区新教育经验为基础，吸收旧教育某些有用的经验，特别要借助苏联教育建设的先进经验”，其核心精神是转变原来的美国模式为苏联模式。

总体来说，这一时期专门的学前教育政策并不多，中央人民政府政务院及教育部等部委先后颁布了十几个有关学前教育的政策法规，我国学前教育的政策法规得到了初步发展。下面介绍这一时期几个主要的学前教育政策法规。

（一）《关于改革学制的决定》

中华人民共和国成立初期，为利于广大劳动人民科学文化水平的提高、工农干部的深造和国家建设事业的发展，国家对各级各类学校教育制度进行了改革，以确立中国原有的和新的各类学校的适当地位，使不同层次的学校互相衔接。1951 年 10 月，政务院颁布了新中国的第一个学制改革政策法规——《关于改革学制的决定》，其中规定：“幼儿教育是我国学制的重要组成部分，实施幼儿教育的组织为幼儿园，招收 3 足岁到 7 足岁的幼儿，使他们的身心在入小学前获得健全的发育。”《关于改革学制的决定》以法令形式确立幼儿园的地位，将“幼稚园”改名为“幼儿园”，明确了幼儿教育在教育体系中的地位和作用。该学制从中国实际出发，吸取了中国教育工作以往的经验，特别是老解放区教育工作的经验，体现了“教育为国家建设服务”和“学校向工农开门”的方针；确立了各种形式的干部学校、业余学校应有的地位，使工农大众和工农干部的教育及在职人员的再教育得以保证；确立了各种技术学校在整个学校体系中的地位，使各种技术学校得以衔接，以利于满足社会对劳动就业的需要；重视对知识分子和广大干部的革命政治教育；明确了高等学校的学制多样化，有利于各种人才的培养。这个学制是国家用革命的方法发展人民教育的一个重要步骤。由于种种条件的限制，它未完全摆脱传统教育的束缚，带有过渡性质。

（二）《幼儿园暂行规程（草案）》和《幼儿园暂行教学纲要（草案）》

1951 年，中央人民政府教育部制定《幼儿园暂行规程（草案）》《幼儿园暂行教学纲要（草案）》。《幼儿园暂行规程（草案）》明确规定了幼儿园的双重任务：根据新民主主义教育方针教育幼儿，使他们的身心在入小学前获得健全的发育；同时减轻母亲对幼儿的负担，以便母亲有时间参加政治生活、生产劳动、文化教育活动等。即抚育幼儿身心健康发展，以便妇女参加社会建设。

《幼儿园暂行教学纲要（草案）》规定幼儿园教养活动项目有体育、语言、认识环境、计算、图画手工、音乐。

这两个法规是中央人民政府在苏联专家的直接指导下，借鉴苏联学前教育理论拟定的。它确定了新中国成立初期我国学前课程的模式，规定了新中国幼儿园的教养目标和双重任务，明确了各年龄段幼儿的身心特点和相应的教育内容及教养员的责任等，使全国幼儿教育工作者在新旧交替的历史性转折时期明确了努力方向，使保教工作有章可循，有力地推动了新中国幼儿教育事业的发展。

（三）《关于工矿、企业自办中、小学和幼儿园的规定》

1955 年，国务院发布教育部《关于工矿、企业自办中、小学和幼儿园的规定》中提出：各工矿企业“根据需要与可能的原则，得独立或联合创办中、小学和幼儿园”，并将其列入地方教育事业规划。此规定奠定了几十年计划经济体制下，学前教育以单位供给制为主要特征的投入体制，呈现出多渠道投资、人员多头管理，业务上由教育部门统一管理的格局。幼儿教育事业以城市和企事业单位为主的局面得到了稳定的发展，形成了政府、单位、集体为主的多渠道投入体制和办园体制。

（四）《关于托儿所幼儿园几个问题的联合通知》

1956 年，教育部、卫生部、内务部颁布了《关于托儿所幼儿园几个问题的联合通知》，对托儿所、幼儿园的招收对象做了明确的规定：“托儿所和幼儿园应依儿童的年龄来划分，即收三周岁以下的儿童者为托儿所，收三至六周岁的儿童者为幼儿园。”指出全国保教事业已有很大发展，但是在发展过程中还存在不少问题，提出“全面规划，加强领导”和“又多、又快、又好、又省”的方针，同时根据需要和可能的条件积极发展托儿所和幼儿园。

（五）《关于幼儿园幼儿的作息制度和各项活动的规定》

1956 年，教育部颁布《关于幼儿园幼儿的作息制度和各项活动的规定》，要求幼儿园“严格执行”，以利于“贯彻全面发展的幼儿教育方针”。

从新中国成立至“文革”前所出台的专门性学前教育政策法规不多，大部分为解放区根据地教育政策法规的归纳和总结，在解放区经验的基础上，逐步地向社会主义过渡，并且针对具体的问题及时地制定相关的政策，这一时期的学前教育法规初步构建了我国学前教育的基本制度框架。

幼儿教育政策法规的全面建设时期（1978—2000 年）

三　改革开放至 21 世纪前学前教育政策法规的全面建设（1978—2000 年）

1978 年 12 月，党的十一届三中全会召开，这是新中国具有深远意义的伟大历史转折，国家进入社会主义建设发展的新时期，教育工作走上了健康发展的轨道，在宋庆龄的直接关怀下，学前教育也进入振兴和发展的新阶段。党中央和政府有关部门加强了对全国托幼工作的指导，对重大问题提出指导性意见，及时有力地采取了各种措施，制定了一系列的“法规”“纲要”“条例”等，保证了我国学前教育的健康发展。

1978 年 3 月 5 日，中华人民共和国第五届全国人民代表大会第一次会议通过了《中华人民共和国宪法》（以下简称《宪法》），《宪法》（1978 年）中第 13 条明确提出了我国的教育方针：“教育必须为无产阶级政治服务，同生产劳动相结合，使受教育者在德育、智育、体育几方面都得到发展，成为有社会主义觉悟有文化的劳动者。”这一方针确立了我国学前教育的政治基础，明确规定国家要发展学前教育。

《中华人民共和国教师法》从1986年开始起草，后经过8年酝酿、修改，于1993年10月31日经第八届全国人民代表大会常务委员会第四次会议通过，并于1994年1月1日起施行。《中华人民共和国教师法》是我国教育史上第一部关于教师的法律，是我国教育的根本大法，它在规范我国教育的根本制度、制约学前教育政策与法规、明确实行学前教育制度方面起着非常重要的作用。

有关学前教育的重要的政策法规介绍如下。

（一）《幼儿园教育纲要(试行草案)》

1981年10月，教育部颁布了《幼儿园教育纲要(试行草案)》，要求在全国范围内试行。该法规内容包括：年龄特点与教育任务；教育内容与要求(小、中、大班幼儿生活卫生习惯、体育活动、思想品德、语言、常识、计算、音乐、美术八个方面)；教育手段(游戏、体育活动、上课、观察、劳动、娱乐和日常生活等)及注意事项。它被各类幼儿园普遍采用，因为它能使幼儿园教育有法可依，起到了拨乱反正、提高教育质量的作用，对正在逐步走向改革开放的中国学前教育提出了新的要求。

除以上主要政策法规外，这一时期国家针对一些实践中出现的具体情况，颁发了多个文件。如1983年针对我国农村学前教育问题，国家教委出台了《关于发展农村幼儿教育的几点意见》；根据不同地区幼儿的特点，1986年国家又颁发了《关于进一步办好幼儿学前班的意见》；针对幼儿园环境问题，1987年城乡建设环境保护部、国家教委颁发了《托儿所、幼儿园建筑设计规范》(JGJ39—1987，2016年11月1日起实施JGJ39—2016，JGJ39—1987同时废止)，1988年国家教委、建设部颁发了《城市幼儿园建筑面积定额(试行)》(建标〔2017〕118号建设部废止该规范)；针对学前班教育和管理存在的问题，1991年国家教委颁发了《关于改进和加强学前班管理的意见》等。针对企业办园存在的问题，国家教委、计委、民政部等单位联合发布《关于企业办幼儿园的若干意见》；为适应我国幼儿教育事业发展规划的需要，1992年2月，国务院下达《九十年代中国儿童发展规划纲要》，1997年7月，国家教委发布《全国幼儿教育事业“九五”发展目标实施意见》等。

这期间，一些规范性法律文件也陆续出台。1991年9月，国家出台了《中华人民共和国未成年人保护法》；1993年10月，国家出台了《中华人民共和国教师法》；1994年10月，国家出台了《中华人民共和国母婴保健法》；1995年3月，国家颁布了《中华人民共和国教育法》。

从这一系列政策法规的陆续颁布中，我们可以看出，我国学前教育政策法规变得更加具体、系统、有针对性，并且更加关注个体的成长与发展，学前教育的法制化程度越来越高。

（二）《幼儿园工作规程》

1989年6月，国家教委发布《幼儿园工作规程(试行)》，并于1990年2月1日起施行，该文件包括总则、幼儿园的招生编班、卫生保健、教育、设备、工作人员、经费、幼儿园与家庭、管理工作及附则，共 10 章 60 条。1996 年 3 月，在总结了试行《幼儿园工作规程（试行）》6 年经验的基础上，国家教委又对其进行了重新修订完善，并正式颁布了《幼儿园工作规程》，共 10 章 62 条。2015 年 12 月，教育部公布了修订后的《幼儿园工作规程》，内容共有 11 章 66 条。

《幼儿园工作规程》是伴随我国社会经济日益发展，在社会变革时期，为了适应学前教育飞速发展而修订完善的，对于加强幼儿园科学管理，规范办园行为，提高保育和教育质量有着重要的指导作用，适合于各级各类幼儿园。它遵照《中华人民共和国教育法》等法律法规的精神，贯穿了国家对学前教育的基本指导思想，充分考虑了我国幼儿园存在的明显差别，总结了我国学前教育改革的成果和经验，吸收了国内外学前教育的新思想、新观念，对我国幼儿园教育的任务、目标、教育原则、组织教育活动的方式等做出了一系列规定。它的各项条款均体现了原则性与灵活性的结合，是目前我国幼儿园管理中最重要的专门规章之一，对幼儿园工作的开展具有指导意义。

（三）《幼儿园管理条例》

为解决幼儿园的管理体制和发展问题，1989 年 8 月 20 日国务院批准了《幼儿园管理条例》，1989 年 9 月 11 日由国家教委发布，自 1990 年 2 月 1 日起实施。它分为总则、举办幼儿园的基本条件和审批程序、幼儿园的保育和教育工作、幼儿园的行政事务、奖励与处罚、附则 6 章，共 32 条。

《幼儿园管理条例》是新中国成立以来由国家教委颁布的第一个学前教育法规，是一个比较系统的调整学前教育法律关系的规范性法律文件，它标志着我国学前教育制度向法制化又迈出了新的一步，该条例列出了幼儿园各项工作的管理细则，全面规范了幼儿园建立及运行各个环节的条件、标准与要求，推动了我国幼儿园管理的规范化，促进了学前教育的发展。

四　21 世纪以来学前教育政策法规的建立健全（2000—2010 年）

随着我国政治、经济、社会的快速发展，学前教育理论的更新明显加快，终身教育理念、可持续发展教育观、以人为本的教育原则、学科整合与生态教育的发展等，使得学前教育的价值取向发生了重大的改变，时代对学前教育的发展提出了更高的要求。为此我国相继出台了以下几个重要的政策法规。

（一）《幼儿园教育指导纲要（试行）》

幼儿教育政策法规的健全时期

2001 年 7 月，教育部颁布了《幼儿园教育指导纲要（试行）》，并于 9 月试行。《幼儿园教育指导纲要（试行）》从幼儿园教育的基本理念、原则和规律出发，全面促进幼儿园实施素质教育，不断提高幼儿园教育质量。该纲要具体规定了我国幼儿园教育的基本内容、目标及基本的实践规范和要求，包括总则、教育内容与要求、组织与实施和教育评价。《幼儿园教育指导纲要（试行）》的颁布标志着我国学前教育改革迈进了一个新阶段。

(二)《关于幼儿教育改革与发展的指导意见》

2003 年 3 月,国务院办公厅转发了教育部等颁布的《关于幼儿教育改革与发展的指导意见》,该文件全面总结了改革开放以来我国学前教育工作的经验,分析了学前教育所面临的新形势,深刻阐述了学前教育的重要地位,明确了教育改革和事业发展的两个总目标及任务,提出了解决学前教育突出问题的治本之策和具体措施。

(三)《中国儿童发展纲要(2001—2010 年)》

2001 年,国务院颁布了《中国儿童发展纲要(2001—2010 年)》,从儿童健康、教育、法律和环境保护四个领域提出了发展的主要目标和策略措施。对 2001—2010 年的 0—3 岁早期教育发展提出的目标和策略措施有:发展 0—3 岁儿童早期教育,建立并完善 0—3 岁儿童教育管理体制,争取到 2010 年,婴幼儿家长的科学喂养知识普及率达到 85% 以上。《中国儿童发展纲要(2001—2010 年)》的颁布和实施,进一步促进了我国 0—3 岁婴幼儿的健康成长和早期教育事业的持续发展。这十年来,国家加快完善保护儿童权利的法律体系,强化政府责任,不断提高儿童工作的法制化和科学化水平,我国儿童生存、保护、发展的环境和条件得到明显改善,儿童权利得到进一步保护,儿童发展取得了巨大成就。2011 年颁发了《中国儿童发展纲要(2011—2020 年)》,指出"未来十年,是我国全面建设小康社会的关键时期,儿童教育面临前所未有的发展机遇。贯彻落实科学发展观,将为儿童健康成长创造更加有利的社会环境。制定和实施新一轮儿童发展纲要,将为促进人的全面发展,提高中华民族整体素质奠定更加坚实的基础。"提出 2011—2020 年儿童发展的总目标,发展领域、主要目标和策略措施。

在这期间,除了以上主要政策法规外,党和国家针对我国学前教育实践中出现的一些具体情况,适时颁布了一些其他规范性文件。如为加强幼儿园安全问题,2004 年 8 月颁布了《教育部关于进一步加强幼儿园安全工作的紧急通知》,2005 年 3 月 18 日教育部下发《教育部办公厅关于加强中小学幼儿园校车安全管理的紧急通知》,2006 年 6 月教育部联合公安部等共 10 部门制定发布《中小学幼儿园安全管理办法》,规定了各有关部门对幼儿园安全管理的职责等。为加强幼儿园管理工作,2007 年 9 月教育部颁发《教育部关于加强民办学前教育机构管理工作的通知》,对民办学前教育的审批程序、监管责任、从业人员、校车安全等做出了相应规定等。

从目前指导我国学前教育工作的主要政策法规中,我们可以看出,21 世纪以来,随着我国经济、社会、文化水平的不断提高,国际化程度越来越高,我们的教育理念也发生了很大的变化。我国政府对学前教育越来越重视,所颁布的政策内容更加具体,政策力度也更强,政府也开始更加关注儿童的发展及保护,我国学前教育也呈现出国际化开放的氛围。

五　近十年学前教育政策法规的新发展(2010 年以来)

随着新时代中国特色社会主义建设的空前繁荣与发展,在学前教育实践中不断出现了新的问题,为解决学前教育中出现的新情况和新问题,促进学前教育水平更高质量地发展,近十年国家颁布了一些新的政策法规,使学前教育政策法规体系不断走向完备。具体如下。

(一)《国家中长期教育改革和发展规划纲要(2010—2020 年)》

2010 年 7 月,党中央、国务院颁布《国家中长期教育改革和发展规划纲要(2010—2020 年)》,这是进入 21 世纪以来我国第一个中长期教育规划纲要,是我国教育发展史上的又一里程碑式的文件。该规划纲要把学前教育作为 2010—2020 年教育事业八大发展任务之一,并把学前教育专列一章,提出到 2020 年,在科学保教的基础上,基本普及学前教育的目标,重点发展农村学前教育。该规划纲要体现了国家对学前教育的高度重视,这是国家为实现更高水平的学前教育普及而做出的重大决策。《国家中长期教育改革和发展规划纲要(2010—2020 年)》为我国教育改革发展指明了方向,对于指导我国教育事业在新的历史起点上进行改革,实现新的跨越发展具有重要意义。

(二)《国务院关于当前发展学前教育的若干意见》

为更好地贯彻落实《国家中长期教育改革和发展规划纲要(2010—2020 年)》的文件精神,2010 年 11 月,国务院印发了《国务院关于当前发展学前教育的若干意见》,该意见立足当前,兼顾长远,把积极发展学前教育、着力解决"入园难"问题作为发展学前教育的突破口和紧迫任务。

(三)《学前教育三年行动计划》

幼儿教育政策法规的新发展时期

为认真贯彻落实《国务院关于当前发展学前教育的若干意见》和全国学前教育工作电视电话会议精神,在解决"入园难"的问题上发挥教育行政机构的宏观调控作用,相关教育部门开始在全国范围内实施《学前教育三年行动计划》。《国务院关于当前发展学前教育的若干意见》提出制定和实施《学前教育三年行动计划》,分解年度任务,落实项目经费,以县为单位编制《学前教育三年行动计划》。《学前教育三年行动计划》的主要内容包括三年内的发展现状、发展目标与任务、主要举措及重大工程项目。

2014 年 11 月颁布《教育部 国家发展改革委 财政部关于实施第二期学前教育三年行动计划的意见》(教基二[2014]9 号),决定 2014—2016 年实施第二期学前教育三年行动计划,提出"二期行动计划"的四项重点任务是"扩大总量""调整结构""健全机制""提升质量"。2017 年 4 月发布《教育部等四部门关于实施第三期学前教育行动计划的意见》(教基[2017]3 号),提出要重点扩大普惠性资源,着力破解公办园少、民办园贵的问题,到 2020 年,基本建成广覆盖、保基本、有质量的学前教育公共服务体系。

（四）《3—6岁儿童学习与发展指南》

为深入贯彻《国家中长期教育改革和发展规划纲要（2010—2020年）》和《国务院关于当前发展学前教育的若干意见》，指导幼儿园和家庭实施科学的保育和教育，促进幼儿身心全面和谐发展，2012年10月教育部印发《3—6岁儿童学习与发展指南》（以下简称《指南》），并在其官方网站下发通知要求相关部门贯彻落实。《指南》提出，要珍视游戏和生活的独特价值，创设丰富的教育环境，合理安排一日生活，最大限度地支持和满足幼儿通过直接感知、实际操作和亲身体验获取经验的需要，严禁"拔苗助长"式的超前教育和强化训练。

《指南》以为幼儿后继学习和终身发展奠定良好素质基础为目标，以促进幼儿体、智、德、美各方面的协调发展为核心，通过提出3—6岁各年龄段儿童学习与发展目标和相应的教育建议，帮助幼儿园教师和家长了解3—6岁儿童学习与发展的基本规律和特点，建立对儿童发展的合理期望，实施科学的保育和教育，让儿童度过快乐而有意义的童年。

《指南》从健康、语言、社会、科学、艺术五个领域描述儿童的学习与发展。并按照儿童学习与发展最基本、最重要的内容将每个领域划分为若干方面。每个方面由学习与发展目标和教育建议两部分组成。

（五）《校车安全管理条例》

近年来，"夺命校车"事故频发，为解决儿童校车安全问题，2012年3月28日国务院第197次常务会议通过《校车安全管理条例》，并于2012年4月5日公布施行。该条例对校车的提供者、使用、通行和法律责任等问题做了具体的要求。《校车安全管理条例》的颁布体现了政府对学前教育中具体问题的重视。

（六）《中共中央 国务院关于学前教育深化改革规范发展的若干意见》

2018年11月7日，中共中央、国务院发布了《中共中央 国务院关于学前教育深化改革规范发展的若干意见》。意见指出，学前教育是终身学习的开端，是国民教育体系的重要组成部分，是重要的社会公益事业。办好学前教育、实现幼有所育，是党的十九大作出的重大决策部署，是党和政府为老百姓办实事的重大民生工程，关系亿万儿童健康成长，关系社会和谐稳定，关系党和国家事业未来。

除了以上主要政策法规外，这一时期党和国家根据新时代学前教育发展的特点及要求，颁布了其他一些文件。如为规范幼儿园教育教学工作，2011年12月28日，教育部颁布《教育部关于规范幼儿园保育教育工作 防止和纠正"小学化"现象的通知》；2018年7月4日，教育部办公厅印发《教育部办公厅关于开展幼儿园"小学化"专项治理工作的通知》，严禁幼儿园"教授小学内容，强化知识技能训练"，以规范幼儿园办园行为，科学保教，防止幼儿园"小学化"。为加强幼儿园教师队伍建设，2012年9月20日，教育部等四部门发布了《教育部 中央编办 财政部 人力资源社会保障部关于加强幼儿园教师队伍建设的意见》，进一步明确了幼儿园教师队伍建设的目标,要求建立健全幼儿园教师资格认定、职称评定、待遇保障等制度;2013 年 1 月 8 日,教育部印发了《幼儿园教职工配备标准(暂行)》,要求各地加快核定公办园教师编制,通过特岗计划、接收免费师范生、公开招聘等多种途径,充实幼儿园教师队伍。

以上政策法规的内容与指导精神表明,我国学前教育政策与法规呈现出新的特点:首先,国家更加关注弱势群体,以儿童的全面和谐发展为本,重视农村的学前教育和师资培养及安全问题。其次,学前教育法制体系进一步完善,近年来,国家根据实际问题对一系列的教育法规进行了修订,地方政府也相继出台了有关学前教育的地方性法规。2018 年 9 月 7 日,公布的十三届全国人大常委会立法规划中,学前教育法纳入全国人大常委会立法规划的一类立法项目,目前教育部正在研究起草文本,建立督导问责机制等。最后,学前教育的对象、范围也在不断地扩大。学前教育对象从 3—6 岁儿童延伸到 0—6 岁,国家开始关注 3 周岁前婴幼儿的保育和教育。教育的范围也从幼儿园扩大到家庭和社会。我国学前教育政策法规与时俱进,正在不断地完善与发展。

思考与练习

1. 什么叫学前教育方针?什么叫学前教育政策?两者有什么样的关系?
2. 什么叫学前教育法规?学前教育法规与学前教育政策的区别与联系是什么?
3. 简述改革开放至 21 世纪前有哪几个主要的学前教育政策法规,以及在这一时期学前教育政策法规的发展特点。
4. 结合我国学前教育的现状,谈谈你对学前教育政策法规的认识。

国考聚焦

一、选择题

1. 接送学生的机动车驾驶员应当身体健康,具备相应准驾车型(　　)以上安全驾驶经历,最近 3 年内任一记分周期没有记满(　　)记录,无致人伤亡的交通责任事故。

A. 1 年　3 分　　B. 2 年　6 分

C. 2 年　12 分　　D. 3 年　12 分

【答案】D

【解析】根据 2006 年 9 月 1 日起实施的《中小学幼儿园安全管理办法》第 26 条规定:“接送学生的机动车驾驶员应当身体健康,具备相应准驾车型 3 年以上安全驾驶经历,最近 3 年内任一记分周期没有记满 12 分记录,无致人伤亡的交通责任事故。”

2.《国家中长期教育改革和发展规划纲要(2010—2020 年)》提出,要基本普及学前教育,重视(　　)教育。

A. 0—3 岁婴幼儿　　B. 2—5 岁幼儿

C. 3—6 岁儿童　　D. 4—7 岁学龄前儿童

【答案】A

【解析】根据《国家中长期教育改革和发展规划纲要(2010—2020 年)》所提出的,“积极发展学前教育,到 2020 年,普及学前一年教育,基本普及学前两年教育,有条件的地区普及学前三年教育。重视 0 至 3 岁婴幼儿教育。”

二、简答题

《关于幼儿教育改革与发展的指导意见》对我国新时期的学前教育事业发展提出哪些新的任务?

【参考答案】

(1) 进一步完善幼儿教育管理体制和机制,切实履行政府职责。

(2) 加强管理,保证幼儿教育事业健康发展。

(3) 全面实施素质教育,提高幼儿教育质量。

(4) 加强师资队伍建设,努力提高幼儿教师素质。

(5) 加强领导,保证幼儿教育改革与发展的顺利进行。

第三章
《幼儿园管理条例》解读

学习目标

1. 了解《幼儿园管理条例》的基本结构。
2. 理解《幼儿园管理条例》的基本内容。
3. 能够根据《幼儿园管理条例》的基本精神，指导幼儿园教育实践。

本章阐述了《幼儿园管理条例》的基本结构和内容，并结合相关案例对其进行解读，使学生能够更好地领会其精神，从而指导实践。

第一节　《幼儿园管理条例》概述

案　例

《幼儿园管理条例》只约束管理者吗？

某教师在“学前教育政策法规”课上，正要讲《幼儿园管理条例》，突然听到两名学生小声地争论。学生甲说：“《幼儿园管理条例》是以后当幼儿园园长及幼儿园管理者要学的，我以后又不当园长，学了没有用。”学生乙说：“学习《幼儿园管理条例》，可以提升幼儿教育工作者的专业素质，提高幼儿教师的职业道德水平，只要是幼儿教育工作者都应该学习。”

案例分析：作为幼儿教育工作者，理解《幼儿园管理条例》非常重要，无论是一线的幼儿教师还是幼儿园管理者都需要正确领会《幼儿园管理条例》的精神，来指导其工作。

提出问题：《幼儿园管理条例》包含了哪些内容，对我国当今学前教育的启示有哪些？

《幼儿园管理条例》是遵循《中华人民共和国宪法》和教育基本法的精神，根据中国共产党的教育方针制度，对全国幼儿园进行宏观管理和指导的法规文件。该条例是 1989 年 8 月 20 日经国务院批准，同年 9 月 11 日由中华人民共和国国家教育委员会第 4 号令发布，并于 1990 年 2 月 1 日起施行的行政法规。

一 《幼儿园管理条例》制定的背景及意义

（一）《幼儿园管理条例》制定的背景

中国最早的幼儿教育机构出现在清朝末期，是湖北巡抚端方于1903年在湖北武昌创办的幼稚园（1904年1月，清政府将其改名为武昌蒙养院，也叫武昌模范小学蒙养院）。之后，在长沙、北京、上海等地相继成立了蒙养院。当时，我国大部分幼儿教育机构的教育模式严重抄袭日本。19世纪末20世纪初，由于帝国主义列强对中国侵略的不断加深，民族危机更为严重，清政府宣布实施“新政”，被迫改革。在此背景下，1904年张之洞、张百熙、荣庆等合订了《奏定学堂章程》，为学前教育专门制定了《奏定蒙养院章程及家庭教育法章程》，这是中国近代学前教育的第一个法规，标志着中国学前教育进入一个新的发展阶段。

“五四”新文化运动后，受实用主义教育思想的影响，我国教育领域出现了较大变革，我国学前教育事业较初创时期有了新的发展，在城市和乡村先后出现了一批有较大影响的幼稚园。1922年11月，“北洋军阀政府”教育部颁布《学校系统改革令》，又称《新学制》，首次将幼稚园纳入学校教育体系。1929年9月，陈鹤琴、张宗麟等人起草并拟定了《幼稚园课程暂行标准》并在各省内试验推行，1932年10月，国民政府教育部正式公布《幼稚园课程标准》，这是我国第一个自己制定的统一的幼稚园课程标准，该标准包括幼稚教育总目标、课程范围、教育方法要点三部分。1934年，中华苏维埃共和国中央人民政府内务部颁布了学前教育纲领性文件——《托儿所组织条例》，为老解放区学前教育制度建设打下了良好的基础。

为了加强对幼稚园的管理，1939年12月，国民政府教育部颁布了我国学前教育史上又一部重要法规——《幼稚园规程》，1943年，国民政府教育部对《幼稚园规程》进行了修正，改称为《幼稚园设置办法》，并于同年12月颁布实施。1946年11月，国民政府教育部公布了《国民学校教员检定办法》，规范幼稚师范、幼稚教员任用标准。

新中国成立后，为了切实改革幼儿教育，1951年，中央人民政府教育部制定了《幼儿园暂行规程》并于1952年3月颁布试行。1956年，内务部、教育部、卫生部下发了《关于托儿所幼儿园几个问题的联合通知》，该文件规定了各类型托儿所、幼儿园的经费、人事、房屋设备和日常行政事宜，以及“有关方针、政策、规章、制度、法令、教育计划、教育内容、教育方法、儿童保健等业务，在托儿所的方面，则统一由卫生行政部门领导；”“幼儿园统一由教育行政部门领导”①。1958—1965年，我国学前教育事业经历了一个曲折的发展过程，出现了盲目发展的现象，教育质量大幅度下降，这也阻碍了学前教育理论研究的顺利发展。

改革开放以后，党和政府及时、有力地采取了各种措施，制定了一系列的法规，

---

① 史慧中．中华人民共和国幼儿教育50年大事记（二）[J]，幼儿教育，1999(11):10.

使学前教育逐渐沿着规范化、科学化的道路发展。1979 年 11 月 8 日，教育部颁发了《城市幼儿园工作条例(试行草案)》，该条例规定了托幼机构卫生保健、游戏和作业、保教人员和其他工作人员、编制以及设备等幼儿园相关工作内容；1980 年，卫生部、教育部联合颁发了《托儿所、幼儿园卫生保健制度(试行草案)》，1985 年，卫生部对其进行了修订；1981 年 10 月 31 日，教育部发出《关于试行幼儿园教育纲要的通知》，该通知规定了幼儿园的年龄特点与幼儿园教育任务、幼儿园的内容与要求、教育手段及注意事项等内容；1987 年 3 月，劳动人事部、国家教育委员会联合颁布《全日制、寄宿制幼儿园编制标准(试行)》，该标准规定了幼儿园的班级编制和每个班教师的分配；1987 年 9 月，城乡建设环境保护部、国家教育委员会颁布《托儿所、幼儿园建筑设计规范》(JGJ39 - 1987)，规定了托幼机构的房舍和场地要求，2016 年，住房城乡建设部发布行业标准《托儿所、幼儿园建筑设计规范》(JBJ39 - 2016)，原设计规范同时废止。1987 年 10 月，国务院办公厅转发国家教委等部门《关于明确幼儿教育事业领导管理职责分工的请示》的通知，该请示指出幼儿教育事业“必须在政府统一领导下”，实行“地方负责，分级管理”和“有关部门分工负责的原则”，并规定“有关幼儿教育工作中的重大政策问题，由国家教委牵头，有关部门参加，共同研究”“属于各部门分工的工作，又需同其他部门共同研究的重要问题，由主管部门牵头，有关部门参加”[①]；1988 年 8 月 15 日，国务院办公厅转发了国家教委、国家计委等八个部门颁布的《关于加强幼儿教育工作的意见》；1989 年 8 月 20 日，国务院批准制定了新中国成立后的幼儿教育行政法规——《幼儿园管理条例》(以下简称《条例》)，1989 年 9 月 11 日，国家教育委员会第 4 号令发布了该条例，并对幼儿园的基本条件、行政管理、保教工作等做了规定。1990 年 2 月 1 日起开始实施该条例。

(二)《幼儿园管理条例》制定的意义

学前教育作为终身教育的奠基阶段，在整个教育体系中有重要的价值和意义。随着《条例》的颁布，我国学前教育改革进入一个新的阶段。《条例》是在《中华人民共和国宪法》《中华人民共和国教育法》《中华人民共和国教师法》及相关的学前教育政策法规的基础上形成的，是经国务院批准颁布的新中国成立以来的第一个学前教育法规，具有十分重大的意义。它用法律的形式规定了幼儿园的任务、管理体制与原则、举办幼儿园的条件、保教工作的目标和原则、管理和评估幼儿园的基本依据等，使我国学前教育管理从此跨入了法制化的轨道。

二 《幼儿园管理条例》的基本结构

《条例》分为 6 章共 32 条。其基本的结构为：第一章“总则”，包括 6 条，主要说明本《条例》的制定目的和适用对象，幼儿园保育和教育工作的任务，幼儿园的发展规划，举办幼儿园的方针，幼儿园的管理原则等；第二章“举办幼儿园的基本

---

① 周玉衡，范喜庆．学前教育史[M]．上海：复旦大学出版社，2009：90.

条件和审批程序”，共6条，主要包括幼儿园选址、园舍和设施，幼儿园工作人员的要求，幼儿园的经费来源及幼儿园的等级注册制度的相关规定；第三章“幼儿园的保育和教育工作”，主要包括幼儿园保育和教育工作的规定，幼儿园招生、编班，以及幼儿园相关的卫生、安全保健制度的相关规定；第四章“幼儿园的行政事务”包括各级教育行政部门的管理职责，幼儿园园长的职责，幼儿园收费、财务管理及维护幼儿园园舍环境的规定；第五章“奖励与处罚”，包括教育行政部门和有关部门对单位或个人做出奖励和处罚情况的规定；第六章“附则”规定了《条例》的适用范围、解释机构以及实施时间。

第二节 《幼儿园管理条例》的内涵及实质

《幼儿园管理条例》是国务院批准的由国家教育委员会发布的学前教育法规，对当今教育行政部门及幼儿园的各项工作有积极的指导作用。因此，要领会《条例》精神，真正落实《条例》的各项规定就成为各级政府和幼儿教育工作者的一项重要任务。本节将对《条例》的具体内容进行解析，从而使相关人员更好地了解《条例》的内涵。

一 总则

（一）《条例》颁布的目的及适用对象

（1）为了加强幼儿园的管理，实现科学化和法制化的管理目标，促进幼儿教育事业朝着更好的方向发展，制定了本条例。

（2）“本条例适用于招收三周岁以上学龄前幼儿，对其进行保育和教育的幼儿园。”因此，本《条例》指导的不仅是公办幼儿园、民办幼儿园，还有国有民办的幼儿园及其他类型的幼儿园。

（二）规定幼儿园的任务

“幼儿园的保育和教育工作应当促进幼儿在体、智、德、美诸方面和谐发展。”幼儿园是对3岁以上学龄前幼儿实施保育和教育的机构，幼儿园在保育和教育工作中，应考虑各育因素，在结合中、渗透中同时完成身体上、智力上、品德行为与情感上、美感上等各方面的教育，从而使幼儿各方面实现和谐发展。

（三）明确幼儿园发展规划及办园方针

地方各级人民政府应当根据本地区社会经济发展状况，制定幼儿园的发展规划。幼儿园的设置应当与当地居民人口数量相适应。乡、镇、市辖区和不设区的市幼儿园的发展规划，应当包括幼儿园设置的布局方案。这些规定说明幼儿园的发展规划应结合当地的实际制定。我国地域辽阔，中部、西部、东部在经济发展、人口数量、教育情况及风俗习惯等方面都存在差异，即使是同一区域，城乡之间各方面也存在差异，因此，地方各级人民政府可根据当地的经济状况、人口因素等现状来发展学前教育，使学前教育形式多样化。

地方各级人民政府可以依据本条例开办幼儿园，并鼓励和支持企业事业单位、社会团体、居民委员会、村民委员会和公民开办幼儿园或捐资助园。幼儿园的办园主体呈现“多元化”的特点。各级人民政府可拓宽办园渠道，形成公民并举、城乡共进和民办共助的多元的办园模式。总的来讲，办园要从我国的具体国情出发，坚持因地制宜、实事求是的原则。要采取积极态度，努力创造条件，但不要搞“一刀切”“齐步走”的策略。在办园条件和水平上，应在“坚持基本要求的前提下，对不同地区、不同类型、不同条件的幼儿园，分别提出不同要求。”①

（四）幼儿园的管理原则

幼儿园的管理实行地方负责、分级管理和各有关部门分工负责的原则。国家教育委员会主管全国的幼儿园管理工作；地方各级人民政府的教育行政部门，主管本行政辖区内的幼儿园管理工作。第一，地方负责，即地方政府负责管理，地方要根据国家有关学前教育的法律法规、方针政策、规章制度，结合本地实际情况制定学前教育规划和发展方案，同时对当地幼儿园进行管理。第二，分级管理，国家教育委员会主管全国的幼儿园管理工作，承担着制定国家有关幼儿园的大政方针，实施宏观管理，地方各级人民政府的教育行政部门，主管本行政辖区内的幼儿园管理工作，行使管理教育的权力。第三，部门分工负责，“国家制定有关幼儿教育的法规、方针、政策及发展规划；省级和地（市）级人民政府负责本行政区域幼儿教育工作，统筹制定幼儿教育的发展规划，因地制宜地制定相关政策并组织实施，积极扶持农村及老少边穷地区的幼儿教育工作；促进幼儿教育事业均衡发展；县级人民政府负责本行政区域幼儿教育的规划、布局调整、公办幼儿园的建设和各类幼儿园的管理，负责管理幼儿园园长、教师，指导教育教学工作；城市街道办事处配合有关部门制定本辖区幼儿教育的发展计划，负责宣传科学育儿知识，指导家庭幼儿教育，提供活动场所和设备、设施，筹措经费，组织志愿者开展义务服务；乡（镇）人民政府承担发展农村幼儿教育的责任，负责举办乡（镇）中心幼儿园，筹措经费，改善办园条件；要发挥村民自治组织在发展幼儿教育中的作用，开展多种形式的早期教育和对家庭幼儿教育的指导。”②

二 举办幼儿园的基本条件和审批程序

《条例》第二部分主要对幼儿园的选址、举办的基本条件以及审批的程序做了相应规定。

---

① 吕萍．建国以来我国关于幼儿教育事业发展的政策述评[J]．中国青年政治学院学报，2008(2)：109.

② 吕萍．建国以来我国关于幼儿教育事业发展的政策述评[J]．中国青年政治学院学报，2008(2)：111.

(一) 举办幼儿园的物质环境要求

举办幼儿园必须将幼儿园设置在安全区域内。严禁在污染区和危险区内设置幼儿园。这说明幼儿园的选址要保障幼儿的安全,促进幼儿的健康成长。根据幼儿生理和心理发展的特点,幼儿园的设置应该远离污染区和危险区,保障幼儿呼吸系统、运动系统等健康发展。

举办幼儿园必须具有与保育、教育的要求相适应的园舍和设施。幼儿园的园舍和设施必须符合国家的卫生标准和安全标准。这说明幼儿园要依据幼儿的身心发展特点来修建园舍、安装设施设备和创设环境。幼儿园的园舍和设施既要满足幼儿园保育和教育任务的需要,又要符合国家的卫生要求和安全的要求,以防安全事故的发生,保障幼儿健康成长。

案例

幼儿园园舍卫生安全设施管理执法案例①

某乡中心小学附设幼儿园,因儿童厕所年久失修,改用中心小学室外厕所。该园儿童家长向县教育局反映,要求修复儿童厕所,县教育局将家长反映的情况通知给幼儿园,要求尽快修复儿童厕所,但该幼儿园以种种理由迟迟不予执行。

案例分析:该县教育局在处理问题的过程中认为,兴办幼儿园,应具备良好的卫生条件和确保幼儿安全的必备设施。然而,经调查,该幼儿园将为小学生设计的,每个蹲位两个木制踏板且间距为30cm宽的公共厕所供幼儿使用,违反了国务院《幼儿园管理条例》第8条第2款关于“幼儿园的园舍和设施必须符合国家的卫生标准和安全标准”,以及教育部2016年公布的《幼儿园工作规程》第34条关于“幼儿园应当按照国家的相关规定设活动室、寝室、卫生间、保健室、综合活动室、厨房和办公用房等,并达到相应的建设标准。”的规定,妨害了幼儿的安全与健康。故应根据《幼儿园管理条例》第27条第二项关于对“园舍、设施不符合国家卫生标准、安全标准,妨害幼儿身体健康或者威胁幼儿生命安全的”“由教育行政部门视情节轻重,给予限期整顿、停止招生、停止办园的行政处罚”的规定处理。

(二) 幼儿园工作人员的任职要求和条件

幼儿园工作人员的素质对幼儿园的管理起着决定性作用。幼儿园园长、教师、医师、保健员、保育员和其他工作人员都应接受过专业训练,或经过有关行政部门的考核合格,获得相应的资格才能上岗。幼儿园的工作人员必须有良好的身体素质(慢性传染病、精神病患者,不得在幼儿园工作),具有高尚的职业道德,热爱幼儿,热爱学前教育事业,不断地钻研相关的专业知识,不断地提升自身素质。

① 幼儿园园舍卫生安全设施管理执法案例,http://www.ntce.com,国家教师资格考试网.

案例

疏忽法规埋祸根①

某幼儿园因扩大办园规模,遂向社会公开招聘部分保育员。经过笔试和面试,王某如愿被聘为该园的保育员。经过简单的常规培训后,王某正式上岗,工作期间因灵巧踏实肯干,多次受到领导的肯定和同事的好评。一年后,该园所在的县卫生防疫站对该园教职工实行体检时发现,王某乙型肝炎表面抗原阳性。经追溯检查,方知王某有乙型肝炎病史。据王某讲,幼儿园在招聘时没有询问她有没有传染病史,更没有体检,自己也没有意识到这一问题。幼儿园果断辞退了王某。

本案中幼儿园在招聘保育员时,没有对相关人员身体状况进行检查,导致有乙肝病史的王某担任保育员达一年之久。《幼儿园管理条例》第9条规定:"慢性传染病、精神病患者,不得在幼儿园工作。"该规定明确了幼儿园在招收工作人员时有对其身体健康状况履行检查的义务。本案中该幼儿园因工作疏忽,没有履行自己的法定义务,违反了相关规定。

(三)幼儿园的经费来源

开办幼儿园的单位或者个人必须具有进行保育、教育以及维修或扩建、改建幼儿园园舍与设施的经费来源。根据《中华人民共和国教育法》及有关法规的规定:确立了国家开办的教育机构的经费以国家财政拨款为主、其他多渠道筹措为辅,企业事业组织、社会团体和公民个人依法开办的教育机构经费由开办者负责筹措、政府适当补助的筹措体制。公办幼儿园开办者是地方各级人民政府或其他行政部门,经费以财政拨款为主,同时还可以通过"其他多种渠道"为所办幼儿园筹措资金;企业事业组织、社会团体和公民个人等开办幼儿园的必须投入必备办园资金和稳定的经济来源,以保证幼儿园保育、教育工作以及改善幼儿园条件的需要。

(四)幼儿园登记注册制度

国家实行幼儿园登记注册制度,未经登记注册,任何单位和个人不得举办幼儿园。规定我国幼儿园的设置实施登记注册制度,其实质是确定申请者所办的教育机构的法律地位。登记注册主要是指主管部门对申请者提交的申请设立教育机构的报告进行审核,符合法律规定和设置标准的予以登记注册,使其办学合法化;不符合法律规定、设置标准的,予以拒绝,并告知申请者。

《条例》还规定城市幼儿园的举办、停办,由所在区、不设区的市的人民政府教育行政部门登记注册。农村幼儿园的举办、停办,由所在乡、镇人民政府登记注册,并报县人民政府教育行政部门备案。

---

① 改编自孙明. 疏忽法规埋祸根[J]. 早期教育(教师版),2004(2):36.

三 幼儿园的保育和教育工作

《条例》第三部分对幼儿园的保育和教育工作进行了相关规定:幼儿园的保育和教育贯穿于幼儿园管理的全过程,幼儿园既要重视保育,又要重视教育,以促进幼儿全面和谐发展;幼儿园的招生、编班应当符合教育行政部门的规定;幼儿园应当以游戏作为基本活动形式;严禁体罚和变相体罚幼儿;幼儿园应做好卫生保健和安全防护工作。

(一) 贯彻保教结合的原则

幼儿园应当贯彻保育与教育相结合的原则,创设与幼儿的教育和发展相适应的和谐环境,引导幼儿个性的健康发展。该原则说明根据幼儿的发展特点,幼儿园保育和教育是不可分割的,保育与教育相结合,是保证幼儿全面发展的前提。幼儿的健康成长既要强调保育,又要重视教育,因为只有在保障幼儿的身体健康的基础之上,才能更好地培养幼儿良好的生活、卫生习惯;才能促进幼儿智力的发展;培养幼儿的爱国情感及良好的品德行为。要实现保教结合,保育员和教师之间要团结合作,共同制定保教计划,寓保教结合于每日生活之中,共同促进幼儿体、智、德、美等全面和谐发展。

(二) 幼儿园的招生、编班的规定

“幼儿园是对 3 周岁以上的学龄前幼儿实施保育和教育的机构。”①幼儿园的教育对象是 3 岁至上小学前的幼儿。幼儿园的招生、编班应依据教育行政部门的有关规定。

(三) 幼儿园应当以游戏为基本活动形式

《条例》第 16 条规定:幼儿园应当以游戏为基本活动形式。幼儿园可以根据本园的实际,安排和选择教育内容与方法,但不得进行违背幼儿教育规律,有损于幼儿身心健康的活动。事实上,游戏是学前儿童的主要活动,对学前儿童有特殊的价值。游戏可以促进学前儿童身心的发展,给儿童带来积极愉快的情绪,发展幼儿的社会性以及满足幼儿好奇、探索的愿望。幼儿园在选择教育内容时一方面要考虑幼儿的身心发展规律,另一方面,应尽力在园内为幼儿创设具有本土文化特色的环境,以对幼儿进行潜移默化的熏陶。②

---

① 梁志燊. 学前教育学[M]. 北京:北京师范大学出版社,1998:217.

② 石华勋. 现代幼儿教师专业成长阶梯[M]. 重庆:西南师范大学出版社,2002:5.

案例

幼儿园保育管理执法案例①

某市某区第三幼儿园为参加一项比赛，组织该园中班、大班幼儿练团体操。每天在室外排练3小时，排练期间不许幼儿小便，致使个别幼儿体力不适，直至晕倒。

案例分析：区教育局在处理过程中认为，幼儿园的保育和教育工作应当遵循幼儿身心发展规律，促进幼儿在体、智、德、美诸方面和谐发展。然而，该幼儿园组织幼儿排练团体操，打乱了幼儿的生活常规，违反了国务院《幼儿园管理条例》第16条关于"幼儿园应当以游戏为基本活动形式。幼儿园可以根据本园的实际，安排和选择教育内容与方法，但不得进行违背幼儿教育规律，有损于幼儿身心健康的活动"及教育部2016年公布的《幼儿园工作规程》第22条"不得限制幼儿便溺的次数、时间等"，第26条"幼儿一日活动的组织应当动静交替，注意幼儿的直接感知、实际操作和亲身体验，保证幼儿愉快的、有益的自由活动"的规定，故应根据《幼儿园管理条例》第27条关于对"教育内容和方法违背幼儿教育规律，损害幼儿身心健康的"，"由教育行政部门视情节轻重，给予限期整顿、停止招生、停止办园的行政处罚"的规定处理。

（四）幼儿教师应具有良好的职业道德，严禁体罚和变相体罚幼儿

禁止对儿童体罚是世界各国所关心的重要人权议题。1948年，联合国大会通过世界人权宣言，揭示任何人均不应受到残忍、不人道或羞辱性的对待或处罚。1985年，欧洲理事会（Council of Europe）的最高决策机构理事会（the Committee ministers）首次提议终止对儿童体罚，迄今46个会员国中已有超过1/3的会员国赋予儿童平等权，禁止对儿童体罚。我国教育部已发布了禁止对学生体罚或变相体罚的指示，《中华人民共和国义务教育法》《中华人民共和国未成年人保护法》和《中华人民共和国教师法》中也都明确规定禁止体罚和变相体罚学生的行为。②《条例》第17条规定：严禁体罚和变相体罚幼儿。幼儿园教师是履行幼儿园教育工作职责的专业人员，需要经过严格的培养与培训，具有良好的职业道德，热爱学前教育事业，具有职业理想，践行社会主义核心价值体系，履行教师职业道德规范。关爱幼儿，尊重幼儿人格，富有爱心、责任心、耐心和细心；为人师表，教书育人，自尊自律，严禁体罚和变相体罚幼儿。

---

① 幼儿园注册管理执法案例．http://www.ntce.com，国家教师资格考试网．

② 甘永涛．美国学校体罚与管教之新探[J]．外国中小学教育，2012(3)：43.

案例

幼儿园教师管理执法条例[①]

吉林省某县新(个体)幼儿园教师刘某因教育方法不当,对本园幼儿李某长期责骂、恐吓,造成李某夜间惊恐啼哭。

案例分析:县教育局在处理过程中认为,刘某变相体罚幼儿的行为属实,该行为违反了《中华人民共和国教师法》及国务院《幼儿园管理条例》第 17 条关于“严禁体罚和变相体罚幼儿”的规定,故应依据《中华人民共和国教师法》第 37 条和《幼儿园管理条例》第 28 条第 1 项关于“体罚或变相体罚幼儿的”,“由教育行政部门对直接责任人员给予警告、罚款的行政处分”的规定处理。在处罚时,应根据该幼儿园所在行政区域的教育规章《吉林省个体幼儿园管理暂行办法》第 26 条第 1 项关于“违反本规定有关条款而造成后果的”,“由教育行政部门会同工商、公安、卫生等有关部门分别给予行政处罚”,第 27 条关于“处罚可分以下六种(也可几种并罚),(一)警告并限期改进;(二)罚款五十至五百元,(三)赔偿经济损失(含医药费、误工工资及其他费用);(四)责令停业整顿,(五)吊销《备案证》《卫生许可证》和《营业执照》”的规定处理。

(五) 幼儿园应建立安全卫生保健制度

《条例》第 18 ~ 21 条对幼儿园的安全保健工作做了一系列规定,其要求是将幼儿的生命安全放在首位。目前,保护幼儿的健康和安全是幼儿园工作的重中之重,幼儿园应当结合本园实际建立卫生保健制度,制订适合本园(所)的卫生保健工作制度和年度工作计划,定期检查卫生保健制度的落实情况。加强幼儿园的传染病预防控制工作。做好入园儿童预防接种证的查验,配合有关部门按时完成各项预防接种工作。建立儿童传染病预防控制制度,做好晨午检,儿童缺勤要追查,因病缺勤要登记。明确传染病疫情报告人,发现传染病病人或疑似传染病病人要早报告、早治疗,并要对相关班级做重点消毒管理。做好幼儿园内环境卫生、日常卫生和消毒工作。

案例

吉林辽源一幼儿园发生食物中毒事件[②]

2012 年 7 月 5 日,吉林省辽源市毓秀幼儿园(一所民营幼儿园)的儿童不同程度地出现食物中毒症状,患儿主要表现为发热、呕吐、腹痛、腹泻。10 日上午,经过权威部门检验,初步确定为食物中

---

① http://www.ntce.com,国家教师资格考试网.

② 吉林辽源一幼儿园发生食物中毒事件.http://www.chinanews.com/[2019 - 4 - 8].

毒,致病菌为肺炎克雷伯菌,系食用午餐红烧土豆条和白菜炖豆腐两菜品所致,当地卫生部门对感染源做了进一步调查。据了解,从事发到10日上午,毓秀幼儿园到辽源市各类医院累计就诊儿童为276人,绝大部分是在辽源市妇婴医院进行医治,其中住院129人,夜间留院患儿11人,111人白天在医院治疗,晚上回家,无危重患儿,经治疗,80%患儿症状基本消失,已有7名患儿出院。

事情发生后,辽源市委、市政府立即启动了应急预案。由辽源市食安办、卫生局、食药监局、公安局等相关部门成立应急处置指挥部,组织现场检查、留样送检等工作,将相关留样迅速送往吉林省有资质的部门进行检测。派出辽源市疾控中心对相关464人进行流行病学调查,按照法定时间要求对25个样品进行72小时的细菌培养和检测。吉林省公安厅物证鉴定中心对辽源市公安局送来的当日午餐食物进行理化检验,于7月9日得出结论,排除人为投毒可能。

经过吉林省、辽源市两级专家鉴定,7月10日上午已得出鉴定结论:毓秀幼儿园事件为食物中毒,致病菌为肺炎克雷伯菌,该致病菌对患儿治愈后无后遗症,感染物为毓秀幼儿园午餐的菜品红烧土豆条和白菜炖豆腐,当地卫生部门会对感染源做进一步调查。

四 幼儿园的行政事务

《条例》第22~25条对各级教育行政部门职责、幼儿园园长负责制、幼儿园收费及财务管理和幼儿园园舍环境做了相关规定。

(一) 教育行政部门的职责

"学前教育管理体制在我国学前教育事业发展中起着领导、组织、协调、监控、保障、推动等重要作用,是保障政府切实履行发展学前教育事业职责的必备条件和保障学前教育事业健康发展的关键。"①因此,明确教育行政部门的职责非常重要。《中华人民共和国教育法》第15条规定:"国务院教育行政部门主管全国教育工作,统筹规划、协调管理全国的教育事业。县级以上地方各级人民政府教育行政部门主管本行政区域的教育工作。"《条例》明确了各级教育行政部门对幼儿教育的管理职能。《条例》第22条规定:"各级教育行政部门应当负责监督、评估和指导幼儿园的保育、教育工作,组织培训幼儿园的师资,审定、考核幼儿园教师的资格,并协助卫生行政部门检查和指导幼儿园的卫生保健工作,会同建设行政部门制定幼儿园园舍、设施的标准。"

1987年10月15日,国务院办公厅转发国家教委等部门《关于明确幼儿教育事业领导管理职责分工的请示的通知》,该请示明确规定了教育行政部门的职责:①制定有关幼儿教育工作的方针、政策、指示,拟订行政法规和重要的规章制度;②拟订幼儿教育事业发展方针,综合编制事业发展规划;③负责对各类幼儿园的业务领导,建立视导和评估制度;④组织培养和训练各类幼儿园的园长、教师,建立园长、教师考核和资格审定制度;⑤办好示范性幼儿园;⑥指导幼儿教育科学研究工作。

---

① 庞丽娟,范明丽. 当前我国学前教育管理体制面临的主要问题和挑战[J]. 教育发展研究,2012(4):39.

案例

一个明智的举措①

1995年3月，雅安市某幼儿园接受了上级行政部门交给的接待外省市两位幼儿教育专家来园观摩半日活动的任务。按照以往的做法，园长将指定特级教师张××、高级教师王×做准备，大多数教师则采取事不关己的态度，个别教师还会发牢骚："园长眼里没有咱！"然而，在幼儿教育改革不断深入发展的新形势下，园长认识到：只依靠个别教师"撑门面"是不行的，幼儿园的各项工作要有全体教师积极参与，才能不断开创新局面，全面提高保教质量。园长决定借此机会，在幼儿园开展一次"抢任务"的活动。园长召开了全体教师会议，进行动员，讲明活动的目的、意义、方法及其步骤。她在会上宣布："抢"到并完成任务者有功，将记录在案，给予一定的奖励。然后组织教师进行讨论，在达成共识的情况下开始实施。很快，便有2/3以上的教师在教研组内自荐半日教育活动的计划。经过由各教研组然后到幼儿园的程序，推选出两位青年教师杨×和程×承担任务。园长进一步提出要求：全体教师要树立幼儿园工作的整体性观念，支持并且协助两位青年教师完成任务。接待日到来，两位青年教师组织的两个幼儿班的教育活动内容丰富，生动新颖，使能力不同的幼儿均能够积极主动参与活动，并且在不同程度上得到一定的发展。专家及领导称赞她们"素质好""创造性地实现了教育活动的目标"。园长在总结此项工作时，要求并鼓励全体教师：在今后的各项工作中，要不断更新教育观念，树立"抢任务"的光荣感、使命感，练就扎实的业务功底，积极参加竞争，不断创建业绩。一周过去了，一些教师的心情仍然不能平静。有的教师说："下次要看我的了！"

（二）园长负责制

《条例》第23条规定："幼儿园园长负责幼儿园的工作"。幼儿园园长由举办幼儿园的单位或个人聘任，并向幼儿园的登记注册机关备案。幼儿园的教师、医师、保健员、保育员和其他工作人员，由幼儿园园长聘任，也可由举办幼儿园的单位或个人聘任。幼儿园实行园长负责制，是加强幼儿园科学管理，发挥管理效能，提高保教质量的重要举措。

园长负责制是指幼儿园在上级主管部门的领导下，以园长全面负责为核心，同党支部监督、教职工民主管理有机结合，为实现幼儿园工作目标，充分发挥行政领导职能的三位一体的管理方式。园长负责制是一个结构的概念，它反映的是园内领导关系的结构方式。幼儿园园长是幼儿园的负责人，在幼儿园处于核心地位，是幼儿园的法人代表，对内全面领导保育、教育和行政工作，向全体教职工、幼儿负责；对外代表幼儿园，向举办者、家长和社区负责。园长负责制明确了园长对幼儿园工作有最高行政权。即园长有决策指挥权、用人权、奖惩权、用财权。但幼儿园实行园长负责制并不意味着园长的权力不受约束，幼儿园应当有如教代会和园务会等组织形式的民主管理和监督机制加以制约。如《中华人民共和国教师法》第

① 刘苏．一个明智的举措——谈激励幼儿教师的精神需要[J]．学前教育研究，1997(3)：44.

39条："教师对学校或者其他教育机构侵犯其合法权益的，或者对学校或者其他教育机构作出的处理不服的，可以向教育行政部门提出申诉，教育行政部门应当在接到申诉的三十日内，作出处理"。

案例

扣发工资引起的纷争①

某县教育局直属幼儿园为了扩大招生规模，决定对原有园舍进行扩建改造，多次向教育局申请拨款，但教育局由于财政紧张只下拨了小部分款项。园长遂决定采取财政拨一点、自己掏一点、社会捐资一点的办法对园舍进行装修改造。在教育局下拨款项、社会捐助资金到位的情况下，离预算还缺部分资金，园长号召幼儿园职工勒紧裤带，每月从每人工资中扣除部分用于改造园舍，今后再逐月归还。部分教师不服告到教育局，最后，在当地劳动行政部门的调解下，该幼儿园园长意识到自己的错误，停止了强制克扣教师工资的行为，补发了之前克扣的工资，并对教师赔礼道歉。至此这一事件得到圆满解决。

案例分析：《中华人民共和国劳动法》第91条规定：用人单位克扣或者无故拖欠劳动者工资的由劳动行政部门责令支付劳动者的工资报酬、经济补偿，并可以责令支付赔偿金。《中华人民共和国教师法》第7条规定：教师有按时获取工资报酬，享受国家规定的福利待遇以及寒暑假期的带薪休假的权利。本案中园长改善园舍硬件环境，扩大招生规模的初衷是好的，但在没有征得全体教职工同意的情况下强行从其工资中扣除部分用于园舍扩建，侵害了教职工获取劳动报酬的权利。

（三）幼儿园收费及财务管理

《条例》第24条规定："幼儿园可以依据本省、自治区、直辖市人民政府制定的收费标准，向幼儿家长收取保育费、教育费。"幼儿园教育属于非义务教育，《中华人民共和国教育法》规定幼儿园可以向幼儿家长收取费用，使他们合理分担一部分教育成本。家长送子女入幼儿园应负担一定的保育、教育费用。但各级幼儿园的收费项目、标准和办法应根据各级教育行政部门的规定，坚决杜绝乱收费现象。《中华人民共和国教育法》指出："各级人民政府及其有关行政部门应当加强对学校及其他教育机构经费的监督管理，提高教育投资效益。"《条例》规定"幼儿园应当加强财务管理，合理使用各项经费，任何单位和个人不得克扣、挪用幼儿园经费。"幼儿园的经费必须在规定的合理范围内使用，任何单位和个人不得克扣、挪用幼儿园经费。幼儿园要建立健全财务管理制度，严格财务纪律，加强经费管理；同时接受财务、审计部门的监督检查，包括预算执行的监督、收入的监督、定员定额的监督、开支标准的监督等。

（四）幼儿园园舍环境的要求

幼儿园的保教对象是3—6岁的儿童，他们的生长发育处于非常重要的时期，

① 孙明．扣发工资起纷争[J]．早期教育，2005(3)：29.

占、破坏幼儿园园舍、设备的”,“由教育行政部门对直接责任人员给予警告、罚款的行政处罚,或者由教育行政部门建议有关部门对责任人员给予行政处分”的规定处理。

五 奖励与处罚

《条例》第26~29条主要涉及有关幼儿园奖励和处罚的具体规定。

(一) 奖励

《条例》第26条规定了教育行政部门及有关部门给予奖励的情况,任何单位和个人改善幼儿园办园条件成绩显著的,保育和教育工作成绩突出的,以及幼儿园管理工作成绩出色的都应该给予奖励。

(二) 处罚

《条例》第27、28条规定了处罚的情形及处罚的具体方式即行政处罚、行政处分、追究刑事责任。

第27条规定:违反本条例,“未经登记注册,擅自招收幼儿的”“园舍、设施不符合国家卫生标准、安全标准,妨害幼儿身体健康或者威胁幼儿生命安全的”“教育内容和方法违背幼儿教育规律,损害幼儿身心健康的”“由教育行政部门视情节轻重,给予限期整顿、停止招生、停止办园的行政处罚”。

案例

擅自办园属违规①

某企业为了解决职工的后顾之忧,经职代会研究通过,在企业生活区专辟场所,建立一所幼儿园,并从社会上招聘了幼儿教师及保健员、保育员,免费为本企业的职工子女提供服务。由于企业职工较多,职代会同时决定该园不对本企业职工以外的家庭招生,幼儿园的举办受到了广大职工的欢迎与好评。半年后当地行政部门在检查中发现该园没有依法登记,遂做出了停止办园的处罚决定。企业领导认为幼儿园系企业自己出资为解决职工困难而建立的,并不以营利为目的,且不对外招生,相当于本企业的一个部门,教育部门无权干涉。

案例分析:本案中该企业为解决职工的困难,出资兴办幼儿园的想法初衷是非常好的,但其“办园已由职代会通过,教育部门无权干涉”的观点是违背《幼儿园管理条例》规定的。《条例》第11条明确指出:“国家实行幼儿园登记注册制度,未经登记注册,任何单位和个人不得举办幼儿园”,第27条规定:“未经登记注册,擅自招收幼儿的”“由教育行政部门视情节轻重,给予限期整顿、停止招生、停止办园的行政处罚。”由此可见,当地教育行政部门的处罚是合法有据的。

---

① 孙明. 擅自办园属违规[J]. 早期教育,2004(1):23.

案 例

擅自办园属违规①

某企业为了解决职工的后顾之忧，经职代会研究通过，在企业生活区专辟场所，建立一所幼儿园，并从社会上招聘了幼儿教师及保健员、保育员，免费为本企业的职工子女提供服务。由于企业职工较多，职代会同时决定该园不对本企业职工以外的家庭招生，幼儿园的举办受到了广大职工的欢迎与好评。半年后当地行政部门在检查中发现该园没有依法登记，遂做出了停止办园的处罚决定。企业领导认为幼儿园系企业自己出资为解决职工困难而建立的，并不以营利为目的，且不对外招生，相当于本企业的一个部门，教育部门无权干涉。

案例分析：本案中该企业为解决职工的困难，出资兴办幼儿园的想法初衷是非常好的，但其"办园已由职代会通过，教育部门无权干涉"的观点是违背《幼儿园管理条例》规定的。《条例》第11条明确指出："国家实行幼儿园登记注册制度，未经登记注册，任何单位和个人不得举办幼儿园"，第27条规定："未经登记注册，擅自招收幼儿的""由教育行政部门视情节轻重，给予限期整顿、停止招生、停止办园的行政处罚。"由此可见，当地教育行政部门的处罚是合法有据的。

《条例》第28条规定体罚或变相体罚幼儿的；使用有毒、有害物质制作教具、玩具的；克扣、挪用幼儿园经费的；侵占、破坏幼儿园园舍、设备的；干扰幼儿园正常工作秩序的；在幼儿园周围设置有危险、有污染或者影响幼儿园采光的建设和设施的，均应由教育行政部门对直接责任人员给予警告、罚款的行政处罚，或者由教育行政部门建议有关部门对责任人员给予行政处分。另外，前款所列的情形情节严重，构成犯罪的，由司法机关依法追究刑事责任。

案 例

教师剪去幼儿手指，刑事处罚罪难逃②

浙江省某幼儿园，一位年轻教师正在给孩子们上课，期间有两名幼儿很不听话，一直在争抢一个玩具。为此，该教师几次停下来训斥俩幼儿，叫他们不要再争吵了。但稍隔片刻，争抢又开始了。老师十分恼怒："谁再吵，我就剪掉他的手指头，看你们再敢吵？"可是未过几分钟，俩孩子又在争夺玩具了。教师此时竟然真的拿来了一把剪刀冲了上去，抓住一个孩子的手，干净利落地将其食指剪去了一节。鲜血从剪断的手指涌出，孩子痛得大哭大叫。这时她恍然大悟，不该伤害孩子啊。但为时已晚，断指已经落地。几经周折，待园方获得情况后，迅速将孩子送往医院。由于时间的耽搁，孩子的手将残废。法律将如何处置这位教师呢？

案例分析：这是一桩轰动全国的幼儿剪指案，属于故意伤害行为，依照刑法第234条的规定，"故意伤害他人身体的，处三年以下有期徒刑、拘役或管制。"根据我国刑法总则关于犯罪构成要

① 孙明．擅自办园属违规[J]．早期教育，2004(1)：23.

② 童宪明．教师剪去幼儿手指，刑事处罚罪难逃[J]．山东教育，2003(6)：21.

件的规定：第一，从犯罪主体上分析，行为人是否达到刑事责任年龄并具有刑事责任能力。如果行为人尚未达到刑事责任年龄，或者不具有刑事责任能力，那么，其严重危害社会的行为就不构成犯罪。第二，从犯罪的主观方面分析，观察行为人是否出于故意或者过失，从而把犯罪与意外事件区别开来，如果行为人在客观上虽然造成了损害结果，但不是出于行为人的故意或过失，而是由于不能抗拒或者不能预见的原因所引起的，不认为是犯罪。第三，从犯罪客体来看，行为人侵犯的客体是否为刑法所保护的对象，如果侵犯的客体不是刑法保护的对象，就不构成犯罪。

结合本案，对犯罪主体进行分析，行为人——年轻教师已满18周岁，是成年人且精神正常，具有刑事责任能力。从客体上分析，剪去幼儿手指，其行为侵犯的客体是幼儿的生命健康权，是刑法所保护的对象，而且其行为和结果是有直接因果关系的；从主观上分析，教师有伤害幼儿的故意，她在几次阻止幼儿争吵后，曾扬言："谁再吵，我就剪掉他的手指。"她也明白剪去手指的后果是残疾，其主观故意是十分确定的。这一行为带来的社会危害很大，社会影响是相当恶劣的，她的行为极大地损坏了幼儿园的名声，更损坏了幼儿教师的形象，降低了教师的人格。

《条例》第29条规定："当事人对行政处罚不服的，可以在接到处罚通知之日起十五日内，向作出处罚决定的机关的上一级机关申请复议，对复议决定不服的，可在接到复议决定之日起十五日内，向人民法院提起诉讼。当事人逾期不申请复议或者不向人民法院提起诉讼又不履行处罚决定的，由作出处罚决定的机关申请人民法院强制执行。"

六 附则

《条例》第30条规定："省、自治区、直辖市人民政府可根据本条例制定实施办法。"该条款强调《条例》是给各地区幼儿园管理提供纲领性指导，各省、自治区、直辖市人民政府要遵循因地制宜的原则，结合各自管辖区域的实际情况，制定不同的实施办法和实施细则。如北京、上海、广州等地已经认识到结合当地实际建立地方幼教行政法规和原则是贯彻《条例》的基础，各教育行政部门依据《条例》的基本精神，制定了许多幼儿园管理办法，使幼儿园的管理日渐科学化、法制化、规范化，从而提高了幼儿教育的质量。

《幼儿园管理条例》是遵循我国宪法和教育基本法的精神，根据党的教育方针而制定的对全国幼儿园教育进行宏观管理的法规文件。本章主要结合案例对《幼儿园管理条例》进行了解读和分析，以便我们更好地了解该法规文本的内涵实质和思想精髓。对于幼儿教育工作者来说，学习和贯彻《幼儿园管理条例》是一件大事，它对我国幼教事业的发展有较大的指导作用。

思考与练习

1.《幼儿园管理条例》确立的我国幼儿园的管理体制有何特征？

2.《幼儿园管理条例》对开办幼儿园的保育、幼儿教育、医务和其他工作人员有哪些规定？

3.《幼儿园管理条例》对幼儿园的保育和教育工作有哪些规定？

国考聚焦

选择题

1. 制定目的在于加强幼儿园科学管理，促进幼儿教育事业发展的法规是（　　）。

A.《幼儿园工作规程》　　B.《幼儿园管理条例》

C.《托儿所、幼儿园卫生保健制度》　　D.《中华人民共和国未成年人保护法》

【答案】B

【解析】《幼儿园管理条例》第1条规定：为了加强幼儿园的管理，促进幼儿教育事业的发展，制定本条例。

2.（2016年下半年真题）孙某和张某共同举办了一家具有法人资格的幼儿园，由张某担任园长，该幼儿园的法人代表是（　　）。

A. 张某　　B. 孙某　　C. 孙某和张某　　D. 教职工大会

【答案】A

【解析】《中华人民共和国教育法》第32条规定："学校及其他教育机构具备法人条件的，自批准设立或者登记注册之日起取得法人资格。"《幼儿园管理条例》规定："幼儿园园长负责幼儿园的工作。幼儿园园长由举办幼儿园的单位或个人聘任，并向幼儿园的登记注册机关备案。"幼儿园园长代表幼儿园行使民事权利，故幼儿园园长是幼儿园的法人代表。

第四章 《幼儿园工作规程》解读

学习目标

1. 了解《幼儿园工作规程》产生的时代背景。
2. 熟悉《幼儿园工作规程》的结构和意义。
3. 掌握《幼儿园工作规程》的基本内容。
4. 研究《幼儿园工作规程》并贯彻实施。

为适应我国幼儿教育事业发展的需要，进一步加强幼儿园的科学管理，规范办园行为，提高保育和教育质量，教育部依据《中华人民共和国教育法》等法律法规制定了《幼儿园工作规程》（以下简称《规程》，于 2016 年 3 月 1 日起实施）。《规程》是我国幼儿园管理的重要行政法规，规定了国家对幼儿园的基本要求和管理的基本原则，是相关部门管理幼儿园的基本依据。各级教育部门、幼儿园要积极贯彻《规程》，推动幼儿园的全面改革，提高幼儿园管理水平和保教质量，使幼儿园管理逐步走上依法治教的轨道。幼儿园教师要认真学习《规程》，真正把握其内涵，提高自身素质和理论水平，有效推动幼儿教育工作规范有序地开展。

第一节 《幼儿园工作规程》概述

案例

幼儿园班额过大引发纠纷①

金太阳幼儿园系著名的公办幼儿园，生源年年爆满。为了满足家长的需求，该园不断扩大班额，现如今每班人数都在 45 人以上，10 个班总人数 450 人以上。另外，该园因教师人数不足，就

① 张天军．幼儿园“大班额”问题的法律分析与思考[J]．早期教育：教师版，2012(3)．

招聘了一批幼师实习生顶岗工作。

某天，实习生刘某组织户外活动时玩手机，忽视了多名幼儿挤在大型玩具上相互嬉戏的场景，致使幼儿之间因为拥挤与打闹发生了摔伤事故，其中4名幼儿摔伤严重。又因为全园只有一名保健医生，4名幼儿没有被及时救治，致使伤情恶化，引起了家园的法律纠纷。

案例分析：金太阳幼儿园违反《幼儿园工作规程》的规定，班额严重超标，致使教师在管理过程中难以兼顾到每名幼儿，加之有的幼师实习生对本职工作不专心，以致增加了幼儿受伤害的可能性。金太阳幼儿园存在过错，应负一定的法律责任。

幼儿园班额过大不仅会影响幼儿受教育的质量，也会影响幼儿的安全和健康，政府相关部门应加大对班额过大的幼儿园的整治力度。比如，对未按规定超额招生的幼儿园要进行一定的控制与惩戒，同时加强班额监控，建立班额、保健医生、教师状况报告制度，以此防微杜渐。

相关链接

2016版《幼儿园工作规程》第11条规定："幼儿园规模应当有利于幼儿身心健康，便于管理，一般不超过360人。幼儿园每班幼儿人数一般为：小班(3周岁至4周岁)25人，中班(4周岁至5周岁)30人，大班(5周岁至6周岁)35人，混合班30人。寄宿制幼儿园每班幼儿人数酌减。幼儿园可以按年龄分别编班，也可以混合编班。"

一 《幼儿园工作规程》产生的时代背景

《幼儿园工作规程》是我国第一部比较完整的有关幼儿园管理的行政规章，它是从我国的国情出发，结合幼儿教育的实际，为建立有中国特色的社会主义学前教育而制定的，《规程》的实施推动了我国学前教育事业沿着规范化、法制化的方向发展。

（一）国外学前教育发展的实践启示

埃德加·富尔主持的联合国教科文组织委员在《学会生存》中指出，"学前教育是一切教育、文化政策基本的先决条件"。纵观世界学前教育的发展，各国政府对学前教育的重视并非一开始就有的，而是经历了一个较为漫长的过程。虽然学前教育机构产生于18世纪，但其地位直到第二次工业技术革命之后才逐渐被各国以立法的形式得以确立。1990年，联合国在"世界儿童问题首脑会议"后发表了《儿童生存、保护和发展世界宣言》，制定了《执行1990年儿童生存、保护和发展宣言的行动计划》，向全世界呼吁："让每个儿童有更好的未来。"让全世界开始真正关注、尊重儿童的生存、权利和福利，让儿童在和平、尊严、宽容、自由、平等和团结的精神环境下成长。①

20世纪80年代以来,加强学前教育正逐渐成为世界未来教育的主要目标之一。许多国家把学前教育作为整个教育的基础,并依据教育学、心理学、生理学和保健学等方面取得的科研成果,尝试新的改革,以促进本国学前教育的发展。随着世界科学技术的发展、人类文明的进步和社会改革浪潮的推动,人们逐渐加深了对学前教育的理解。创造高质量的学前教育,促进儿童身心全面和谐地发展,是20世纪80年代以来世界各国学前教育改革的共同目标。学前教育目标从重视保护儿童的生存,让幼儿学会生存,到强调让幼儿充分活动,让幼儿学会学习,直到现在提出的培养"完整儿童"的教育目标,这一变化过程充分反映了学前教育理念的发展与革新。人们普遍认识到:学前教育不能仅为小学教育打基础,而应让儿童学会生存、求知和关心,是整个人生发展的基础。② 这些思想对学前教育的发展产生了重大的影响。

为了促进学前教育的发展,各国都广开门路,采用不同的方式,加大对学前教育投资的力度。政府的财政投入是促进学前教育发展的重要保障和必要条件。作为"准公共产品"的学前教育,要想使大多数儿童能受益,就必须依靠政府有效的财政支持。如日本不断提高学前教育经费的投入比例,1990年比1985年增长了27%,1993年又比1990年增长了8%。直到现在,日本政府对教育的支出比例依然在增长。③ 美国学前教育事业发展的一个明显趋势就是政府对学前教育事业的拨款在持续增加,而且增加幅度不断加大,可以说,立法保障投入是美国学前教育规模不断扩大、质量稳步提升的重要原因之一。

为了推动学前教育的普遍发展,世界各国,都在运用适当的策略,积极创造条件,兴办各种各样的学前教育机构。在美国,主要学前教育机构有托儿所、儿童保育中心、幼儿园、学前班、蒙台梭利学校、早期补偿教育中心等;在英国,学前教育机构主要有幼儿学校、幼儿班、日托中心、游戏小组、幼儿保育学校等;在瑞典,主要学前教育机构有日托中心、托管中心、学前教育中心、家庭日托、儿童护理中心、公园游戏场所、玩具图书馆等;在澳大利亚,主要学前教育机构有学前教育中心、儿童保育中心、家庭日托、游戏小组等;在南非,主要学前教育机构有保育中心、游戏小组、小学预备学校、母亲日托等。多样化的学前教育机构,满足了社会不同层次的需要,也促进了学前教育的不断发展。④

学前教育发展的关键不仅仅是资金和设备,更重要的是教师和儿童,世界上许多国家都把培养师资看作学前教育发展与提高的基石。教师素质的优劣,直接关系到学前教育的质量以及学前教育事业的可持续发展。为了培养高质量的学前教育师资,提高教师的职业素养,许多国家都采取了一系列行之有效的措施。美国政府正是意识到了教师问题在发展学前教育事业中的重要性,意识到了政府在教师发展问题上无法推卸的重要职责,近年来,特别是进入21世纪后,以法律形式大力

---

① 中国学前教育发展战略研究课题组. 中国学前教育发展战略研究[M]. 北京:教育科学出版社,2010.

② 杨莉君. 学前教育政策法规概论[M]. 长沙:湖南师范大学出版社,2008.

③ 慕青,崔文杰. 政府对高等教育宏观调控的理论与实践研究[J]. 辽宁教育研究,2004(12).

④ 唐淑,何晓夏. 学前教育史[M]. 大连:辽宁师范大学出版社,2001.

提高对学前教师的资质要求，提升学前教育师资水平，并且重视对学前教师的教育与培训，改善学前教师的工资待遇，保障学前教师的合法权利。

国外学前教育发展的实践表明，世界各国都对学前教育给予了极大的重视，均采取了一系列的措施以促进学前教育的发展。如提高对儿童的认识、对学前教育的高度重视、加大对学前教育的财政投入、兴办各种各样的学前教育机构、培养高质量的学前教育师资等。借鉴国外学前教育的发展策略，对于像我国这样一个处在转型期的国家来说，无疑具有重要的意义。

（二）国内学前教育发展的现实选择

如果把 1903 年 9 月我国第一所官方开办的湖北武昌幼稚园作为我国学前公共教育制度的开端，那么，我国学前公共教育在现代化的道路上仅行进了一个世纪的路程。虽然中华民族拥有几千年光辉灿烂的文化与教育传统，在教育儿童上也积累了许多宝贵的经验，但是关于近代学前教育制度的理念却并非来源于我国古代悠久的儿童教育历史，它实际是一种“舶来品”。[①] 它的发展历程实际上是一个不断借鉴与吸收国外先进教育思想的过程。从学前教育制度在这片国土上落地生根的那个时候起，中国幼教界就一直在致力于使来自异域他邦的理论和观念本土化。

1950 年 6 月 19 日，毛泽东主席在给教育部马叙伦部长的信中提出：“要各校注意健康第一，学习第二，……全国一切学校都应如此。”1951 年 1 月，毛主席在给马叙伦部长的信中又强调：“提出健康第一，学习第二的方针，我以为是正确的。”据此，中央教育部幼儿教育处处长张逸园在 1951 年 6 月《人民教育》杂志发表的《对幼稚教育工作的几点意见》中提出：“新的幼稚园教学原则”是“全面发展”“是培养学龄前儿童在生理上、意识上、行动上得到正确的成长、发展和变化。使他们的身体、智力、道德习惯及爱美观点等得到全面的发展”。这对幼儿园培养幼儿“体、智、德、美”全面发展这一教育方针的确立起了一定的奠基作用。[②]

中央人民政府教育部制定了《幼儿园暂行规程（草案）》，经 1951 年 8 月第一次全国初等教育会议通过，1952 年 3 月 18 日由中央教育部正式颁发试行。《幼儿园暂行规程（草案）》对幼儿园的任务、目标、学制、设置、领导、教养原则、教养活动项目、组织会议制度、经费、设备等做出规定。这一时期全国开展学习苏联学前教育的理论和经验，广大幼儿园教师结合实际，总结了许多好的经验与方法。幼儿园工作第一次在全国范围内实现了统一，这对于尽快恢复和发展幼教事业产生了巨大作用。但这种改革是建立在对旧教育进行全盘否定的基础上的，不够贴近我国实际，有全面照搬苏联幼教理论和经验的倾向，过于偏重社会需要，强调整齐划一，这在一定程度上阻碍了幼儿教育的发展。[③]

---

① 勾小群．近代学前教育课程中国化探索［J］．西安文理学院学报（自然科学版），2004（4）．

② 新浪教育．中华人民共和国教育 60 年大事记［EB/OL］．http://edu.sina.com.cn/l/2009-09-23/1950178140_3.shtml．［2019-4-30］．

③ 张乐天．学前教育政策与法规［M］．北京：中央广播电视大学出版社，2011．

“文化大革命”期间，极“左”路线猖獗，我国的幼儿教育处于无序状态，新中国17年的教育成果遭到彻底否定，学前教育被视为推行修正主义的典型，全面发展的学前教育方针被严重歪曲和批判。

1979年，教育部制定颁发了《城市幼儿园工作条例（试行草案）》，1980年与卫生部联合发出了《托儿所、幼儿园卫生保健制度（试行草案）》等文件。20世纪80年代，由于中国改革开放政策的推行，国内外交流的日益频繁，西方先进的儿童心理理论、教育理论逐渐引入中国，这对我国原有的幼教观念产生了极大的冲击，幼教领域的改革呼声日益高涨。1989年6月，国家教委制定颁发了《幼儿园工作规程（试行）》，同年9月，颁发了《幼儿园管理条例》。1996年正式颁发了《幼儿园工作规程》。2001年又颁布了《幼儿园教育指导纲要（试行）》，2016年教育部颁布修订后的《幼儿园工作规程》。这些文件对幼儿园的教育目标、教育内容及教育方法均做了详细论述，成为全国幼儿教育工作的依据，为新世纪幼教改革奠定了理论基础，为广大幼教理论和实践工作者指明了方向。

1990年，我国在联合国《儿童权利公约》上签字，1992年4月1日，《儿童权利公约》在我国生效。1992年，我国参照《儿童权利公约》和“世界儿童问题首脑会议”提出自身的发展目标，并结合中国国情，由国务院发布了《九十年代中国儿童发展规划纲要》，提出把“提高全民族素质，从儿童抓起”作为我国社会主义现代化建设的根本大计，并提出“儿童优先”的原则。这是我国第一部以儿童为主题，促进儿童发展的国家行动纲领。1995年，我国颁布的《中华人民共和国教育法》第一次以国家法律的形式确定了学前教育是学校教育制度的第一阶段。这种对儿童教育前所未有的关心和重视为《幼儿园工作规程》的实施提供了十分重要的条件。

“随着经济社会的发展，学前教育改革发展的大环境发生了巨大变化，特别是《教育规划纲要》颁布后，学前教育事业规模不断扩大，普及程度大幅提高，全国幼儿园数量已从2009年的13.8万所，增加到2014年的21万所，全国学前三年毛入园率达到了70.5%。”“幼儿园的办园体制已从过去单一的以公办为主转为多元化办园的格局，民办幼儿园数量激增，占比已超过幼儿园总数的2/3。教育部门对幼儿园的规范管理已从计划经济条件下的业务指导转向办园资质审批和全面监管，需要不断完善管理制度，强化制度管理。”①为此，修订《幼儿园工作规程》，以加强幼儿园的科学管理，规范办园行为，提高保育和教育质量，促进幼儿身心健康。

二 《幼儿园工作规程》的结构及意义

（一）《幼儿园工作规程》的结构

1989年6月5日，由国家教委（第2号令）发布《幼儿园工作规程（试行）》，于1990年2月1日起施行。在《幼儿园工作规程（试行）》施行6年后，国家教委又根

---

① 修订《幼儿园工作规程》答记者问. 2016-03-01[2019-04-25] http://www.moe.gov.cn/jyb_xwfb/s271/201603/t20160301_231286.html.

据我国幼儿教育事业的实际状况对其做了修订。1996 年 3 月 9 日，由国家教委(第 25 号令)正式发布《幼儿园工作规程》，于 1996 年 6 月 1 日起施行。教育部于 2015 年 12 月 14 日审议通过，随后发布《幼儿园工作规程》，自 2016 年 3 月 1 日起施行。2016 版《幼儿园工作规程》共分为 11 章，分别是总则，幼儿入园和编班，幼儿园的安全，幼儿园的卫生保健，幼儿园的教育，幼儿园的园舍、设备，幼儿园的教职工，幼儿园的经费，幼儿园、家庭和社区，幼儿园的管理，附则。

(二)《幼儿园工作规程》的亮点

2016 版《幼儿园工作规程》在幼儿安全、入园对象、教师资格等方面都提出了新要求，特别强调“严禁虐待、歧视、体罚和变相体罚、侮辱幼儿人格等损害幼儿身心健康的行为。”“在紧急情况下应当优先保护幼儿的人身安全”等，将安全问题放在首位。

1. 明确性质——突出了“公益性”和“教育性”

2016 版《幼儿园工作规程》的出台，一是凸显了幼儿园教育和管理工作的科学性和规范性，如“幼儿园保育和教育的主要目标”、幼儿园教育的原则、“幼儿园应当依法建立资产配置、使用、处置、产权登记、信息管理等管理制度”等要求；二是界定了幼儿园性质，突出了“公益性”和“教育性”，与《国务院关于当前发展学前教育的若干意见》提出的“发展学前教育，必须坚持公益性和普惠性”“保障适龄儿童接受基本的、有质量的学前教育”等要求是一致的。

幼儿园教育问题成为社会关注的焦点，“入园难”“入园贵”等问题也成为民众关注的焦点。2016 版《幼儿园工作规程》明确要求“幼儿园实行收费公示制度，收费项目和标准要向家长公示，接受社会监督，不得以任何名义收取与新生入园相挂钩的赞助费。”

2. 安全第一——紧急情况下优先保护幼儿

近年来，幼儿在幼儿园受到伤害的事件，不时见诸报端，幼儿安全成为头等大事。2016 版《幼儿园工作规程》在总则中规定了“幼儿园教职工应当尊重、爱护幼儿，严禁虐待、歧视、体罚和变相体罚、侮辱幼儿人格等损害幼儿身心健康的行为”。同时，还特别增加了“幼儿园的安全”这一章节并规定:“幼儿园应当严格执行国家和地方幼儿园安全管理的相关规定，建立健全门卫、房屋、设备、消防、交通、食品、药物、幼儿接送交接、活动组织和幼儿就寝值守等安全防护和检查制度，建立安全责任制和应急预案。”2016 版《幼儿园工作规程》还特别强调了幼儿人身安全的保护:“幼儿园教职工必须具有安全意识，掌握基本急救常识和防范、避险、逃生、自救的基本方法，在紧急情况下应当优先保护幼儿的人身安全。”“幼儿园应当投保校方责任险。”

3. 入园对象放宽

与 1996 版《幼儿园工作规程》相比，2016 版《幼儿园工作规程》关于幼儿园入园对象的描述增加了“具有接受普通教育能力的残疾儿童”。“幼儿园对烈士子女、家中无人照顾的残疾人子女、孤儿、家庭经济困难幼儿、具有接受普通教育能力的残疾儿童等入园，按照国家和地方的有关规定予以照顾。”适度放宽入园对象，不仅仅是人性化的体现，还与《国家中长期教育改革和发展规划纲要(2010—2020年)》提出的“基本普及学前教育”发展目标相一致。2016版《幼儿园工作规程》还首次规定“幼儿园规模应当有利于幼儿身心健康，便于管理，一般不超过360人。”

4. 门槛提高——幼儿教师要身心健康有素养

针对近年幼儿在幼儿园受到伤害的事件，提升幼儿教师的准入门槛迫在眉睫。对此，2016版《幼儿园工作规程》规定“幼儿园教职工应当贯彻国家教育方针，具有良好品德，热爱教育事业，尊重和爱护幼儿，具有专业知识和技能及相应的文化和专业素养，为人师表，忠于职责，身心健康。”特别强调：“有犯罪、吸毒记录者和精神病史者不得在幼儿园工作。”“幼儿园不得提前教授小学教育内容，不得开展任何违背幼儿身心发展规律的活动。”

幼儿园园长是幼儿园的第一责任人。2016版《幼儿园工作规程》规定园长必须“具有《教师资格条例》规定的教师资格、具备大专以上学历、有三年以上幼儿园工作经历和一定的组织管理能力并取得幼儿园园长岗位培训合格证书”。同时提高了对保育员的学历要求：“幼儿园保育员应当符合本规程第三十九条规定，并应当具备高中毕业以上学历，受过幼儿保育职业培训。”

(三)《幼儿园工作规程》实施的意义

党中央、国务院高度重视学前教育事业。习近平总书记在党的十九大报告中强调要“办好学前教育”，并把实现“幼有所育”作为“七有”重大民生问题之首，做出了重要批示，要求要加强学前教育的系统谋划。《幼儿园工作规程》是一部规范幼儿园内部管理的规章，也是重要的学前教育规章，《幼儿园工作规程》的实施有利于健全幼儿园规章制度，加强规范管理，引导幼儿园依法依规办园，进一步规范幼儿园在办园条件、安全卫生、教育教学、教职工管理等方面的行为，推进幼儿园管理规范化和科学化；有利于实现教育部门对幼儿园的规范管理从计划经济条件下的业务指导转向办园资质审批和全面监管，不断完善管理制度，强化制度管理，适应新时代幼儿园的办园体制从过去单一的以公办为主转为多元化办园的格局；有利于进一步完善幼儿园管理制度，不断推进学前教育治理体系和治理能力现代化，促进学前教育健康可持续发展。办好新时代学前教育，必须坚持以习近平新时代中国特色社会主义思想为指导，认真落实立德树人根本任务，牢牢把握公益普惠的基本方向，切实落实各级政府在学前教育的规划、投入、教师队伍建设、监管等方面的重要责任，坚持公办民办并举，着力扩大普惠性学前教育资源，完善学前教育的体制机制和政策保障体系，推动学前教育普及普惠安全优质发展。学前教育是终身教育的开端，幼有所育也是人民群众共同的期盼。《幼儿园工作规程》对于贯彻落实党的十九大“办好学前教育”、实现“幼有所育”具有重要的时代意义。

第二节 《幼儿园工作规程》的内涵及实质

案 例

幼儿园罚站违法[1]

幼儿毛毛爱动、爱说、爱跟同伴打闹，老师张某为此很头痛。为了教育他，有一天老师让其站在小椅上把两只胳膊举起来长达40分钟。张某因此受到幼儿园的通报批评，并被扣发了当月奖金。

案例分析：该教师面对孩子的错误，不是耐心说服教育，而是粗暴地惩罚孩子，甚至使用体罚的方法，这是一个教师所不应该的，也是不尊重幼儿、侵犯幼儿合法权益的错误行为。根据法律规定，应由其所在单位或者上级机关责令改正，情节严重的，依法给予行政处分。《中华人民共和国未成年人保护法》和《幼儿园工作规程》都对体罚、变相体罚或者其他侮辱人格尊严的行为作了相关规定。幼儿园对张某的处理于法有据，同时也给广大教职员工敲响了警钟，让他们在今后的工作中遵纪守法。

相关链接

2016版《幼儿园工作规程》第6条规定："幼儿园教职工应当尊重、爱护幼儿，严禁虐待、歧视、体罚和变相体罚、侮辱幼儿人格等损害幼儿身心健康的行为。"

《规程》规定了国家对幼儿园的基本要求和管理的基本原则。幼儿园的教育和改革工作是围绕《规程》展开的，而改革的进行是以教育思想的转变为核心的。《规程》中提到的要求和原则，为我国学前教育深入改革提供了基础。

一 幼儿园的性质与任务

为了加强幼儿园的科学管理，规范办园行为，提高保育和教育质量，促进幼儿身心健康，教育部依据《中华人民共和国教育法》等法律法规，制定了《幼儿园工作规程》。《规程》首先对幼儿园的性质类型、任务目标、学制年限、招生编班等做出了具体规定。

（一）幼儿园的类型

幼儿园是对3周岁以上学龄前幼儿实施保育和教育的机构。幼儿园教育是基础教育的重要组成部分，是学校教育制度的基础阶段。"幼儿园可分为全日制、半

① 武祥海，李小红．以案释法——幼儿园涉法事务全解析[M]．南京：南京师范大学出版社，2011.

日制、定时制、季节制和寄宿制等。上述形式可分别设置，也可混合设置。”

（二）幼儿园的任务目标

《规程》指出，幼儿园实行保育与教育相结合的原则，对幼儿实施德、智、体、美诸方面全面发展的教育，促进其身心和谐发展。保育和教育不是分别孤立地进行的，而是在统一的教育目标指引下，在同一教育过程中实现的。实行保教结合的原则，已成为我国幼儿园的优良传统。提出保教结合原则的出发点，是为了促进幼儿身心和谐发展，即指身体各部分机能与心理的协调发展。①

“健康”的概念包括身体的健康和精神的健康。多年来，幼儿园在保健卫生、坚持以预防为主、积极开展体育锻炼等方面积累了丰富的经验，形成了完善的制度，有效地保障了幼儿身体的健康成长。然而，也应该看到，多年来，我们在贯彻保教结合的原则时，往往把保育仅仅视为对幼儿身体健康的保护与促进，尚未认识到保教结合方面更为深刻的内涵，致使保育与教育基本呈机械的并行状态，而忽视了幼儿精神卫生的领域，长期以来，我们并没有将该领域所存在的不健康现象，包括由于各种心理问题产生的习惯等，归结到保育领域，没有将其与幼儿的精神健康联系在一起。因而，我们在维护与促进幼儿精神健康方面缺乏概念明确的诊断和有效教育因素的参与，也由于对保育的狭窄理解，我们并没有在保育与教育之间构成充分的有机联系。②

从这一意义上来说，保教结合具有更为深刻而广泛的内涵，它提出了教育因素的参与对精神卫生的重要意义，以及保教结合在个体发展上的整体性作用。另一方面，我们应该强调积极保育的重要性，以往对保育的理解从消极方面考虑较多，而对积极保育重视不够。例如，如何通过教育使幼儿逐步建立安全和自我保护的意识，如何培养幼儿积极参加体育活动的兴趣等。

幼儿园保育和教育的主要目标如下。

（1）促进幼儿身体正常发育和机能的协调发展，增强体质，促进心理健康，培养幼儿良好的生活习惯、卫生习惯和参加体育活动的兴趣。

（2）发展幼儿智力，培养正确运用感官和运用语言交往的基本能力，增进对环境的认识，培养有益的兴趣和求知欲望，培养初步的动手探究能力。

（3）萌发幼儿爱祖国、爱家乡、爱集体、爱劳动、爱科学的情感，培养诚实、自信、友爱、勇敢、勤学、好问、爱护公物、克服困难、讲礼貌、守纪律等良好的品德行为和习惯，以及活泼开朗的性格。

（4）培养幼儿初步感受美和表现美的情趣和能力。

（三）幼儿园的学制年限

规程指出幼儿园适龄幼儿一般为3周岁至6周岁，幼儿园一般为三年制。

---

① 林雪卿．幼儿教育法规[M]．北京：科学出版社，2010.

② 王相荣．幼儿教育政策与法规[M]．北京：新时代出版社，2008.

（四）幼儿园的招生编班

幼儿园每年秋季招生。平时如有缺额，可随时补招。幼儿园对烈士子女、家中无人照顾的残疾人子女、孤儿、家庭经济困难幼儿、具有接受普通教育能力的残疾儿童等入园，按照国家和地方的有关规定予以照顾。企业、事业单位和机关、团体、部队设置的幼儿园，除招收本单位工作人员的子女外，应当积极创造条件向社会开放，招收附近居民子女入园。幼儿入园前，应当按照卫生部门制定的卫生保健制度进行健康检查，合格者方可入园。幼儿园除进行健康检查外，禁止任何形式的考试或测查。

幼儿园规模应当有利于幼儿身心健康，便于管理，一般不超过 360 人。幼儿园每班幼儿人数一般为：小班（3 周岁至 4 周岁）25 人，中班（4 周岁至 5 周岁）30 人，大班（5 周岁至 6 周岁）35 人，混合班 30 人。寄宿制幼儿园每班幼儿人数酌减。幼儿园可以按年龄分别编班，也可以混合编班。

二 幼儿园的安全

案例

新装修的园舍成杀手①

某幼儿园为了迎接市一级幼儿园评估，与某装修公司签订了改造装修旧园舍的合同。当年 8 月 20 日，改造装修工程完毕。由于 9 月 1 日的开园时间迫近，再加上迎检工作繁重，幼儿园没有请相关质检部门检测、验收就投入了使用。11 月，幼儿的出勤率开始下降，发病率不断上升。医生检查诊断的结果大多是咽炎和慢性哮喘。

12 月，在卫生部门每年进行的例行检查中发现，该幼儿园课室和睡室的空气中甲醛含量超标，进一步检测发现装修材料不符合国家质量标准。说明幼儿的发病与该园课室和睡室的空气质量中甲醛含量超标有直接关系。

案例分析：本案是一起幼儿园提供的园舍不符合国家卫生安全标准所引起的幼儿伤害事故。幼儿园违背了《规程》《幼儿园管理条例》《学校卫生工作条例》的规定；也违背了我国《民用建筑工程室内环境污染控制规范》中关于民用住宅、幼儿园在进行工程验收时，必须检测室内环境污染程度，对于室内环境检测质量验收不合格的工程严禁投入使用的规定。

幼儿园在装修前应向卫生行政部门递交申请报告和装修方案，征得卫生行政部门的许可和技术上的支持。幼儿园应在对施工队的资格进行认真的审查后签订严格的施工合同，严把技术关、材料关，防止偷工减料，并请质检和卫生行政部门做好质量检测和验收工作，给出书面报告。没有经过检测、验收或检测、验收不合格的房屋严禁投入使用。

① 抢时间、不质检，新装修的园舍成杀手［EB/OL］.（2007－12－6）［2019－3－10］http://www.yejs.com.cn/HtmlLib/17444.htm.

安全工作是幼儿园各项工作中最重要的一个环节，幼儿园要做好各方面的安全防范工作，尽量减少和避免安全事故的发生。

（一）完备园舍设备

幼儿园的安全管理

幼儿园的建筑规划面积、建筑设计和功能要求，以及设施设备、玩教具配备，按照国家和地方的相关规定执行。

幼儿园应当按照国家的相关规定设置活动室、寝室、卫生间、保健室、综合活动室、厨房和办公用房等，并达到相应的建设标准。有条件的幼儿园应当优先扩大幼儿游戏和活动空间。寄宿制幼儿园应当增设隔离室、浴室和教职工值班室等。

幼儿园应当有与其规模相适应的户外活动场地，配备必要的游戏和体育活动设施，创造条件开辟沙地、水池、种植园地等，并根据幼儿活动的需要绿化、美化园地。

幼儿园的园舍应当符合国家和地方的建设标准，以及相关安全、卫生等方面的规范，定期检查维护，保障安全。幼儿园不得设置在污染区和危险区，不得使用危房。

幼儿园应当配备适合幼儿特点的桌椅、玩具架、盥洗卫生用具，以及必要的玩教具、图书和乐器等。幼儿园应当因地制宜，就地取材，自制玩教具。玩教具应当符合安全、卫生要求。

幼儿园的设备设施、装修装饰材料、用品用具和玩教具材料等，应当符合国家相关的安全质量标准和环保要求。

（二）落实安全制度

幼儿园应当严格执行国家和地方幼儿园安全管理的相关规定，建立健全门卫、房屋、设备、消防、交通、食品、药物、幼儿接送交接、活动组织和幼儿就寝值守等安全防护和检查制度，建立安全责任制和应急预案。

幼儿园应当严格执行国家有关食品药品安全的法律法规，保障饮食饮水卫生安全。

幼儿园应当建立患病幼儿用药的委托交接制度，未经监护人委托或者同意，幼儿园不得给幼儿用药。幼儿园应当妥善管理药品，保证幼儿用药安全。

幼儿园应当投保校方责任险。

（三）开展安全教育

幼儿园教职工必须具有安全意识，掌握基本急救常识和防范、避险、逃生、自救的基本方法。在紧急情况下应当优先保护幼儿的人身安全。

幼儿园应当把安全教育融入一日生活，并定期组织开展多种形式的安全教育和事故预防演练。

拓展阅读

幼儿园安全教育知识[①]

幼儿园安全教育知识、幼儿园安全教育计划是幼儿期家长和幼儿园的重要工作。幼儿身体的各个器官、系统尚处于不断发育的过程中，其机体组织比较柔嫩，发育不够完善，机体易受损伤，易感染各种疾病。同时，幼儿的认知水平较低，缺乏自我保护意识，不知道哪些事能做，哪些事不能做，且他们又活泼好动，因此，极易发生意外伤害事故。所以，对幼儿进行初步的安全知识教育和培养安全自救技能极为重要。

对幼儿进行安全教育，必须考虑幼儿的身心发展水平和特点。在教育方法上，教师可采取示范与讲解相结合或者做游戏的方式，注意正面引导和随机教育，把安全教育落到实处。对幼儿进行的安全教育，大致包括以下几个方面。

1. 交通安全教育

交通安全教育主要包括：①让幼儿了解基本的交通规则，如"红灯停、绿灯行"，行人走人行横道，上街走路靠右行，不要在马路上踢球、玩滑板车、奔跑、做游戏，不横穿马路等。②教幼儿认识交通标志，如红绿灯、人行横道线等，并且知道这些交通标志的意义和作用。③教育幼儿从小要有交通安全意识，养成遵守交通规则的良好习惯。在对幼儿进行交通安全教育时，可选用一些儿歌或故事以增加趣味性。

2. 消防安全教育

对幼儿进行消防安全教育，主要包括：①要让幼儿懂得玩火的危险性。②让幼儿掌握简单的自救技能。如教育幼儿一旦发生火灾要马上逃离火灾现场，并及时告诉附近的成人。当发生火灾，自己被烟雾包围时，要用防烟口罩或干、湿毛巾捂住口鼻，并立即趴在地上，在烟雾下面匍匐前进。③带幼儿参观消防队，看消防队员的演习，请消防队员介绍火灾的形成原因、消防车的作用、灭火器的使用方法及使用时应注意的事项等。另外，在条件允许的情况下，可以进行火灾疏散演习，事先确定各班安全疏散的路线，让幼儿熟悉幼儿园的各个通道，以便在发生火灾时，能使幼儿在教师的指挥下统一行动，安全疏散，迅速离开火灾现场。

3. 食品卫生安全教育

幼儿大多爱吃零食，也喜欢将各种东西放入口中，因而他们容易出现食物中毒现象。幼儿园除了要把好食品采购、储藏、烹饪等方面的卫生关外，还必须教育幼儿不吃腐烂的、有异味的食物。幼儿在幼儿园误食的有毒有害物质多种多样，如园内投放的各种花花绿绿的毒鼠药，因教职工工作失误而误放在饮料瓶中的消毒药水等，都可能被幼儿误饮误食。因此，教职工在平时要教育幼儿不随便捡食和饮用不明物质。另外，目前孩子服用的药大多外观漂亮、口感好，深受孩子"喜欢"；有

① 耿学超．幼儿意外伤害的预防与处置[M]．北京：北京工业大学出版社，2004.

的孩子甚至把药品当零食吃，因此，要教育孩子不能随便吃药，一旦要服药，一定要按医生的吩咐在成人的指导下服用。饮食安全教育的另一方面是饮食习惯的培养。如教育孩子在进食热汤或喝开水前必须先吹一吹、试一试，以免烫伤；吃鱼时，要把鱼刺挑干净，以免鱼刺卡在喉咙里；进食时不嬉笑打闹，以免食物进入气管等。

4. 防触电、防溺水教育

触电是日常生活中比较常见的意外伤害，对幼儿进行防触电教育，首先，要告诉幼儿，不能随便玩电器，不拉电线，不用剪刀剪电线，不用小刀刻画电线，不将铁丝等插到电源插座里等。其次，要告诉幼儿，一旦发生触电事故，不能用手去拉触电的孩子，而应及时切断电源，或者用干燥的竹竿等不导电的东西挑开电线。溺水在少年儿童意外死亡中所占比例是最大的。对幼儿进行防溺水教育，一是要告诉幼儿不能私自到河边玩耍；二是教幼儿不要将脸闷入水中；三是告诉幼儿不能私自到河里游泳；四是当同伴失足落水时，教幼儿及时就近叫成年人来抢救。

5. 幼儿园玩具安全教育

游戏是孩子的天性，玩具是孩子的最爱。幼儿在园的一日生活中，几乎有一半时间是在玩玩具。因此，对幼儿进行玩具安全教育十分重要。对幼儿所玩不同的玩具，应有不同的安全要求。如玩大型玩具滑梯时，要教育幼儿不拥挤，前面的幼儿还没滑到底及离开时，后面的孩子不能往下滑；玩秋千架时，要注意坐稳，双手拉紧两边的秋千绳；玩跷跷板时，除了要坐稳，还要双手抓紧扶手，等等；玩中型玩具游戏棍时，不得用棍去打其他幼儿的身体，特别是头部；玩小型玩具玻璃球时，不能将它放入口、耳、鼻中，以免造成伤害等。

6. 幼儿生活安全教育

这一类的安全教育，必须家园配合同步进行。为了孩子的安全，成人要教育孩子不随身携带锐利的器具，如小剪刀等。在运动和游戏时要有秩序，不拥挤推撞；在没有成人看护时，不能从高处往下跳或从低处往上蹦。要告诉幼儿不爬树、爬墙、爬窗台。不从楼梯扶手往下滑。推门时要推门框，不推玻璃，手不能放在门缝里。乘车时不在车上来回走动，手和头不伸出窗外。上下楼梯要靠右边走，不推挤。不轻信陌生人的话，不跟陌生人走等。在家中，要告诉幼儿，当他独自在家，有陌生人叫门时，不随便开门；不随意开启家中电器，特别是电熨斗、电取暖器等；不玩弄电线与插座；不独自玩烟花爆竹；不逗弄蛇、蜈蚣、蝎子、黄蜂、毛毛虫、狗等动物；打雷闪电时不站在大树底下等。

7. 反家庭暴力教育

幼儿园应当结合幼儿年龄特点和接受能力开展反家庭暴力教育，发现幼儿遭受或者疑似遭受家庭暴力的，应当依法及时向公安机关报案。

幼儿园的安全教育形式多种多样，但不管采取哪种形式，都必须将安全教育渗透在幼儿一日生活的各个环节，只有这样，才能真正让幼儿树立起安全意识，达到安全教育的目的。

三 幼儿园的卫生保健

案例

都是牛奶惹的祸①

2007年10月22日早操后，天天幼儿园像往常一样把蓝月亮食品公司送来的袋装牛奶直接发给幼儿饮用。10:00左右，不同班级均有幼儿出现腹痛、腹泻、呕吐等症状。天天幼儿园立即将疑似食物中毒幼儿送往医院治疗。至12:30，已陆续有20多名幼儿被送往医院。天天幼儿园因为忙于将幼儿送往医院救治，所以没有及时通知家长，也没有在第一时间上报上级主管部门。经检验，该起食物中毒为幼儿饮用了被细菌感染的牛奶所引起的细菌性食物中毒。经进一步对生产厂家检查，蓝月亮食品公司不具有生产牛奶的资质，且规模偏小，卫生条件较差。家长纷纷向天天幼儿园提起了赔偿请求。

案例分析：幼儿园采购的食品或原料应通过正规渠道选择具有相应资质的供应商，牛奶和饮用水等均应符合国家或者行业的相关标准。否则，由此造成幼儿伤害事故的，幼儿园及主要负责人将依法承担相应的法律责任。天天幼儿园没有对蓝月亮食品公司的资质等进行详尽了解，就确定由其提供幼儿饮用的牛奶，并最终造成了幼儿食物中毒，该幼儿园负有一定的法律责任。受害人既可向产品的生产者要求赔偿，也可向产品的销售者要求赔偿。因此，家长可以向天天幼儿园、蓝月亮食品公司任何一方提出赔偿要求，也可一并提出赔偿要求。

为提高幼儿园卫生保健工作水平，预防和减少疾病发生，保障儿童身心健康，幼儿园必须切实做好幼儿生理和心理卫生保健工作。幼儿园应当严格执行《规程》《托儿所幼儿园卫生保健管理办法》及其他有关卫生保健的法规和制度。

（一）生活作息制度

合理的生活制度是保证儿童身心健康的重要因素，要根据幼儿不同年龄的特点及季节变化，建立科学、合理的生活作息制度，培养儿童良好的卫生习惯。

制订与儿童生理特点相适应的体格锻炼计划，根据儿童年龄特点开展游戏及体育活动，并保证儿童户外活动时间，增进儿童身心健康。

注意动静结合，在正常情况下，户外活动时间（包括户外体育活动时间）每天不得少于2小时；寄宿制幼儿园不得少于3小时；高寒、高温地区可酌情增减。

幼儿园应当积极开展适合幼儿的体育活动，充分利用日光、空气、水等自然因素，以及本地自然环境，有计划地锻炼幼儿肌体，增强幼儿身体的适应和抵抗能力。正常情况下，每日户外体育活动不得少于1小时。

幼儿园夏季要做好防暑降温工作，冬季要做好防寒保暖工作，防止中暑和冻伤。

---

① 李爱志．都是牛奶惹的祸[J]．早期教育（教师版），2008(12):36.

幼儿园在开展体育活动时，应当对体弱或有残疾的幼儿予以特殊照顾。

（二）饮食卫生制度

供给膳食的幼儿园应当为幼儿提供安全卫生的食品，编制营养平衡的幼儿食谱，定期计算和分析幼儿的进食量和营养素摄取量，保证幼儿合理膳食，并按照相关规定进行食品留样。正餐间隔时间不得少于3.5～4小时。幼儿园应每周向家长公示幼儿食谱。

幼儿园的卫生保健

幼儿园应当配备必要的设备设施，及时为幼儿提供安全卫生的饮用水。

幼儿园应当培养幼儿良好的大、小便习惯，不得限制幼儿便溺的次数、时间等。

（三）健康检查制度

建立健康检查制度，开展儿童定期健康检查工作，建立健康档案。坚持晨检、午检及全日健康观察，做好常见病的预防，发现问题要及时处理。

入园检查制度。幼儿在入园前应当按照卫生部门制定的卫生保健制度进行健康检查，合格后方可进入幼儿园。同时，幼儿园要了解幼儿疾病史、传染病史、过敏史、家族史和生活习惯等。幼儿离开幼儿园3个月以上的，幼儿园应当对其进行健康检查后方可允许其再次入园。

定期体检制度。幼儿园应当对幼儿进行定期体检，做到：每年体检一次，每半年测身高、视力一次，每季度量体重一次。测量要准确并做好记录，幼儿园要对幼儿的健康状况进行分析、评价，并做好相应的疾病统计，及时矫治。注意幼儿口腔卫生，保护幼儿视力。幼儿园应当建立幼儿健康卡或档案。

加强日常保育护理工作，对体弱儿进行专案管理。

关注幼儿心理健康，注重满足幼儿的发展需要，保持幼儿积极的情绪状态，让幼儿感受到尊重和接纳。

幼儿园对幼儿健康发展状况定期进行分析、评价，及时向家长反馈结果。

（四）消毒隔离制度

严格执行卫生消毒制度，做好室内外环境卫生。要经常保持室内空气流通、阳光充足，冬天也要定时开窗通风换气。室内要有防蚊、防蝇、防暑和取暖设备。幼儿玩教具要保持清洁，定期消毒、清洗。

建立病儿隔离制度。幼儿园发现在园幼儿患疑似传染病时应当及时通知其监护人离园诊治。患者待隔离期满痊愈后，凭医疗卫生机构出具的健康证明方可入园。对患传染病的幼儿所在班和与传染病患者接触过的幼儿进行检疫、隔离、观察，检疫期满后无症状者方可解除隔离。

（五）疾病预防制度

幼儿园应当建立传染病预防和管理制度，制定突发传染病应急预案，认真做好疾病防控工作。配合卫生部门做好计划免疫工作。

（1）幼儿园发现传染病患儿应当及时按照法律法规和卫生部门的规定进行报

告,在疾病预防控制机构的指导下,对环境进行严格消毒处理。

(2) 在传染病流行期间,幼儿园应当加强预防控制措施。

(3) 做好各项卫生保健工作信息的收集、汇总和报告工作。

(4) 加强体格锻炼,增强儿童体质,提高对疾病的抵抗力。

(5) 幼儿园内禁止吸烟。

(六) 家长联系制度

采取多种方式,同家长加强联系,争取家长配合。定期开家长会,经常向家长宣传婴幼儿卫生保健知识。儿童如无故缺席要及时和家长联系,共同做好儿童保健工作。

四 幼儿园的教育

案 例

幼儿被烧伤,责任谁承担①

2004 年 9 月 16 日下午,某幼儿园为培养孩子们学科学的兴趣,增长孩子们的知识,为孩子们组织了一次科学小实验活动。当中(1)班的小朋友全都在教室里聚精会神地观看董老师为大家演示实验时,意外突然出现了。董老师在给酒精炉添加酒精时,不小心将酒精溢出,酒精炉的火焰一下子蔓延出来,燃起一大片火焰,将坐在第一排的琪琪的左手烧伤。虽然经过治疗后痊愈,但手上还是留下了一块小疤痕。琪琪的家长要求赔偿医疗费和精神损失费共计 8 万元。

案例分析:案例中琪琪被烧伤,是由于在教学实践活动中董老师未尽到法定的管理、注意和保护的义务引起的,作为幼儿园的老师,她的过错行为属于职务行为,赔偿责任应由幼儿园承担。对此,《学生伤害事故处理办法》第 9 条第四项、第九项明确规定,“学校组织学生参加教育教学活动或者校外活动,未对学生进行相应的安全教育,并未在可预见的范围内采取必要的安全措施的”,以及学校教师“在履行职责的过程中违反工作要求、操作规程、职业道德或者其他规定的”,学校应当依法承担相应的责任,赔偿数额应根据《最高人民法院关于审理人身损害赔偿案件适用法律若干问题的解释》处理。

幼儿园教育活动是教师有目的、有计划地利用幼儿园所提供的环境和材料,通过与儿童双向的交流和作用以促进儿童身心发展的过程;它也是实现幼儿园教育目标,组织传递一定的教育内容,落实幼儿园教育任务的手段。

(一) 教育活动原则

《规程》明确规定了幼儿园教育工作的原则。

---

① 周天枢. 老师和家长需要知道的 100 个幼儿园法律问题[M]. 广州:中山大学出版社, 2005.

1. 发展性原则

所谓发展性原则是指在教育活动设计中必须准确地把握儿童的原有基础和水平，使德、智、体、美诸方面的教育相互渗透，有机结合，促进儿童在身体、认知、情感、个性及社会性等方面的全面而整体的发展。

活动中还要遵循幼儿身心发展规律，符合幼儿年龄特点，注重个体差异，因人施教，引导幼儿个性健康发展。

2. 主体性原则

主体性原则是指教师必须坚持遵循和体现以儿童作为活动主体的原则，在活动内容的选择及活动形式的安排方面注重激发儿童的能动性、自主性、创造性，通过为儿童创设具有兴趣性、探索性、可供儿童自由交流和操作的环境与材料，引发儿童积极主动地与环境相互作用以获得相应的经验，坚持积极鼓励、启发诱导的正面教育，并在儿童自己发现和解决问题的过程中发展他们的能力。

教师应当在重视儿童主体性的同时，适时、适地、适宜地发挥教师的主体性，即在活动设计中正确地认识和把握好教师的角色及教师对儿童学习和活动的“指导”作用。创设与教育相适应的良好环境，为幼儿提供活动和表现能力的机会与条件。

3. 活动性原则

学前儿童的生活是活动，爱活动是学前儿童的天性。活动性原则是指教育活动的设计和组织应以活动为基本形式，其本质是通过调动幼儿积极的外部活动来引发积极的内部活动。这种内部活动不仅仅是智力活动，也是情绪调节、态度形成、知识结构化的过程。幼儿园要以游戏为基本活动，寓教育于各项活动之中。

要提供活动的机会，使幼儿能在动作表征、形象表征、概念表征等三种层次水平上得到操作练习，要创造条件，使幼儿在每个教育活动过程中都能够积极活动起来。

要创造活动的条件，包括教师与幼儿相互作用的条件、教育内容的条件、教具学具的条件，使幼儿在每个教育活动过程中都能够积极活动起来。

要正确地把握活动的实质，引导幼儿积极参与活动，并不只是单纯的表面热闹和活泼，而是要使幼儿在有计划、有组织的活动中接受教育影响，更好地得到发展。①

4. 直观性原则

这是由幼儿思维的特点决定的。幼儿的思维具有直观和形象的特点，幼儿认识事物、理解要求均是以感性知识和经验为基础的。一方面幼儿依赖于直观的、生动的、鲜明的形象认识事物；另一方面直观的、生动的、鲜明的形象又有助于激发幼儿学习的兴趣、集中幼儿的注意力，能帮助幼儿理解和感知学习的内容。所以，幼儿教师要充分利用幼儿的感官，充分运用直观性原则，使幼儿通过视、听、嗅、触，获得鲜明生动的表象和直接经验。

---

① 李生兰，等．学前教育法规政策的理解与运用[M]．南京：南京师范大学出版社，2012.

5. 渗透性原则

所谓渗透性原则是指在设计教育活动时要将各种不同领域的内容、各种不同的学习形式与方法有机地结合起来，将其作为一个互相联系而不可分割的完整体系来对待。

幼儿园教育活动的呈现是以儿童的生活经验为基础的综合式、主题式活动，它是以儿童的生活和经验为起点而构建起来的活动，活动的内容涉及科学、艺术、语言、社会、健康五个领域，将这些不同领域的内容以一定的主题活动的方式加以整合，使其在一个或若干个教育活动中相互渗透、补充，既符合儿童的年龄特点、认知特点，也有利于儿童对活动的介入和参与。

教育活动形式的相互渗透和整合一方面是指将集体进行的、正式的教育活动形式与个别选择的、非正式的教育活动形式相互渗透和结合；另一方面是指在一个教育活动的设计中使不同的学习形式与方法相互渗透和组合，让儿童在操作、实验、游戏、体验、表现、创造等不同的学习形式下加深对活动内容的把握，更好地获得活动经验和学习经验。

相关链接

2016版《幼儿园工作规程》第25条规定："幼儿园教育工作的原则是：(一)德、智、体、美等方面的教育应互相渗透，有机结合。(二)遵循幼儿身心发展规律，符合幼儿年龄特点，注重个体差异，因人施教，引导幼儿个性健康发展。(三)面向全体幼儿，热爱幼儿，坚持积极鼓励、启发引导的正面教育。(四)综合组织健康、语言、社会、科学、艺术各领域的教育内容，渗透于幼儿一日生活的各项活动中，充分发挥各种教育手段的交互作用。(五)以游戏为基本活动，寓教育于各项活动之中。(六)创设与教育相适应的良好环境，为幼儿提供活动和表现能力的机会与条件。"

（二）环境创设

现代学前教育十分重视环境对儿童发展的作用，人们已普遍认识到为幼儿创造良好的物质环境和心理环境的重要性。布鲁纳等心理学家的研究表明：物质环境会影响行为表现。他们还提出：学前教育的研究领域过分重视对教师教育或幼儿本身等变量的探讨，而忽略对物质环境或空间配置性质的研究。他还指出环境与遗传不同，它在行为发展上可作为客观因素，因此，重视环境的作用对于行为的发展是有价值的。

教育环境作为一种"隐性课程"，在开发幼儿智力、促进幼儿个性和谐发展等方面所发挥出的独特功能和作用，已越来越受到大家的认可，创设良好的环境成为幼儿园工作的热点。一般认为，幼儿园环境创设必须遵循的基本原则是：环境与教育目标一致的原则、适宜性原则、幼儿参与的原则、开放性原则、经济性原则。创造安全、富有吸引力、支持性的环境是学前教育的一项十分重要的内容。

《规程》指出，幼儿园应当将环境作为重要的教育资源，合理利用室内外环境，创设开放的、多样的区域活动空间，提供适合幼儿年龄特点的丰富的玩具、操作材料和幼儿读物，支持幼儿自主选择和主动学习，激发幼儿学习的兴趣与探究的愿望。幼儿园应当充分利用家庭和社区有利条件，丰富和拓展幼儿园的教育资源。

（三）生活指导

幼儿园生活常规对幼儿每天活动的内容、时间、程序等均有明确的规定，使幼儿一日生活能保证在一定的节奏、秩序和规律中进行，有利于培养幼儿良好的生活习惯和基本生活自理能力，同时生活常规也是实现幼儿园教育目标的重要保证。为了保证幼儿的身体正常发育，心理健康成长，幼儿园应重视一日生活对幼儿发展的重要作用。

（1）根据幼儿不同年龄段生理和心理发展的需要，建立科学的一日生活常规，既有利于形成集体生活秩序，又能满足幼儿个体的合理需要，不强求一律、整齐划一。

（2）引导、支持和鼓励幼儿参与生活规则的建立，要满足幼儿受保护的需要和独立的需要，避免过度保护和包办代替。

（3）科学安排幼儿一日生活，将教育灵活地渗透于幼儿一日生活的各个环节，注重培养幼儿初步的生活自理能力和良好的行为习惯。

（4）组织和指导幼儿的生活活动，要进行充分的预设和准备，重视实际操作，密切结合幼儿的生活进行安全、营养和保健教育。

（5）确保幼儿生活活动安全；有处理突发事件的应急措施。

（四）游戏活动指导

《规程》规定："以游戏为基本活动，寓教育于各项活动之中""幼儿园应当将游戏作为对幼儿进行全面发展教育的重要形式"等。游戏是一种符合幼儿身心发展要求的活动。陈鹤琴先生说过："游戏是儿童的心理特征，游戏是儿童的工作，游戏是儿童的生命。"从某种意义上说，幼儿的各种能力是在游戏中获得的。

幼儿园以游戏为基本活动的目的在于创造与幼儿年龄特点相适宜的幼儿园生活，为幼儿的学习提供一种特殊的游戏生态；保障幼儿游戏和童年生活的快乐，促进幼儿主体性的发展；使幼儿在生动、活泼、主动的学习中获得身心全面、和谐、健康的发展。

要使游戏能深入、高质量地开展起来，使幼儿各方面能力在游戏中得到全面的锻炼和提高，要注意以下几点。

（1）应因地制宜地为幼儿创设游戏条件，创设适宜他们自主活动和自我表现的游戏环境。玩具、材料是游戏的物质支柱，是幼儿游戏的工具，幼儿是通过使用玩具、材料在游戏中得到学习和锻炼的。要为幼儿准备"丰富、适宜、多功能"的游戏材料和玩具，保障每个幼儿参与游戏。不同的玩具、材料有不同的功能和特点，但都要以幼儿的操作为基础，具有可操作性。

（2）保证游戏活动时间，鼓励幼儿自主选择游戏内容、游戏材料和伙伴，使幼儿有自主选择和自由活动的机会。提供一个安全、温暖、平等、自由、能鼓励他们探索与创造的环境，使他们在游戏中能够获得积极的情绪情感，只有这样，幼儿才能活泼愉快、积极主动、充满自信地生活和学习，获得最佳的发展。

（3）引导幼儿拓展游戏主题，丰富游戏内容。提供的游戏材料要不断变化，以便构建的游戏环境具有可变性、新颖性，不断地吸引幼儿，引起幼儿游戏的兴趣。观察幼儿游戏中蕴藏的发展需要和教育契机，培养幼儿自主探索的创新精神，提高幼儿解决问题、化解冲突的能力。

（4）培养幼儿的合作意识，指导他们遵守游戏规则，促进幼儿社会性发展。教师应该明确自己在游戏中的角色。要把幼儿看作具有经验和组织能力的学习主体。在游戏中，教师不应该过多地支配、干涉幼儿的活动，更不能教幼儿如何做或是替代他们做，而是积极支持、鼓励和引导幼儿构思，协助幼儿创造，让幼儿自己去思考，过多的干预会限制幼儿的想象，太高的期望会给幼儿造成压力，使得幼儿的创造力不能正常发挥。

相关链接

2016版《幼儿园工作规程》第29条规定："幼儿园应当将游戏作为对幼儿进行全面发展教育的重要形式。幼儿园应当因地制宜创设游戏条件，提供丰富、适宜的游戏材料，保证充足的游戏时间，开展多种游戏。幼儿园应当根据幼儿的年龄特点指导游戏，鼓励和支持幼儿根据自身兴趣、需要和经验水平，自主选择游戏内容、游戏材料和伙伴，使幼儿在游戏中获得积极的情绪情感，促进幼儿能力和个性的全面发展。"

（五）教育活动的组织与实施

（1）教育活动内容的确定应以教育目标、幼儿的实际水平和兴趣为依据，即强调教育内容的目的性，对教育内容选择要依据循序渐进的原则，有计划地选择和组织，以利于幼儿接受。

（2）幼儿园应当为幼儿提供丰富多样的教育活动。充分利用幼儿园周围的环境资源组织教育活动，不宜将幼儿关闭在活动室中，单纯依靠书本的材料内容组织教育活动。应将幼儿带到大自然中去，带到人们的社会生活中去观察、活动、感受，也可将自然界和社会生活中的景、物带进幼儿园中去组织教育活动。

（3）在教育活动中要充分考虑幼儿的感官活动，使幼儿的各种感官处于积极活动的状态。多种感官积极参与活动，有助于幼儿在教育活动中发挥积极性、主动性与创造性，幼儿可以获得直接、深刻的感受体验。

（4）在教育活动中应灵活地运用集体活动、小组活动和个别活动的形式，不宜一律采取全班性的教育活动形式，也不宜无目的地变换活动形式。采用多种活动形式，应有利于每个幼儿在教育活动中获得应有的发展。

（5）在教育活动中为幼儿提供充分活动的机会。教师通过运用情景、实物、现场、演示、启发提问等教育手段与方法，让幼儿做一些观察、实验、操作、摆弄、表演等活动，使幼儿在教育活动中通过充分地参加活动，取得更佳的发展效果，改变幼儿在教育活动中处于被动接受的消极状态,变被动学习为主动学习。

(6)注重活动过程,使幼儿充分参与教育活动过程,鼓励幼儿用脑、用手、用口做活动,教育活动的过程应注重幼儿的主动探索、操作实践、合作交流和表达表现。

(六)注重全面发展,尊重个体差异

幼儿期是人生的启蒙期,是塑造健康人格和形成良好道德素质的重要时期。幼儿园的品德教育应当以情感教育和培养良好行为习惯为主,注重潜移默化的影响,利用生活常规对幼儿进行良好品德的养成教育。品德教育要贯穿于幼儿生活之中。幼儿的每日生活各环节随时都有教育的契机,坚持从点点滴滴入手,抓好幼儿的品德教育。

幼儿园应营造尊重、接纳和关爱的氛围,建立良好的同伴和师生关系,让幼儿在集体生活中感到温暖、心情愉快,形成安全感、信赖感。良好的同伴和师生关系会使儿童感受到爱与尊重,从而对自己、他人和周围环境产生积极、乐观的认识和期望,这能极大调动幼儿参与活动的积极性、主动性和创造性,有利于幼儿个性的社会化发展。

幼儿园应当充分尊重幼儿的个体差异,根据幼儿不同的心理发展水平,研究有效的活动形式和方法,注重培养幼儿良好的个性心理品质。并注重因人施教,努力使每一个幼儿都能获得满足和成功。

幼儿园应当关注幼儿的特殊需要,包括各种发展潜能和不同发展障碍,并与家庭密切配合,共同促进幼儿健康成长。

(七)幼小衔接工作

幼小衔接教育旨在减缓幼儿园和小学教育之间的坡度,帮助儿童从幼儿期逐渐过渡到学龄期,以顺利适应小学生活。但目前的幼小衔接教育,大多超越了儿童身心发展的现有水平,违背了教育规律,不仅会伤害孩子的身心健康发展,还会导致他们对学习产生反感乃至厌恶情绪。正因为如此,虽然近年来的幼小衔接教育搞得如火如荼,但孩子进入小学后的表现并不尽如人意:小学教师普遍反映一年级学生在遵守课堂规则、独立完成任务、生活自理、学习习惯等方面表现很差;一些家长也反映,孩子入小学后出现体质下降、睡眠不足、厌恶上学等症状。“小学化”的幼小衔接教育,不仅不能减缓幼儿园与小学教育之间的坡度,反而会加剧儿童身心发展与教育之间的冲突,不利于儿童健康成长和良好学习品质的养成。①

幼儿园和小学应当密切联系,互相配合,注意两个阶段教育的相互衔接。通过增强幼儿园和小学两阶段教育的连续性,降低这两阶段教育异质性给儿童身心发展所造成的冲击。但作为幼小衔接阶段的幼儿园大班与小学一年级教育之间,应存在一定程度的交叉与分离。幼儿园不得以任何形式提前教授小学教育内容,不

① 原晋霞. 幼小衔接并非超前学习小学知识[N]. 中国教育报. 2011-8-26.

得开展任何违背幼儿身心发展规律的活动。

针对当前存在的问题,应该重点做好以下方面的幼小衔接工作。

1. 树立正确的衔接观念

过去,许多幼儿园未从幼儿身心发展的连续性与阶段性这一高度认识幼小衔接问题,认为幼小衔接工作无非就是学做一天小学生,致使许多孩子出现未入学盼入学、上了学不愿学等不适应问题。教师应转变观念,把幼小衔接工作看作促进儿童顺利地实现从学前期自身发展特点的交替、转化、升华的发展过程,是儿童身心发展的量变与质变的统一。所以幼儿园应从幼儿入园开始,培养其社会适应能力、稳定的情绪、对活动的态度及各种行为习惯,使幼儿逐步产生学习的主动性和积极性,这样才能为小学打下基础,为人的一生发展奠定基础。

2. 加强幼儿园、小学、家长的多方衔接

在幼小衔接工作中,注重幼儿园与小学的双方配合与协作是一个不容忽视的环节。以往的幼小衔接工作,更多的是幼儿园向小学靠拢,适当调整每日生活内容与时间,经常组织大班儿童到小学去参观,使幼儿对小学的学习内容和各种要求有一个感性认识和心理上的准备。小学教师也应该与幼儿园老师多交流和沟通,共同研究教育理论、探讨教学方法、研究孩子的心理状况。幼儿园幼小衔接工作仅仅依靠幼儿园与小学两方面的力量是不够的,还需要家长的配合。幼儿园可以通过开办家长学校,邀请家长参加亲子活动,建立家园联系册,成立家长委员会等多种途径吸引家长配合幼儿园、小学做好衔接工作,使幼儿尽快度过适应期。

3. 社会适应能力的衔接

我国教育部与联合国儿童基金会合作对幼小衔接问题进行了长达四年的研究后认为,儿童入学后所面临的主要问题是社会适应性。多年来,传统的幼儿园正规教育更多的是为幼儿入学做心理准备,而忽略了对幼儿的社会适应能力的培养,幼儿园要进一步培养幼儿的自理能力和独立生活能力。①

让幼儿学会自己动手、动口、动脑解决问题,教师应该把权利和责任交给孩子,让儿童自己解决,教师则注意观察事态发展,必要时引导帮助幼儿,使他们逐渐脱离成人的直接照顾。在集体教育活动中明确提出社会适应能力培养的要求,幼儿园可通过开展规则游戏让幼儿逐步了解规则,有意识地发展他们的自控能力。同时,在语言、美术、计算机活动中,培养幼儿的任务意识和主动性。为了培养幼儿的人际交往能力,可以在教学中为幼儿创设交往的机会,让孩子体验合作的愉快。

4. 作息时间与活动内容的衔接

小学的作息时间和幼儿园是完全不同的,在入学的前几个月,可以按照小学的时间表为孩子列出一份作息计划,适当缩短午睡时间,每节课可延长到 35 分钟。适当增加智力活动的比重,以开发幼儿的思维能力。为了使幼儿入学后能较快地适应小学的生活节奏,幼儿园应多进行培养幼儿口算、心算能力的活动,并在语言课中增加看图说话及说话绘画方面的训练内容,从而发展幼儿的口语表达能力。

---

① 教育部基础教育司.《幼儿园教育指导纲要(试行)》解读[M]. 南京:江苏教育出版社,2002.

五 幼儿园的管理

案 例

“家长委员会”不是摆设①

东阳幼儿园是某市开发区所设的唯一一家幼儿园，属公办园。开办几年来，就读幼儿渐渐增加。但教师员工的数量、素质，教育教学设施的配套，以及幼儿园的规范化管理等方面都不见改观，家长们意见很大。有转学来的幼儿家长发现，东阳幼儿园竟然从来没有组建过家长委员会，因此建议幼儿园组建。幼儿园则认为，幼儿园每学期都组织家长开放日活动，还通过开家长会的形式保证了幼儿园与家长之间的沟通，没有必要再设什么家长委员会。

案例分析：幼儿园在工作过程中应注意整合各方面的力量，在实践中，大多数幼儿园都比较重视家长工作，将与家长的沟通予以制度化。有的幼儿园通过制作“家长园地”等专刊，及时向家长通报各班级的教育状况；有的幼儿园实行定期家长开放日活动，让家长直接了解幼儿的在园生活；有的将家长座谈会常态化，按时听取家长对幼儿园工作的意见；有的甚至开办家长学校，系统地向家长宣传科学育儿知识，以利其配合幼儿园的教育工作。但无论建立怎样的家园联系制度，家长委员会作为幼儿园的民主管理机构，都是必须设立的。东阳幼儿园不成立家长委员会，违反了《规程》等法律法规的相关规定。

成立家长委员会的小提示：

1. 在多数情况下，幼儿家长的民主参与需要幼儿园的正确、有效引导。因此，幼儿园一定要重视家长委员会制度的完善、健全，让家长委员会在化解家园矛盾、加强家园沟通方面确实发挥作用。

2. 家长委员会的成员构成很关键，民主产生委员会成员是实现家长委员会后续作用的关键所在，幼儿园不宜直接指定。

3. 在家长委员会成员的子女发生转园、毕业等情况时，幼儿园应尽快引导家长委员会进行成员调整，以保证家长委员会工作的连续性。

对幼儿园的民主管理、科学管理是提高幼儿教育工作质量的保证。《规程》要求幼儿园要建立并完善园务委员会、园长负责制、教职工大会制度、党的基层组织、教研制度、监督委员会、家长委员会等一系列制度，实行园务公开，强化内部管理，增强幼儿园民主决策、依法治教的自觉性，这有利于促进幼儿园管理的科学化、决策的民主化，促进幼儿园的全面改革与发展。

（一）园内管理工作

1. 实行园长负责制

幼儿园实行园长负责制，园长在举办者和教育行政部门领导下，依据本规程负

① 武祥海，李小红．以案释法——幼儿园涉法事务全解析[M]．南京：南京师范大学出版社，2011.

责领导全园工作。

2. 建立园务委员会

幼儿园应当建立园务委员会。园务委员会由园长、副园长、党组织负责人和保教、卫生保健、财会等方面工作人员的代表及幼儿家长代表组成。园长任园务委员会主任。

园长定期召开园务委员会会议，遇重大问题可临时召集，园务委员会主要对规章制度的建立、修改、废除，全园工作计划，工作总结，人员奖惩，财务预算和决算方案，以及其他涉及全园工作的重要问题进行审议。

3. 建立教职工大会制度

幼儿园应当建立教职工大会制度，或者教职工代表大会制度，依法加强民主管理和监督。

4. 成立党的基层组织

幼儿园应当加强党组织建设，充分发挥党组织政治核心作用、战斗保垒作用。幼儿园应当为工会、共青团等其他组织创造有利条件，充分发挥其在幼儿园工作中的作用。

5. 建立教研制度

幼儿园应当建立教研制度，研究保教工作中的实际问题，提出解决方案。

6. 成立监督委员会

幼儿园监督委员会负责对园务委员会的决策方案及决策过程进行监督，并对行政班子执行过程及执行结果进行监督。幼儿园应当接受上级教育、卫生、公安、消防等部门的检查、监督和指导，根据督导的需要，如实报告工作和反映情况。

7. 建立日常管理制度

幼儿园应当制定年度工作计划，定期部署、总结和报告工作，并于每学年年末向教育等行政主管部门报告工作，必要时随时报告。

幼儿园应当建立业务档案、财务管理、园务会议、人员奖惩、安全管理及与家庭、小学联系等制度。

幼儿园应当建立信息管理制度，按规定采集、更新、报送幼儿园管理信息系统的相关信息，并于每年向主管教育行政部门报送统计信息。

幼儿园教师依法享受寒暑假期的带薪休假。幼儿园应当创造条件，在寒暑假期安排工作人员轮流休假。具体办法由举办者自定。

（二）幼儿园与家庭、社区的联系

1. 幼儿园与家长联系制度

幼儿园应当主动与幼儿家庭沟通合作，向家长宣传科学保育、教育幼儿的知识，帮助家长创设良好的家庭教育环境，共同担负教育幼儿的任务。

幼儿园应当建立幼儿园与家长联系的制度。幼儿园可采取多种形式，指导家长正确了解幼儿园保育和教育的内容、方法，定期召开家长会议，并接待家长的来访和咨询。

幼儿园应当认真分析、吸收家长对幼儿园教育与管理工作的意见与建议。

幼儿园应当成立家长委员会。家长委员会的主要任务是：对幼儿园工作计划和重要决策，特别是对事关幼儿和家长切身利益的事项提出意见和建议；发挥家长的专业和资源优势，支持幼儿园保育教育工作；帮助家长了解幼儿园工作计划和要求，协助幼儿园开展家庭教育指导和交流。家长委员会应在幼儿园园长指导下工作。

2. 幼儿园与社区联系制度

幼儿园应当加强与社区的联系与合作，面向社区宣传科学育儿知识，开展灵活多样的早期教育服务；支持社区开展公益性文化教育活动；争取社区对幼儿园工作的多方面支持。

六 幼儿园的教职工

案例

幼儿教师精神疾病愈后要求复工被拒①

王女士原为北京市丰台区某公立幼儿园教师，2007 年 3 月 17 日，她与当时的幼儿园负责人因值班事宜发生纠纷，遭到停职检查处分，后精神出现异常。医院为其出具病假证明书，上载明“焦虑状态”“应激相关障碍”“反应性焦虑激惹”。2007 年 3—11 月，王女士一直在家休养。11 月 17 日，医院为其开具试复工证明，“焦虑状态缓解期，可以试复工，如病情波动及时就医”。王女士持该证明要求上班，但被拒绝。经多次协商幼儿园仍不同意其复工。于是，王女士将幼儿园告上法庭，要求幼儿园遵从医嘱，妥善安排她的工作，补发她的所有工资、奖金、福利，包括 2007 年上半年奖金、2007 年 9 月至今的效益工资、过节费、2007 年第三季度至起诉时的劳保等。

案例分析：法院经审理认为，医院的诊断证说明，王女士在 2007 年 3 月 23 日至 2007 年 11 月 17 日期间处于“焦虑状态”“应激相关障碍”“反应性焦虑激惹”等精神异常病症状态。教育部《幼儿园工作规程》《中小学幼儿园安全管理办法》都有明确规定，学校不得聘用因故意犯罪而受到刑事处罚的人，或者有精神病史的人担任教职工。幼儿园已按照国家政策规定全额支付了王女士的工资福利。王女士所主张的奖金、效益工资、劳保等属政策规定和合同约定之外的部分，不属人事争议的受案范围。据此，法院驳回了王女士的诉讼请求。

相关链接

2016 版《幼儿园工作规程》第 39 条规定：“幼儿园教职工应当……身心健康。幼儿园教职工患传染病期间暂停在幼儿园的工作。有犯罪、吸毒记录和精神病史者不得在幼儿园工作。”

① 幼儿教师精神疾病痊愈后要求复工被拒、索福利被驳[EB/OL]. http://old.chinacourt.org/.(2008-12-23)[2019-3-18].

《规程》规定:"幼儿园按照国家相关规定设园长、副园长、教师、保育员、卫生保健人员、炊事员和其他工作人员等岗位,配足配齐教职工。"

(一) 各类人员的任职资格

1. 基本要求

幼儿园教职工应当贯彻国家教育方针,具有良好品德,热爱教育事业,尊重和爱护幼儿,努力学习专业知识和技能以及相应的文化和专业素养,为人师表,忠于职责,身心健康。

幼儿园教职工应当尊重、爱护幼儿,禁止虐待、歧视、体罚和变相体罚、侮辱幼儿人格等损害幼儿身心健康的行为。

幼儿园教职工每年进行全面体检一次,发现传染性疾病者须立即离职治疗。待痊愈后,持县(区)以上医疗保健单位的健康证明方可恢复工作。

有犯罪、吸毒记录者和精神病史者不得在幼儿园工作。

除了这一总的要求外,《规程》还对幼儿园的各类教职工的任职资格做了明确的规定。

2. 特殊规定

幼儿园园长应当具有教师资格、具备大专以上学历、有三年以上幼儿园工作经历和一定的组织管理能力,并取得幼儿园园长岗位培训合格证书。幼儿园园长由举办者任命或者聘任,并报当地主管的教育行政部门备案。

幼儿园教师必须具有《教师资格条例》规定的幼儿园教师资格。由于幼儿教师的工作具有劳动对象的特殊性、劳动任务的全面性和细致性、劳动过程的创造性、劳动手段的主体性、劳动周期的长期性等特点,所以国家对幼儿教师的素质和能力结构有特殊的要求。幼儿园教师资格条件主要包括:遵纪守法要求;思想品德要求;学历要求及教育教学能力条件,包括身体条件、普通话水平和承担教育教学工作必需的基本素质和能力等。具体内容请参考教材第十章。

幼儿园保育员应当具备高中毕业以上学历,并受过幼儿保育职业培训。

幼儿园应当聘用符合国家规定的卫生保健人员。卫生保健人员包括医师、护士和保健员。在卫生室工作的医师应当取得卫生行政部门颁发的《医师执业证书》,护士应当取得《护士执业证书》,在保健室工作的保健员应当具有高中毕业以上学历,经过当地妇幼保健机构组织的卫生保健专业知识培训,具有托幼机构卫生保健基础知识,掌握卫生消毒、传染病管理和营养膳食管理等技能。卫生保健人员上岗前必须经县级以上人民政府卫生行政部门指定的医疗卫生机构进行健康检查,取得《托幼机构工作人员健康合格证》后方可上岗。幼儿园应当组织在岗工作人员每年进行1次健康检查;在岗人员患有传染性疾病的,应当使其立即离岗治疗,治愈后方可上岗工作。

(二) 各类教职工的工作职责

1. 幼儿园园长的工作职责

幼儿园园长负责幼儿园的全面工作,主要职责如下。

（1）贯彻执行国家的有关法律、法规、方针、政策和地方的相关规定，负责建立并组织执行幼儿园的各项规章制度。

（2）负责保育教育、卫生保健、安全保卫工作。

（3）负责聘任、调配教职工，指导、检查和评估教师以及其他工作人员的工作，并给予奖惩。

（4）负责教职工的思想工作，组织业务学习，并为他们的学习、进修、教育研究创造必要的条件。

（5）关心教职工的身心健康，维护他们的合法权益，改善他们的工作条件。

（6）组织管理园舍、设备和经费。

（7）组织和指导家长工作。

（8）负责与社区的联系和合作。

2. 幼儿园教师的工作职责

幼儿园教师对本班工作全面负责，其主要职责如下。

（1）观察了解幼儿，依据《幼儿园教育指导纲要（试行）》和《3—6岁儿童学习与发展指南》等，结合本班幼儿的发展水平和兴趣需要，制订和执行教育工作计划，合理安排幼儿一日生活。

（2）创设良好的教育环境，合理组织教育内容，提供丰富的玩具和游戏材料，开展适宜的教育活动。

（3）严格执行幼儿园安全、卫生保健制度，指导并配合保育员管理本班幼儿生活，做好卫生保健工作。

（4）与家长保持经常联系，了解幼儿家庭的教育环境，商讨符合幼儿特点的教育措施，相互配合共同完成教育任务。

（5）参加业务学习和保育教育研究活动。

（6）定期总结评估保教工作实效，接受园长的指导和检查。

3. 幼儿园保育员的工作职责

幼儿园保育员的主要职责如下。

保育员的资格和职责

（1）负责本班房舍、设备、环境的清洁卫生和消毒工作。

（2）在教师指导下，科学照料和管理幼儿生活，并配合本班教师组织教育活动。

（3）在卫生保健人员和本班教师指导下，严格执行幼儿园安全、卫生保健制度。

（4）妥善保管幼儿衣物和本班的设备、用具。

4. 幼儿园卫生保健人员的工作职责

幼儿园卫生保健人员对全园幼儿身体健康负责，其主要职责如下。

（1）协助园长组织实施有关卫生保健方面的法规、规章和制度，并监督执行。

（2）负责指导调配幼儿膳食，检查食品、饮水和环境卫生。

（3）负责晨检、午检和健康观察，做好幼儿营养、生长发育的监测和评价；定期组织幼儿健康体检，做好幼儿健康档案管理。

（4）密切与当地卫生保健机构的联系，协助做好疾病防控和计划免疫工作。

保健员的资格和职责

(5) 向幼儿园教职工和家长进行卫生保健宣传和指导。

(6) 妥善管理医疗器械、消毒用具和药品。

《规程》对幼儿园其他工作人员的任职资格和工作职责,没有做出具体规定,但在第44条中有一项规定:"幼儿园其他工作人员的资格和职责,按照国家和地方的有关规定执行。"

拓展阅读

幼儿老师心理问题不容忽视①

过去5年中,在广东、广西、山西、湖北、河南、河北、浙江和上海等地分别进行的针对幼儿教师的心理健康调查表明,幼儿教师的性格大多热情、开朗、果断、自立,但是在整体上心理健康水平却要低于一般人群。研究发现,幼儿教师群体主要存在三类心理问题。

1. 心身疾病

心身疾病是指与心理、社会因素关系较为密切的生理疾病。心身疾病是发生于幼儿教师身上的一个比较特殊的问题。美国著名情绪心理学家伊扎德等人提出"动机—分化"理论,认为人们的行动由内驱力引起,内驱力需要一种放大的媒介才能激发有机体去行动,起这个放大作用的就是情绪过程。对幼儿教师来说,在工作中总会出现各种各样的应激事件,比如孩子摔伤了、生病了,或者很执拗地哭泣。传统的观念认为,如果孩子不听话,出了问题,老师也同样有责任。

在这种情况下,多数教师都会有"犯错误"的感觉。在这种情绪作用下,内驱力所形成的力量作用于老师自身,久而久之,就会引起躯体的反应,造成心身疾病。幼儿教师中常见的心身疾病有慢性咽炎、心律失常、神经衰弱等。这些心身疾病大多由焦虑、抑郁、强迫、偏执、人际关系敏感等引起。

2. 人际关系问题

同事关系满意度低是幼儿教师人际关系中最突出的问题。人们对同事的态度,总是会受到工作评价标准的影响。我国现在大部分幼儿园的培养目标都较混乱,既存在所谓升学率这样的定量标准,也存在创造力这样的定性标准。这些标准的制订与执行有时并不客观,所以获得上级的赏识就成为一种潜在的文化。在这种文化下,会不断滋生各种各样的人际冲突。

3. 职业倦怠

幼儿教师与护士一样,需要不断付出爱心。两者的不同在于,护士在出现职业倦怠的时候,可以归咎于病人的不理解和不合作;幼儿教师却无法归咎于孩子,"孩子都是好的",于是就认为自己工作不主动,没有爱心。不同的归因方式,对心理健康的影响也不同。这种归因包含了对自我的否定,因此对身心是有害的。

幼儿教师的心理问题既不利于自身健康,又影响幼儿的成长。对此,专家提出几条建议。

(1) 在每天看到的地方贴一张纸条,提醒自己"我会因为孩子的行为而生气,我有情绪不是我的错,但也不是孩子的错,因为孩子的学习需要一个过程。"虽然不能对孩子发脾气,但是要让

---

① 幼儿老师心理问题不容忽视[EB/OL]. http://www.yejs.com.cn/HtmlLib/32540.htm l.(2010-10-25)[2019-3-20].

孩子知道“你这样的行为让我不舒服”，让孩子学会控制自己的不良行为。

（2）提高教育技巧，增强控制感。研究发现，具有高控制偏向的教师更多地表现出职业倦怠。幼儿在2—4岁正处于第一反抗期。教师在要求孩子做事情时，可以多给孩子几个选择，这样做可以使教师的控制感增加，不至于被孩子一拒绝就变得十分沮丧，从而减少工作倦怠感的发生机会。

（3）参加互动性的学习讨论。几乎每个幼儿教师都会碰到大致相同的问题，同事之间共同讨论解决之道，分享共同的心得与情绪，有助于增加亲密感，改善同事关系。

七 幼儿园的经费

案例

民营幼儿园赚钱需慎用①

某幼儿园是一所由李某私人投资的民办幼儿园。这个学期结束时进行了财务核算，结余经费8万元。李某想将这笔钱全拿去开一家美容店。但帮他管理幼儿园的郭园长却认为这样违反了幼儿园管理的相关规定，不主张他这么做。钱是李某自己的钱，他到底可不可以这么做呢？幼儿园的经费管理有哪些规定？

案例分析：本案中所涉及的幼儿园经费管理问题是不少民办幼儿园的出资人所困惑的。民办幼儿园是民办教育事业的一部分，我国法律把民办教育事业定性为公益性事业，着重强调的是民办幼儿园的社会效益，而非经济效益。所以，民办幼儿园不能像一般企业那样，把营利作为最高宗旨和终极目的。但是，我国法律也并没有否认民办幼儿园的营利性。民办幼儿园可以是营利性的也可以是非营利性的。根据《中华人民共和国民办教育促进法》第19条，如果民办幼儿园是非营利性的，“不得取得办学收益，学校的办学结余全部用于办学”。如果民办幼儿园是营利性的，“可以取得办学收益”，但“办学结余依照公司法等有关法律、行政法规的规定处理”。据此，本案例中李某是可以提取部分结余的，但还须预留一部分保证幼儿园的发展和办园条件的改善。

为了保证幼儿园经费管理的规范性，建议该幼儿园制定完备的内部经费管理制度，合理使用经费。幼儿园收费项目和标准要公开，让家长有知情权。

加强幼儿园的经费管理，规范幼儿园收费行为，是保障教育对象和幼儿园的合法权益、促进学前教育事业科学发展的重要保证。

（一）经费筹措

幼儿园的经费由举办者依法筹措，保障有必备的办园资金和稳定的经费来源。

按照国家和地方相关规定接受财政扶持的提供普惠性服务的国有企事业单位办园、集体办园和民办园等幼儿园，应当接受财务、审计等有关部门的监督检查。

---

① 民营幼儿园，赚钱须慎用[EB/OL]. http://www.unjs.com/youjiao/yuanzhang/20080502165930_96307.html.(2008-05-02)[2019-3-20].

（二）收费制度

幼儿园收费应按照国家和地方的有关规定执行。

2011年12月31日，国家发改委、教育部、财政部联合印发《幼儿园收费管理暂行办法》，将目前纷繁多样的收费项目规范为两类：即保育教育费、住宿费。幼儿园为在园幼儿教育、生活提供方便而代收代管的费用，应遵循“家长自愿，据实收取，及时结算，定期公布”的原则。《幼儿园收费管理暂行办法》对幼儿园收费进行了规范，严禁幼儿园以任何名义向入园幼儿家长收取赞助费、捐资助学费、建校费、教育成本补偿费等与入园挂钩的费用。

《规程》要求幼儿园实行收费公示制度，收费项目和标准向家长公示，接受社会监督，不得以任何名义收取与新生入园相挂钩的赞助费。幼儿园不得以培养幼儿某种专项技能、组织或参与竞赛等为由，另外收取费用；不得以营利为目的组织幼儿表演、竞赛等活动。

《幼儿园收费管理暂行办法》提出了幼儿园收费审批的原则、程序、收费标准制定成本列支范围等要求。要求幼儿园通过设立公示栏、公示牌、公示墙等形式，向社会公示收费项目、收费标准等相关内容；招生简章要写明幼儿园性质、办园条件、收费项目和收费标准等内容。

（三）经费使用

幼儿园的经费应当按照规定的使用范围合理开支，坚持专款专用，不得挪作他用。

幼儿园举办者筹措的经费，应当保证保育和教育的需要，有一定比例用于改善办园条件和开展教职工培训。

幼儿园对幼儿膳食费应当实行民主管理制度，保证全部用于幼儿膳食，并每月向家长公布账目。

幼儿园应当依法建立经费预算、决算审核制度。经费预算、决算应当提交园务委员会，并接受财务和审计部门的监督检查。

幼儿园应依法建立资产配置、使用处置、产权登记和信息管理制度，严格执行有关财务制度。

相关链接

《幼儿园收费管理暂行办法》第12条规定：“幼儿园除收取保教费、住宿费及省级人民政府批准的服务性收费、代收费外，不得再向幼儿家长收取其他费用。幼儿园不得在保教费外以开办实验班、特色班、兴趣班、课后培训班和亲子班等特色教育为名向幼儿家长另行收取费用，不得以任何名义向幼儿家长收取与入园挂钩的赞助费、捐资助学费、建校费、教育成本补偿费等费用。”第13条规定：“社会团体、个人自愿对幼儿园的捐资助学费，按照国家《公益事业捐赠法》和有关社会捐助教育经费的财务管理办法执行。”

思考与练习

1. 幼儿园保育和教育的主要目标是什么？
2.《规程》对于幼儿园的班级规模有什么要求？
3. 谈谈幼儿园安全管理方面需要注意的问题。
4. 幼儿园教育工作的原则是什么？
5. 幼儿园教职工有哪些基本要求？
6. 谈谈幼儿园经费管理方面的具体要求。

国考聚焦

选择题

1. (2018 年下半年真题)某幼儿园在上学期为大班开设了小学一年级语文、数学课程。该幼儿园的做法(　　)。

A. 正确,幼儿园有权安排教学活动　　B. 不正确,这些内容应设在大班下学期

C. 正确,有利于实现幼小衔接　　D. 不正确,不利于幼儿的身心发展

【答案】D

【解析】《幼儿园工作规程》第 33 条规定:“幼儿园和小学应当密切联系,互相配合,注意两个阶段教育的相互衔接。幼儿园不得提前教授小学教育内容,不得开展任何违背幼儿身心发展规律的活动。”

2. (2018 年下半年真题)某幼儿园要求幼儿必须到医院接受体检,合格后方可入园。该幼儿园的做法(　　)。

A. 有利于全面了解幼儿健康状况　　B. 有利于选拔优秀幼儿入园

C. 侵犯了幼儿的受教育权　　D. 侵犯了幼儿的个人隐私

【答案】A

【解析】《幼儿园工作规程》第 10 条规定:“幼儿入园前,应当按照卫生部门制定的卫生保健制度进行健康检查,合格者方可入园。幼儿入园除进行健康检查外,禁止任何形式的考试或测查。”

3. (2018 年上半年真题)幼儿教师李某猥亵儿童被判处有期徒刑一年,缓刑一年。李某(　　)。

A. 将终身不能从事教师职业　　B. 五年内不能从事教师职业

C. 缓刑期内可继续从事教师职业　　D. 可在私立幼儿园从事教师职业

【答案】A

【解析】《幼儿园工作规程》第 39 条规定:“幼儿园教职工应当贯彻国家教育方针,具有良好品德,热爱教育事业,尊重和爱护幼儿,具有专业知识和技能以及相应的文化和专业素养,为人师表,忠于职责,身心健康。幼儿园教职工患传染病期间暂停在幼儿园的工作”。“有犯罪、吸毒记录和精神病史者不得在幼儿园工作。”

4. (2017 年下半年真题)某幼儿园聘用了曾经有过犯罪记录的宋某作为工作人员,依据《幼儿园工作规程》的规定,该幼儿园的做法(　　)。

A. 合法,要给予宋某改过自新的机会

B. 合法,幼儿园有权自主聘用工作人员

C. 不合法,应征得上级主管部门同意方可聘用

D. 不合法,幼儿园不得聘用宋某担任工作人员

【答案】D

【解析】《幼儿园工作规程》第 39 条规定:“幼儿园教职工患传染病期间暂停在幼儿园的工作。有犯罪、吸毒记录和精神病史者不得在幼儿园工作。”

5. (2017 年下半年真题)某幼儿教师在幼儿园的操场上吸烟。该教师的做法(　　)。

A. 合法,幼儿园的操场可以吸烟

B. 合法,幼儿教师可以吸烟

C. 不合法,幼儿教师不得吸烟

D. 不合法,不得在幼儿园内吸烟

【答案】D

【解析】《幼儿园工作规程》第 20 条规定:“幼儿园内禁止吸烟、饮酒。”

6. (2017 年下半年真题)关于幼儿园教育的性质和地位,下列说法正确的是(　　)。

A. 幼儿园教育是基础教育的预备阶段

B. 幼儿园教育是义务教育的组成部分

C. 幼儿园教育是学校教育制度的基础阶段

D. 幼儿园教育不属于学校教育制度的范畴

【答案】C

【解析】《幼儿园工作规程》第 2 条规定:“幼儿园是对 3 周岁以上学龄前幼儿实施保育和教育的机构。幼儿园教育是基础教育的重要组成部分,是学校教育制度的基础阶段。”

7. (2017 年下半年真题)王某是某集团公司的老总,举办了一家民办幼儿园。下列关于王某举办幼儿园的行为,说法不正确的是(　　)。

A. 幼儿园应依法接受监督

B. 幼儿园可以以营利为目的

C. 幼儿园应该维护幼儿合法权益

D. 幼儿园可以自行决定收费标准

【答案】B

【解析】《中华人民共和国教育法》第 26 条规定:国家鼓励企业事业组织、社会团体、其他社会组织及公民个人依法举办学校及其他教育机构。以财政性经费、捐赠资产举办或者参与举办的学校及其他教育机构不得设立为营利性组织。《幼儿园工作规程》第 47 条规定:幼儿园收费按照国家和地方的有关规定执行。

8. (2017 年下半年真题)根据《幼儿园工作规程》,下列说法不正确的是(　　)。

A. 健康检查不合格的幼儿,可以拒绝其入园

B. 幼儿一日活动应以动为主

C. 幼儿园的每日户外体育活动不得少于 1 小时

D. 幼儿园可按照年龄分别编班，也可混合编班

【答案】C

【解析】《幼儿园工作规程》第 23 条规定：“幼儿园应当积极开展适合幼儿的体育活动，充分利用日光、空气、水等自然因素以及本地自然环境，有计划地锻炼幼儿肌体，增强身体的适应和抵抗能力。正常情况下，每日户外体育活动不得少于 1 小时。”

第五章
《幼儿园教育指导纲要(试行)》解读

学习目标

1. 了解《幼儿园教育指导纲要(试行)》产生的背景、指导思想及意义。

2. 理解《幼儿园教育指导纲要(试行)》五大教育领域的目标、内容、要求和指导要点。

3. 理解《幼儿园教育指导纲要(试行)》对幼儿教师的要求。

4. 掌握《幼儿园教育指导纲要(试行)》关于幼儿教育评价的发展方向。

2001年7月正式颁布的《幼儿园教育指导纲要(试行)》(以下简称《纲要》)标志着我国学前教育改革迈进了一个新的阶段。《纲要》遵循我国宪法和教育基本法律的精神,根据党的教育方针和《幼儿园工作规程》而制定,是指导广大幼儿教师将《幼儿园工作规程》的教育思想和观念转化为教育行为的指导性文件。它总结了近年来我国学前教育改革的经验,结合我国学前教育改革的实际,在充分吸纳世界范围内早期教育优秀思想和研究成果的基础上,阐明了学前教育的发展目标,力求体现终身教育、全面推进素质教育的思想,倡导尊重儿童身心发展规律、师生共同成长等先进的观念。它与其他有关学前教育的政策法规一起,构成一个受共同原则指导的、具有内在协调一致性的、层次不同的学前教育政策法规体系,这些政策法规共同推动了我国学前教育的科学化、法制化进程,促使学前教育朝着更加健康、正确的方向前进。它的颁布标志着学前教育的课程改革与整个基础教育课程改革同步启动,这对于全面贯彻教育方针、全面提高幼儿园保教质量具有重要的意义。

第一节 《幼儿园教育指导纲要(试行)》概述

案 例

给孩子充分的想象空间

在一次绘画"蚂蚁搬豆"的活动中,教师要求幼儿练习画圈,即在每一只蚂蚁的背上画一个又大又圆的豆子,豆子的颜色可以是五颜六色的,全班的幼儿对此活动非常感兴趣,忙着挑选自己喜欢的颜色画豆豆。在指导过程中,教师发现赵明明小朋友没有画圈,而是在小蚂蚁的背上画一条条弯弯曲曲的线。"你画的是什么呀?你为什么没有画圈呢?"教师指着她的作品问,并为她做了一次示范,而赵明明小朋友拿着蜡笔嘟着嘴小声说:"我会画圈,可是小蚂蚁已经有许多豆豆了,它都吃腻了,它现在想吃大虫子!""噢!你怎么知道的?"教师好奇地问。她说:"我家有一本书,书上有。这是我妈妈讲给我听的!"

案例分析:以上教学活动充分体现了艺术活动是幼儿自我表达的重要方式,教师应该充分尊重幼儿个人的意志,给儿童自己选择表达内容和方式的自由;提供自由表现的机会,鼓励幼儿大胆地想象,运用不同的艺术形式表达自己的感受和体验,并根据幼儿的困难和需要审时度势地为他们提供必要的帮助和适宜的引导。

通过对以上案例的分析,我们应该了解幼儿园的教育内容所涵盖的领域及每一个教育领域的具体目标、内容和要求、指导要点,要想了解这些,必须认真学习《纲要》,进而思考从不同角度促进幼儿情感、态度、能力等方面的发展方式。

一 《幼儿园教育指导纲要(试行)》产生的背景

(一) 我国对基础教育改革发展的重视

纵观中国学前教育的百年发展史,我们可以明显地看出,幼儿园课程改革是历次学前教育改革的核心与突破口,也是贯穿百年学前教育发展的一条主线。近年来,我们对幼儿园教育在不断进行探索和改革,特别是对幼儿园课程的改革,这个过程既是一个从模仿、移植到不断实验、改进的过程,也是一个继承与创新的过程,更是幼儿园课程中国化的过程。我国的幼儿园课程改革经过了从20世纪50年代强调分科课程一统天下的发展状况到90年代末至21世纪初的多元化、个性化的发展态势,目前,多种形式的幼儿园课程格局逐步形成。

在此期间,中国的幼教工作者在吸收和借鉴世界先进教育理论及幼儿园课程研究成果的同时,不断探求幼儿园课程中国化的道路;在对幼儿园课程改革自我肯定、自我完善的同时,不断地反省、思考,从而使幼儿园课程改革成为幼教工作者不断充实、提升自身教育理念的过程,成为教师自我成长的过程,成为不断服务幼儿园课程实践、指导课程实践的过程。在总结了近年来我国学前教育改革的经验,并充分吸纳了世界范围内早期教育优秀思想与研究成果的基础上,教育部于2001年7月颁发了《幼儿园教育指导纲要(试行)》,它可以说是这一时期幼儿园课程改革的结晶,它不但总结了20世纪90年代幼儿园课程改革的经验,体现了幼儿园课程新理念,而且将作为幼儿园课程的纲领性文件指导今后的课程改革。中国幼儿园课程正在从封闭走向开放,从预设走向生成,从关注课程的结果走向关注课程情境的变化和课程进行中幼儿的体验、兴趣及需要,课程开始具有一定的不确定性。教师与幼儿已成为幼儿园课程的有机组成部分,成为课程意义的创造者。同时,通过幼儿园课程改革,国家课程、地方课程、园本课程三级幼儿园课程并存的局面正在形成。

(二) 全世界对学前教育的重视

学前教育一般是指从出生到6周岁儿童的教育。随着世界科学技术的发展,人类文明的进步和社会改革浪潮的推动,学前教育事业有了较大的发展,全球出现了一个学前教育发展的高峰期,学前教育已成为世人瞩目的焦点。具体表现在近十几年来对儿童认识的提高和对儿童教育的重视上。到2015年为止,已经有196个国家承认了1989年联合国通过的《儿童权利公约》。该公约承认人类家庭所有成员的固有尊严及其平等权利,对儿童的权利明文予以保护,明确了父母双方的责任及在男女平等的基础上对儿童权益的保护。1990年,联合国在"世界儿童问题首脑会议"后发表了《儿童生存、保护和发展世界宣言》,制定了《执行1990年儿童生存、保护和发展宣言的行动计划》,并向全世界呼吁:"让每个儿童有更好的未来。"从而使全世界真正开始关注、尊重儿童的生存、权利和福利,让儿童在和平、尊严、宽容、自由、平等和团结的精神环境下成长。重视学前教育已经成为国际化趋势。美国、澳大利亚、英国、德国、韩国、日本都相继颁布有关学前教育的法律。例如,日本政府于2001年2月2日颁布了题为《全面幼儿教育的充实——幼儿教育振兴计划》(2001—2005)的幼儿教育改革计划;美国在1991年颁布了《美国2000:教育战略》等。我国也于1990年在《儿童权利公约》上签字,并结合中国的国情制定了一系列关于学前教育的法律法规。

二 《幼儿园教育指导纲要(试行)》产生的意义

(一)《纲要》立足于我国学前教育改革的现实,同时也吸收了世界学前教育科研的众多优秀思想与成果,力图使我国学前教育符合世界学前教育发展的趋势

在我国,党和政府一贯重视学前教育,始终把学前教育作为社会主义教育事业的一个重要组成部分,我国在社会主义经济不同的发展阶段,都规划了学前教育事业的发展目标,并制定了一系列的方针、政策,保证学前教育发展目标的实现。特别是改革开放40多年来,我国学前教育在一直不断探索和革新中,得到了迅速而健康的发展。幼儿园的办园体制、管理体制改革不断深化,这充分调动了社会举办学前教育的积极性;逐步形成了符合我国国情的学前教育办学体制和管理体制;注

重教师队伍建设,教师的学历水平、专业能力不断得到提高,学前教育的质量和水平逐步提高。可以看出,《纲要》的产生标志着我国学前教育改革进入一个崭新阶段。《纲要》立足于我国学前教育改革的现实,坚持贯彻党的教育方针,坚持全面推进素质教育的思想,倡导先进的教育观念。如尊重每个幼儿,尊重幼儿身心发展规律;力求体现终身教育的思想;将社会、文化、环境与教育密切结合的思想;努力实现教育的目的性与幼儿发展的可能性相适宜的思想及促进教师与幼儿的相互作用,共同成长的思想等。把世界上有关早期教育的先进思想和最近研究成果有机地结合起来,力图使我国的学前教育改革符合世界学前教育发展的趋势。

(二)在指导广大幼儿教师和学前教育师资培养者将《幼儿园工作规程》的教育思想和观念转化为教育行为方面具有划时代的意义

《纲要》本着“指导幼儿园深入实施素质教育”(《纲要》总则)的宗旨,对我国幼儿园教育的性质、地位、指导思想及其组织、实施和评价等各方面提出了基本的要求和原则性的规定,也可以说它是将我国学前教育长期以来,特别是贯彻《规程》以来的行之有效的教育观念、方法、措施、经验等,以法规的形式固定下来,通过国家的强制力来保证其实施,从而为我国学前教育新世纪的发展构筑坚实的基础。每个幼教工作者都应该认真学习领会《纲要》的精神,明确《幼儿园工作规程》和《纲要》的关系,努力去体会渗透在幼儿园教育活动中的新观念、新方法、新手段。在贯彻落实《纲要》的过程中,幼儿园教师应依据《纲要》的指导思想和基本要求,根据儿童发展的实际需要,制定教育计划和组织教育活动,进一步更新教育观念,提高教育技能,不断探索具有中国特色、符合幼儿园实际的课程方案和有效的教学方法。

三 《幼儿园教育指导纲要(试行)》的结构

从结构上来看,《纲要》的主要框架由4个部分组成:总则、教育内容与要求、组织与实施、教育评价。

第1部分是“总则”,具体内容有5条,其精神贯穿《纲要》全文。第1条说明了制定《纲要》的依据、原因和目的。第2条说明了我国幼儿园教育的性质和根本任务,即幼儿园教育是“基础教育的重要组成部分,是我国学校教育和终身教育的奠基阶段”,其根本任务则是“为幼儿一生的发展打好基础”。第3条规定了我国幼儿园教育的外部原则,即幼儿园必须适应社会的变化,在更新“教育资源”概念的基础上充分地利用外部资源,与家庭、社区密切合作,共享资源,办更加开放的、社会化的幼儿园教育,以促进教育社会化、社会教育化的进程。如有些幼儿园利用社区的物力资源(商店、工厂等)、利用人力资源(具有专业文化知识的社会各界人士、家长等)为幼儿园服务。第4条指出了幼儿园教育自身的特点,即幼儿园不同于小学的特点,强调了幼儿园是通过创设健康、丰富的生活和活动环境来帮助幼儿学习的,而幼儿是通过在环境中与他人共同生活来获得经验的,他们在生活中发展,在发展中生活,而不像小学生那样主要通过学科教师教学来获得间接知识。第

5 条规定了幼儿园教育的内部原则，即在幼儿园教育过程中必须遵循的基本原则，如尊重幼儿的人格和权利，尊重幼儿身心发展的规律和学习特点，以游戏为基本活动，保教并重，关注个别差异等，并提出了“促进每个幼儿富有个性的发展”的要求。

《纲要》的第 2 部分是“教育内容与要求”，本部分将幼儿学习的范畴划分为广大教师所熟悉的健康、语言、社会、科学和艺术五个领域，并同时强调了“各领域的内容相互渗透，从不同的角度促进幼儿情感、态度、能力、知识、技能等方面的发展”。《纲要》在阐述每个领域时，都包含三部分内容：目标、内容与要求、指导要点。“目标”部分主要表明该领域重点追求什么，它主要的价值取向何在。“内容与要求”部分则说明为实现教育目标，教师应该做什么、该怎样做，与此同时，将该领域的教育内容自然地负载其中。“指导要点”部分则主要是点明该领域教和学的特点和特别应当注意的普遍性的问题，因为各领域的知识性质不同，幼儿的学习方式也会随之变化，教师必须根据这些特点来设计教学，以提高教与学的效果。

《纲要》的第 3 部分是“组织与实施”。其 11 个条目包括尊重幼儿的权利，尊重教师的创造性，尊重幼儿在学习特点、发展水平、个性特征等方面的差异，尊重幼儿身心发展的客观规律，尊重教育、教学的客观规律等理念与观点，体现幼儿园教育在组织实施中应遵循教育性、主动性、开放性、针对性、灵活性等原则。

《纲要》的第 4 部分围绕幼儿园“教育评价”，提出了评价的发展性、合作性、标准的多元性，以及多角度、多主体、多方法，重视过程、重视差异、重视质性研究等原则。明确规定了评价的目的是为了幼儿的发展、教师的成长和提高教育质量。这就是说，幼儿园评价绝非用于筛选、排队，更不是用于给幼儿贴标签，伤害他们的自尊和信心，给他们的成长蒙上阴影。《纲要》在这一基点上分别指出了评价教育工作和评价幼儿发展状况的具体原则和注意事项。

四 《幼儿园教育指导纲要(试行)》的指导思想

(一) 终身教育的思想

1. 终身教育思想

终身教育思想是《纲要》的一个基本指导思想，贯穿于《纲要》的全部内容之中。联合国教科文组织提出的终身教育、终身学习的理念从根本上影响了全世界的教育价值取向，也从根本上深化了我们对教育和教育大系统的一个子系统——幼儿园教育的认识。这一理念使我们明白了作为基础教育重要组成部分的幼儿园教育应当做什么，幼儿发展的真正含义是什么，什么样的幼儿园教育才是真正高质量的幼儿园教育。

21 世纪的基础教育把每个学生潜能的开发、健康的个性的发展、为适应未来社会发展变化所必需的自我教育、终身学习的愿望和能力的初步形成作为最重要的任务，这与传统教育中把基础教育定位于基础知识、基本技能和技巧的训练有很大的区别。[1] 基础教育不能仅限于教孩子们读书、写字和算术,它还应当教导他们学会做人,学会学习与他人共同生活。[2] 新"基础"不仅包括基本的读、写、算能力,基本的操作技能,它还"为每个受教育者奠定生存的基础,做人的基础,做事的基础和终身学习的基础;换言之,就是为实现幼儿一生可持续发展奠定基础。"[3]它更重视"赋予学生的学习兴趣和乐趣、学会学习的能力以及对知识的好奇心",并把"获取、更新和使用知识"作为"必须在教育过程中阐明的三种功能"。[4]

终身教育思想是新基础教育观的精髓。新基础教育观洋溢着时代的精神,它丰富的人文内涵将基础教育和学前教育的意义升华到了新的高度,它揭示出学前教育应有的核心价值追求。不言而喻,学前教育质量观应当而且必须与新基础教育观保持一致,实现人生可持续发展的初始阶段的学前教育应追求幼儿健康的、真实的、全面的可持续发展;实现"幼儿园教育要与0—3岁儿童的保教以及小学教育相互衔接",为幼儿一生的可持续发展打好基础。

2. 终身教育思想在《纲要》中的体现

《纲要》各领域的目标、内容与要求及组织和实施评价等所有部分,均一致地将培养幼儿终身学习的基础和动力放在核心位置,强调教育活动要"既符合幼儿的现实需要,又有利于其长远发展"。在表述方面较多地使用了"体验、感受、喜欢、乐意"等词汇,突出了我国基础教育情感、态度、价值观等方面的取向。各领域都强调良好的习惯形成,强调合作、参与、探索,强调通过"引发、支持幼儿与周围环境之间积极的相互作用"来学习知识技能。《纲要》明显着眼于幼儿终身持续发展所需要的最基本的重要的素质,如积极主动的态度、强烈的学习兴趣、有效地与环境互动的能力、初步的合作意识、责任感等,这是衡量幼儿园教育质量的最重要的指标。终身教育的理念在《纲要》中主要体现在以下几个方面。

(1) 总则第2条:幼儿园教育是基础教育的重要组成部分,是我国学校教育和终身教育的奠基阶段。城乡各类幼儿园都应从实际出发,因地制宜地实施素质教育,为幼儿一生的发展打好基础。

(2) 健康——内容与要求第5条:开展丰富多彩的户外游戏和体育活动,培养幼儿参加体育活动的兴趣和习惯,增强体质,提高对环境的适应能力。

(3) 语言——"内容与要求"第2条:养成幼儿注意倾听的习惯,发展语言理解能力。

(4) 社会——"内容与要求"第2条:为每个幼儿提供表现自己长处和获得成功的机会,增强其自尊心和自信心。

(5) 科学——"内容与要求"第1条:引导幼儿对身边常见事物和现象的特点、变化规律产生兴趣和探究的欲望。

---

① 张维仪. 教师教育——改革与发展热点透视[M]. 南京:南京师范大学出版社,2001.

② 松浦晃一郎. 经济全球化能创造新文明的价值观吗?[J]. 教育展望,2001,(4).

③ 北京市教委"北京21世纪基础教育课程改革研究"课题组. 北京21世纪基础教育课程改革方案,1998年4月.

④ 联合国教科文组织总部. 教育——财富蕴藏其中[M]. 联合国教科文组织总部中文科,译. 北京:教育科学出版社,1996,8.

(二)“以人为本”的教育思想

“以人为本”的思想是《纲要》的一个突出特征。“以人为本”是科学发展观的核心,是指以人为价值的核心和社会的本位,把人的生存与发展作为最高的价值目标,一切为了人,一切服务于人。在《纲要》的实施、评价等环节中都明确指出“要为每个儿童,包括有特殊需要的儿童提供积极的支持和帮助”。具体表现在:《纲要》明确地指出尊重幼儿、保障幼儿权利,促进幼儿全面和谐发展的儿童观。《纲要》总则的5条中除第1条外,其他4条都分别从不同的角度,围绕“以幼儿发展为本”,明确提出要“为幼儿一生的发展打好基础”“共同为幼儿的发展创造良好的条件”“满足他们多方面发展的需要,使他们在快乐的童年生活中获得有益于身心发展的经验”“尊重幼儿的人格和权利,尊重幼儿身心发展的规律和学习特点,促进每个幼儿富有个性的发展”等。“承认和关注幼儿的个体差异,避免用整齐划一的标准评价不同的幼儿”,而且这一精神融入了《纲要》其他部分,指导着实施、评价等各环节。《纲要》要求幼儿园能成为幼儿喜欢的环境,能让他们在与同伴和有专业知识的成人的共同生活中实现自身的成长和学习。《纲要》的目标和要求还明确地体现出,“以幼儿发展为本”的教育是帮助幼儿从现实的存在状态过渡到更高质量的生活的中介,是融入幼儿的成长和发展过程中的教育,它必须为幼儿发展权的实现做出积极的贡献。

此外,在关注幼儿的同时,《纲要》也表现出了对教师、对家长、对教育中所有人的因素的尊重和关注。《纲要》指出:“教育活动的组织与实施过程是教师创造性地开展工作的过程”“幼儿同伴群体及幼儿园教师集体是宝贵的教育资源”“管理人员、教师、幼儿及家长均是幼儿园教育评价工作的参与者”等。《纲要》强调教师的权利和教师在教育中的创造性、主动性,强调教师与幼儿的共同成长。希望把教育过程构建为幼儿、教师都能共同发展的过程;构建为教师在儿童发展过程中,同步提高自己的专业水准,铸造自己美好的职业生涯的过程;构建为幼儿、家长、教师都能得到尊重并实现自身权利的过程。只有当社会能够保证家长享有参与学校生活的权利,能够保障教师享有丰富自身专业知识的权利时,儿童才能最好地享受到自己的权利。①

(三)面向世界的科学的学前教育

《纲要》总结了近年来我国学前教育改革的经验,立足于我国学前教育改革的现实,面向世界教育潮流发展的方向,充分吸纳世界范围内早期教育优秀思想和研究成果,倡导对幼儿身心发展规律的尊重,对教育规律的尊重等。《纲要》的全部内容反映了教育科学研究的诸多成果,体现着我国学前教育与世界学前教育共同的发展趋势。

在教育目标方面,《纲要》重视对幼儿的兴趣、情感、态度的培养,并在实施中重视以幼儿为主体的探索性学习,“凡是包含教育目标的地方,我们几乎总是关注积极的情感,关注引导而不是驱使儿童去学习”。② 《纲要》的这一规定符合世界教

---

① Joanne Hedrick. 学习瑞吉欧方法的第一步[M]. 李季湄,等,译. 北京:北京师范大学出版社,2002.

② 布卢姆,等. 教育目标分类学(第二分册 情感领域)[M]. 武汉:华东师范大学出版社,1987:61-64.

育发展的趋势——重视认知的情感化和情感的认知化。

在内容方面,《纲要》吸收了建构主义和现代认知心理学的成果,强调作为教育内容的知识的建构性、过程性,在其教育内容与要求中,不再把知识列为一堆静态的、脱离幼儿的、仅仅要他们记住的东西,而是视知识为动态变化、幼儿主动建构的过程。①

在《纲要》的实施原则中,我们根据现代心理学的研究,从广义的学习观出发,要求保证幼儿的游戏、自由和自发的活动时间。同时,《纲要》强调幼儿园教育的生活性,这符合教育回归幼儿的生活,密切地贴近幼儿生活的世界学前教育发展趋势。

在教育评价方面,《纲要》强调:"教育评价要在日常活动与教育教学过程中采用自然的方法进行""评价的目的是了解幼儿的发展需要,以便提供更加适宜的帮助和指导",这些条目都体现了生态教育理论在教育的"文化生态""学科生态""评价生态"等方面的基本思想。此外,《纲要》强调"幼儿园要与家庭、社区密切合作,与小学相互衔接,综合利用各种教育资源""充分利用自然资源和社区的教育资源,扩展幼儿生活和学习的空间。幼儿园同时应为社区的早期教育提供服务"等开放教育的原则,②重视发展性、过程性、激励性的评价思想和原则等,③强调环境在促进幼儿发展过程中的重要作用,大力提倡环境教育,非常有现实针对性和长远发展意义,这些思想和原则顺应了世界学前教育改革的潮流,体现着社会化大教育的方向和素质教育的精神。

"各领域的内容要有机联系,相互渗透,注重综合性、趣味性、活动性,寓教育于生活、游戏之中",它作为《纲要》的实施原则,意在推进综合学习,力图营造一个与幼儿生活本身一致的高度综合的课程形态,这一意图不仅与我国基础教育改革的步调一致,也符合世界基础教育的另一个共同特征——学科融合。

总之,伴随世界学前教育的发展趋势,《纲要》给我国学前教育带来了巨大的挑战,但同时也带来了发展的机遇。尽管机遇尚处于潜在状态,挑战却是现实的存在,但我们相信,只要幼教工作者能够长期地、坚持不懈地探索和奋斗,就能把挑战变为机遇,将机遇变为现实,最终实现通过教育造福于幼儿和社会的目标。

第二节 《幼儿园教育指导纲要(试行)》的内涵及实质

一 《幼儿园教育指导纲要(试行)》五大教育领域的目标与要求

保护幼儿生命 促进幼儿健康——健康领域目标及要求

(一) 健康领域

1. 健康领域的目标

促进幼儿身心健康发展既是幼儿园教育的根本目的也是幼儿健康教育的终极

① 参见冯晓霞老师"新《纲要》的知识观与幼儿园课程内容"一文.

② 参见孔起英老师《统筹各方资源,形成教育合力,促进幼儿发展》一文.

③ 参见刘华老师《幼儿园教育评价的探讨》一文.

目标,《纲要》在健康领域中由此提出四条总目标。

(1) 身体健康,在集体生活中情绪安定、愉快。

(2) 生活、卫生习惯良好,有基本的生活自理能力。

(3) 知道必要的安全保健常识,学习保护自己。

(4) 喜欢参加体育活动,动作协调、灵活。

根据上述目标,我们可以将健康领域的内容概括为:良好的卫生保健习惯,自理能力的培养,体育活动,自我保护和安全教育,健康知识,情感情绪。

上述健康领域的总目标表明了以下价值取向。

第一,身心和谐。幼儿健康应包括身体健康和心理健康两个方面,幼儿的身体健康以发育健全、具备基本的生活自理能力为主要特征,幼儿的心理健康以情绪愉快、适应集体生活为主要特征。由于幼儿的身体健康与幼儿的心理健康密不可分,所以,有的目标如"生活、卫生习惯良好",既包含日常生活中的盥洗、排泄等生理意义上的卫生习惯,也包含没有吮吸手指等心理意义的行为。只有身心和谐发展,才能真正做到既保证身体的健康,又保证心理的健康。

第二,保护与锻炼并重。总目标既重视幼儿掌握必要的保健知识以提高保护自身的能力,又强调通过开展体育活动来提高幼儿的身体素质。其中,了解必要的安全保健知识并提高相应的技能是保健教育的主要目标,培养对体育活动的兴趣、增强动作的协调性和灵活性是幼儿园健康教育的重点。对《纲要》健康领域目标如此表述,隐含了"幼儿园健康教育"包含"幼儿园体育"这一思想。

第三,健康行为的形成与健康态度的转变并重。探讨幼儿健康行为建立、改变和巩固的一般规律是对幼儿健康教育研究的重点,虽然提高幼儿的健康认识也是必要的,但改善幼儿的健康态度、培养幼儿的健康行为更应作为幼儿健康教育的重点,其中幼儿健康行为的形成是幼儿健康教育的核心目标。《纲要》健康领域的目标既关注幼儿的行为表现,也注重幼儿的积极态度。

除了健康领域外,《纲要》在其他四个领域也有与健康教育相关的目标,如语言领域的第 1 条、社会领域的第 1 ~ 5 条、科学领域的第 5 条、艺术领域的第 1 条等,这些目标在促进幼儿的道德健康、促进幼儿与环境的和谐方面提出了进一步的要求。

2. 健康领域的内容与要求

在内容与要求方面,《纲要》指出:"密切结合幼儿的生活进行安全、营养和保健教育,提高幼儿的自我保护意识和能力"。幼儿健康教育本应使幼儿获得最大的幸福,因为就对幼儿身心发展特点的把握来说,幼儿健康教育比起其他任何教育都更有潜力。幼儿健康教育工作者应充分发挥幼儿自身的主动性和积极性,努力将幼儿的兴趣与必要的规则相结合,使幼儿尽早建立起各种健康行为。为此,《纲要》指出:"教育活动的组织形式应根据需要合理安排,因时、因地、因内容、因材料灵活地运用"。幼儿园的健康教学应与日常生活中的健康教育相结合,集体教育、小组教育与个别谈话相结合。

《纲要》指出:"与家长配合,根据幼儿的需要建立科学的生活常规。培养幼儿良好的饮食、睡眠、盥洗、排泄等生活习惯和生活自理能力。"家庭是幼儿园重要的合作伙伴。幼儿园应本着尊重、平等、合作的原则，争取家长的理解、支持和主动参与，并积极支持、帮助家长提高教育能力。就幼儿健康教育而言，取得家庭、社区的积极配合更为重要，否则，来自任何一方的消极影响都将抵消幼儿园健康教育的积极作用。《纲要》重视幼儿园课程的潜在影响，认为“环境是重要的教育资源，应通过环境的创设和利用，有效地促进幼儿的发展”。为此，在实施幼儿健康教育过程中，幼儿园不仅应重视幼儿园物质环境的创设，而且应重视幼儿园心理环境的创设。健康领域的活动“要充分尊重幼儿生长发育的规律”“要根据幼儿的特点组织生动有趣、形式多样的体育活动，吸引幼儿主动参与”，任何有效的教育方法都应与受教育者的年龄特点、心理特点及教育内容密切相关。幼儿健康教育的方法一般有观摩、共同讨论、自我学习、动作技能练习、感知体验等，教师在教育过程中应注意方法的针对性、多样性和趣味性，对年龄越大的幼儿，方法选择的余地也越大，但无论多大的孩子都喜欢寓学于乐。因此，在对幼儿进行健康教育时，动作技能的练习与来自生活的感知体验是最基本的方法。

在指导要点中，《纲要》特别强调“幼儿园必须把保护幼儿的生命和促进幼儿的健康放在工作的首位”，这是由幼儿身心发展的特点和幼儿健康的特有价值所决定的。尽管保护生命对于任何个体都具有重要意义，但对于幼儿来说尤为重要。幼儿的生长发育十分迅速但远未完善，幼儿的可塑性很强但知识经验匮乏，幼儿的活动欲望强烈但自我保护意识薄弱，幼儿的心灵稚嫩纯洁但特别容易遭到伤害，而生命的健康又是从事其他一切学习活动的必要前提。健康既是幼儿身心和谐发展的结果，也是幼儿身心充分发展的前提；健康是幼儿的幸福之源，离开健康，幼儿就不可能尽情游戏，也不可能专心学习，甚至无法正常生活；幼儿时代的健康不仅能够提高幼儿期的生命质量，而且也为一生的健康奠定了基础。为此，保护幼儿的生命和促进幼儿的健康理所当然地成为幼儿园的首要任务。

3. 健康领域的指导要点

（1）幼儿园必须把保护幼儿的生命和促进幼儿的健康放在教育工作的首位。树立正确的健康观念，在重视幼儿身体健康的同时，要高度重视幼儿的心理健康。这是开展幼儿健康教育，促进幼儿健康的前提。健康是人类的最基本要求，也是一项最重要的社会目标。然而，对于什么是健康，人们的认识并不完全一致。在许多人脑子里，一提到健康就理解为身体没病，体格健壮。这种单纯的身体健康观，存在很大的片面性，它忽视了心理健康的重要性。幼儿健康教育如果只偏重幼儿身体保健教育，缺少幼儿心理卫生教育方面的内容，则不利于幼儿身心的全面发展。因此，如何克服传统健康观的片面性，树立正确的健康观念，是当前我们工作中需要着重解决的一个重要问题。所谓正确的“健康观念”，不仅指幼儿身体的健康，而且还包括幼儿的心理健康。幼儿健康是身体和心理健康的有机统一。“正确的健康观”强调一种健康的整体，这种健康观是与国际社会对健康的新认识相一致的。因此，在幼儿健康教育研究与实施中，幼教工作者既要防止单纯重视幼儿的身体健康，也要防止片面强调幼儿的心理健康，只有树立正确的健康观念，实现幼儿的身心和谐发展，才能真正做到既保证幼儿身体的健康又保证幼儿心理的健康。

(2) 既要高度重视和满足幼儿受保护、受照顾的需要,又要尊重和满足他们不断增长的独立要求,避免过度保护和包办代替,鼓励并指导幼儿自理、自立的尝试。

(3) 健康领域活动要充分尊重幼儿生长发育的规律,严禁以任何名义进行有损幼儿健康的比赛、表演或训练。

(4) 培养幼儿对体育活动的兴趣是幼儿园体育活动的重要目标,幼儿园要根据幼儿的特点组织生动有趣、形式多样的体育活动,吸引幼儿主动参与。

(二) 语言领域

语言是人类的交际工具,是幼儿社会化的桥梁,幼儿园教育作为基础教育的重要组成部分,其语言教育的重要性是显而易见的。重视儿童语言运用能力的发展,是近年来国际儿童语言教育的一个共同的趋向。《纲要》对有关幼儿语言领域教育的目标、内容及要求有着科学而明确的规定。

1. 语言领域的目标

(1) 乐意与人交谈,讲话礼貌。

(2) 注意倾听对方讲话,能理解日常用语。

(3) 能清楚地说出自己想说的事。

(4) 喜欢听故事、看图书。

(5) 能听懂和会说普通话。

以上是《纲要》对幼儿园语言教育所做的纲领性的指导,《纲要》在指导要点中强调:"语言能力是在运用的过程中发展起来的,发展幼儿语言的关键是创设一个能使他们想说、敢说、喜欢说、有机会说并能得到积极应答的环境""幼儿语言的发展与其情感、经验、思维、社会交往能力等其他方面的发展密切相关,因此,发展幼儿语言的重要途径是通过互相渗透的各领域的教育,在丰富多彩的活动中去扩展幼儿的经验,提供促进语言发展的条件"。实际上,幼儿园语言教育的内容既包括教师有目的、有计划地组织专门的语言活动,也包括渗透在幼儿日常生活中的需要运用语言的各个环节,当然还有其他领域活动中的语言教育内容。可以说幼儿园的语言教育活动是涵盖最广、涉及领域最多的内容。幼儿园的语言教育大体分为专门的语言教育活动和渗透的语言教育活动两大类。专门的语言教育活动包括:谈话活动、讲述活动、听说游戏、文学活动和早期阅读这五种形式。渗透的语言教育活动包括:日常生活中的语言交往,自由游戏中的语言交往,其他领域活动中的语言交往,还有随机渗透在日常生活环节中的语言学习。

当代社会文化心理学的一个观点认为:儿童成长受到社会文化导向的发展的影响,父母和其他成人的行为将对儿童发展产生重要影响;任何成人与儿童的交往行为都携带了某种社会文化的因素,成人通过与儿童相互交流将这种社会文化传递给儿童。因此,从某种程度上讲,儿童的语言是在交流活动中学到的。为此,在幼儿园里,教师应给幼儿提供真实而丰富的语言情境,为幼儿创设可运用(支持性)多种语言行为的交往情境,让幼儿通过倾听来理解语言,积极地加入交流当中来发展自己的语言运用能力。

2. 语言领域的内容与要求

《纲要》明确要求“创造一个自由、宽松的语言交往环境,支持、鼓励、吸引幼儿与教师、同伴或其他人交谈,体验语言交流的乐趣。”幼儿园语言教育的首要任务是帮助幼儿成为积极的语言运用者,在交往中逐渐学习理解和表达不同的意图倾向。这就决定了教师和其他的成人需要特别注意保护幼儿运用语言交往的主动性和积极性。当幼儿在集体活动中积极举手要求发言表达意思时,教师不应过分在乎孩子发言多么准确或者语言多么优美,要让幼儿尽情地说出自己的想法,给每个孩子有说的机会,使他们交往的愿望能够得到满足和受到鼓励,他们也就有了运用语言的机会。同时,教师应当允许孩子说得暂时不对、不完整,要相信孩子在以后的交往过程中会说得越来越准确,越来越完整。宽松的语言学习环境是愉快的,是积极互动的,也是允许出错的。

3. 语言领域的指导要点

(1) 在幼儿语言运用与环境方面。语言能力是在运用的过程中发展起来的,发展幼儿语言的关键是要创设一个能使他们想说、敢说、喜欢说、有机会说并能得到积极应答的环境。

(2) 在发展语言的途径方面。幼儿语言发展与其情感、经验、思维、社会交往能力等方面的发展密切相关。要在丰富多彩的活动中去扩展幼儿的经验,提供促进语言发展的条件。

(3) 注重幼儿语言学习的个别化特点。教师与幼儿的个别交流、幼儿之间的自由交谈等,对幼儿语言发展具有特殊意义。关注幼儿语言发展的个别差异,关注语言学习环境,强调幼儿语言运用,重视早期阅读教育,注重让幼儿在活动中发展语言,关注幼儿的语言能力的发展。

(4) 关注有语言障碍幼儿的教育。对有语言障碍的儿童要给予特别关注,要与家长密切配合,积极帮助他们提高语言能力。

(三) 社会领域

1. 社会领域的目标

(1) 能主动地参与各项活动,有自信心。

(2) 乐意与人交往,学习互助、合作和分享,有同情心。

(3) 理解并遵守日常生活中基本的社会行为规则。

(4) 能努力做好力所能及的事,不怕困难,有初步的责任感。

(5) 爱父母长辈、老师和同伴,爱集体、爱家乡、爱祖国。

从《纲要》社会领域的目标内容中我们可以看出,它是从两个维度提出的,一是社会关系的维度,主要是指幼儿与自身的关系、幼儿与他人的关系、幼儿与集体或群体的关系、幼儿和社会的关系。二是心理结构的维度,主要指幼儿的认识、情感态度和行为技能。两个维度相结合,构成了儿童社会学习的内容和社会性、个性发展的目标。《纲要》又通过对教师提出要求——做什么、怎样做和追求什么,来进一步将目标具体化。

2. 社会领域的内容与要求

《纲要》社会领域指导要点中的第一点指出:"社会领域教育具有潜移默化的特点。幼儿社会态度和社会情感的培养尤应渗透在多种活动和一日生活的各个环节之中,要创设一个能使幼儿感受到接纳、关爱和支持的良好环境,避免单一呆板的言语说教。"它所对应的规则是他律规则,所采用的方法是"熏染",幼儿在其中的主要任务是适应环境、内化规则。第二点指出:"幼儿与成人、同伴之间的共同生活、交往、探索、游戏等,是其社会学习的重要途径。应为幼儿提供人际间相互交往和共同活动的机会和条件,并加以指导。"这第二点所对应的规则是自律规则,所采用的方法是共同生活中的交往活动和实践活动,其中幼儿的主要事务是在满足自己的需要和目的的过程中形成个性和社会性。"熏染"和"生成"是社会性发展和教育的两个大方向,但这两种区分并不是绝对的。因为,这两种规则的互动可以使他律不再是绝对的、唯一的、强制的,而是相对的、可以选择的和符合人们的意愿的。由这种互动所产生的情况,不仅应当是一个社会,也应当是一个幼儿园班级里规则的主体。

3. 实施社会教育应遵循的原则和方法

(1) 坚持正面教育。正面教育是一切教育的最基本的原则,其核心是在尊重的前提下对幼儿提要求,在肯定的前提下对幼儿的行为做出补充和修正,在维护幼儿的自主性和完整性的前提下渗透课程的要求。这些都是大而化之的基本原则,具体来讲有以下两个方面。

第一,以积极的方式对幼儿提出要求。所谓积极的方式,是指我们在希望幼儿做一件事情而不是做另一件事情、按照这样的方式去做而不是按照那样的方式去做的时候,我们直接告诉幼儿具体如何去做和做什么,而不是告诉他不要如何做和做什么。学前儿童心理学告诉我们,对年幼的孩子不能讲反话,因为他们常常将反话正过来理解。除此之外,用积极的方式提出要求和建议还有许多其他的优点:①避免情绪对抗;②一举两得;③示范幼儿以积极的方式对同伴提出要求;④可以改善教师的工作心情;⑤可以增强教师的工作信心等。

第二,以积极的环境创设行动和言语相互强化。有经验的教师会用相应的行动来强化所提出的要求,在对低龄幼儿提要求的时候,比如收拾玩具、整理教室等,就尤其需要教师在用言语说明的同时,配合相应的行动。这种配合里面暗含有一种深层观念:教师所提出的要求,不仅仅是针对幼儿,也是针对自己,教师将自己放在和幼儿平等的位置,也是身体力行自己所提出的倡议。

(2) 坚持生活教育。生活教育,从一般意义上来讲,意味着生活与教育的结合。既然教育要依托生活来进行,那么教师就需要在大量的生活细节中,在不改变生活原有特质的前提下,将生活内容和生活方式与教育目标结合起来。从另一个角度来说,这也是要挖掘日常生活的教育价值。

4. 社会教育的指导要点

(1) 社会领域的教育具有潜移默化的特点。如果要真正理解幼儿在社会领域的学习与发展目标。我们就不能简单地将社会领域的学习当作一种"社会常识"的获得,如果要真正将其看作培养幼儿社会性和个性品质的良好方式的话,那么我们就会发现,这个领域的教育确如《纲要》所指出的那样,不是靠“上课”、说教就可以实现的。它“往往融合在各种学习活动中,并渗透于幼儿一日生活的各个环节”。幼儿园要创设一个能使幼儿感受到接纳、关爱和支持的良好环境,避免单一呆板的言语说教。

(2) 幼儿与成人、同伴之间的共同生活交往、探索、游戏等,是其进行社会学习的重要途径。幼儿园应为幼儿提供人际间相互交往和共同活动的机会和条件,并加以指导。

(3) 社会学习是一个漫长的积累过程,需要幼儿园、家庭和社会密切合作、协调一致,关爱、尊重幼儿、建立良好的师幼关系、同伴关系、家园关系;成人以身作则,提供良好榜样,共同促进幼儿良好社会性品质的形成。

(四) 科学领域

1. 科学领域的目标

科学领域目标及要求

(1) 对周围的事物、现象感兴趣,有好奇心和求知欲。

(2) 能运用各种感官,动手动脑,探究问题。

(3) 能用适当的方式表达、交流探索的过程和结果。

(4) 能从生活和游戏中感受事物的数量关系并体验到数学的重要和有趣。

(5) 爱护动植物,关心周围环境,亲近大自然,珍惜自然资源,有初步的环保意识。

从科学领域的目标描述中我们可以看出:科学教育的价值取向不再是注重静态知识的传递,而是注重儿童的情感态度和儿童探究解决问题的能力、与他人及环境的积极交流与和谐相处。

2. 科学领域的内容与要求

科学领域的内容和要求主要是通过对教师提出“做什么、怎么做和追求什么”的要求,将科学领域的教育内容与教育环境、教师的任务、儿童的活动、儿童的发展融合在一起,充分地体现了《纲要》中新的知识观和教育观。科学领域的知识明显地具有“情境化、过程化、活动化、经验化”的特点,体现了幼儿园教育从注重静态知识到动态知识,从注重表征性知识到注重行动性知识,从注重“掌握”知识到注重“构建”知识的重大变革。这一部分具体强调以下两个方面。

(1) 科学教育的内容应从身边取材。“引导幼儿对身边常见事物和现象的特点、变化规律产生兴趣和探究的欲望”,孩子们的科学探究应从身边的事物开始,教师应引导孩子们关注周围生活和环境中常见的事物,使他们发现其中的有趣和奇妙,保持孩子们的好奇心,激发孩子们的探究热情,使他们从小就善于观察和发现,这有益于孩子们真正地理解科学、热爱科学,让孩子们感到“科学并不遥远,科学就在身边”。

(2) 形成安全的探究氛围。“为幼儿的探究活动创造宽松的环境,让每个幼儿都有机会参加尝试、支持、鼓励他们大胆提出问题,发表不同意见,学会尊重别人的观点和经验。”创设安全的探究氛围是儿童主动学习和探究世界的基本前提和条件。教师首先要认识到,要给予幼儿出错的权利,并把幼儿的错误作为了解他的思维和认识水平的线索。教师要支持、鼓励幼儿大胆提出问题，为孩子们创设一种鼓励提问的氛围，使孩子们感到他们能提问、可以提问、有权利提问，教师应接纳孩子们不同的意见、探究方式和发现并给予幼儿激励性的评价。“从生活或媒体中幼儿熟悉的科技成果入手，引导幼儿感受科学技术对生活的影响，培养他们对科学的兴趣和对科学家的崇敬。”让孩子亲身接触和了解一些生动具体、形象可见的“科学技术”，感受科学技术给人们生活能带来的好处和它们的神奇力量，这有助于激发他们对科学的兴趣、探究科学的欲望，并培养他们的环境保护意识和行为。

3. 科学领域的指导要点

《纲要》中科学领域的指导要点，说明了科学领域知识的主要特点、教与学的主要特点及该领域需要特别注意的问题。

（1）幼儿的科学教育是科学启蒙教育，重在激发幼儿的认识兴趣和探究欲望，这种教育方式是由幼儿的年龄特点决定的。幼儿受其原有经验和思维水平的影响，对事物及其关系的认识和解释只是根据具体看到或接触到的表面现象，因此，他们的认识具有很大的表面性和片面性，不能抓住本质特征。对于幼儿来说，科学知识还必须从大量的特例、丰富具体的实际经验中获得。教师应为孩子们创造更多的观察、探究、经历、体验的机会，积累和丰富他们的感性经验和认识，引导幼儿向科学概念迈进，逐步接近科学概念，但不一定要获得这些概念。

（2）让儿童亲历和感受科学探究的过程和方法，体验发现的乐趣。在科学教育活动中，幼儿是主动的探索者、研究者和发现者，知识经验的主动建构者，教师是儿童探究活动的支持者和引导者。为此，教师要尽量创造条件让儿童亲自参加探究活动，“亲身经历真实的研究过程”，要让儿童真正地“做科学”，引导幼儿在做的过程中感受科学探究的过程和方法。

（3）科学教育生活化，学习身边的科学，科学教育活动应渗透于幼儿的一日生活之中。

（五）艺术领域

作为学前教育领域之一，艺术教育有其独特的作用，它同时在不同领域的交叉和融合过程中发挥着中介作用，艺术教育是各教育领域之间联系的纽带。这种中介作用是其他各领域都不能比拟的。所以说艺术教育在整个学前教育及其改革中，具有举足轻重的特殊意义。

1. 艺术领域的目标

（1）能初步感受并喜爱环境、生活和艺术中的美。

（2）喜欢参加艺术活动，并能大胆地表现自己的情感和体验。

（3）能用自己喜欢的方式进行艺术表现活动。

幼儿很容易对艺术活动表现出热情和兴趣，但是这种自发的兴趣尚属浅层兴趣，往往带有情绪色彩，容易转移和受到波动。艺术教育激发幼儿兴趣的方式是将幼儿的浅层兴趣引申，并将其提高到一定深度的动机水平上，把儿童原有的兴致导向内化，将其表面的热情转化为主动从事艺术活动的动力，使幼儿成为积极主动的参加者。

2. 艺术领域的内容与要求

《纲要》艺术领域的内容与要求中曾多次提到:激发情趣、体验审美愉悦和创造的快乐、体现自我表现和创造的成就感是艺术领域的基本教育目标。其中着重强调艺术是情感启迪、情感交流、情感表达的良好手段,是对幼儿进行情感教育的最佳工具。教师应通过艺术活动激发幼儿情趣、兴趣,并将激发兴趣贯穿于艺术活动的始终。教师应通过艺术活动使幼儿体验审美的愉悦,使艺术活动赋予幼儿以满足感和成就感。因为,艺术教育是培养幼儿审美能力的启蒙教育,也是幼儿获得自我满足感的最佳舞台,教师需要以真诚、喜悦之心去发现、去接纳、去欣赏他们,更需要引导幼儿不断地创新。艺术活动是幼儿自我表达的重要方式,《纲要》中反复指出艺术是幼儿"表达自己的认识和情感的重要方式",要使幼儿"大胆地表达自己的情感、理解和想象",并指出这种艺术表达是"自由表达",是"创造性表达"等,这正反映了幼儿自我表达的特点。因此,这就要求教师要充分尊重幼儿个人的意志,给幼儿自己选择表达内容和方式的自由;反对教师强加的内容和表现形式;要求教师给幼儿提供宽松的环境条件,维护宽松、和谐的精神氛围和自主表现的时空;反对教师限制过多的精神压力;要求教师尊重个别差异,接纳不同水平,不要横向比较;要求教师根据幼儿的困难和需要"审时度势"地为他们提供必要的帮助和适宜的引导。

《纲要》的艺术领域充分展现了学前教育的新观念,即幼儿艺术活动应以幼儿为本,强调主动性,改变幼儿被驱使进行艺术活动的被动地位;强调幼儿艺术教育对幼儿自身的影响、对幼儿发展的促进作用,改变了艺术只是作为技能训练和表演的功能。为此,幼教工作者必须深入领会《纲要》的精神,树立新型观念,推动幼儿艺术教育的改革发展。

3. 艺术领域的指导要点

(1) 艺术是实施美育的主要途径,教师应充分发挥艺术的情感教育功能,促进幼儿健全人格的形成。在实践中,教师要注意避免仅仅重视表现技能或艺术活动的结果,而忽视幼儿在活动过程中的情感体验和态度。

(2) 幼儿的创作过程和作品是他们表达自己的认识和情感的重要方式,教师应支持幼儿富有个性和创造性的表达,并克服过分强调技能技巧和标准化要求的偏向。

(3) 幼儿艺术活动的能力是在大胆表现的过程中逐渐发展起来的,教师的作用应主要在激发幼儿感受美、表现美的情趣,丰富他们的审美经验,使之体验自由表达和创造的快乐。在此基础上,教师根据幼儿的发展状况和需要,对其表现方式和技能技巧给予适时、适当的指导。

二 《幼儿园教育指导纲要(试行)》的实施对幼儿教师的要求

幼儿教师是一个专业技术岗位,需要特定的能力和技能,并不是每个人都能够胜任。从某种意义上说,幼儿教师是全才的象征。新世纪的幼儿教师不仅仅会唱歌、跳舞、弹琴、绘画等,还要具有指导幼儿学习、生活管理等多方面的教育技能、思维能力、人际交往能力、组织管理能力、实施操作能力、观察和分析能力、指导和监控能力等。《纲要》在充分肯定幼儿教师在教育儿童中所发挥的作用的基础上,同时也对幼儿教师的素质提出了前所未有的要求。《纲要》的教育理念与精神的贯彻、实施关键在教师。能否对幼儿实施高素质的教育,促进幼儿生动、活泼、主动发展的关键也在于教师。教师作为专业的教育者,其素质首先体现在专业上。而教师的专业素质集中体现在实施素质教育的能力上。《纲要》主要从以下四个方面强调了教师实施素质教育应具有的基本素质。

(一) 全面、正确地了解儿童发展的能力

学前教育的最根本任务是促进幼儿的发展。因此,教师应具有有关儿童发展的全面、正确的知识和全面、正确地了解儿童发展的能力,积极、适宜地把握儿童发展进程及其特点,这是一个教师对儿童进行有效教育、取得良好教育教学效果的首要前提。许多事实与经验也已反复告诉我们,不了解或忽视儿童身心发展水平或特点,容易造成师生交往中误解的产生和教育工作中的诸多矛盾、冲突、困难,甚至失误的发生。

幼儿教师全面、正确地了解儿童发展的能力主要指以下几个方面。

1. 正确地认识儿童与儿童发展

(1) 儿童是独立的、积极主动的个体,有自主活动、独立活动和充分活动的能力和权利。

(2) 儿童是完整的个体,其发展包括身体、认知、情感、社会性、个性等方面的全面发展。

(3) 儿童是正在发展中的个体,具有充分、巨大的发展潜能。

(4) 儿童在与周围环境、他人积极主动的相互作用中不断成长、发展。

(5) 儿童的发展具有个体差异,不同的儿童具有不同的身心发展特点、优点和缺点。

2. 掌握儿童的学习和发展规律

儿童的学习和发展有其自身特点和规律。能否正确了解和把握儿童学习和发展规律,是教师专业知识和能力的重要表现。教师也只有掌握并遵循这些儿童学习和发展的特点,才可能取得教育的成功。

幼儿教师需要了解和掌握幼儿发展的主要特点、学习的主要方式,以及影响儿童发展的主要因素;教师应该了解并懂得儿童是如何学习的,儿童怎样主动建构自身经验,以及在这个建构过程中儿童又是如何将外部经验转化为自己的经验的,教师应该如何有效地帮助和支持儿童的学习与发展等。

3. 平等对待与尊重儿童,在与儿童交往和教育过程中研究儿童发展

教师平等地对待和尊重儿童,既是儿童发展与成长的需要,也是教师发挥榜样力量的重要方式。儿童虽然年龄小,但也有自己的愿望和需要,也有自己独立的人格,教师应该给予满足和尊重,学会尊重和容忍每个幼儿的差异,认识到儿童的这些差异是正常的,平等对待每个儿童,因为,每个儿童都是有其特长、天分与优势的,发展也具有自己的个性特点。教师要为每个儿童提供广泛的、具有个体适宜性

的机会,为每个儿童提供表现自己长处和获得成功的条件,并积极、适时地予以回馈,既帮助儿童充分认识自己,又锻炼、增强他们的优势和信心,促进每个儿童在原有差异基础上实现充分的、富有个性的发展。这是教师的重要责任,体现着对儿童权利最大的尊重。同时,教师要善于在经验中研究、学习,从经验中理解、把握儿童特点,在大量的日常交往、教育实践中研究儿童发展与学习规律,并锻炼、提高自己研究、分析、评价儿童的能力。

教师对儿童的研究与专业学者对儿童的研究在研究目的、功能、内容与途径、方式、方法上存在着很多不同,教师对儿童和儿童发展的知识不仅来自书本和课堂,更主要的是来自教师与儿童在日常自然交往过程中所观察和了解到的儿童的发展规律、水平、特点及教育影响因素(如环境、内容、手段、方式等)。

(二)有效地选择、组织教育内容的能力

教育内容是教育的重要中介,直接制约着儿童所受到的影响的性质、内容和发展方向。因此,有效组织教育内容的能力是教师教育实践能力的重要组成部分。但在教育实践领域,长期存在着教师简单地“用教材”“教教材”的现象,不少教师花大量的时间热心地找“教材”,有的教师惯性地使用当地的一套“好教材”往下教,而忽视决定教育有效性的关键因素——适宜性,即这些教材是否适用于本班儿童发展的需要和这些教材是否适于本地区的资源、文化特点。这种做法不仅使教育因此失去了针对性,也在相当程度上严重制约了教育的效果和儿童发展的质量,并且直接限制和妨碍了教师根据本班儿童发展特点,灵活、创造性地选择、组织教育内容能力的生成与提高。因此,为对幼儿实施更有效的素质教育,教师必须有意识地进行自觉的锻炼,使自己组织教育内容的能力得到进一步提高。有效地组织教育内容,可以从以下几个方面来实施。

第一,要强化目标意识,确立以“儿童发展目标”为本的意识与实践行为,明确儿童发展各方面目标及其相互关系,并以此为指导全面分析儿童认知、行为、情感等各方面发展状况、特点、问题与需求,以确定全班幼儿和各幼儿的教育需求领域。

第二,要明确教育内容不等于“教材”,它不是死的、固定不变的,而是活的、动态变化的,具有明显的针对性与适宜性。因此,教育内容需要教师根据教育目标,并结合本班儿童的发展需要来确定。

第三,教育内容要紧密结合幼儿的发展和生活经验。幼儿的发展特点、需求与日常生活经验应成为教育内容的首要依据,这样,才能保障教育内容最大限度地适合和满足幼儿成长的需要并取得最佳的教育效果。

第四,教师要充分利用社会、文化、自然和人文资源,并结合幼儿成长需要与认知、学习规律,精心选择幼儿感兴趣又对幼儿发展有意义的内容,并将其有机整合到一起,使之成为一个有机联系、相互渗透、综合作用、优质高效的课程内容体系,从不同方面促进幼儿的全面发展。

(三)创设发展支持性环境的能力

环境是重要的教育资源和儿童发展条件,儿童在与环境的相互作用中成长、变

化。所以,教师在实践中要积极创设发展支持性环境,以有效地促进幼儿的发展。这是教师教育实践能力极其重要的组成部分。教师要在实践中实现这一目标,必须具有以下创设发展支持性环境的能力。

第一,为幼儿创设健康、丰富的生活和活动环境,以满足幼儿多方面发展的需要,使其获得有益于身心各方面健康发展的丰富经验。

第二,为幼儿创设充满关爱、温暖、尊重和支持的精神环境,使幼儿获得充分的安全感,被尊重感和受接纳感,这有利于幼儿情感、态度、行为和个性等的充分发展。

第三,有效组织适合于幼儿的多种形式的教育活动。环境不仅是物质的,精神的,而且是活动的。各种各样的活动构成了儿童丰富的学习与成长世界。教师创建教育环境可通过组织形式多样的各种教育活动来实现。为使活动真正成为幼儿学习性的、支持性的、发展性的环境,教师关键要注意两个方面的问题:①无论是活动、材料、区域布置,都要重在支持幼儿自主活动、主动探索、操作和充分体验;②创设多样的"问题情境"和"开放性问题",以激发幼儿思考,调动与激励幼儿参与和不断学习的兴趣和积极性,使他们在与环境、情境、问题的不断积极、主动的相互作用中获得主动、有效的学习。

第四,教师要成为幼儿学习和活动的支持者、合作者和引导者。教师要关注幼儿在活动中的表现和反应,倾听他们的想法和感受,鼓励他们大胆探索与表达,敏感地察觉他们的问题、困难和需要,并及时给予适宜的支持和引导,与幼儿形成合作探究式的师生关系。教师要尊重幼儿在发展水平、能力、经验、学习方式等方面存在的差异,因人施教,努力使每一个幼儿都能获得满足和成功,最终促进全体幼儿的全面发展。

第五,促进幼儿间积极的互动与交往,与同伴进行交往是儿童重要的学习机会。儿童在同伴群体中互相观察、教导、模仿、讨论、协商、合作、学习和锻炼着各种社交技能、社会行为,发展着适宜的情感、态度、自制力和解决多种问题的能力。因此,促进幼儿同伴间的交往,在儿童中建立一种积极、良好的互动关系,有助于形成一种有利于儿童学习和发展的合作性学习氛围。

第六,积极与家长建立密切的合作关系,家长是幼儿园的重要合作伙伴。教师应本着尊重、平等、合作、支持的原则,主动、真诚地争取家长对幼儿园工作、对学前教育的理解、支持与参与,这有利于家长更新教育观念,改善教育行为,掌握更多适宜、有效的教育策略和方法,这也有助于增进亲子间的积极互动,提高家长的教育能力,形成家园共建的教育合力,共同促进幼儿的全面、健康地发展。

第七,积极地评价幼儿。教师的评价影响儿童的成长氛围。对于正在成长中的、心理还不成熟的幼儿来讲,评价既可以促进也可以阻碍他们的发展,它对幼儿心灵成长的影响更加明显和深刻。因此,教师一方面要注意积极、适宜地评价幼儿,以发展的眼光看待幼儿,并着眼于为幼儿提供适当的帮助和引导;同时,也要注意积极调整幼儿同伴、其他教师和家长等对幼儿的评价,给幼儿健康成长创造一个积极、健康、温暖的环境。

三 《幼儿园教育指导纲要(试行)》中关于教育评价的内容

《纲要》的第四部分是关于幼儿园教育工作的评价。该部分将幼儿园教育评价的功能界定为:"了解教育的适宜性、有效性,调整和改进工作,促进每一个幼儿发展,提高教育质量的必要手段"。《纲要》还指出:"评价的过程,是教师运用专业知识审视教育实践,发现、分析、研究、解决问题的过程,也是其自我成长的重要途径。"概括地说,幼儿园教育评价主要具有三个功能:促进每个幼儿的发展;促进教师的自我成长;促进课程本身的发展。从这三个功能中,我们发现幼儿园教育评价的功能由侧重甄别转向侧重发展,评价的发展性功能得到了充分的关注。在当今,教育评价体系及方法在不断变革,新的评价观正在逐步地建立起来,整个教育评价体系及方法的变革主要体现在以下几个方面。

(一) 评价目的从侧重甄别走向侧重发展

评价目的主要是指为什么要评价、评价的结果用来做什么。在评价幼儿园教育的过程中,明确评价目的具有重要的意义,它对评价标准的制订、评价方法的选择及评价信息的利用等方面都具有规范和指导作用。

一般来说,评价幼儿园教育的目的主要有两类:一种是为了区分评价对象即幼儿的优良程度,重视对幼儿进行分等甄别;另一种则是为了诊断和改进幼儿园教育、促进幼儿在原有基础上得到发展。相关研究指出,传统的幼儿发展评价目的以前者居多,评价的发展功能未能得到很好地实现。在实践中,幼儿园往往只在学期末组织统一的测查活动来评价幼儿的发展。测查结果一方面作为本学期教育的成果向家长汇报,让家长了解幼儿各方面的表现及发展水平,另一方面为制订下学期的课程计划服务。从理论上讲,这样的评价本来是一件有价值的工作,但由于教师在操作过程中深受评价的测验模式和课程设计的目标模式的影响,实践中的幼儿发展评价偏离了"预定"的轨道,这就导致幼儿园出现为评价而评价的现象,评价的发展功能远没有发挥出来。

近年来,"通过评价创设适宜每个幼儿的教育"等观念得到了广大幼教工作者的认同,幼儿发展评价的目的从侧重甄别逐渐走向侧重发展。《纲要》提出:"教育评价是幼儿园教育工作的重要组成部分,是了解教育的适宜性、有效性,调整和改进工作,促进每一个幼儿发展,提高教育质量的必要手段""明确评价的目的是了解幼儿的发展需要,以便提供更加适宜的帮助和指导"。有学者提出,评价的根本目的在于为发展服务,支持发展,促进发展。通过评价工作与幼儿的学习过程相伴随,与教师指导的调整相统一,教师不断改善实践行动,提高教育活动的质量,从而达到了通过评价促进幼儿发展的目的。

(二) 评价过程由静态评价变为动态评价,关注幼儿的学习变化与成长历程

在传统的幼儿园教育评价中,评价过程和评价内容大多是片面、静态的。具体表现在两个方面:一是评价内容以认知为主,难以全面、准确地反映幼儿的发展水

平;二是评价时多关注幼儿已经达到的、静态的发展结果,而对幼儿的成长历程和发展潜能关注较少。静态评价只是评估幼儿的个人表现,以此来说明他们的实际发展,它关注幼儿已经学到的东西,如根据幼儿已经具有的某一行为来说明幼儿的发展,它更多地关注幼儿活动的结果;而动态评价则是评价幼儿在合作中的表现、潜在的发展或幼儿在学习过程中的情形。更重要的是,动态评价是在真实的教学情境中进行的,其特点就是把评价与教学连接在一起。

动态评价关注幼儿个体能做到的以及借助成人或同伴的力量所能实现的成长。在动态评价过程中,幼儿会被评估者给予暗示或其他支援,这时,评价与教学成为一体,这种动态评价是发生在教育过程中,而不是在教育活动之后。同时,借助于所给的暗示和支援,教师还可以分辨出幼儿的学习是得到了促进还是受到了抑制,这使得评价成为一种反馈,教师能够通过这种反馈反思自己,暗示与支援的适宜性。

动态评价把评价看成是一个持续的过程,它对幼儿发展的分析包含了过去、现在和未来。它不同于静态评价中仅使用标准化的个人测验所得到的信息,因为这种信息只反映幼儿过去学到的和能独立表现的部分,是已经"成熟的"能力。动态评价关注的是幼儿在合作中得到支持和援助后的表现,它较静态评价更能提供给教师关于幼儿发展的信息,它所反映的是幼儿"萌发的"和"成熟中的"能力,并能告诉教师现在幼儿在学什么,预期他们未来能做什么,而这些又正是教育教学活动的依据。

综述动态评价的要点主要有:评价是一个持续的过程;评价包含已有的发展和潜在的发展;评价在真实的社会互动中进行;评价过程中幼儿可以接受支持和援助;评价应反映不同的变化和成长历程。

动态评价在幼儿园教育评价中应依赖于教师对幼儿长期和固定的观察,通过记录幼儿的行为,收集他们的作品,反映幼儿的一贯性行为;评价结果应有利于教师对幼儿学习和发展提供支持,有利于鉴别幼儿的兴趣和需要,有利于对个别幼儿制订计划和进行指导;对幼儿的评价,应能反映他们能做的辅助工作或独立做的工作。

(三) 评价情境由人为的变为真实的,强调在真实情境中对幼儿进行评价

人为情境中的评价是指那种脱离幼儿真实的生活与学习情境,人为地设计情境对幼儿进行的评价。它采用传统的智力测验的方法来评价幼儿的发展。

真实情境中的评价是指在幼儿真实的生活、学习中对幼儿所进行的评价,即"评价发生在教室的真实情境中;评价基于对真实表现的解释,而不是对设计活动的解释"。与动态评价过程一样,真实情境的评价强调评价与教育过程结合,它是一种教育指导性的评价,即在评价过程中对幼儿进行指导。运用"多元智力理论"进行教育评价是比较成功的评价方法,它将评价置于有意义的、真实世界的活动当中,消除课程和评价之间的界限,重视儿童在学习中表现的活动风格,对反映儿童智力的每个领域,而不仅限于语言和逻辑领域进行评价等。

（四）评价内容与方式由单一变多元

单一评价内容仅关注认知结果，而多元评价则涉及所有领域，包括社会、情感、认知和运动，也涉及幼儿学习的情感和倾向，并注重对个体发展独特性的认可。单一评价方法往往只关注认知结果的量化评价，对教育而言，量化评价是把复杂的教育现象加以简化或只评价简单的教育现象，它不仅无法从本质上保证评价的客观性，而且往往丢失了教育中最有意义、最根本的内容。而多元评价方法不仅使用量化评价方法，而且还更多地以质性评价为基础。质性评价是指，在特定背景下，人们通过现场观察甚至亲自参与，或者是与有关人员进行深入交谈，以及查阅有关书面材料等方式，对评价对象的属性在概念或程度上做质的规定，然后进行分析评定，以说明评价对象的性质和程度。

以往，我们比较注重于知识点的测评，对幼儿的评价主要放在幼儿具体了解了多少，掌握了多少。现在，《纲要》则更多地强调幼儿在实际生活中的感受和体验，并指出“平时观察所获得的具有典型意义的幼儿行为表现和所积累的各种作品等，是评价的重要依据”，评价要“在日常活动与教育教学过程中采用自然的方法进行”。以往，教育内容是具体的知识菜单，评价是看幼儿对菜单的掌握情况。现在，《纲要》中的教育内容更多地考虑到“能否兼顾群体需要和个体差异，使每个幼儿都能得到发展，都有成功感”。单一的评价显然不能满足这些需要。

（五）由评价者作为单一评价主体到有关人员都是评价的参与者

一般说来，评价都是主体根据自身的需要和利益，对主客体价值关系所做出的一种判断。以往对幼儿发展的评价基本上是由教师进行的，很少有幼儿、家长及其他人员参与，因此以往的评价是一种单向性的一元评价。幼儿园没有有意识地让幼儿参与评价，因为他们认为“幼儿自我评价的意识要到大班末期才能够形成”。家长则主要是通过教师的评价来了解孩子在园的表现和发展情况，并与教师配合教育孩子，参与幼儿发展评价的意识很薄弱。而其他的人员（如社区成员），则连接触幼儿评价工作的机会都没有。实际上，正如《纲要》所指出的那样：“管理人员、教师、幼儿及家长均是幼儿园教育评价工作的参与者，评价过程是各方共同参与、相互支持与合作的过程。”一方面，强调评价过程中评价主体与幼儿的双向选择、沟通和协商，关注幼儿如何尽可能接受评价结果，而不再像以前主要只关心评价结果本身的正确性；另一方面，使评价成为教师、管理者、幼儿和家长共同积极参与的交互活动，如教师和幼儿、教师和家长、教师和管理者就幼儿发展评价进行面谈。在这种评价观念的影响下，各方评价者和被评价者在评价过程中是一种“交互主体”的关系，他们不断进行着信息的直接和间接交流。在交流中，各方主体对涉及幼儿的其他主体（包括幼儿自己）的意见、观点都进行讨论、综合并加以调整。只有这样，评价才能真正反映幼儿的发展，评价过程才能真正成为一种民主参与、协商和交往的过程，而通过各方的民主参与和协商，大家也才能不断地成长。

因此，教师与幼儿的关系、教师与幼儿家长的关系、幼儿园与幼儿家长的关系及幼儿园管理者与教师的关系都将发生巨大的变化，这种关系将更多地体现为一群个体在共同探究有关课题的过程中的相互影响。

综上所述，幼儿发展评价改革的理论研究和实践活动正继续向着纵深方向发展，并围绕着“为什么评、评什么、谁来评、怎么评”等问题，逐步形成自身的科学体系。当然，幼儿发展评价目前还是一个年轻的研究领域，其理论建构与技术还有待于人们进一步研究探索。

依据党的教育方针和《幼儿园工作规程》制定的《纲要》是指导广大幼儿教师将《幼儿园工作规程》的教育思想和观念转化为教育行为的指导性文件。它不但总结了 20 世纪 90 年代幼儿园课程改革的经验，体现了幼儿园课程的新理念，而且也将作为幼儿园课程的纲领性文件指导今后的课程改革。《纲要》本着“指导幼儿园深入实施素质教育”（《纲要》总则）的宗旨，对我国幼儿园教育的性质、地位、指导思想及其组织、实施和评价等各方面提出了基本的要求和原则性的规定，也可以说它是将我国学前教育长期以来的，特别是贯彻《幼儿园工作规程》以来的行之有效的教育观念、方法、措施、经验，以法规的形式固定下来，并通过国家的强制力来保证其实施，从而为我国学前教育新世纪的发展构筑坚实基础的教育法规。《纲要》充分体现了尊重每个幼儿，尊重幼儿身心发展规律及终身教育的思想；将社会、文化、环境与教育密切结合的思想；努力实现教育的目的性与幼儿发展的可能性相适宜的思想及促进教师与幼儿的相互作用，共同成长的思想等。《纲要》要求幼儿教师要具有全面、正确地了解儿童的能力，有效地选择、组织教育内容的能力，创设发展支持性环境的能力，教师自身的实践反思能力。《纲要》将幼儿园教育评价的功能界定为：“是了解教育的适宜性、有效性，调整和改进工作，促进每一个幼儿发展，提高教育质量的必要手段”。《纲要》还指出：“评价的过程，是教师运用专业知识审视教育实践，发现、分析、研究、解决问题的过程，也是其自我成长的重要途径。”《纲要》始终围绕着“为什么评、评什么、谁来评、怎么评”等问题指出教育评价主要朝着五个方面发展：①评价目的从侧重甄别走向侧重发展；②评价过程由静态评价变为动态评价，关注幼儿的学习变化与成长历程；③评价情境由人为的变为真实的，强调在真实情境中对幼儿进行评价；④评价内容与方式由单一变多元；⑤由评价者作为单一评价主体到有关人员都是评价的参与者。在贯彻落实《纲要》的过程中，幼儿园教师应依据《纲要》的指导思想和基本要求，根据儿童发展的实际需要，制定教育计划和组织教育活动，进一步更新教育观念，提高教育技能，不断探索具有中国特色、符合幼儿园实际的课程方案和有效的教学方法，促进幼儿健康全面发展。

幼儿园教育评价的探讨

思考与练习

1.《幼儿园教育指导纲要（试行）》制定的依据是什么？它属于什么性质的文件？其基本指导思想是什么？

2. 怎样理解艺术领域中“自我表达”的含义?

3. 试举例说明教师怎样为幼儿创设发展支持性环境?

4.《纲要》的实施对幼儿教师有哪些要求?

5.《纲要》指出:“语言能力是在运用的过程中发展起来的,发展幼儿语言的关键是创造一个能使他们想说、敢说、喜欢说、有机会说并能得到积极应答的环境。”请说明幼教工作者在教育实践中应怎样做到这一点?

国考聚焦

一、选择题

1. (2018 年真题)幼儿园教师应该是( )。

A. 幼儿学习的引导者、决策者和管理者

B. 幼儿学习的支持者、合作者和引导者

C. 幼儿学习的引导者、传授者和控制者

D. 幼儿学习的管理者、决策者和传授者

【答案】B

【解析】《幼儿园教育指导纲要(试行)》第 3 部分“组织与实施”中第 10 条:“教师应成为幼儿学习活动的支持者、合作者、引导者。”

2. (2016 年真题)活动区活动该结束了,可是晨晨的游乐园还没有搭完,他跑到老师面前:“老师,我还差一点就完成了,再给我 5 分钟,行吗?”老师说:“行,我等你。”一边说,一边指导其他幼儿收拾、整理玩具……该教师的做法体现了幼儿园一日活动安排应该( )。

A. 与幼儿积极互动　　　　B. 根据幼儿活动的需要灵活调整

C. 按作息时间表按部就班进行　　　　D. 随时关注幼儿的活动

【答案】B。

【解析】《幼儿园教育指导纲要(试行)》在“科学、合理地安排和组织一日生活”中指出:①“时间安排应有相对的稳定性与灵活性,既有利于形成秩序,又能满足幼儿的合理需要,照顾到个体差异。”②“教师直接指导的活动和间接指导的活动相结合,保证幼儿每天有适当的自主选择和自由活动时间。教师直接指导的集体活动要能保证幼儿的积极参与,避免时间的隐性浪费。”因此,题干中所说的正是体现了幼儿一日生活安排应该有相对的“灵活性”,“照顾到个体差异”“避免时间的隐性浪费”。

二、简答题

1. 简述教师观察幼儿行为的意义。

【参考答案】幼儿行为观察是指通过感官或仪器,有目的、有计划地对自然状态下发生的幼儿的行为及现象进行考察、记录、分析,从而获取事实材料的方法。幼儿教师观察幼儿行为具有重要的意义。

(1) 通过对幼儿行为的观察，教师可以了解幼儿身体发育、动作发展、认知发展等各个方面的信息，可以发现幼儿的兴趣点、需要、动机、性格及幼儿在交往中所处的位置等，可以明确幼儿的学习品质，从而做到因材施教，促进幼儿全面、个性地发展。

(2) 通过对幼儿行为的观察，可以使教师以幼儿的视角来理解幼儿，以开放的心态、宽容的情怀对待幼儿，真正做到尊重与信任幼儿，从而促进每个幼儿富有个性的、健康的成长与发展。

2. (2016年)简述幼儿社会学习的指导要点。

【参考答案】《幼儿园教育指导纲要(试行)》中社会领域的指导要点如下。

(1) 社会领域的教育具有潜移默化的特点。幼儿社会态度和社会情感的培养尤应渗透在多种活动和一日生活的各个环节之中，要创设一个能使幼儿感受到接纳、关爱和支持的良好环境，避免单一呆板的言语说教。

(2) 幼儿与成人、同伴之间的共同生活、交往、探索、游戏等，是其社会学习的重要途径。应为幼儿提供人际间相互交往和共同活动的机会和条件，并加以指导。

(3) 社会学习是一个漫长的积累过程，需要幼儿园、家庭和社会密切合作，协调一致，共同促进幼儿良好社会性品质的形成。

第六章 《国务院关于当前发展学前教育的若干意见》解读

学习目标

1. 理解《国务院关于当前发展学前教育的若干意见》出台的背景。
2. 理解《国务院关于当前发展学前教育的若干意见》出台的意义。
3. 掌握《国务院关于当前发展学前教育的若干意见》的核心精神。
4. 掌握《国务院关于当前发展学前教育的若干意见》的主要内容。

《国务院关于当前发展学前教育的若干意见》(国发〔2010〕41号)(以下简称《若干意见》),于2010年11月21日正式发布,它就我国当前学前教育的发展提出了十条意见。这是国务院下发的一个具有里程碑意义的学前教育文件,也是近30年来我国关于学前教育的最高级别的政策性文件。《若干意见》既立足当前,着力破解“入园难”问题;又兼顾长远,力图破除体制障碍,促进学前教育科学发展及各级各类教育的协调发展。《若干意见》必将对我国学前教育的发展产生重大而深远的影响。深刻解读《若干意见》的出台背景、意义、核心精神、主要内容,有利于我们更好地领会《若干意见》精神,以求实的态度,坚定地朝着既定目标努力,推动学前教育发展。

第一节 《国务院关于当前发展学前教育的若干意见》概述

案例

“入园难,难于考公务员;入园贵,贵过大学收费”

据主流权威新闻媒体广泛报道,近几年,许多地方不同程度地出现了“入园难”“入园贵”问题。2010年3月,南京市雨花台区实验幼儿园门前,出现了400多个家庭自带被褥,在飘雪的寒夜露宿街头排队报名的现象。[①] 6月9日，《北京日报》报道，北京市昌平区工业幼儿园门口，上百名家长连排九天八夜的队为孩子入园报名。2010年6月11日凌晨，呼和浩特兴安南路呼市蒙古族幼儿园500多人彻夜排队，仅为给自己孩子争取一个上幼儿园的机会。[②] 同时，广东深圳众多家长彻夜排队为孩子争取入园名额。更有甚者，一些家长提前一两年为孩子报名，有些家长在孩子尚未出生时便开始着手规划幼儿园问题。除了入园难外，一些幼儿园的天价收费也让许多家长望而生畏。2010年6月23日，《人民日报》的文章《民办幼儿园能否顶起半边天》介绍了广州民办幼儿园收费奇高的现象，雅居乐花园内的加拿大国际幼稚园，对业主收费3 750元/月，非业主4 650元/月，兴趣班还另外收费。每年4万~6万的学费给家庭造成了巨大的压力。很多家长感叹："入园难，难于考公务员；入园贵，贵过大学收费"。

案例分析："入园难""入园贵"使得许多家庭寝食难安，这不仅仅是个别地区的个别现象，全国很多省市都普遍存在这个问题。人们不禁要问：社会在不断进步，经济在不断发展，为什么幼儿入园还是那样艰难？"入园难""入园贵"谁应该为此负责？如何从根本上解决问题，让适龄儿童能及时入园，接受良好的教育？《国务院关于当前发展学前教育的若干意见》对此做了很好的回答。

一 《国务院关于当前发展学前教育的若干意见》出台的背景

（一）"入园难""入园贵"成了群众反映强烈、社会高度关注的重大民生问题

正如案例所析，近几年，许多地方出现了不同程度的"入园难""入园贵"问题，"入园难，难于考公务员；入园贵，贵过大学收费"是对此问题最直接最形象的描述。学前教育因此而得到了前所未有的关注，解决"入园难""入园贵"问题的呼声此起彼伏。《国家中长期教育改革和发展规划纲要（2010—2020年）》（以下简称《教育规划纲要》）面向社会征求意见时，学前教育均列第一位，成为群众反映强烈、社会高度关注的重大民生问题。

解析"入园难、入园贵"

"入园难"反映了我国学前教育资源短缺，尤其是优质而平价的公办学前教育资源严重不足的现象，"入园贵"则反映了民办幼儿园收费缺乏有效的制约与监管机制。"入园难"与"入园贵"共同作用，加剧了不同群体儿童入园机会不公平的现象，引起了公众的诸多不满。[③] 对此，老百姓有意见，社会不满意，上幼儿园越来越难，越来越贵，工薪阶层越来越承担不起，从幼儿园阶段，教育不公平就开始出现了，有权的进公办园，有钱的进私立园，无钱的进黑园或者不入园。幼儿园教师也不满意，他们嫌工作重，待遇差，收入微薄，无法体面地、有尊严地生活。农村幼儿

---

① 颜芳．为一张"报名表"排队两昼夜，家长都喊幼儿入园难，然而——幼儿园也有一肚子苦水[N]，新华日报，2010－3－15（A07）.

② 毛锴彦．500多名幼儿家长为孩子入托彻夜排队[N]．内蒙古日报（汉），2011－7－4（005）.

③ 李克建．破解当前难题，为长远发展奠基—解读《国务院关于当前发展学前教育的若干意见》[J]．幼儿教育（教育科学），2011（1、2）：1.

教师更是成了新的社会贫困阶层。有人说,下辈子、下下辈子,绝不做幼儿教师了。还有幼儿园也不满意。公办园不满意,政府支持越来越少了,差补和自收自支越来越多了,公办程度越来越低了,公益性越来越差了;企业单位办园不满意,单位支持越来越少,都断奶推向市场,需要自己养活自己,并且还要上缴利润;村办园不满意,农村税费改革以来,乡镇财力越来越弱,村民委员会资金越来越少,对幼儿园支持越来越小,许多村办幼儿园干脆承包给个人,家庭作坊式幼儿园越来越多;民办园也不满意,竞争越来越激烈了,发展空间越来越少了。《若干意见》的出台无疑是对这一民生关注焦点问题的直接回应。

(二) 过度市场化导致学前教育发展混乱

"入园难"与"入园贵"只是表象,其本质问题是我国学前教育的过度市场化,以及政府责任的缺位、财政投入的严重不足及对幼儿园收费监管不到位。在计划经济时代,大的政府部门和大型国有企事业单位,都有自己的幼儿园,服务对象原则上是本部门和本单位的职工子女。20 世纪 80 年代以来,各级政府部门实行定编定员、转变职能、提高效率;国有企业实行股份制改造,积极引进社会资金和外资,提高效益。于是,许多机关和企事业单位及相关部门,纷纷将已经办起来的幼儿园剥离、转让或关闭,大量企事业单位办、集体办的幼儿园被强行推向市场,这种做法造成幼儿园数量 10 年间迅速减少,与此同时,民办幼儿园开始兴起,尤其是 2003 年《中华人民共和国民办教育促进法》颁布以后,民办幼儿园在数量上逐渐占据优势,形成了"以社会力量为办园主体"的格局。由于缺乏政府有效地干预和调控,过度市场化的结果是学前教育成为社会游资淘金的热土,一些民办幼儿园成为老板赚钱的工具,他们对私利的追逐逐渐演变成一种无序状态,学前教育领域可谓乱象丛生:公办幼儿园"稀缺化",民办幼儿园"两极化",优质资源"特权化",收费"贵族化",等等①。事实证明,过去对市场机制的迷信在一定程度上导致了一些地方政府的不作为和学前教育的大滑坡。这也说明在学前教育事业发展中政府发挥主导作用的必要性。从这一意义上说,《若干意见》的出台是对当前学前教育领域过度市场化倾向的拨乱反正。

(三) 学前教育是各级各类教育中的薄弱环节

改革开放以来,我国学前教育事业取得长足发展,普及程度逐步提高。2009 年,全国共有幼儿园 13.8 万所,在园儿童 2 657.8 万人,学前三年毛入园率达 50.9%,是 1980 年的三倍多,达到历史最高水平。但总体上看,学前教育是各级各类教育中的薄弱环节,面临着许多困难和问题,不能满足人民群众期盼和幼儿全面发展的需要。究其原因,主要有以下五点:一是学前教育资源短缺、投入不足,一些地方入园难矛盾突出,尤其是入公办园难已成为社会反映的一个热点问题。二是区域发展不平衡,城乡差别大,农村入园率低于城市近 30 个百分点。三是幼儿教师数量不足,整体素质有待提高,他们的待遇保障问题亟待解决。四是收费不规

① 步社民. 学前教育的"市场化之伤":以浙江省部分区域为例[J]. 教育发展研究,2008(20).

范,有些幼儿园收费过高,群众意见很大。五是体制不完善,管理体制、办园体制、投入体制需进一步理顺。这些问题严重制约着学前教育的健康发展及我国教育整体水平和国民素质的提高,成为影响我国教育现代化目标实现的最大瓶颈。因此,加快学前教育发展成为新形势下推进教育科学协调发展的必然选择。

(四) 党中央、国务院高度重视学前教育工作

党中央、国务院出台一系列政策,加强了对学前教育的领导。党的十七大向全国发出了一个很强烈的重视学前教育的信号。2007 年 10 月 15 日,十七大报告中历史性地首次提出了“重视学前教育”,十七届三中全会提出“发展农村学前教育”,十七届五中全会提出“坚持促进教育公平,在改善民生、解决人民群众关心的实际问题上下功夫。加快学前教育发展,切实解决入园难问题。”2010 年 7 月,党中央、国务院召开了 21 世纪以来的第一次全国教育工作会议,颁布了《国家中长期教育改革和发展规划纲要(2010—2020 年)》,对新时期推动教育事业科学发展进行了战略部署,描绘了未来教育改革发展的蓝图。《教育规划纲要》把学前教育作为今后 10 年教育事业 8 大发展任务之一,专列一章进行部署,并首次提出到 2020 年基本普及学前教育的目标。这是国家在 2000 年基本普及义务教育以后,为实现更高水平的普及教育而做出的重大决策,在国家级的中长期教育规划纲要中还是第一次。由此可见,党中央、国务院把学前教育放在了事关“国计、民生和未来”的高度,突显了国家对发展学前教育的高度重视。《教育规划纲要》提出到 2020 年基本普及学前教育,这是国家为实现更高水平的普及教育而做出的重大决策。

由上可见,《若干意见》是对当前“入园难”“入园贵”这一民生热点问题的直接回应,也是对 20 世纪 80 年代以来我国学前教育过度市场化的拨乱反正,同时《若干意见》还致力于弥补学前教育发展的不足,切实推进学前教育健康、科学发展,进而促进各级各类教育协调发展。《若干意见》明确指出,“把发展学前教育摆在更加重要的位置”,要求“各级政府要充分认识发展学前教育的重要性和紧迫性,将大力发展学前教育作为贯彻落实教育规划纲要的突破口。作为推动教育事业科学发展的重要任务,作为建设社会主义和谐社会的重大民生工程,纳入政府工作重要议事日程,切实抓紧抓好”。

二 《国务院关于当前发展学前教育的若干意见》出台的意义[①]

当 21 世纪进入第二个十年之际,在我国从教育大国向教育强国迈进的关键阶段,大力发展学前教育对于实现更高水平的普及教育、提高国民整体素质具有深远意义。这是影响一代人甚至几代人、影响未来综合国力的大事。我们必须充分认识在新的历史时期学前教育事业承载的重要使命,切实增强使命感、责任感和紧迫

① 国务委员刘延东 2010 年 12 月 1 日在全国学前教育工作电视电话会议上的讲话. 幼儿教育·教育科学[J],2011(1、2).

感，以对国家、对人民高度负责的精神把这件大事办好。《若干意见》既立足当前，又兼顾长远，是积极发展学前教育、着力破解“入园难”的动员令，必将提高全社会对学前教育重要性的认识，促进亿万儿童健康成长，保障和改善民生。

（一）提高全社会对学前教育重要性的认识，促进学前教育健康快速发展

《若干意见》出台前，我国学前教育事业正处在迅速发展时期，但不可否认的是，这一时期仍然存在一系列突出矛盾和问题亟待解决，而其中一些问题长期得不到有效解决的重要原因是人们对学前教育的认识有偏差，且缺乏对学前教育的实践。如我国对学前教育功能、价值的认识不到位，对学前教育性质、地位的理解和认识存在错误，更缺乏相关法律的明确规定与保障。在实践中，我国中央及地方各级政府对学前教育的职责仍然存在严重缺位，甚至不明确的问题；同时，我国幼儿教师的身份、地位不明确，其工资、待遇和各项基本权益未得到有效保障；我国学前教育发展不均衡的现象仍然十分突出，弱势群体的学前教育权利尚未得到有效保障。① 《若干意见》里明确指出，学前教育是终身学习的开端，是学校教育制度的基础阶段，是基础教育的有机组成部分，是国民教育体系的重要组成部分，是重要的社会公益事业，我国应将大力发展学前教育作为贯彻落实《教育规划纲要》的突破口，作为推动教育事业科学发展的重要任务，作为建设社会主义和谐社会的重大民生工程，纳入政府工作重要议事日程，切实抓紧抓好。这充分肯定了学前教育的重要性、公益性、普惠性和科学性。现在政府职责明确，地方政府是发展学前教育、解决“入园难”的责任主体，他们需加大对学前教育的投入，把学前教育经费列入财政预算，新增教育经费要向学前教育倾斜，财政性学前教育经费在同级财政性教育经费中要占合理比例，未来三年要有明显提高。《若干意见》里对幼儿园教职工工资保障办法、专业技术职称（职务）评聘机制和社会保障政策进行了完善，依法保障幼儿教师地位和待遇，切实维护幼儿教师权益。这些措施的实施无疑会提高全社会对学前教育重要性的认识，大力促进学前教育事业健康快速地发展。

（二）发展学前教育事关千家万户的切身利益，是保障和改善民生的重要举措

学前教育是国民教育的第一阶段，也是十分重要的社会公益事业，直接涉及人民群众最关心、最直接、最现实的利益。我国有一亿多学龄前儿童，规模位列世界第一，学前教育为全社会广泛关注。特别是随着经济社会的快速发展和人民生活水平的提高，家长对教育的需求进一步向早期教育延伸，学前教育已成为人民群众对教育公平的新诉求，成为事关千家万户利益的重大民生问题。

随着工业化、城镇化的推进，人口流动导致留守儿童、流动儿童大幅度增加，学前教育需求出现了新的变化。每一个孩子的健康成长都寄托着几代人的期盼，每一个家庭都希望孩子享有公平的机会，接受科学的学前教育。大力发展学前教育，对于保障和改善民生、促进社会和谐稳定具有重大现实意义。

---

① 沙莉，庞丽娟．明确学前教育性质，切实保障学前教育地位——法国免费学前教育法律研究及其对我国的启示[J]．学前教育研究，2010(9)：7－8.

（三）发展学前教育事关亿万儿童的健康成长，是促进人终身发展的奠基工程

学龄前阶段是人生最重要的启蒙时期，是为后继学习和终身发展奠定坚实基础的重要阶段。相关研究成果表明，在人的一生中，人生这一阶段发展最快、可塑性最强。接受科学的学前教育，对于幼儿形成强健的体魄，养成健康的生活习惯，培养良好的思想品德，激发学习兴趣、创新意识和合作能力具有不可替代的作用，它将对人的健康、学习和社会行为等方面产生终身可持续的影响。大力发展学前教育，为儿童创造良好的人生开端，是坚持以人为本在教育领域的必然要求和具体体现。

（四）发展学前教育事关国家和民族的未来，是建设人力资源强国的必然要求

今日之儿童，明日之栋梁。对学前教育的重视程度反映着一个国家的现代化程度，它是衡量社会发展水平的重要标志。强国必先强教，强教必重基础。我国教育家陶行知先生早在 20 世纪 20 年代就强调："小学教育是建国之根本，幼稚教育尤为根本之根本"。

20 世纪 60 年代以来，无论美、英等发达国家，还是巴西、墨西哥、印度等发展中人口大国，都把普及学前教育作为提高国家竞争力的重要组成部分，作为国家基础教育和人力资源投资的重点，他们加大财政投入，实施了普惠性的学前教育国家行动计划。把学前教育纳入政府公共服务体系，大力推进学前教育的普及，这已成为当前国际教育发展的新趋势，成为世界各国的共同行动。

第二节　《国务院关于当前发展学前教育的若干意见》的内涵及实质

一　《国务院关于当前发展学前教育的若干意见》的核心精神

《若干意见》提出了五个"必须坚持"，这五项基本原则确定了我国学前教育未来发展的方向，是《若干意见》的核心精神，需要我们深刻学习领会。

（一）必须坚持公益性和普惠性

《若干意见》明确指出："学前教育是国民教育体系的重要组成部分，是重要的社会公益事业，把学前教育摆在国计民生的重要位置，发展学前教育，必须坚持公益性和普惠性，努力构建覆盖城乡、布局合理的学前教育公共服务体系，保障适龄儿童接受基本的、有质量的学前教育"，强调要"大力发展公办幼儿园，提供'广覆盖、保基本'的学前教育公共服务"，同时"鼓励社会力量以多种形式举办幼儿园"，要"积极扶持民办幼儿园特别是面向大众、收费较低的普惠性民办幼儿园发展"，突出强调了它的教育属性、社会公益属性和普惠属性，这意味着公共财政必须承担发展学前教育的主要责任，向社会提供基本的、面向大众、收费较低、覆盖多数群体

的学前教育公共服务。这一提法对于澄清社会各方对学前教育的模糊认识,统一各地政府的思想,具有重要意义。这一原则的有效落实,必将对我国学前教育事业的发展产生广泛而深远的影响。①

(二)必须坚持政府主导

《若干意见》指出必须坚持政府主导,这一原则明确了政府是发展学前教育、解决"入园难"问题的责任主体,教育行政部门宏观指导和管理学前教育,相关部门履行各自职责,充分调动各方面力量发展学前教育。《若干意见》强调:在办园体制上,明确政府主导、社会参与、公办民办并举,大力发展公办幼儿园,积极扶持民办幼儿园。在管理制度上,要求把发展学前教育纳入城镇、社会主义新农村建设规划,提高规范管理水平,完善幼儿园工作制度和管理办法,制定学前教育办园标准和收费标准,建立幼儿园准入和督导制度,加强学前教育管理,规范办园行为,依法落实幼儿教师地位和待遇,加强幼儿教师队伍建设。在投入体制上,加大政府投入,完善成本合理分担机制,对家庭经济困难幼儿入园给予补助,建立政府投入、社会举办者投入、家庭合理负担的投入机制。同时,要明确并落实各级政府的责任:中央和省级政府充分发挥统筹协调作用,加大转移支付力度;市级和县级政府应成为本地区学前教育发展的责任主体,承担起学前教育规划、投入、监管和保障公平的职责;乡镇政府也应充分发挥作用,尽力支持办好农村幼儿园。② 当然,政府主导并非"政府全包",还应积极鼓励社会力量参与,调动各方面积极性,甚至不排除在适宜区域内适度发挥市场的调节作用,最终形成"公办民办并举"的办园格局。

(三)必须坚持改革创新

已有的经验教训证明,过去十几年我们过度依赖社会和市场的办园体制无法实现学前教育作为公共服务体系的广泛覆盖、布局合理、方便群众等基本性质。因此,学前教育的普及和加快发展任务艰巨,破除体制的障碍和制约显得尤为重要。学前教育的体制问题突出地表现在管理体制、办园体制、投入体制等方面。具体来说,学前教育未能全部实现归口管理,幼儿园不同于义务教育全部由教育部门直接举办和管理,幼儿园的举办和管理主体既有政府部门、基层组织,也有企事业单位、公民个人,其所涉及的园舍建设、机构登记、人事管理、财务监管等方面的管理职能和权限也都分散在其他相关部门。目前,学前教育还存在着审批与管理分离的现象。学前教育管理力量不足。市和区县(市)学前教育行政管理人员严重不足,面对学前教育机构迅速发展而出现的新情况、新问题不能及时应对,学前教育的管理滞后于学前教育机构的迅速增长。学前教育综合性强,牵涉教育、机构编制、财政、城乡建设和国土资源、人力资源和社会保障、公安、卫生、妇联、残联、民政、工商、质

① 王海英. 从特权福利到公民权利——解读《国务院关于当前发展学前教育的若干意见》中的普惠性原则[J]. 幼儿教育(教育科学),2011(1、2):7.

② 李克建. 破解当前难题,为长远发展奠基——解读《国务院关于当前发展学前教育的若干意见》[J]. 幼儿教育(教育科学),2011(1、2):2.

检、安全生产监管、食品药品监管等多个部门，但教育部门与其他部门的有效协作机制尚未建立，他们在管理问题上有心无力。公共财政只投入公办幼儿园，一方面部分公办幼儿园资源浪费严重，另一方面集体办、企事业单位办、民办幼儿园无法得到财政支持，生存处境堪忧；幼儿园教师收入偏低，无法吸引和留住优秀人才。且在编教师与非在编教师收入差距过大，同工不同酬现象严重。民办幼儿园教师权益没有得到法律的有效保护，民办幼儿园的收费、营利和办学行为无法得到有效监管。办园主体多元，没有实现完全属地化管理，学前教育资源得不到有效整合与利用。贫困家庭儿童、流动儿童、残疾儿童的受教育权和身心健康得不到有效保护，等等。这些体制上的障碍只有通过改革创新才能得以突破。只有有效解决这些难题，学前教育才可能走上健康、可持续的发展道路。

（四）必须坚持因地制宜

我国幅员辽阔，各地人口、环境、民族、风俗习惯、经济社会发展水平都存在较大差异。因此，只有因地制宜，从实际出发，才可能有效解决学前教育的发展问题。如国家根据各地经济发展情况给予不同的财政支持，对于中西部农村地区、少数民族地区和边疆地区，中央财政应设立专项经费发展学前教育和学前双语教育。针对进城务工人员子女入园、企事业单位办幼儿园和集体办幼儿园，设立“扶持城市学前教育发展奖补资金”，国家给予扶持奖励。针对中西部偏远地区人口居住分散、交通不便、不具备办园条件及学龄前儿童不适宜远距离移动的状况，开展巡回支教试点。通过教师的巡回指导和上门服务，向当地的散居适龄儿童提供灵活多样的教育，向家长宣传科学育儿知识，有效增加这些地区学龄前孩子接受基本学前教育机会，提高农村学前教育普及程度。[①] 至 2012 年 8 月，学前教育“巡回支教试点”项目已在辽宁、河南、湖南、贵州、陕西 5 个省开始试点实施，2013 年试点省市增加到 13 个。同样各省、市、县应结合实际，因地制宜地发展学前教育。当然，这里所讲的因地制宜主要是强调学前教育要适应当地的情况，创新服务形式和内容，为幼儿及其家长提供方便就近、灵活多样、多种层次的学前教育服务。

（五）必须坚持科学育儿

学前教育事业的发展，不只是关注数量和规模的发展，也要关注教育质量的提升，教育质量的提升源于科学育儿。科学育儿就是要关注幼儿的生活、理解幼儿的生活、利用幼儿的生活，站在儿童发展需要的立场上选择教育内容，开展教育活动，不能把成人生活当作儿童生活、把成人的愿望当作儿童的愿望，不能以成人为中心来实施教育。学前教育必须以儿童为中心，必须依循儿童的天性，必须服从儿童发展的规律，必须关注儿童自己的生活。学前教育应依循儿童自身的发展逻辑，而不是成人的逻辑和知识的逻辑。背离儿童身心发展规律的教育，不能真正促进儿童

---

① 中央财政如何支持学前教育发展——财政部教育部和发改委有关部门负责人答记者问[N]. 中国教育报，2011-9-29（1 版、7 版）.

健康发展,而且可能给儿童带来伤害和灾难。① 目前,科学育儿的观念还没有充分普及,还有很多家长不顾儿童学习的规律,过度强调知识教育、定向教育和特色教育。一些唯利是图的机构利用部分家长的错误认识,大力鼓吹错误的教育观念,导致家长走向与儿童身心发展背离的方向。因此,《若干意见》指出:“必须坚持科学育儿,遵循幼儿身心发展规律,促进幼儿健康快乐成长。”这意味着学前教育必须坚持以游戏为基本活动,保教结合,寓教于乐,为幼儿创设丰富多彩、宽松自由的教育环境,防止和纠正幼儿园教育“小学化”倾向,保障幼儿身心健康和安全,让幼儿真正拥有幸福快乐的童年。

二　《国务院关于当前发展学前教育的若干意见》的主要内容

《若干意见》针对我国学前教育当前存在的突出问题,对症下药,开出多剂良方,力图推进学前教育事业科学发展,使其走上健康、可持续发展的轨道。其内容主要有四个部分,共十条。

第一部分　学前教育的重要地位和发展原则

《若干意见》用“三个是”“三个关系”突出强调了学前教育的重要地位,指出“学前教育是终身学习的开端,是国民教育体系的重要组成部分,是重要的社会公益事业”“办好学前教育,关系亿万儿童的健康成长,关系千家万户的切身利益,关系国家和民族的未来”。《若干意见》提出了发展学前教育的五条基本原则,即发展学前教育,必须坚持公益性和普惠性、必须坚持政府主导、必须坚持改革创新、必须坚持因地制宜、必须坚持科学育儿,其核心是坚持公益性和普惠性,努力构建覆盖城乡、布局合理的学前教育公共服务体系,保障适龄儿童接受基本的、有质量的学前教育。

第二部分　学前教育的资源建设

(一) 园舍建设

解读学前教育“国十条”

据统计,2009 年,全国幼儿园共有 13.8 万所,在园儿童2 657.8万人,分别比“十五”末增加了 11.1% 和 22% 。全国学前三年毛入园率为 50.9% ,比“十五”末提高 9.5 个百分点。尽管学前教育规模达到历史最高水平,但仍有 2 563.8 万名适龄幼儿不能完整地接受学前三年教育。② 实现《教育规划纲要》提出的“基本普及学前教育”的目标,至少需新增幼儿园 5 万所。③ 面对巨大的缺口,《若干意见》指出要通过多种途径有效扩大学前教育资源。

---

① 虞永平. 幼儿园应做科学育儿的“领头羊”[N]. 中国教育报,2013 - 2 - 24(1).

② 苏令. 凝心谋跨越 聚力育新蕾——我国学前教育实现快速发展[N]. 中国教育报,2012 - 11 - 15(3).

③ 李克建. 破解当前难题,为长远发展奠基——解读《国务院关于当前发展学前教育的若干意见》[J]. 幼儿教育(教育科学),2011(1、2):3.

1. 大力发展公办园

采取四条措施,保障提供"广覆盖、保基本"的学前教育公共服务。一是新建、改建、扩建。加大政府投入,新建、改建、扩建一批安全、适用的幼儿园。二是利用公共资源改建。利用中小学布局调整后的富余教育资源和其他富余公共资源,优先改建成幼儿园。三是扩大优质资源。鼓励优质公办幼儿园举办分园或合作办园。四是支持集体办园。制定优惠政策,支持街道、农村集体举办幼儿园。对于新建幼儿园,《若干意见》明确指出,不得用政府投入建设超标准、高收费的幼儿园,明确公共财政应该提供的是"广覆盖、保基本"的学前教育公共服务。这一规定对于扭转当前存在的公办幼儿园"豪华化"、优质公办资源"特权化"等局面具有重要意义。在新的形势下,大力发展公办幼儿园,不断提高公办幼儿园数量,将是增加学前教育资源的主要途径。

2. 鼓励社会力量办园

通过多种形式的创新支持方式,鼓励和引导民办园提供普惠性服务。主要有四条支持措施:一是通过保证合理用地、减免税费等方式,支持社会力量办园。二是积极扶持民办幼儿园特别是面向大众、收费较低的普惠性民办幼儿园发展。三是采取政府购买服务、减免租金、以奖代补、派驻公办教师等方式,引导和支持民办幼儿园提供普惠性服务。四是民办幼儿园在审批登记、分类定级、表彰奖励等方面与公办幼儿园具有同等地位。从《若干意见》中可以看出,今后国家重点扶持的将会是面向大众、收费较低的普惠性民办幼儿园,政府将采取购买服务、减免租金、以奖代补、派驻公办教师等方式,引导和支持民办幼儿园提供普惠性服务。由此可见,普惠性民办幼儿园将纳入财政扶持与政府监管的范畴,这无疑是我国办园体制改革和学前教育管理制度改革的一大创新。

3. 城镇小区配套幼儿园

各级政府要根据居住区规划和居住人口规模,按照国家有关规定配套建设幼儿园。具体措施如下:一是补建,没有配套幼儿园的城镇小区,要按照国家有关规定配套建设幼儿园。二是同步建,新建小区配套幼儿园要与小区同步规划、同步建设、同步交付使用,建设用地按照国家有关规定予以保障。三是强制建,未按规定安排配套幼儿园建设的小区规划不予审批。四是建后统筹使用,城镇小区配套幼儿园作为公共教育资源,由当地政府统筹安排,举办公办幼儿园或委托办成普惠性民办幼儿园,保证面向小区适龄儿童提供方便就近的普惠性服务。尤其是城镇幼儿园建设要充分考虑进城务工人员随迁子女接受学前教育的需求。在我国城镇化水平不断提高的历史背景下,抓住小区配套幼儿园建设,明确其公共教育资源的属性,对于扩大城镇地区学前教育资源、促进幼儿园合理布局具有重大意义。

4. 努力扩大农村学前教育资源

采取灵活多样的办园形式,增加农村学前教育资源,逐步完善县、乡、村三级网络,解决国家发展学前教育的重点和难点。具体表现为:一是纳入规划,将幼儿园作为新农村公共服务设施统一规划,优先建设,加快发展,这一规划事实上已将学前教育纳入农村公共服务体系,明确了今后农村学前教育的发展道路是以公办、集体办为主。二是加大投入,各级政府要加大对农村学前教育的投入,从 2010 年开始,国家实施推进农村学前教育项目,重点支持中西部地区,地方各级政府要安排专门资金,重点建设农村幼儿园。三是完善体制,乡镇和大村独立建园,小村设分园或联合办园,逐步完善县、乡、村学前教育网络。四是改善条件,改善农村幼儿园保教条件,配备基本的保教设施、玩教具、幼儿读物等。五是关注留守儿童,创造更多条件,着力保障留守儿童入园。可以预见,未来 5 ~ 10 年,农村学前教育将迎来园所数量迅速增加、办园条件不断改善的大发展。

《若干意见》大致描述了我国未来学前教育公共服务体系的基本格局。即以普惠性幼儿园为主体,公办民办并举,城镇以小区配套幼儿园为依托,农村以乡镇中心幼儿园为核心,覆盖城乡,布局合理。但《若干意见》并未确定公办、民办幼儿园的比例,这为各地因地制宜,寻找适合自己的发展道路和模式,留足了空间。

(二)教师队伍建设

据统计,2016 年,我国幼儿园园长、专任教师共约 249.88 万人,其中本专科及以上学历的教师占比已达 77.56% 。[①] 2014 年,全国城区、镇区、乡村未评职称的幼儿教师分别占城区、镇区、乡村教师总数的 71.62% 、70.7% 和 77.63% 。[②] 到 2020 年,幼儿园教师和保育员缺口约达 190 万。[③] 无论是解决未来的师资缺口,还是提升现有教师队伍的素质,对我们来说,都是一项极其艰巨的任务。因此,加强幼儿园教师队伍建设将是一项长期的任务。《若干意见》指出可以通过以下三条途径来加强幼儿园教师队伍建设。

1. 针对目前公办幼儿园教师编制存在的问题,提出合理的生师比,核定公办幼儿园教师编制,逐步配齐幼儿园教职工

《若干意见》指出,“加快建设一支师德高尚、热爱儿童、业务精良、结构合理的幼儿教师队伍”。公办幼儿园教师是幼儿教师的主要组成部分,解决他们的问题需要采取以下措施:一是有关幼儿园教师编制问题,各地要根据国家相关规定,结合本地实际,合理确定生师比,核定公办幼儿园教职工编制,逐步配齐幼儿园教职工。二是有关幼儿园教师资格问题,健全幼儿教师资格准入制度,严把入口关。三是有关幼儿园教师补充问题,公开招聘具备条件的毕业生充实幼儿教师队伍。中小学富余教师经培训合格后可转入幼儿园。同时,民办幼儿园应根据相关标准,配足配齐教职工。国家应颁布幼儿园教师专业标准,以便切实保证幼儿园教师队伍的整体素质。2011 年 12 月 12 日,教育部正式公布《幼儿园教师专业标准(试行)》,明确了国家对合格幼儿园教师专业素质的基本要求,幼儿园教师开展保教活动的基本规范,幼儿园教师专业发展的基本准则,这些标准成为幼儿园对教师的培养、准入、培训、考核等工作的重要依据。

---

① 虞永平,张斌. 改革开放 40 年我国学前教育的成就与展望[J]. 中国教育学刊,2018(12):22.

② 虞永平,张斌. 改革开放 40 年我国学前教育的成就与展望[J]. 中国教育学刊,2018(12):24.

③ 教育部部长:到 2020 年,幼儿园教师和保育员缺口约达 190 万[N/OL]. 南方都市报. (2018 - 03 - 16) [2019 - 03 - 18] http://dy. 163. com/.

2. 依法落实幼儿园教师在工资、职称和社会保障等方面的地位和待遇

有关幼儿园教师权益问题,《若干意见》指出,"切实维护幼儿教师权益,完善落实幼儿园教职工工资保障办法、专业技术职称(职务)评聘机制和社会保障政策"。《若干意见》还指出,对长期在农村基层和艰苦边远地区工作的公办幼儿园教师,要按国家规定实行工资倾斜政策。这对激励公办幼儿园教师到农村和边远地区工作、改善农村幼儿园教师队伍素质有一定促进作用。

3. 完善幼教师资培养培训体系,办好幼儿师范院校和专业

在幼教师资培养方面,《若干意见》指出,要办好中等幼儿师范学校,办好高等师范院校学前教育专业,建设一批幼儿师范专科学校。这一提法是符合实际的,充分考虑到了幼教师资培养任务的艰巨性。值得注意的是,《若干意见》还提出要"加大面向农村的幼儿教师培养力度,扩大免费师范生学前教育专业招生规模。积极探索初中毕业起点五年制学前教育专科学历教师培养模式。重视对幼儿特教师资的培养"。这些都是幼儿园教师培养方面的创新之举。

幼儿教师
"国培计划"

在教师培训方面,《若干意见》指出,"建立幼儿园园长和教师培训体系,满足幼儿园教师多样化的学习和发展需求。创新培训模式,为有志于从事学前教育的非师范专业毕业生提供培训。三年内对1万名幼儿园园长和骨干教师进行国家级培训。各地五年内对幼儿园园长和教师进行一轮全员专业培训"。由此可见,国家投入了巨大的人力、物力、财力,用于幼儿园教师的培养和培训。

通过实施以上措施,我国的幼儿园教师逐步增加。教育部《2017年全国教育事业发展统计公报》显示,我国目前幼儿园在职教职员工419.29万人,在园儿童4 600.14万人,师幼比为1:11,离《幼儿园教职工配备标准(暂行)》规定的1:(5~7)标准仍有较大差距,全国幼教师资缺口至少在400万以上。随着"全面二孩"政策的继续实施,这一缺口数字会持续上升。

(三)学前教育投入

长期以来,学前教育一直未被列入各级财政预算,这困扰和制约我国学前教育发展。统计表明,多年来,我国学前教育总投入占GDP的比率维持在0.05%左右,国际经济合作组织(OECD)的学前教育支出占GDP的比重平均为0.5%,大约是我国的10倍,且这一比重比巴西(0.3%)、墨西哥(0.7%)、俄罗斯(0.5%)等人口大国都低。① 可以说,学前教育虽然是我国国民教育体系的重要组成部分,但它在财政支持的项目上却处于边缘地位,从政府和社会获得的资源少,经济基础薄弱。《若干意见》主要采取三条措施解决这些问题。

1. 加大政府投入

相关政策可概括为"五有":"预算有科目",各级政府要将学前教育经费列入财政预算;"增量有倾斜",新增教育经费要向学前教育倾斜;"投入有比例",财政

① 王海英. 从特权福利到公民权利——解读《国务院关于当前发展学前教育的若干意见》中的普惠性原则[J]. 幼儿教育(教育科学),2011(1、2):7,8;中国学前教育发展战略研究课题组. 中国学前教育发展战略研究[M]. 北京:教育科学出版社,2010:26-30.

性学前教育经费在同级财政性教育经费中要占合理比例，未来三年要有明显提高；“拨款有标准”，各地根据实际研究制定公办幼儿园生均经费标准和生均财政拨款标准；“资助有制度”，建立学前教育资助制度，资助家庭经济困难儿童、孤儿和残疾儿童接受普惠性学前教育。发展残疾儿童学前康复教育。这一明确规定是历史性的进步，我国学前教育事业的财政保障水平将获得较大提升。但《若干意见》并未规定财政性学前教育经费在同级财政性教育经费中所占的比例。这是可以理解的，因为全国各地经济社会发展水平、政府财政状况及学前教育发展水平和现有财政投入水平的差距都很大，显然不能一概而论。

“十二五”期间，中央财政将安排500亿元，重点支持中西部地区和东部困难地区发展学前教育。新华网报道，从财政部获悉，为积极发展学前教育，着力解决“入园难”问题，中央财政于近期下达2012年专项资金156亿元。至此，连同2011年下达的资金，中央财政已经累计安排学前教育发展专项资金253亿元。资金主要用于支持校舍改建类、综合奖补类、幼师培训类、幼儿资助类4大类7个重点项目，其中校舍改建类项目106亿元，主要用于支持中西部地区利用农村闲置校舍改建幼儿园及农村中小学增设附属幼儿园；综合奖补类项目42亿元，主要用来扶持民办幼儿园发展，鼓励城市集体、企业、事业单位等举办的幼儿园面向社会提供普惠性服务，妥善解决进城务工人员随迁子女入园问题；幼儿资助类项目8亿元，主要用于建立学前教育资助制度，中央财政根据各地出台的资助政策、经费投入和实施效果等情况确定具体的资助力度。

2. 制定优惠政策，动员和鼓励社会力量捐资助园和出资办园

国家通过政策优惠，动员和鼓励社会力量捐资助园和出资办园。具体是，通过保证合理用地、减免税费、政府购买服务、减免租金、以奖代补、派驻公办教师等方式，扶持和资助集体、国有企事业单位、部门开办幼儿园。

3. 家庭合理分担学前教育成本

学前教育是非义务教育，可以实行政府、社会、家庭共同负担的投入机制，这是未来十年我国学前教育经费投入的基本指导思想。南京师范大学教授、中国学前教育研究会理事长虞永平指出：我们必须坚持支持和发展普惠性教育的基本立场，政府要做普惠性教育的促进者，公办幼儿园要做普惠性教育的榜样。满足教育基本需求、足以支撑有质量的教育的成本，政府应承担半数以上的份额。对于追求特殊需求的甚至是奢华的高成本教育，政府只应承担少量的份额甚至不承担份额。这充分体现了学前教育的公平性和公益性，体现了政府在发展学前教育中所发挥的主导作用。

综上所述，国家将加大对学前教育的财政投入力度，多渠道筹措学前教育经费。在经费的投向上，充分体现普惠、公平的原则，有利于营造公办、民办幼儿园公平竞争、共同发展的环境，有利于农村学前教育事业的迅速推进和城乡学前教育的均衡发展，有利于保护儿童的受教育权。

第三部分 规范学前教育管理

管理失范也是困扰和制约学前教育事业发展的主要障碍之一。其突出表现

是：准入制度不健全，无证办园现象严重，监管力量不足；幼儿园安全防护体系尚未建立，安全形势较为严峻；幼儿园收费管理混乱，高收费、乱收费现象严重；保教工作不规范，保教质量不高。针对这些问题，《若干意见》提出要完善法律法规，从多个方面规范学前教育管理。

（一）加强幼儿园准入管理

《若干意见》将幼儿园准入管理概括为“分类”“审批”“年检”“管理”“治理”十个字。“分类”是指各地根据国家基本标准和社会对幼儿保教的不同需求，制定各种类型幼儿园的办园标准，实行分类管理、分类指导。“审批”是指县级教育行政部门负责审批各类幼儿园，建立幼儿园信息管理系统，对幼儿园实行动态监管。“年检”是指完善和落实幼儿园年检制度，未取得办园许可证和未办理登记注册手续，任何单位和个人不得举办幼儿园。“管理”是指对社会各类幼儿培训机构和早期教育指导机构，审批主管部门要加强监督管理。“治理”是指全面排查，加强指导，督促整改。整改期间，要保证幼儿正常接受学前教育。经整改达到相应标准的，颁发办园许可证。整改后仍未达到保障幼儿安全、健康等基本要求的，当地政府要依法予以取缔，妥善分流和安置幼儿。

（二）强化幼儿园安全管理

《若干意见》突出强调要加强安全设施建设，配备保安人员，建立健全各项安全管理制度和安全责任制；要求相关部门按职能分工建立覆盖全面的幼儿园安全防护体系，切实加大工作力度，加强监督指导；幼儿园要提高安全防范意识，加强内部安全管理；幼儿园所在街道、社区和村民委员会要共同做好幼儿园安全管理工作。中央综治办、教育部、公安部颁布的《关于进一步加强学校幼儿园安全防范工作 建立健全长效工作机制的意见》（公通字〔2010〕38 号）中规定：“对公立中小学、幼儿园和经批准登记注册的民办中小学、幼儿园，由教育部门统一管理；对尚未批准登记注册的民办中小学、幼儿园、托儿所及各类课外班，综治部门要协调当地乡镇、街道和有关部门担负起安全管理责任；凡由乡镇、街道以出租等形式提供土地、校舍支持或利用私人出租房屋举办幼儿园的，由综治部门协调乡镇、街道和有关部门落实业主、房主的安全管理责任；对存在严重安全隐患，经多次整改仍不达标的，要依法予以取缔并妥善安置学生和儿童。”

（三）规范幼儿园收费管理

国家为加强幼儿园收费管理工作，规范幼儿园收费行为，保障受教育者和幼儿园的合法权益，主要采取以下五条措施：一是国家有关部门制定幼儿园收费管理办法，规范收费项目，明确管理职责，加强收费监管。2011 年 12 月 31 日，国家发展改革委、教育部、财政部制定印发了《幼儿园收费管理暂行办法》，要求相关部门按照其规定执行收费标准。随后，各省、市有关部门结合国家《幼儿园收费管理暂行办法》，根据城乡经济社会发展水平、办园成本和群众承受能力，按照非义务教育阶段家庭合理分担教育成本的原则，制定幼儿园收费管理办法。二是省级政府有关部门合理制定公办幼儿园收费标准。三是加大对民办园收费的监管力度。完善备案程序，实行分类指导。四是严格执行幼儿园收费公示制度，幼儿园要对收费项目、收费标准等内容予以公示，加强社会监督。五是坚决查处乱收费现象。

（四）坚持科学保教

坚持科学保教，促进幼儿身心健康发展主要采取以下五条措施。

一是制定幼儿学习与发展指南。2012 年 10 月 9 日，教育部发布了《3—6 岁儿童学习与发展指南》，分别从健康、语言、社会、科学、艺术五个领域描述了不同年龄段的幼儿学习与发展的主要内容，并对 3—4 岁、4—5 岁、5—6 岁三个年龄段末期幼儿应该知道什么、能做什么，大致可以达到什么发展水平提出了合理期望。同时，针对当前学前教育普遍存在的困惑和误区，为广大家长和幼儿园教师提供了具体、可操作的指导和建议。二是要遵循规律。坚持以儿童发展为本，尊重幼儿身心发展规律，面向全体幼儿，关注个体差异。三是要坚持科学的方法。必须坚持以游戏为基本活动，保教结合，寓教于乐。四是要创设良好环境。加强对幼儿玩教具、幼儿图书的配备与指导。要把幼儿园教育与家庭教育紧密结合起来，共同为幼儿的健康成长创造良好环境。五是强化监管。各级教育部门要加强对幼儿园教育质量的监管和指导，建立覆盖各类幼儿园的保教质量评估监管体系，不断提高幼儿园的办园水平和教育质量。《若干意见》所提的这些内容具有很强的针对性和指导性。

2017 年 4 月 18 日，教育部颁布《幼儿园办园行为督导评估办法》，突出的是底线标准，对幼儿园办园行为督导评估的目的、原则、范围、周期、内容、组织实施和结果运用作了具体规定，明确幼儿园是否具备资质的最基本要求，对推动各地加强对幼儿园分类指导和监督管理，实施依法治教，引导幼儿园遵循幼儿身心发展的特点和规律，不断规范办园行为，提高保教质量，保障幼儿身心健康、快乐成长具有重要作用。

第四部分　加强组织领导

《若干意见》的最后一部分是关于学前教育的领导工作机制和学前教育的三年行动计划，这一部分为我国学前教育事业的发展确定了坚强有力的组织领导保障和行之有效的推进策略。

（一）完善工作机制

《若干意见》指出，各级政府要加强对学前教育的统筹协调，健全教育部门主管、有关部门分工负责的工作机制，形成推动学前教育发展的合力，并结合新的形势，明确教育、机构编制、财政、城乡建设和国土资源、人力资源和社会保障、公安、卫生、妇联、残联、民政、工商、质检、安全生产监管、食品药品监管等部门职责分工。《若干意见》最后强调，地方政府是发展学前教育、解决“入园难”问题的责任主体。

学前教育三年行动计划

（二）实施学前教育三年行动计划

《若干意见》要求各省（自治区、直辖市）政府深入调查，以县为单位编制学前教育三年行动计划，并组织实施。2011 年 3 月底前，各省（自治区、直辖市）将三年行动计划报国家教育体制改革领导小组办公室备案。学前教育三年行动计划主要围绕扩大学前教育资源、加强幼儿园教师培养培训、幼儿园教职工编制标准、幼师培养培训、规范小区配套幼儿园管理、提高保教质量等目标进行。目前，国家已实施三期学前教育三年行动计划。第一期（2011—2013 年）学前教育三年行动计划，以扩大教育资源为主，缓解“入园难”；第二期（2014—2016 年）学前教育三年行动计划，继续扩大教育资源总量，提高入园率，解决“有园上”，落实地方政府发展学前教育的主体责任，构建学前教育成本分担机制和保障运行机制，实现“上得起”；第三期（2017—2020 年）学前教育三年行动计划，完善体制机制，科学保教规范化、制度化，在全国基本普及有质量的学前教育。

（三）加强督促检查

《若干意见》指出，各省（自治区、直辖市）要建立督促检查、考核奖惩和问责机制。教育部将会同有关部门对各地学前教育三年行动计划进展情况进行专项督查。并将督查结果向社会公示。以上措施将极大地改善学前教育的领导和管理工作，为学前教育事业的发展营造良好的政策环境。

从总体上看，《若干意见》在我国学前教育事业发展面临巨大困难与严峻挑战的历史关键时刻及时出台，与时俱进，高瞻远瞩，在我国学前教育事业发展的历史上具有里程碑式的重大意义。《若干意见》既原则鲜明，又充满智慧；既指明了我国学前教育的发展方向，又为地方政府预留了创造空间；既有利于明确和落实政府责任，又有利于调动社会各方的积极性；既有利于推动我国学前教育事业又好又快发展，又有利于促进各级各类事业的均衡协调发展。

随着相关文件的出台，“入园难”的问题开始在全国范围内逐步得到缓解，学前教育事业进入了新的历史发展阶段。据教育部教育统计显示，2017 年，全国共有幼儿园 25.50 万所，幼儿园教职工共有 419.29 万人，在园幼儿 4 600.14 万人，毛入园率达到 79.6%。相比 2009 年，幼儿园增加了 11.7 万所，增长了 85%；教职工增加了 262.21 万人，增长了 67%；在园幼儿增加了 1 942 万人，增长了 73%；毛入园率增加了 28.7%，增长了 56%。

思考与练习

一、简答题

1. 简述《国务院关于当前发展学前教育的若干意见》出台的背景。
2. 简述《国务院关于当前发展学前教育的若干意见》出台的意义。
3. 简述《国务院关于当前发展学前教育的若干意见》的主要内容。
4. 简述《国务院关于当前发展学前教育的若干意见》的核心精神。

二、材料分析题

材料一:2011 年以来,江西省先后实施了两期“学前教育三年行动计划”,“入园难”和“入园贵”问题得到有效缓解。截至 2016 年底,全省共有在园幼儿 159.04 万人,比 2010 年增加 35.54 万人;共有幼儿园 14 071 所,比 2010 年增加 5 553 所;学前三年毛入园率 75.24%(全国为 77.4%),比 2010 年提高 23.37 个百分点;公办幼儿园 3 265 所,比 2010 年增加 2 838 所;公办幼儿园占比由 2010 年的 5% 提高到 23.9%。全省建设乡镇公办中心幼儿园 970 个,占乡镇总数的 69%。

材料二:2014 年以来,河北省各地认真实施第二期学前教育行动计划,大力推进学前教育发展。截至 2016 年底,全省幼儿园总数达到 13 635 所,其中普惠性幼儿园 7 914 所,占幼儿园总数的 58.04%;在园幼儿总数达到 234.08 万名,其中在普惠性幼儿园的幼儿 145.49 万名,占在园幼儿总数的 62.15%;学前三年毛入园率达到 82.68%,比 2013 年提高 7.68 个百分点;教职工总数达到 12.03 万名,其中专科及以上学历专任教师比例达到 74.14%,比 2013 年提高 3.98 个百分点。

材料三:云南省实施“学前教育三年行动计划”以来,截至 2016 年底,云南全省共有幼儿园 7 310所,其中民办幼儿园 4 496 所,占 61.50%;在园(班)幼儿 131.51 万人,学龄前儿童入园(班)率达 81.55%,学前三年毛入园率达 68.27%。2013 年至今,全省幼儿园校舍总面积增加 272.78 万平方米,增幅为 54.57%,学龄前儿童入园(班)率达 81.55%。

材料四:“学前教育三年行动计划”实施以来,我国学前教育经费投入一直呈增长态势。2010 年学前教育经费总投入为 728.01 亿元,2016 年增加到 2 803.53 亿元,同比增长 2.85 倍,年平均增长率约为 25.20%。

1. 结合上述材料,阐释“学前教育三年行动计划”。

2. 结合上述材料,谈谈对《国务院关于当前发展学前教育的若干意见》的理解。

国考聚焦

选择题

1. (2012 上半年“综合素质”真题)《国家中长期教育改革和发展规划纲要(2010—2020 年)》指出,坚持以人为本、全面实施(　　)是教育改革发展的战略主题,是贯彻党的教育方针的时代要求,其核心是解决好培养什么人、怎样培养人的重大问题,重点是面向全体学生、促进学生全面发展,着力提高学生服务国家服务人民的社会责任感、勇于探索的创新精神和善于解决问题的实践能力。

A. 素质教育　　B. 基础教育　　C. 应试教育　　D. 课程教育

【答案】A

【解析】《国家中长期教育改革和发展规划纲要(2010—2020 年)》第 2 章第 4 条规定“坚持以人为本、全面实施素质教育是教育改革发展的战略主题。”

2. (2012 下半年“综合素质”真题)《国家中长期教育改革和发展规划纲要(2010—2020 年)》

提出，教育公平的基本要求是保障公民依法享有受教育的权利，关键是(　　)。

A. 起点公平　　B. 机会公平　　C. 过程公平　　D. 结果公平

【答案】B

【解析】《国家中长期教育改革和发展规划纲要(2010—2020年)》第1章第2条工作方针规定“把促进公平作为国家基本教育政策。教育公平是社会公平的重要基础。教育公平的关键是机会公平，基本要求是保障公民依法享有受教育的权利。”

3. (2013上半年“综合素质”真题)《国家中长期教育改革和发展规划纲要(2010—2020年)》提出的教学管理制度改革的内容不包括(　　)。

A. 导生制　　B. 学分制　　C. 走班制　　D. 分层教学

【答案】A

【解析】《国家中长期教育改革和发展规划纲要(2010—2020年)》第11章第32条规定“注重因材施教。关注学生不同特点和个性差异，发展每一个学生的优势潜能。推进分层教学、走班制、学分制、导师制等教学管理制度改革。”

4. (2013下半年“综合素质”真题)《国家中长期教育改革和发展规划纲要(2010—2020年)》提出，对中小学教师实行(　　)。

A. 每两年一周期的全员培训　　B. 每三年一周期的全员培训

C. 每七年一周期的全员培训　　D. 每五年一周期的全员培训

【答案】D

【解析】《国家中长期教育改革和发展规划纲要(2010—2020年)》第17章第53条规定“完善教师培训制度，将教师培训经费列入政府预算，对教师实行每五年一周期的全员培训。”

5. (2014上半年“综合素质”真题)下列选项中，属于《国家中长期教育改革和发展规划(2010—2020年)》，提出的战略目标是(　　)。

A. 全面普及学前教育　　B. 基本实现区域之间的教育公平

C. 全面实施素质教育　　D. 优质教育资源总量不断扩大

【答案】D

【解析】《国家中长期教育改革和发展规划纲要(2010—2020年)》提出的战略目标是：到2020年，基本实现教育现代化，基本形成学习型社会，进入人力资源强国行列。其中，“提供更加丰富的优质教育”方面指出：优质教育资源总量不断扩大，更好地满足人民群众接受高质量教育的需求。A项的正确说法是“基本普及学前教育”。B项的正确说法是“建成覆盖城乡的基本公共教育服务体系”。对于C项，坚持以人为本、推进素质教育是教育改革发展的战略主题。

6. (2014下半年“综合素质”真题)《国家中长期教育改革和发展规划纲要(2010—2020年)》提出健全统筹有力权责明确的教育管理体制，深化教育管理体制改革的重点是(　　)。

A. 加强省级政府的教育统筹　　B. 转变政府职能和简政放权

C. 建立依法办学的学校制度　　D. 规范政府管理权限和职责

【答案】B

【解析】《国家中长期教育改革和发展规划纲要(2010—2020年)》第15章第45条指出：“健全统筹有力、权责明确的教育管理体制。以转变政府职能和简政放权为重点，深化教育管理体制改革，提高公共教育服务水平。”

7. (2015下半年“综合素质”真题)《国家中长期教育改革与发展规划纲要(2010—2020年)》提出重点发展农村学前教育。下列措施中不正确的是(　　)。

A. 扩大农村学前教育资源　　B. 着力保证留守儿童入园

C. 着力保证农村幼儿园现有规模　　D. 发挥乡镇中心幼儿园示范作用

【答案】C

【解析】《国家中长期教育改革与发展规划纲要(2010—2020年)》第3章第7条指出:“重点发展农村学前教育。努力提高农村学前教育普及程度。着力保证留守儿童入园。采取多种形式扩大农村学前教育资源,改扩建、新建幼儿园,充分利用中小学布局调整的富余校舍和教师举办幼儿园(班)。发挥乡镇中心幼儿园对村幼儿园的示范指导作用。支持贫困地区发展学前教育。”

8. (2016上半年“综合素质”真题)《国家中长期教育改革和发展规划纲要(2010—2020年)》要求,学前教育发展的一大任务是重点发展(　　)。

A. 西部地区学前教育　　B. 边远地区的学前教育

C. 城镇学前教育　　D. 农村学前教育

【答案】D

【解析】《国家中长期教育改革和发展规划纲要(2010—2020年)》第3章第5条、第6条、第7条规定,学前教育的发展任务是:基本普及学前教育;明确政府职责;重点发展农村学前教育。

9. (2016下半年“综合素质”真题)《国家中长期教育改革和发展规划纲要(2010—2020年)》提出,教育改革发展的战略主题是(　　)。

A. 坚持立德树人,创新培养人才的体制　B. 坚持以人为本,全面实施素质教育

C. 坚持教育公平,合理配置教育资源　　D. 坚持内涵发展,全面提高教育质量

【答案】B

【解析】《国家中长期教育改革和发展规划纲要(2010—2020年)》第2章第4条规定“坚持以人为本、全面实施素质教育是教育改革发展的战略主题。”

10. (2017上半年“综合素质”真题)依据《国家中长期教育改革和发展规划纲要(2010—2020年)》,下列关于学前教育发展任务说法不正确的是(　　)。

A. 建立政府主导、社会参与、公办为主、民办为辅的办园体制

B. 着力保证留守儿童入园,努力提高农村学前教育普及程度

C. 制定学制教育办园标准,建立幼儿园准入制度

D. 到2010年,有条件地区普及学前三年教育

【答案】D

【解析】D项时间节点是2020年。

11. (2017下半年“综合素质”真题)根据《国家中长期教育改革和发展规划纲要(2010—2020年)》的规定,下列对于我国重点发展农村学前教育的表述,不正确的是(　　)。

A. 将村小学改扩建为幼儿园　　B. 着力保证留守儿童入园

C. 提高农村学前教育普及程度　　D. 支持贫困地区发展学前教育

【答案】A

【解析】《国家中长期教育改革和发展规划纲要(2010—2020年)》第3章第7条指出:“采取

多种形式扩大农村学前教育资源，改扩建、新建幼儿园，充分利用中小学布局调整富余的校舍和教师举办幼儿园（班）。发挥乡镇中心幼儿园对村幼儿园的示范指导作用。支持贫困地区发展学前教育”。

12. （2018 上半年“综合素质”真题）《国家中长期教育改革和发展规划纲要（2010—2020年）》提出了学前教育发展的政府职责。关于政府职责说法，下列选项中不正确的是（　　）。

A. 制定审核幼儿园的章程　　B. 建立幼儿园准入制度

C. 制定学前教育的办园标准　　D. 完善幼儿园收费管理办法

【答案】A

【解析】根据《国家中长期教育改革和发展规划纲要（2010—2020 年）》第 3 章第 6 条“明确政府职责”规定：“制定学前教育办园标准，建立幼儿园准入制度。完善幼儿园收费管理办法。”等。制定章程是学校的职责，政府主管部门主要负责审核。

第七章 《3—6岁儿童学习与发展指南》解读

学习目标

1. 了解制定《3—6岁儿童学习与发展指南》的背景和意义。
2. 理解并掌握实施《3—6岁儿童学习与发展指南》应遵循的基本原则。
3. 熟练掌握《3—6岁儿童学习与发展指南》的内涵及实质。

《3—6岁儿童学习与发展指南》(以下简称《指南》)是贯彻落实《国家中长期教育改革和发展规划纲要(2010—2020年)》和《国务院关于当前发展学前教育的若干意见》(国发〔2010〕41号)的重大举措,是我国学前教育政策法规建设的最新成果,是推动我国学前教育事业健康发展的极为重要的指导性法规文件。《指南》参考了美、英、德、法等国的指南标本,吸取了我国改革开放以来的有关经验和研究成果,立足我国学前教育现状,历经七年有余的科学严谨研制而成。《指南》明确了幼儿在健康、语言、社会、科学、艺术五大领域的学习与发展目标(合理期望与具体方向);提出了具体可操作的教育建议(教育途径与方法);倡导幼儿是积极主动的学习者、珍惜童年生活的独特价值、尊重幼儿的学习方式和学习特点、尊重幼儿发展的个体差异、重视家园共育等先进的教育理念;要求成人用正确的态度和行为去关心幼儿、观察幼儿、理解幼儿、尊重幼儿,遵循幼儿的成长规律和年龄特点,为幼儿成长创设宽松、适宜的条件和环境,倡导因材施教等科学的教育方法,并指出了错误的教学做法对幼儿终身发展的危害。《指南》具有较强的前瞻性、指向性和可操作性。《指南》对于有效转变公众的学前教育观念,提高广大幼儿园教师的专业素质和家长的科学育儿能力,克服"小学化"倾向,全面提高学前教育质量具有重要意义。

第一节 《3—6岁儿童学习与发展指南》概述

案例

幼儿教育“小学化”堪忧

5岁的蒙蒙还在上幼儿园，可他的父母已经开始为他“恶补”拼音、写字、算术、英语。据蒙蒙的母亲讲，许多和蒙蒙差不多大的小孩都开始这样做了，蒙蒙要是不学，就会输在起跑线上。正是在家长的影响下，不少幼儿园尤其是一些私立幼儿园盯上了家长的腰包，纷纷打出“双语班”“幼小衔接班”等各种特色班的招牌，吸引生源，将幼儿园的教学模式“小学化”。……（《济南时报》，2008年10月14日，B4版。）

案例分析：该案例说明，许多家长存在错误的学前教育观念，他们单纯追求幼儿对知识技能的学习，通过强化训练使幼儿提前学习小学内容，他们的科学育儿能力不足；不少幼儿园“小学化”的做法显然也是错误的。这些家长和幼儿园之所以热衷于学前教育“小学化”，一方面是由于社会中存在“小学化”的“生存土壤”；另一方面是由于他们不了解儿童学习与发展的基本规律和特点，对儿童学习与发展的目标和方向不清楚，没有掌握科学的教育方法。

那么，儿童学习与发展的基本规律和特点究竟是什么呢？儿童学习与发展的目标和方向到底是什么呢？怎样对儿童进行教育才能不偏离方向顺利达成这些目标呢？要全面准确地回答这些问题，就必须对《指南》进行认真系统的学习。

2012年10月9日，教育部印发了《指南》，并要求各地贯彻落实。《指南》中的“指南”系“方向”之意，说明《指南》是指引我国学前教育发展方向的权威性、指导性法规文件。

一 研究制定《3—6岁儿童学习与发展指南》的背景

（1）制定《指南》是贯彻落实《国家中长期教育改革和发展规划纲要（2010—2020年）》（以下简称《教育规划纲要》）的重要举措。《教育规划纲要》在第一部分的第一章“指导思想和工作方针”中指出：“把提高质量作为教育改革发展的核心任务”“树立以提高质量为核心的教育发展观，注重教育内涵发展”。那么，“学前教育的内涵”即“幼儿学习与发展的内涵”是什么呢？这需要国家出台专门的法规文件予以明确。《教育规划纲要》在第一部分的第二章“战略目标和战略主题”中指出：“坚持以人为本、全面实施素质教育是教育改革的战略主题”，学前教育有其自身的特殊性，怎么样对幼儿进行教育才是“以人为本”？这需要给出权威的界定；什么样的学前教育才是“素质教育”？这也需要说明清楚。《教育规划纲要》在第二部分的第三章“学前教育”中指出：“遵循幼儿身心发展规律，坚持科学保教方法，保障幼儿快乐健康成长。”“幼儿身心发展规律”是学前教育中非常重要的大问题，对它做出科学的表述和说明极其必要；

什么样的“保教方法”是“科学”的？这也是学前教育中一个非常重要的大问题，也需要做出科学的回答。总之，这些问题不明确，贯彻落实《教育规划纲要》便无从谈起。因此，为贯彻落实《教育规划纲要》，必须研究制定具有学前教育法规地位的《指南》。

（2）制定《指南》是贯彻落实《国务院关于当前发展学前教育的若干意见》（国发〔2010〕41 号，以下简称《若干意见》）的必然措施。《若干意见》第 1 条“把发展学前教育摆在更加重要的位置”指出：“办好学前教育，关系亿万儿童的健康成长，关系千家万户的切身利益，关系国家和民族的未来。”强调了学前教育的重要性。《若干意见》第 8 条“坚持科学保教，促进幼儿身心健康发展”首先表达了为办好学前教育国家准备采取的行动：“加强对幼儿园保教工作的指导，2010 年国家颁布幼儿学习与发展指南。”（《指南》推迟到 2012 年 10 月才印发，不是因为研制组工作效率低，而是因为工作量太大和研制组的严谨与负责——作者）接着对幼儿教育提出了原则要求：“遵循幼儿身心发展规律，面向全体幼儿，关注个体差异，坚持以游戏为基本活动，保教结合，寓教于乐，促进幼儿健康成长”“为儿童创设丰富多彩的教育环境，防止和纠正幼儿园教育‘小学化’倾向”“要把幼儿园教育和家庭教育紧密结合，共同为幼儿的健康成长创造良好环境”。这些原则要求过于概括，广大幼教工作者和家长找不到“突破口”和“切入点”，颇有无从下手之感，致使这些原则要求的贯彻落实大打折扣。为使《若干意见》得到切实有效的贯彻落实，制定《指南》便成为必然。

（3）制定《指南》是我国学前教育进一步深化改革和健康发展的迫切需要。改革开放以来，我国先后实施了《幼儿园管理条例》（1989 年 9 月）、《幼儿园工作规程》（1996 年 3 月）、《幼儿园教育指导纲要（试行）》（2001 年 7 月）、《教育规划纲要》（2010 年 7 月）、《若干意见》（2010 年 11 月）等重要法规文件，这有力地推动了我国学前教育事业的快速发展，取得了很大的成就。然而，我国的学前教育仍存在不少问题，有的还比较严重，比如，全社会对学前教育的认识存在着不少的偏差，幼儿家长的教育观念和教育方法存在着不少的误区，广大幼儿园教师专业素质不高，幼儿园教育“小学化”倾向十分严重，“拔苗助长”式的超前教育和强化训练、单纯追求知识技能学习等错误做法仍很普遍等，给幼儿身心发展造成严重伤害。为了从根本上解决这些问题，指导幼儿园和家庭实施科学的保育和教育，推动我国学前教育事业健康发展，急需对我国学前教育进一步深化改革并由国家出台一部权威性法规文件。只有这样，才能有效转变公众的教育观念，提高广大幼儿园教师的专业素质和家长的科学育儿能力，克服“小学化”倾向，全面提高学前教育质量。

《纲要》与《指南》的关系

（4）制定《指南》是我国“实施科教兴国战略和人才强国战略”的迫切需要。人生百年，立于幼学。一个人长大成年后，是否能为社会做出贡献，关键在于其所接受的启蒙教育，而学龄前阶段则是人生最重要的启蒙时期。梁启超先生在《少年中国说》中说：“少年智则国智，少年富则国富，少年强则国强，少年独立则国独立，少年自由则国自由，少年进步则国进步，少年胜于欧洲，则国胜于欧洲，少年雄于地球，则国雄于地球。”其实，把“少年”改成“儿童”也适合。儿童是祖国的花朵，办好学前教育，关系科教兴国战略和人才强国战略的顺利实施，“关系国家和民族的未来”(《若干意见》第1条)。因此,学前教育的目的应当是既让幼儿度过快乐而有意义的童年,又为幼儿后继学习和终身发展奠定良好素质基础。但是,目前的学前教育担负不起这一重任。比如,学前教育改革以来,从1989年试行的《幼儿园工作规程》到2011年年底教育部下发的《教育部关于规范幼儿园保育教育工作 防止和纠正“小学化”现象的通知》,一直在一字不变地强调“以游戏为基本活动”,但在学前教育实践中,广大幼儿园教师愿意“上课”而不愿组织“游戏”的现象却一直普遍存在,究其原因,是由于这一系列学前教育法规文件原则性要求较强,不具体,没有可操作性。因此,我们迫切需要一部具体、可操作性强的学前教育法规文件。

(5)《指南》的研制借助了联合国儿童基金会“遍及全球”项目的东风。2002年,联合国儿童基金会针对广大发展中国家学前教育工作中普遍存在的问题与需要,启动了“遍及全球”(Going Global Project)项目,目的在于通过帮助发展中国家制定儿童学习与发展标准,提高参与国的学前教育质量,帮助儿童做好进入小学学习的准备。此项目启动之时,正值我国学前教育事业迫切需要研制《指南》之际,因此,我国积极参加了这一项目,并促成了《指南》项目与联合国儿童基金会的合作。从2005年起,教育部组建《指南》研制组,正式开始《指南》的研制工作。

二 《3—6岁儿童学习与发展指南》的内容框架

《指南》由“说明”和“正文”两部分构成。

(一)“说明”部分

“说明”部分共包括4条内容。

第1条简要说明了制定《指南》的背景。

第2条简要说明了制定《指南》的目的:“《指南》以为幼儿后继学习和终身发展奠定良好素质基础为目标,以促进幼儿体、智、德、美各方面的协调发展为核心”;并说明了实现此目的的途径:“通过提出3—6岁各年龄段儿童学习与发展目标和相应的教育建议,帮助幼儿园教师和家长了解3—6岁幼儿学习与发展的基本规律和特点,建立对幼儿发展的合理期望,实施科学的保育和教育,让幼儿度过快乐而有意义的童年。”同时也说明了《指南》的主要适用对象是广大幼儿园教师和幼儿家长。

第3条简要说明了《指南》“正文”的内容结构。

第4条非常重要,其中指出:“实施《指南》应把握以下几个方面:①关注幼儿学习与发展的整体性;②尊重幼儿发展的个体差异;③理解幼儿的学习方式和特点;④重视幼儿的学习品质。”这四个方面实际上是实施《指南》应遵循的四项基本原则(见本节四、实施《指南》应遵循的基本原则)。

(二)“正文”部分

“正文”部分从健康、语言、社会、科学、艺术五个领域(每个领域开头均有前言,简要说明了该领域对幼儿学习与发展的基本价值、教育指导要点和注意事项)

描述幼儿的学习与发展，按照幼儿学习与发展的内容将每个领域划分为若干方面，每个方面又可分为两部分：一部分是学习与发展目标（含“各年龄段典型表现”，以下简称“典型表现”），该部分主要对3—4岁、4—5岁、5—6岁三个年龄段末期幼儿应该知道什么、能做什么，大致可以达到什么发展水平提出了合理期望，指明了幼儿学习与发展的具体方向；另一部分则是教育建议，该部分根据幼儿的学习与发展目标，针对当前学前教育中普遍存在的问题，列举了一些能够有效帮助和促进幼儿学习与发展的教育方法，同时也指出错误做法对幼儿终身发展的危害，为广大幼儿园教师和家长提供了具体、可操作的指导。全部“正文”共计5个领域、11个方面、32项目标、87条教育建议（“正文”部分的详细内容在第二节讲述）。

（三）学习这一部分内容时需注意以下问题

1. 关于学习与发展目标

（1）学习与发展目标指明了各领域的核心价值。

（2）学习与发展目标体现了《指南》的教育价值观。

（3）学习与发展目标体现了《指南》对幼儿学习与发展的见解。

（4）学习与发展目标针对我国学前教育实践中的问题，提出了正确的理念与导向。

（5）学习与发展目标不要求每个年龄段的每个幼儿在同一时间发展到同一水平，也不要求每个幼儿在每个目标的发展上达到同一高度，只要求幼儿朝着目标方向尽力发展，允许目标实现值因人而异。

2. 关于“典型表现”

（1）“典型表现”不是学习与发展目标的分解、细化，也不是目标的“指标”，而是《指南》对幼儿学习与发展的具体期望，是广大幼儿园教师和家长准确理解目标、观察了解幼儿学习与发展状况的参照，是广大幼儿园教师和家长采取针对性教育措施的依据。

（2）“典型表现”是幼儿普适性表现中的典型代表，是列举而非幼儿的全部表现，具体到每一项典型表现，并非每个幼儿都必然有此典型表现，要承认个别差异，尊重幼儿的个性化表现。简言之，未列入“典型表现”中的幼儿表现也可作为对幼儿的学习与发展状况和水平做出评价的依据。

（3）按年龄段表述“典型表现”并不意味着该年龄段的幼儿必须要有此“典型表现”，应该允许该年龄段幼儿的发展状况和水平低于或高于该年龄段。

（4）大部分“典型表现”的内容是不可测试、不可测量的，但少部分确实可测试、可测量，教师和家长要慎用这部分“典型表现”，不可以作为评价幼儿表现优劣的工具，以免伤害幼儿脆弱的心灵。

3. 关于教育建议

（1）教育建议中渗透着《指南》的教育理念，在学习时需细心领会，融会贯通。

（2）教育建议是“参考”而非“规定”，若因时因地等原因不能或不宜实施某条教育建议，应弃之不用，而以功能相同的其他教育活动代之。

（3）教育建议不是包治百病的灵丹妙药，不可生搬硬套拿来就用；教育建议是以幼儿一定的发展水平为起点的，使用教育建议的前提是在观察了解的基础上，准确掌握幼儿学习与发展的状况和水平，只有如此，才能“对症下药”。

(4) 教育建议和学习与发展目标之间并非严格的一一对应关系，每一条教育建议都有多种功用，适用于不同的目标、不同的领域。

(5) 教育建议间接说明了幼儿在向目标发展过程中止步不前的原因。

(6)《指南》所提出的87条教育建议没有也不可能穷尽所有的教育方法，教育建议具有开放性。广大幼儿园教师和家长在设计教育活动时，不应局限于87条教育建议，而要善于开动脑筋，灵活拓展教育活动，只要教育内容有益于学习与发展目标的达成、教育方法科学、教育途径符合幼儿的年龄特点、教育观念符合《指南》的教育理念，都可以放心大胆地实施。

三 制定和实施《3—6岁儿童学习与发展指南》的意义

(一)《指南》的制定和实施，能够有效转变公众的教育观念

目前，公众对学前教育仍普遍存在着一些错误观念，例如，学前教育是“幼儿园的事”，幼儿的学习内容就是“识字、做题”，教育幼儿的方法就是“填鸭式”的“灌输”，等等。针对这些片面认识，《指南》倡导家园共育、幼儿是积极主动的学习者、尊重幼儿的学习方式和学习特点等符合幼儿身心发展规律的先进教育理念。公众对《指南》的自觉学习、社会宣传的教育、公众之间的相互影响、新闻媒体对错误学前教育观念与做法的不时报道，等等，都将会使公众逐渐理解、认同和接受《指南》的教育理念，从而有效转变公众的学前教育观念。

(二)《指南》的制定和实施，能够有效提高广大幼儿园教师的专业素质

幼儿园教育改革至今，教师对幼儿学习与发展的水平把握不准，教育中随意性大，教育的针对性和有效性欠佳一直都是幼儿园教育中普遍存在的突出问题。《指南》针对这些问题，通过对各领域进行划分，明示了各领域最基本、最重要的内容，通过设定学习与发展目标，指明了幼儿应该知道什么、能做什么、大致可以达到什么发展水平，通过提出教育建议，为家长和教师提供了一些能够有效帮助和促进幼儿学习与发展的教育途径与方法，这些将帮助广大幼儿园教师全面系统准确地把握幼儿学习与发展的内涵，掌握各领域的核心价值与关键要素，了解幼儿的年龄特点、行为特征、学习与发展水平，改善教育内容和教育方法，使得既受过专业教育又具有一定教学经验和教学能力的广大幼儿园教师如虎添翼，专业素质和教学能力也将因此而得到大幅度提高，进而全面提高幼儿园教育的质量。

(三)《指南》的制定和实施，能够有效提高广大家长的科学育儿能力

长期以来，由于广大家长育儿认识上的片面，育儿知识的缺乏，以及望子成龙、望女成凤的急功近利心态，他们在教育子女的问题上存在很多错误的做法，这造成幼儿偏食挑食、体质下降、动手能力差、自卑、胆怯、依赖性强、厌学、说谎、任性、自

私、攻击性强等一系列问题，严重影响了幼儿的健康成长。针对这些问题，《指南》用通俗易懂的语言、简便易行的方法，告知广大家长在孩子的衣食住行、跑跳攀爬、听说读写、交往适应、验比数算、哼唱画舞等方面应当如何做及为什么这么做，使得《指南》成为广大家长的育儿“圣经”，这必将大大提高广大家长的科学育儿能力，使他们担负起家园共育中应当承担的教育责任。

（四）《指南》的制定和实施，能够有效防止和克服“小学化”倾向，全面提高学前教育质量

当前，学前教育“小学化”现象仍然十分严重。冰冻三尺，非一日之寒，这是我国学前教育长期积累下的一个问题。造成这一问题的原因也不是单方面的，社会、幼儿家长、幼儿园（尤其是私立幼儿园）都负有不可推卸的责任。作为学前教育法规的《指南》以国家的力量为后盾强制实施，并辅之以考核、严禁小学举办各种形式的入学选拔考试等配套措施，必将有效防止和克服“小学化”倾向，从根本上铲除学前教育“小学化”的土壤，保证学前教育质量真正得到全面提高。

四 实施《3—6岁儿童学习与发展指南》应遵循的基本原则

（一）关注幼儿学习与发展的整体性

学前儿童的主要任务就是通过各方面的学习与发展，初步具有“社会人”的特性。这就是说，幼儿的学习与发展是一个整体（即《指南》所说的“儿童的发展是一个整体”），具有整体性。这就决定了以促进幼儿体、智、德、美各方面的协调发展为核心的《指南》也是一个整体，也具有整体性。五大领域之间的关系就如同球队的进攻（前锋）、攻防组织（前卫）、防守（后卫、守门员）之间的关系，32个目标之间的关系就如同11名队员之间的关系，都是相互联系、相互渗透、相互影响的，是幼儿各方面发展关系的反映。

在幼儿期，人的各方面的发展是相互影响的；任何一个方面的发展都是其他方面发展的条件，其发展水平制约着其他方面的发展水平；任何一个方面的发展欠缺都妨碍其他方面的发展，其发展欠缺程度限制着对其他方面发展的妨碍程度；各个方面的发展水平决定着幼儿整体的发展水平。也就是说，幼儿的学习与发展是有规律的，这一规律就是幼儿学习与发展的整体性规律，贯穿于整个幼儿期。因此，在实施《指南》的过程中，“要注重领域之间、目标之间的相互渗透和整合，促进幼儿身心全面协调发展，而不应片面追求某一方面或几方面的发展。”

（二）尊重幼儿发展的个体差异

对幼儿的发展进行历时性考察，可以发现，“幼儿的发展是一个持续、渐进的过程，同时也表现出一定的阶段性特征。”这说明，连续性（持续、渐进）、阶段性发展是幼儿发展的规律。再进一步深入考察，就会发现，相邻两个阶段发展的“质”不同，同一阶段发展的“质”相同而“量”不同，这完全符合质量互变规律。这也说

明,连续性、阶段性发展规律是质量互变规律在幼儿发展中的体现。

幼儿在沿着上述进程发展的过程中会出现明显的个体差异,这主要是由于幼儿在学习兴趣、学习方式、学习特点、学习能力、发展特点等方面存在着差异,各有不同的强项或弱项,发展速度有的快一些有的慢一些,发展水平有的高一些有的低一些,有的还有某方面的天赋,等等。教师对这些个体差异,绝不能搞“齐步走”“一刀切”策略,而应尊重这些个体差异,一方面,因势利导,使幼儿发展好的方面“更上一层楼”,发展差的方面“旧貌换新颜”;另一方面,因材施教,帮助幼儿以最适合其本人的速度和方式向目标发展。

但在当前的学前教育实践中,“齐步走”“一刀切”的错误做法仍然很普遍,为纠正这一错误做法,《指南》特别强调:“每个幼儿在沿着相似进程发展的过程中,各自的发展速度和到达某一水平的时间不完全相同。要充分理解和尊重幼儿发展进程中的个别差异,支持和引导他们从原有水平向更高水平发展,按照自身的速度和方式到达《指南》所呈现的发展‘阶梯’,切忌用一把‘尺子’衡量所有幼儿。”

(三)理解幼儿的学习方式和特点

《指南》指出:“幼儿的学习是以直接经验为基础,在游戏和日常生活中进行的。”这就是说,通过直接经验学习是幼儿主要的学习方式,“玩中学”“做中学”“生活中学”是幼儿的学习特点。

“玩中学”就是在游戏中学。游戏是幼儿自发、自主、自由、全身心投入的活动,最顺应幼儿的天性。虽然游戏兼具娱乐和教育功能,但幼儿只管尽情享受游戏的快乐,并无学习的意识。但正是这种无意性学习,对幼儿具有独特价值。游戏涉及各个领域的各个方面,使幼儿在游戏中学习能有效促进幼儿的全面发展,真实地反映幼儿的发展水平和个体差异,便于对幼儿进行针对性指导,促进幼儿富有个性的发展;游戏中的学习是没有压力的非功利性的自主学习,并且儿童是通过“直接感知、实际操作、亲身体验”来获得直接经验,通过这种方式,幼儿不仅学得有趣,学习效率高,而且记忆深刻持久,学习效果最好,最宜于有益经验的积累;对刚学会的新游戏乐此不疲地重复玩,有益于幼儿巩固自身的发展,而玩腻了后对新玩法的尝试则有助于幼儿为自己创造新的发展领域;幼儿在游戏中积极主动地探索使幼儿在无意中养成良好的学习品质。常言道:“会玩的孩子聪明”,幼儿在游戏中锻炼了自己解决各种问题的能力,这使他们的能力和智慧在潜移默化中得到提升和增长,这对幼儿当下的发展和未来的成长具有重要的积极作用,游戏不仅具有现时的学习效应,还具有潜移默化的长远效应。可见,幼儿的学习与发展根本离不开游戏,没有游戏就没有幼儿的发展,游戏伴随着幼儿的成长。

“做中学”就是在做的过程中学习,即通过“直接感知、实际操作、亲身体验”获取经验。对于经验有限、语言和思维等方面尚未发展成熟的幼儿来说,“做中学”不但顺应幼儿好奇心强、好动手的天性,而且它还是幼儿获取直接经验、认识周围世界的主要途径,是幼儿认识自身力量并促进思维发展的重要方式。陶行知由“知行”易名“行知”的故事,陆游“纸上得来终觉浅,绝知此事要躬行”的感悟,今人“实践出真知”的认识都说明“做”的重要性,对成人尚且如此,对于认知结构不够成熟的幼儿来说，"做中学"的意义无须多言。

"生活中学"就是幼儿的学习主要不是在成人主宰的课堂里进行，而是在他们自己的生活中展开。幼儿自己的生活既是幼儿学习的内容，也是幼儿学习的途径。幼儿面临的最大人生课题是开启心智，习得人的特性，这一课题只有通过在生活中学习才能实现，这就是生活的独特价值之所在。不经一事，不长一智，"狼孩"由于缺少在生活中学习的历练，没有解决幼儿期的最大人生课题，被人收养教育了4年，仅仅学会6个词，听懂几句简单口语……发展得非常艰难和缓慢，这一方面说明了幼儿的启蒙教育不可省缺，同时也从反面证明了幼儿期的学习性生活对幼儿未来的学习与发展具有决定性意义。通过在生活中学习，幼儿逐步掌握与自己生存和发展密切相关的各种基本知识，获取各种基本能力，积累各种有益经验，养成积极乐观的态度、文明良好的习惯，等等。幼儿的生活内容越丰富多彩，学到的东西越多，发展的质量越高，对未来的学习与发展越有益。

正是因为上述缘由，《指南》强调："要珍视游戏和生活的独特价值，创设丰富的教育环境，合理安排一日生活，最大限度地支持和满足幼儿通过直接感知、实际操作和亲身体验获取经验的需要，严禁拔苗助长式的超前教育和强化训练。"

（四）重视幼儿的学习品质

所谓"学习品质"，主是指学习态度、行为习惯、方法等与学习密切相关的基本素质，在幼儿期开始出现与发展，并对幼儿现在与将来的学习都具有重要影响的基本素质。

在当前的学前教育实践中，普遍存在"只有知识技能才有用"的观念，这是忽视幼儿学习品质培养、学前教育"小学化"倾向严重的原因之一，这有可能导致幼儿对学习缺乏兴趣、情绪消沉、逆反心理强烈，甚至对学习产生恐惧心理，也对幼儿的全面发展和长远发展造成不可估量的消极影响。对此，《指南》郑重警告："忽视幼儿学习品质培养，单纯追求知识技能学习的做法是短视而有害的。"虽然《指南》没有给出学习品质的定义，但它以列举的方式指出了幼儿期重要的学习品质，即幼儿在活动过程中表现出的积极态度和良好行为倾向。要充分尊重和保护幼儿的好奇心和学习兴趣，帮助幼儿逐步养成积极主动、认真专注、不怕困难、敢于探究和尝试、乐于想象和创造等良好学习品质。教育研究的结果表明，学习品质对幼儿的重要性远大于知识技能，学习品质的优劣决定了幼儿现在和未来的学习与发展质量。因此，广大幼儿园教师和家长务必要高度重视幼儿的学习品质，切实把幼儿学习品质的培养摆在重要的位置。

第二节 《3—6岁儿童学习与发展指南》的内涵及实质

一 健康

"健康是指人在身体、心理和社会适应方面的良好状态。"《指南》对健康概念所作的这一阐释，揭示了健康的基本内涵，即健康包括身体的健康、心理的健康及建立在二者基础之上的社会适应能力。

“幼儿阶段是儿童身体发育和机能发展极为迅速的时期，也是形成安全感和乐观态度的重要阶段。”《指南》的这一概述说明了幼儿阶段对幼儿身体健康和心理健康的重要性，同时也在告知广大幼儿园教师和家长，促进幼儿的健康是保育和教育的首要任务。

“发育良好的身体、愉快的情绪、强健的体质、协调的动作、良好的生活习惯和基本生活能力是幼儿身心健康的重要标志，也是其他领域学习与发展的基础。”《指南》的这几句话，把“发育良好的身体、愉快的情绪、强健的体质、协调的动作、良好的生活习惯和基本生活能力”这六个方面着重列举出来，一方面说明了其重要性；另一方面，也强调了这六个方面要全面和谐发展，不能偏重或忽视任一方面，否则，幼儿就不能在其他领域正常学习与发展。

《指南》把健康领域划分为身心状况（包括具有健康的体态、情绪安定愉快、具有一定的适应能力三个学习与发展目标）、动作发展（包括具有一定的平衡能力，动作协调、灵敏和具有一定的力量和耐力、手的动作灵活协调三个学习与发展目标）、生活习惯与生活能力（包括具有良好的生活与卫生习惯、具有基本的生活自理能力、具备基本的安全知识和自我保护能力三个学习与发展目标）三个方面。

（一）身心状况

1. 具有健康的体态

健康的体态不仅包括身体形态，也包括身体姿势。幼儿期是身体形态和身体姿势形成的重要时期，正常的身高、体重和正确的站、坐、行走姿势是幼儿健康成长的表现。身高和体重是评价幼儿生长发育状况是否健康的最重要的常用依据，因此，应帮助幼儿保持适宜的身高和体重。幼儿的站、坐、行走姿势关系到其骨骼是否能正常发育，所以，也应注意帮助幼儿形成正确的站、坐、行走姿势。

2. 具有安定愉快的情绪

安定愉快的情绪是心理健康的重要标志，情绪对幼儿的健康及行为具有重要影响已为科学所证实。适时转移情绪，适度表达情绪，缓解、控制不良情绪，化解消极情绪，经常保持愉快情绪，是幼儿保持健康的基本能力。

3. 具有一定的适应能力

适应能力是健康状况的反映，也是一个人在社会中生存与发展必须具备的基本能力。幼儿应对天气变化、生活环境变化、乘坐交通工具等具有一定的适应能力。

（二）动作发展

1. 具有一定的平衡能力，动作协调、灵敏

幼儿没有一定的平衡能力，其动作就没有协调性和灵敏性，就不能完成各种身体动作，也就不能进行自我保护。成人应有意锻炼幼儿的平衡能力、协调性和灵敏性，为幼儿后续学习与发展奠定良好的基础。

2. 具有一定的力量和耐力

一定的力量和耐力是进行各种活动、完成各种动作的前提。二者和上一目标中的平衡能力、协调性、灵敏性都是最基本的身体素质，是人体机能水平的反映，是幼儿完成大肌肉动作的基础和前提，它们对幼儿的人身安全、适应社会生活的能力和身心发展具有重要影响。这两个目标主要针对当前幼儿运动量不足、体质下降、活动能力差的问题，意在希望教师和家长重视通过丰富多彩的活动和体育锻炼增强幼儿的体质。

3. 手的动作灵活协调

手完成的动作属于小肌肉精细动作，都是“细活”，所以，手的动作一定得灵活协调。对幼儿来说，发展手的动作主要是通过学习使用勺子、筷子、笔、剪刀等工具来实现的。手的动作灵活协调是幼儿适应社会生活及学习与发展的先决条件。这一目标主要针对当前幼儿动手能力差的问题，希望教师和家长在日常生活中重视培养幼儿动手能力。

（三）生活习惯与生活能力

1. 具有良好的生活与卫生习惯

良好的生活与卫生习惯既是一种文明的生活方式，又能有效维护和促进幼儿的健康。这些习惯包括作息习惯、饮食习惯、个人卫生习惯和锻炼的习惯。良好的生活与卫生习惯应从幼儿期开始培养，一旦养成，幼儿将受益终生。

2. 具有基本的生活自理能力

生活自理能力是幼儿适应社会生活和将来独立生活的基本能力之一。独立进餐、盥洗、排泄后的自理、穿脱衣服和鞋袜、整理生活用品和学习用品等是幼儿培养生活自理能力的基本途径。

3. 具备基本的安全知识和自我保护能力

幼儿不能总是在成人的保护和照顾下生活，家长尤其是幼儿园应通过安全教育，教给幼儿防险、避险、防灾、自救和求救的方法，培养幼儿的自我保护能力，提高幼儿安全健康生活的能力。

（四）教育指导要点

为了实现上述学习与发展目标，有效促进幼儿身心健康发展，《指南》共提出了 27 条教育建议。其核心要点如下。

（1）成人应为幼儿提供合理均衡的营养，保证幼儿充足的睡眠和适宜的锻炼，满足幼儿生长发育的需要。

（2）创设温馨的人际环境，让幼儿充分感受到亲情和关爱，形成积极稳定的情绪情感。

（3）帮助幼儿养成良好的生活与卫生习惯，提高自我保护能力，形成使其终身受益的生活能力和文明生活方式。

（五）注意事项

幼儿身心发育未成熟，抵抗疾病能力不强，自我保护意识较弱，自我保护能力较差，对危险事物和行为缺乏判断能力，需要成人的精心呵护和照顾，但教师和家长不宜过度保护和包办代替，以免剥夺幼儿自主学习的机会，使幼儿养成过于依赖的不良习惯，影响其主动性、独立性的发展。

二 语言

语言领域目标及要求

“语言是交流和思维的工具”，《指南》在语言领域开篇第一句话即点明了语言的功能。

“幼儿期是语言发展，特别是口语发展的重要时期”，这句话意在告诉广大幼儿园教师和家长，应抓住幼儿语言学习与发展的有利时机，把幼儿的语言教育摆在重要位置，尤其是口语教育。

“幼儿语言的发展贯穿于各个领域，也对其他领域的学习与发展有着重要的影响，幼儿在运用语言进行交流的同时，也在发展着人际交往能力、理解他人和判断交往情境的能力、组织自己思想的能力。”这几句话明确了幼儿的语言学习与发展和幼儿在其他领域的学习与发展之间的关系，幼儿的语言能力不是单靠语言领域的培养获得的，幼儿的语言学习与发展是渗透于其他领域的学习与发展之中的，幼儿语言的发展促进幼儿在其他领域的发展。

“通过语言获取信息，幼儿的学习逐步超越个体的直接感知。”这一点意义重大，通过直接感知来学习是幼儿的学习方式，“超越个体的直接感知”的学习即通过间接经验来学习是学校学生的学习方式。这句话说明，幼儿的学习方式在发展过程中“逐步”发生质变，从而为进入小学学习做准备。

《指南》把语言领域划分为倾听与表达（包括认真听并能听懂常用语言、愿意讲话并能清楚地表达、具有文明的语言习惯三个学习与发展目标）、阅读与书写准备（包括喜欢听故事，看图书和具有初步的阅读理解能力、具有书面表达的愿望和初步技能三个学习与发展目标）两个方面。

（一）倾听与表达

1. 认真听并能听懂常用语言

倾听既是感知口头语言的表现，又是理解口头语言的前提。倾听能力是幼儿学习与发展必备的基本能力。这一目标要求幼儿具有积极主动的倾听态度、良好的倾听习惯，具有根据场合或情境选择性倾听、意会性倾听、分析性倾听口头语言并准确理解其含义的能力。

2. 愿意讲话并能清楚地表达

积极主动的口语表达态度，自然大方、有序的表达方式，连贯、完整、清楚的口语表达能力，基本的口语交流能力，是这一目标对幼儿提出的基本要求。另外，这一目标对方言、少数民族地区的幼儿使用方言、少数民族语言和普通话时的口语表达能力按年龄段提出了差别性要求。

3. 具有文明的语言习惯

文明的语言习惯是一种素养，对提高口语交流能力和交流效果有积极影响，也对建立良好的社会关系具有积极作用。遵守集体生活的语言规则、注意公共场所的语言文明、注意交流礼节是幼儿应具备的基本语言习惯。幼儿具有极强的可塑性，教师和家长应帮助幼儿从小养成文明的语言习惯。

（二）阅读与书写准备

1. 喜欢听故事，看图书

积极主动的阅读态度、浓厚的阅读兴趣、良好的阅读习惯、爱护图书的习惯、理解文字符号的价值意义，是幼儿后继学习与发展的必要准备，也是《指南》对这一目标的理解和追求。

2. 具有初步的阅读理解能力

单凭目标中这句话我们不能准确评价幼儿的阅读理解能力，必须结合“典型表现”，如4—5 岁幼儿：“① 能大体讲出所听故事的主要内容。② 能根据连续画面提供的信息，大致说出故事的情节。③ 能随着作品的展开产生喜悦、担忧等相应的情绪反应，体会作品所表达的情绪情感。”如幼儿能做到这三项，那就说明幼儿已具有初步的阅读理解能力。否则，就要进一步观察了解，确定幼儿发展水平后，再采取针对性措施，培养和发展幼儿的阅读理解能力。

3. 具有书面表达的愿望和初步技能

积极的书写态度、初步的书写兴趣、了解文字具有的表意功能、写画姿势正确和掌握基本的运笔技能等对幼儿后继学习的书面表达具有奠基作用，也是这一目标对幼儿提出的合理期望。

这 6 个目标主要针对目前学前教育中硬性要求幼儿大量识字，训练写字，背诵诗词，忽视幼儿口语表达能力和交流能力培养的问题，体现了《指南》对幼儿语言学习态度和兴趣、口语交流能力、语言理解能力等的重视。

（三）教育指导要点

由于“幼儿的语言能力是在交流和运用的过程中发展起来的”，《指南》据此提出了 15 条教育建议。简言之，核心要点有三。

（1）应为幼儿创设自由、宽松的语言交往环境，鼓励和支持幼儿与成人、同伴交流，让幼儿想说、敢说、喜欢说并能得到积极回应。

（2）为幼儿提供丰富、适宜的低幼读物，让他们经常和其他幼儿一起看图书、讲故事，丰富其语言表达能力，培养他们的阅读兴趣和良好的阅读习惯，进一步拓展幼儿学习经验。

（3）幼儿的语言学习需要相应的社会经验支持，教师和家长应通过安排多种活动扩展幼儿的生活经验，丰富幼儿的表达内容，增强他们的理解和表达能力。

（四）注意事项

应在生活情境和阅读活动中引导幼儿自然而然地产生对文字的兴趣，用机械记忆和强化训练的方式让幼儿过早识字不符合其学习特点和接受能力。

三 社会

在哲学中，社会性是指人由社会存在所获得的一切特性，社会性根本的决定因素是人在生产关系中的地位。在心理学中，社会性是指人的一种社会心理特性，即人在社会交往过程中建立人际关系，理解、学习和遵守社会行为规范，控制自身社会行为的心理特性。人格是指一个人与社会环境相互作用表现出的一种独特的行为模式、思维模式和情绪反应的特征，也是一个人区别于他人的特征之一。在心理学中，经常运用“个性”一词表达人格的概念（我国的《大百科全书·心理学卷》中有“人格即个性”的提法）。

人“天生是社会动物”，所以，一个人一出生就开始了从自然人（生物人）向社会人的进化，即社会化。因此，《指南》的“幼儿社会领域的学习与发展过程是其社会性不断完善并奠定健全人格基础的过程”这句话表达了如下意思：幼儿社会领域的学习与发展的实质在于幼儿的社会化；幼儿的社会化过程是其社会性不断完善并奠定健全个性基础的过程，换言之，幼儿的社会性和个性是通过社会化习得的。而幼儿的社会化必须依托“人际交往”和“社会适应”才能进行，同时，“人际交往”和“社会适应”又是幼儿社会化的目的。所以，《指南》说：“人际交往和社会适应是幼儿社会学习的主要内容，也是其社会性发展的基本途径。”“幼儿在与成人和同伴交往的过程中，不仅学习如何与人友好相处，也在学习如何看待自己、对待他人，不断发展适应社会生活的能力。良好的社会性发展对幼儿身心健康和其他各方面的发展都具有重要影响。”这几句话则是对幼儿社会领域学习与发展的价值的简明概括。

社会领域目标及要求

《指南》把社会领域划分为人际交往（包括愿意与人交往，能与同伴友好相处，具有自尊、自信、自主的表现，关心尊重他人四个学习与发展目标）、社会适应（包括喜欢并适应群体生活、遵守基本的行为规范、具有初步的归属感三个学习与发展目标）两个方面。

（一）人际交往

（1）愿意与人交往、积极主动的交往态度、乐于交往的兴趣是进行人际交往的前提，也是这一目标对幼儿的基本要求。

（2）能与同伴友好相处、具有交往的基本技能和基本的人际交往能力，遵从交往的基本规则，能理解人、尊重人，是与同伴友好相处的基础，也是这一目标的基本内涵。

（3）具有自尊、自信、自主的表现，自尊、自信、自主均为优良的个性品质，是幼儿健康个性的重要内容，是幼儿健康发展不可或缺的内在动力。这一目标主要针对许多家长包办一切，总爱拿幼儿的不足与其他孩子的优点比，批评斥责幼儿，造成幼儿顺从、依赖、自卑、胆怯等问题，体现了《指南》对幼儿健全人格的重视。

(4) 关心尊重他人，尊重人、关心人、体贴人、帮助人，尊重他人的劳动和劳动成果，尊重差异、理解差异、接纳差异、欣赏差异、以平等的态度对待差异，是幼儿健全人格的重要组成部分。这一目标主要针对不少家长过分娇惯、过度溺爱孩子，造成幼儿自我中心、自私自利等问题，体现了《指南》对培养幼儿健康个性的重视。

(二) 社会适应

(1) 喜欢并适应群体生活，积极主动参加集体活动的态度、对集体活动的浓厚兴趣、在群体生活中能与他人和谐相处，是幼儿社会适应的前提条件，它们对发展幼儿良好的社会性和个性具有重要的积极作用。

(2) 遵守基本的行为规范。这一目标有助于提高幼儿的社会适应能力，这一能力是幼儿生存与发展的基本能力。良好的社会适应能力是幼儿快乐生活、健康成长的基础。因此，教师和家长一定要有意培养该能力。成人应对社会行为规则率先垂范，为幼儿树立榜样；在日常生活中对幼儿进行诚实守信教育；让幼儿体验游戏规则、活动规则、公共场所规则、社会行为规则的重要性，理解规则的意义，内化社会行为规范，这是培养幼儿社会适应能力的基本途径。

(3) 具有初步的归属感。归属感是幼儿在社会化过程中形成的精神需要，它直接影响幼儿对群体的认可度、亲疏度和对群体行为规则的接受度。归属感的强弱决定着幼儿责任感、主人翁意识的强弱，支配着幼儿的行为表现。幼儿初步的归属感主要包括对家庭、班级、幼儿园、家乡和祖国的归属感。家庭、幼儿园和社会应共同努力，为幼儿营造一个温馨的“心灵家园”。

以上7个目标的内容，概括起来，主要包括幼儿的交往态度、交往技能，对自己、对别人的认知、态度、行为，对群体、群体生活、我群关系的感受、态度、行为等几个方面，其核心价值在于使幼儿学会与他人共同生活，建立良性的社会关系，促使其社会性不断完善并奠定其健全人格基础。

(三) 教育指导要点

为了实现上述7个目标，《指南》共提出了19条教育建议。核心就是：家庭、幼儿园和社会应共同努力，为幼儿创设温暖、关爱、平等的家庭和集体生活氛围，建立良好的亲子关系、师生关系和同伴关系，让幼儿在积极健康的人际关系中获得安全感和信任感，建立自信和自尊的品质，在良好的社会环境及文化的熏陶中学会遵守规则，形成基本的认同感和归属感。

(四) 注意事项

言传和身教对学校学生都起作用，但对幼儿来说，若与其积累的经验无关，只言传（简单生硬的说教）就如同耳旁风，这是由幼儿的学习方式和学习特点决定的，皮亚杰“Telling is not teaching”（言传非教）的观点指的就是这种情况。具体到社会性学习，“幼儿的社会性主要是在日常生活和游戏中通过观察和模仿潜移默化地发展起来的”，即“看样学样”，“样”是榜样的“样”，榜样的力量是无穷的，因此，“成人在日常生活中务必注重自己言行的榜样作用，避免简单生硬的说教。”《指南》对此极为重视，在“关心尊重他人”目标下共有三条教育建议，第一条即为“成人以身作则，以尊重、关心的态度对待自己的父母、长辈和其他人。”在“遵守基本的行为规范”目标下共有三条教育建议，第一条即为“成人要遵守社会行为规则，为幼儿树立良好的榜样。”两个第一条且都是整条（社会领域共19条）全部是对成人提出为幼儿树立榜样的要求，由此可见《指南》对成人表率作用的重视程度，这种情况在五个领域的教育建议中是仅有的。同时，这也是《指南》重视家园共育的体现。

四 科学

科学学习是幼儿学习与发展中非常重要的内容，也是幼儿学习与发展中的难点。《指南》指出：“幼儿的科学学习是在探究具体事物和解决实际问题中，尝试发现事物间的异同和联系的过程。”这就说明幼儿的科学学习是通过“探究具体事物”和“解决实际问题”两条途径来实现的，幼儿在“尝试发现事物间的异同和联系的过程”中达成学习与发展目标。“幼儿在对自然事物的探究和运用数学解决实际生活问题的过程中，不仅获得丰富的感性经验，充分发展形象思维，而且初步尝试归类、排序、判断、推理，逐步发展逻辑思维能力，为其他领域的深入学习奠定基础。”这几句话简明概括了幼儿科学学习的价值。

《指南》把科学领域划分为科学探究（包括亲近自然，喜欢探究和具有初步的探究能力、在探究中认识周围事物和现象三个学习与发展目标）、数学认知（包括初步感知生活中数学的有用和有趣，感知和理解数、量及数量关系，感知形状与空间关系三个学习与发展目标）两个方面。

（一）科学探究

1. 亲近自然，喜欢探究

好奇心是幼儿科学探究的前提和内在动力，把“亲近自然，喜欢探究”作为科学探究的第一个目标，体现了《指南》对幼儿好奇心和探究兴趣的重视，也说明了“探究”是幼儿科学学习的核心价值。这就要求教师和家长在日常生活中要尊重、保护、激发幼儿的好奇心和探究欲望。

2. 具有初步的探究能力

所谓初步的探究能力，是指幼儿在好奇心和探究欲望的驱动下，选择和运用恰当的探究方法，经过完整的探究过程，获得探究结果或解决问题的综合能力。有了这种能力，幼儿就初步具备了主动学习、自主学习的能力。这一目标在培养幼儿初步探究能力的同时，也培养了幼儿的学习品质。它不仅体现了《指南》的素质教育思想，也体现了《指南》对幼儿科学学习的理解与追求，同时也解决了学前教育实践中存在的“重知识的灌输，轻能力的培养”的问题。“典型表现”尽管对三个年龄段的幼儿在探究方法、探究过程上提出了差别性要求，但不同年龄段的学习与发展方向是一致的，这表达了《指南》希望通过此类学习方式和学习过程培养幼儿初步的探究能力。

3. 在探究中认识周围事物和现象

这些“事物和现象”包括常见动植物、常见物体和材料、常见的物理现象、天气与季节变化、科技产品、自然环境等。《指南》中要求幼儿了解常见动植物的多样性、生长变化及其基本条件、外形特征、习性与生存环境的适应关系；了解常见物体和材料的软硬、光滑和粗糙等特性，常见材料的溶解、传热等性质或用途，常见物体的结构与功能之间的关系；了解常见的物理现象如物体形态或位置的变化，影子、沉浮等产生的条件或影响因素；了解天气与季节变化对动植物和人的影响；了解常用科技产品与自己生活的关系，知道科技产品有利也有弊；了解人们的生活与自然环境的密切关系，知道尊重和珍惜生命，保护环境等。这一目标是幼儿探究过程的结果和总结，具有伴随性的特点，它的提出有益于幼儿感知经验的积累和进一步的学习与发展。

科学探究方面的三个目标是一个探究过程的不同阶段，具有一体性。“亲近自然，喜欢探究”是基础和前提，是内在动力；“具有初步的探究能力”是探究过程的体验，是关键；“在探究中认识周围事物和现象”是获得的结果、经验和总结。三者紧密相连、不可分割。

（二）数学认知

1. 初步感知生活中数学的有用和有趣

这一目标体现了《指南》对幼儿“在生活中学”的学习特点的尊重，也体现了《指南》对幼儿在日常生活中用数学解决问题的期望，还体现了《指南》对培养幼儿数学学习兴趣的重视。在“典型表现”中，对三个年龄段的幼儿列举了两项典型表现：“3—4岁：①感知和发现周围物体的形状是多种多样的，对不同的形状感兴趣。②体验和发现生活中很多地方都用到数。4—5岁：①在指导下，感知和体会有些事物可以用形状来描述。②在指导下，感知和体会有些事物可以用数来描述，对环境中各种数字的含义有进一步探究的兴趣。5—6岁：①能发现事物简单的排列规律，并尝试创造新的排列规律。②能发现生活中许多问题都可以用数学的方法来解决，体验解决问题的乐趣。”这六个方面的典型表现虽然与数学有关，但最后都没有落实到数学的具体内容上，而是将重点放在了培养幼儿对数学的情感态度，以及塑造幼儿的数学学习过程性能力方面。这说明这一目标的重心在于培养幼儿的数学学习兴趣。

2. 感知和理解数、量及数量关系

感知和理解数、量及数量关系是幼儿数学学习的核心内容，也是幼儿数学学习的难点。这一目标比较抽象，别说对幼儿家长，就是对广大幼儿园教师，如果仅凭这句话，也是一头雾水，摸不着头脑。因此，家长和教师必须结合“典型表现”才能准确理解这一目标，才能准确了解和掌握幼儿向目标方向发展的实况和水平，这也是“典型表现”可作为教师和家长观察了解幼儿的参照的一个典型例子。比如，在这一目标下的“典型表现”中，4—5岁的幼儿应有以下典型表现：“①能感知和区分物体的粗细、厚薄、轻重等量方面的特点，并能用相应的词语描述。②能通过数数比较两组物体的多少。③能通过实际操作理解数与数之间的关系，如5比4多1；2和3合在一起是5。④会用数词描述事物的排列顺序和位置。”如果一个幼儿到了4—5岁年龄段末期，还做不到以上几点，那就可以评定这个幼儿还不能感知和理解数、量及数量关系，那么，家长和教师就需要搞清楚问题出在哪里，然后，再采取针对性教育措施。

3. 感知形状与空间关系

幼儿的科学学习中要求尊重幼儿思维的具体形象性特点，不能脱离真实具体的生活情境，“感知形状与空间关系”同样如此。这一目标实际上包括两部分内容，即感知形状和感知空间，二者既有区别又有联系。

形是幼儿数学学习的又一核心内容。形状是几何数学的初级形态。“感知形状”主要是要求幼儿能识别、命名、建构、绘画、比较和区分形状，并能对其分类和组合。《指南》对三个年龄段的幼儿分别提出了要求：3—4岁幼儿“能注意物体较明显的形状特征，并能用自己的语言描述”，要求幼儿对形状能予以识别和命名；4—5岁幼儿“能感知物体的形体结构特征，画出或拼搭出该物体的造型”和“能感知和发现常见几何图形的基本特征，并能进行分类”，第一项要求幼儿对形状具有更细致的认知能力和予以表征的能力，第二项要求幼儿对几何图形具有在认知、比较的基础上进行分类的能力（抽象概括能力）；5—6岁幼儿“能用常见的几何形体有创意地拼搭和画出物体的造型”，要求幼儿具有用几何形体构造出物体的能力（包含着创造性思维能力）和对物体进行空间表征的能力。

空间也是几何数学的初级形态。《指南》对三个年龄段的幼儿提出了如下要求：3—4岁幼儿“能感知物体基本的空间位置与方位，理解上下、前后、里外等方位词”，要求幼儿具有对“上下、前后、里外”六个方位概念的认知能力；4—5岁幼儿“能使用上下、前后、里外、中间、旁边等方位词描述物体的位置和运动方向”，要求幼儿具有对静态下“上下、前后、里外、中间、旁边”八个方位概念的认知能力、动态下“上下、前后、里外、中间、旁边”八个方位概念和物体的空间关系的认知能力；5—6岁幼儿“能按语言指示或根据简单示意图正确取放物品”和“能辨别自己的左右”，第一项要求幼儿具有对物体空间方位表征的理解能力，第二项要求幼儿具有以自我为中心认知“左”“右”两个方位概念的能力。可见，“感知空间关系”这部分内容主要是要求幼儿具有对静态的、动态的、以自我为中心的空间关系的认知能力和空间方位表征的理解能力。

（三）教育指导要点

为了实现幼儿科学学习的目标，《指南》提出了19条教育建议。幼儿科学学习的核心是激发探究兴趣，体验探究过程，发展初步的探究能力，因此，这19条教育建议中的以下两点尤为重要。

（1）成人要善于发现和保护幼儿的好奇心，充分利用自然和实际生活机会，引导幼儿通过观察、比较、操作、实验等方法，学习发现问题、分析问题和解决问题。

（2）成人要帮助幼儿不断积累经验，并运用于新的学习活动，形成受益终身的学习态度和能力。

（四）注意事项

幼儿的思维特点是以具体形象思维为主，教师和家长应注重引导幼儿通过直接感知、亲身体验和实际操作进行科学学习，不应为追求知识和技能的掌握，对幼儿进行灌输和强化训练。

五 艺术

《指南》中并没有明确指出幼儿艺术领域的学习对幼儿学习和发展的价值。“艺术是人类感受美、表现美和创造美的重要形式，也是表达自己对周围世界的认识和情绪态度的独特方式。”《指南》的这一表述是对艺术价值的共性所作的抽象概括，是对全人类而言的，当然也适用于幼儿。但是，幼儿“感受美、表现美和创造美”的“形式”是不同于成人的，幼儿“表达自己对周围世界的认识和情绪态度”的“方式”也是有异于成人的，也就是说，幼儿艺术的价值是有其个性（特殊性）的。因此，回答“幼儿艺术领域的学习对幼儿的学习与发展有什么价值？”这一问题的关键在于搞清楚幼儿艺术价值的个性（特殊性）。《指南》对幼儿艺术领域的学习对幼儿的学习与发展的价值没有明说，并不代表《指南》没有通过其他方式来说。事实上，《指南》在艺术领域的前言部分、在“学习与发展目标”和“典型表现”中、在“教育建议”里，都隐含地涉及过这个问题。这就要求同学们在学习过程中，要细心品味、体会并予以归纳、概括和总结。

《指南》把艺术领域划分为感受与欣赏（包括喜欢自然界与生活中美的事物、喜欢欣赏多种多样的艺术形式和作品两个学习与发展目标）、表现与创造（包括喜欢进行艺术活动并大胆表现、具有初步的艺术表现与创造能力两个学习与发展目标）两个方面。

艺术领域
目标及要求

（一）感受与欣赏

1. 喜欢自然界与生活中美的事物

《指南》在这一目标下列出了如下“典型表现”：“喜欢观看花草树木、日月星空等大自然中美的事物；容易被自然界中的鸟鸣、风声、雨声等好听的声音所吸引；在欣赏自然界和生活环境中美的事物时，关注其色彩、形态等特征；喜欢倾听各种好听的声音，感知声音的高低、长短、强弱等变化；乐于收集美的物品或向别人介绍所发现的美的事物；乐于模仿自然界和生活环境中有特点的声音，并产生相应的联想。”可以看出，六个方面典型表现的内容都是关系幼儿爱美、爱模仿等天性的，这就告诉我们，幼儿艺术教育是一种顺应天性的教育，体现了《指南》对幼儿天性的尊重，对幼儿艺术兴趣和审美感受的重视。

2. 喜欢欣赏多种多样的艺术形式和作品

《指南》在这一目标下列出了如下“典型表现”：“喜欢听音乐或观看舞蹈、戏剧等表演；乐于观看绘画、泥塑或其他艺术形式的作品；能够专心地观看自己喜欢的文艺演出或艺术品，有模仿和参与的愿望；欣赏艺术作品时会产生相应的联想和情绪反应；艺术欣赏时常常用表情、动作、语言等方式表达自己的理解；愿意和别人分享、交流自己喜爱的艺术作品和美感体验。”不难看出，六个方面典型表现的内容和上一目标一样，都是关系幼儿爱美、爱模仿、好奇心强等天性的，不同之处在于这些艺术形式和作品蕴含着作者丰富的情感。因此，这一目标不仅表明《指南》要求教师和家长尊重、保护、激发幼儿的艺术兴趣，重视幼儿的审美体验，还要激发幼儿表现与创造的欲望，因为幼儿具有强烈的“见贤思齐”心理。

（二）表现与创造

1. 喜欢进行艺术活动并大胆表现

《指南》在这一目标下列出了如下“典型表现”：“经常自哼自唱或模仿有趣的动作、表情和声调；经常涂涂画画、粘粘贴贴并乐在其中；经常唱唱跳跳，愿意参加歌唱、律动、舞蹈、表演等活动；经常用绘画、捏泥、手工制作等多种方式表现自己的所见所想；积极参与艺术活动，有自己比较喜欢的活动形式；能用多种工具、材料或不同的表现手法表达自己的感受和想象；艺术活动中能与他人相互配合，也能独立表现。”稍加比较分析我们即可发现，这七个方面的典型表现都是幼儿中常见的自发表现，这就告诉教师和家长，对幼儿的艺术兴趣和艺术表现要尊重、理解、支持、鼓励再加适时适当的引导和指导，而不应依自己的标准对幼儿的艺术表现说三道四、指手画脚，这就是这一目标的主要思想。

2. 具有初步的艺术表现与创造能力

《指南》在这一目标下列出了如下“典型表现”：“能模仿学唱短小歌曲；能跟随熟悉的音乐做身体动作；能用声音、动作、姿态模拟自然界的事物和生活情景；能用简单的线条和色彩大体画出自己想画的人或事物；能用自然的、音量适中的声音基本准确地唱歌；能通过即兴哼唱、即兴表演或给熟悉的歌曲编词来表达自己的心情；能用拍手、踏脚等身体动作或可敲击的物品敲打节拍和基本节奏；能运用绘画、手工制作等表现自己观察到或想象的事物；能用基本准确的节奏和音调唱歌；能用律动或简单的舞蹈动作表现自己的情绪或自然界的情景；能自编自演故事，并为表演选择和搭配简单的服饰、道具或布景；能用自己制作的美术作品布置环境、美化生活。”从这些典型表现的用词来看，它只是把唱歌、绘画、舞蹈等基本的艺术表现形式作为幼儿表达自己的一种方式列举出来，至于歌唱得是否悦耳动听、画画得是否惟妙惟肖、舞跳得是否舞姿优美，等等，基本上没提出要求。这就说明，这一目标的主要思想就是培养幼儿的艺术表现兴趣和初步的艺术表现与创造能力。

《指南》提出这4个目标，针对了幼儿艺术教育中重知识灌输轻审美感受和审美体验、重模式化被动模仿轻艺术表现兴趣和个性化表现与创造、唯技能训练为尊忽略艺术兴趣培养等误区，意在表明培养幼儿的艺术兴趣、审美素养、表现与创造能力才是幼儿艺术教育的正道。

综上所述，幼儿艺术教育的目的就在于培养幼儿的艺术兴趣，培养幼儿的感受与欣赏能力和表现与创造能力。

(三) 教育指导要点

“每个幼儿心里都有一颗美的种子”,只要有适宜的土壤、温度、湿度等生长条件,这颗种子就会发芽、生根、开花、结出“美的果实”。

为了收获“美的果实”,《指南》提出了7条教育建议。其中,核心要点是:幼儿艺术领域学习的关键在于充分创造条件和机会,在大自然和社会文化生活中萌发幼儿对美的感受和体验,丰富想象力和创造力,引导幼儿学会用心灵去感受和发现美,用自己的方式去表现和创造美。

(四) 特别注意事项

幼儿对事物的感受和理解不同于成人,他们表达自己认识和情感的方式也有别于成人。幼儿独特的笔触、动作和语言往往蕴含着丰富的想象和情感,成人应对幼儿的艺术表现给予充分的理解和尊重,不能用自己的审美标准去评判幼儿,更不能为追求结果的“完美”而对幼儿进行千篇一律的训练,以免扼杀其想象与创造的萌芽。

贯彻落实《教育规划纲要》和《若干意见》的需要、学前教育进一步深化改革和健康发展的需要、“实施科教兴国战略和人才强国战略”的需要、联合国儿童基金会“遍及全球”项目的支助等是我国研制《指南》的国内外背景。

《指南》的出台和实施对于转变公众的教育观念,提高广大幼儿园教师的专业素质和家长的科学育儿能力,克服“小学化”倾向,全面提高学前教育质量具有重要意义。

《指南》通过对5个领域、11个方面、32个目标(含“各年龄段典型表现”)、87条教育建议的内容构建,为幼儿的学习与发展指明了具体方向,提供了一些能够有效帮助和促进幼儿学习与发展的教育途径与方法,有助于教师和家长实施科学的保育和教育,促进幼儿体、智、德、美各方面协调发展,为幼儿后继学习和终身发展奠定良好基础,使幼儿度过快乐而有意义的童年。

实施《指南》应遵循如下基本原则:关注幼儿学习与发展的整体性、尊重幼儿发展的个体差异、理解幼儿的学习方式和特点、重视幼儿的学习品质。

思考与练习

1. 《指南》是在什么样的背景下研制的?
2. 《指南》的出台与实施有什么意义?
3. 你认为实施《指南》应遵循的四项基本原则中哪一项最重要?谈一谈你的理解。
4. 试析家园共育与家园合作的异同。
5. 举例说明当前学前教育中普遍存在的错误做法及其危害,教师和家长应当如何做才能避免这种危害？为什么？

6. 简述《指南》的内涵及实质。

国考聚焦

一、选择题

1. (2018 年真题)小班幼儿观察植物时,下列最符合他们的发展水平的目标是(　　)。

A. 能感知到周围植物多种多样

B. 会观察记录植物生长变化过程

C. 能察觉到植物外形特征与生存环境的反应关系

D. 能发现不同种类植物之间的差异

【答案】A

【解析】《3—6 岁儿童学习与发展指南》的科学领域中目标 3“在探究中认识周围事物和现象”规定:3—4 岁儿童应该学会认识常见的动植物,能注意并发现周围的动植物是多种多样的。

2. (2018 年真题)教师在区角中投放了多种发声玩具,小班幼儿在摆弄这些玩具时(　　)。

A. 能概括不同声音产生的条件

B. 对声音产生兴趣,感受不同的声音

C. 能描述出玩具是怎么发声的

D. 能描述出不同玩具的发声特点

【答案】B

【解析】《3—6 岁儿童学习与发展指南》中指出,幼儿园科学教育主要是激发幼儿的探究兴趣,不应为追求知识和技能的掌握,对幼儿进行灌输和强化训练。《指南》中也规定小班幼儿的科学探究主要是喜欢接触大自然,对周围的很多事情和现象感兴趣。

3. (2018 年真题)在引导幼儿感知和理解事物“量”的特征时,恰当的做法是(　　)。

A. 引导幼儿感知常见事物的大小、高矮、粗细等

B. 引导幼儿识别常见事物的形状

C. 和幼儿一起手口一致点数物体,说出总数

D. 为幼儿提供“按数取物”的机会

【答案】A

【解析】《3—6 岁儿童学习与发展指南》中指出,引导幼儿感知和理解事物“量”的特征时应感知常见事物的大小、多少、高矮、粗细等量的特征,学习使用相应的词汇描述这些特征。

4. (2018 年真题)幼儿园艺术教育的主要目标是(　　)。

A. 发展幼儿的艺术技能

B. 培养幼儿的艺术感受和表达能力

C. 丰富幼儿的艺术知识

D. 拓展幼儿的逻辑思维能力

【答案】B

【解析】《3—6 岁儿童学习与发展指南》中指出，幼儿艺术领域学习的关键在于充分创造条件和机会，在大自然和社会文化生活中萌发幼儿对美的感受和体验，丰富其想象力和创造力，引导幼儿学会用心灵去感受和发现美，用自己的方式去表现和创造美。

5. (2017 年真题)一般条件下，(　　)年龄段的幼儿能结合情境理解一些表示因果、假设等关系的相对复杂的句子。

A. 托班　　B. 小班　　C. 中班　　D. 大班

【答案】D

【解析】《3—6 岁儿童学习与发展指南》语言领域倾听与表达部分的目标 1“认真听并能听懂常用语言”中指出，“能结合情境理解一些表示因果、假设等相对复杂的句子”是 5—6 岁幼儿能达到的目标。

6. (2017 年真题)对幼儿学习品质的理解正确的是(　　)。

A. 活动过程中的态度和行为倾向

B. 活动过程中的学习速度

C. 活动过程中的知识积累

D. 活动过程中的道德品质

【答案】A

【解析】《3—6 岁儿童学习与发展指南》在“说明”部分强调，实施时应“重视幼儿的学习品质”，并明确指出，“幼儿在活动过程中表现出的积极态度和良好行为倾向是终身学习与发展所必需的宝贵品质。”

7. (2017 年真题)下列最能体现幼儿平衡能力发展的活动是(　　)。

A. 跳远　　B. 跑步　　C. 投掷　　D. 踩高跷

【答案】D

【解析】《3—6 岁儿童学习与发展指南》提出健康领域关于动作发展方向的目标，即具有一定的平衡能力、动作协调、灵敏。并给出教育建议：利用多种活动发展身体平衡和协调能力。如走平衡木或沿着地面直线、田埂行走；玩跳房子、踢毽子、蒙眼走路、踩小高跷等游戏活动。

二、简答题

1. (2017 年)为什么幼儿园教育内容要贴近幼儿园生活？

【参考答案】

(1) 幼儿在生活中积累了丰富的感性经验，贴近幼儿生活的教育内容对幼儿来说是容易理解和接受的。

(2) 贴近幼儿生活经验的教育内容能满足幼儿的兴趣和需要。幼儿的注意以无意注意为主，有意注意逐渐发展。与幼儿的兴趣和需要有密切关系的刺激物是引起幼儿无意注意的重要原因。贴近幼儿生活的教育内容大多能满足幼儿的兴趣与需要，能吸引幼儿的注意力，激发幼儿学习的主动性和积极性，培养幼儿良好的学习习惯。

(3) 贴近幼儿生活的教育内容可以让幼儿获得与生活相关的各种经验和能力，幼儿可以将这种经验和能力迁移到生活中，从而促进幼儿习惯、能力等方面的形成和发展。

2. (2015 下半年保教知识与能力)为什么不能把《3—6 岁儿童学习与发展指南》作为一把

“尺子”来衡量所有的幼儿？请说明理由。

【参考答案】因为《指南》中强调，在实施指南中需要把握以下几个方面：① 尊重幼儿发展的个体差异的原则。② 幼儿的发展是一个持续、渐进的过程，同时也表现出一定的阶段性特征。③ 每个幼儿在沿着相似进程发展的过程中，各自的发展速度和到达某一水平的时间不完全相同。④ 要充分理解和尊重幼儿发展进程中的个别差异，支持和引导他们从原有水平向更高水平发展，按照自身的速度和方式到达《指南》所呈现的发展“阶梯”，切忌用一把“尺子”衡量所有幼儿。

第八章

《中共中央 国务院关于学前教育深化改革规范发展的若干意见》解读

学习目标

1. 理解《中共中央 国务院关于学前教育深化改革规范发展的若干意见》出台的背景。

2. 理解《中共中央 国务院关于学前教育深化改革规范发展的若干意见》出台的意义。

3. 把握《中共中央 国务院关于学前教育深化改革规范发展的若干意见》的七大亮点。

4. 掌握《中共中央 国务院关于学前教育深化改革规范发展的若干意见》的主要内容。

《中共中央 国务院关于学前教育深化改革规范发展的若干意见》(2018 年 11 月 7 日)(以下简称《意见》)于 2018 年 11 月 15 日在新华网正式发布,对新时代学前教育深化改革规范发展作出重大决策部署,进一步明确了学前教育改革发展的前进方向和重大举措。以中共中央、国务院名义专门印发关于学前教育工作的若干意见,这在新中国成立以来还是第一次,具有重要的里程碑意义,充分体现了以习近平同志为核心的党中央对学前教育工作的高度重视,对办好学前教育的坚定意志,对广大学龄前儿童的亲切关怀。本章对《意见》的出台背景、意义、亮点和主要内容进行分析,帮助学前教育相关主体深刻理解、正确贯彻落实其精神及举措,以求助推学前教育发展。

第一节 《中共中央 国务院关于学前教育深化改革规范发展的若干意见》概述

案例

新华时评:办幼儿园不是为了发财的

近日,《中共中央 国务院关于学前教育深化改革规范发展的若干意见》发布。该意见强调了学前教育的公益性,并要求遏制过度逐利的行为。

学前教育是我国基础教育的“短板”。随着社会需求与资源供给缺口的增加,近年来民间资本大举进入幼教产业,在一定程度上有助于缓解“入园难”问题,但也让资本逐利性与教育公益性的冲突日益显现。因为有利可图,幼教产业成为资本市场的“盛宴”,幼儿教育成为“最昂贵的教育”。

在逐利的驱使下,幼儿园的赞助费、捐资助学费、空调费等层出不穷,“双语教学”“艺术特长”“早期潜能开发”成为天价学费的注脚,办园条件堪忧、安全隐患频现,师资质量差、教师待遇低,以至于教学质量无法得到保障。

“学前教育是终身学习的开端,是国民教育体系的重要组成部分,是重要的社会公益事业。”《中共中央 国务院关于学前教育深化改革规范发展的若干意见》明确要求,健全学前教育政策保障体系,推进学前教育普及普惠安全优质发展,满足人民群众对幼有所育的美好期盼。

逐利不应是学前教育的追求,公益性才是其根本属性之一。在幼儿园接受教育,对人的一生至关重要,对开发智力、培养习惯和促进身心健康等影响深远,同时也为学校教育和终身教育奠定基础,是关系到人口素质提升的大问题。强调学前教育的公益属性,对促进国民素质整体提高、社会公平、脱贫攻坚等具有基础性、全局性、先导性作用。

此次党中央和国务院的若干意见提出一系列关键性治理措施,对于公立及非营利性幼儿园,“兼并收购、受托经营、加盟连锁、利用可变利益实体、协议控制”等商业控制手段被逐一禁止,而对于营利性幼儿园,则提高了准入门槛,要求取得“省级示范园资质”,并切断了营利性幼儿园开展直接资产证券化的路径。

对于那些抱着发财目的办幼儿园的,请另择他路。让学前教育回归教书育人的本质,还幼儿园一方净土。

新华社北京 11 月 16 日

案例分析:2010 年,《国务院关于当前发展学前教育的若干意见》(以下简称“学前教育国十条”)在中华人民共和国史上第一次提出了普及学前教育的目标和建构公益普惠的学前教育公共服务体系的任务。时隔八年,中共中央和国务院联合印发的《意见》进一步提出了新时代学前教育的发展目标:学前教育不仅要普及普惠,更要安全优质发展。《意见》出台的背景是怎样的?它的出台具有怎样的意义?《意见》全文体现了怎样的亮点?有哪些主要内容?

一 《中共中央 国务院关于学前教育深化改革规范发展的若干意见》出台的背景

(一) 学前教育发展的国际趋势

强化国家提供和举办学前教育的主导主体责任,积极引导市场,支持社会参与办学,推动学前教育发展,是当前学前教育发展的国际趋势。许多国家形成了以公立学前教育机构为主体的学前教育发展格局。2015 年,欧盟国家和经济合作与发展组织成员国中,在公立学前教育机构就读的幼儿平均占比分别是 75% 和 67%。"金砖国家"中,俄罗斯幼儿在公立学前教育机构就读的比例最高(99%),其次是南非(94%)和巴西(75%),我国和印度的比例均低于 50%(分别为 48% 和 23%)。在以私立学前教育机构为主的国家和地区,近年来政府也加大了对私立学前教育机构,主要是非营利私立学前教育机构的资助力度,以解决学前教育供给不足的问题。2000 年,联合国教科文组织召开了达喀尔世界教育论坛,发布了《达喀尔行动纲领》,确立了六项全民教育目标,提出到 2015 年各国的学前三年教育毛入园率应达到 80%。

(二) 党的十八大以来,学前教育取得显著成绩

学前教育是终身学习的开端,是国民教育体系的重要组成部分,是重要的社会公益事业。党的十八大以来,在以习近平同志为核心的党中央坚强领导下,各地以县为单位连续实施三期学前教育行动计划,扎实推进学前教育改革发展,学前教育取得显著成绩。经过十八大以来的发展,中国的学前教育实现了历史性跨越,取得了历史性成就,面临着历史性挑战,具体表现为:一是学前教育的服务能力有了很大提高。我们现在举办着当今世界规模最大的学前教育,2017 年学前三年在园的幼儿有 4 600 万人,这相当于一个中等人口国家的人口数。二是普及水平和发展速度有了很大提高。2017 年适龄儿童的毛入园率达到了 79.6%,达到了中高收入国家的平均水平,发展速度和五年前比提高了 15 个百分点。三是用于学前教育的投入大幅度增长。2016 年我们用于幼教事业发展的投入是 2 800 多亿元,其中财政性投入 1 300 多亿元,总量这几年年均增长 16.9%,财政性资金五年增长了 77%。四是重构了中国的学前教育体系。实施了两个学前教育三年行动计划,2017 年开始实施第三个行动计划。幼儿园发展到 25.5 万所,规模庞大。学前教育资源迅速扩大,普及水平大幅提升,"入园难"问题得到有效缓解。

(三) 学前教育依然是整个教育体系的短板

1. 学前教育机构严重匮乏

入公办园难、入普惠性民办园难、就近入园难、流动人口子女入园难等问题,虽然近几年得到了明显好转,但并没有根本解决。

财政对于企事业单位办园、城市和农村集体办园等各类公办性质的幼儿园支

持力度普遍还不够，在工资靠收费、运转靠收费的模式之下，这些幼儿园，特别是大量农村幼儿园办园条件普遍比较差，教师待遇难以保障，运转举步维艰。

2. 专业幼儿教师数量不足

"2017 年全国教育事业发展统计公报"显示，我国目前幼儿园在职教职员工 419.29 万人，在园儿童 4 600.14 万人，师生比为 1∶11，离《幼儿园教职工配备标准（暂行）》规定的 1∶(5～7) 标准仍有较大差距，全国幼教师资缺口至少在 400 万以上。随着"全面二孩"政策的继续实施，这一缺口数字会持续上升。

3. 学前教育管理有待规范

幼儿园监管体系还不完善，学前教育管理和教研力量比较薄弱。多数省区市教育部门没有专门的学前教育管理和教研部门，难以适应繁重的监管和指导任务。一些幼儿园办园行为不规范，安全、卫生事故时有发生，"小学化"的问题也亟待纠正。

总体上看，学前教育仍是整个教育体系的短板，发展不平衡、不充分问题十分突出，学前教育还存在普惠性资源不足，政策保障体系不完善，教师队伍建设滞后，监管体制机制不健全，保教质量有待提高，部分民办园过度逐利等突出问题，"入园难""入园贵"仍是困扰老百姓的烦心事之一。学前教育迫切需要深化改革规范发展。

（四）党中央、国务院高度重视学前教育事业

党中央、国务院高度重视学前教育事业。习近平总书记在党的十九大报告中强调要"办好学前教育"，把实现"幼有所育"作为"七有"民生问题之首，并做出重要批示，要求加强学前教育系统谋划。李克强总理主持国务院常务会议听取了学前教育工作的汇报，强调要多渠道增加学前教育资源供给。为认真贯彻落实党的十九大精神和习近平总书记、李克强总理重要指示精神，教育部会同中央编办等 9 个部门对全国 13 个省（市）学前教育发展情况进行实地调研，部署 31 个省（自治区、直辖市）及新疆生产建设兵团对本地学前教育情况进行全面摸底调研，委托驻外教育处组、有关研究机构开展国外学前教育专题研究。在全面系统调研、广泛听取各方意见的基础上，针对当前学前教育存在的突出问题，研究提出了新时代学前教育深化改革规范发展的主要思路和举措，形成了《意见》送审稿。2018 年 7 月，习近平总书记主持中央全面深化改革委员会第三次会议，审议通过了《意见》。

二 《中共中央 国务院关于学前教育深化改革规范发展的若干意见》出台的意义

（一）鼓舞广大学前教育工作者进一步增强责任感、光荣感和使命感

《意见》把学前教育摆在国计民生的高度，进一步强化了坚持政府主导和坚持公益普惠的基本方向，针对当前人民群众关心的"入园难""入园贵"和"监管弱"

的问题,出台了一系列强有力的政策措施。广大学前教育工作者对此期盼已久,深受鼓舞,也进一步增强了责任感、光荣感和使命感。

(二) 遏制民办学前教育过度逐利,促进民办学前教育规范发展

《意见》从维护社会公平和学前教育公益性的高度,对社会资本在学前教育领域过度逐利的行为做出了限制性的规定和规范性要求。这些规定对于有效遏制当前一些资本吞噬普惠性资源、盲目扩张和过度逐利的乱象,对于回归学前教育的公益普惠属性,促进民办学前教育规范发展,鼓励和引导有教育情怀的人士脚踏实地办教育,用有温度的资金举办有良知的教育具有十分重要的现实意义。

(三) 促进学前教育高质量发展

《意见》强化了提升学前教育质量的要求。普惠性学前教育应该是有质量的。目前,"入园难"一定程度上表现为入优质幼儿园难,学前教育质量已经成为广大人民群众关注的重大问题。国际研究证明,要充分发挥学前教育对人终身发展和提高人力资源开发水平的重要奠基作用,保证学前教育高质量是前提。《意见》明确提出了普及普惠安全优质发展的理念,提出了全面改善办园条件、注重保教结合、完善学前教育教研体系和健全质量评估监测体系等四项提升学前教育质量的关键举措。教师是提高教育质量的关键。《意见》将加强幼儿园教师队伍建设作为深化学前教育改革的关键环节,并全面强化了严格依标配备教职工、依法保障幼儿园教师地位和待遇、完善教师培养体系、健全教师培训制度、严格教师队伍管理等方面的具体措施。这些措施的落实,将对维护幼儿园教师的基本权益,增强广大幼儿园教师的职业荣誉感,提高幼儿园教师的职业吸引力,提高教育质量起到积极的作用。

(四) 促进落实政府在学前教育中的主导作用

《意见》强调发展学前教育应以政府为主导。无论是公益普惠学前教育公共服务体系的建立,还是教育质量的提升和教师队伍建设都需要坚持以政府为主导。《意见》提出,落实各级政府在学前教育规划、投入、教师队伍建设、监管等方面的责任,完善各有关部门分工负责、齐抓共管的工作机制。这是具有中国特色发展学前教育的基本管理体制,应该不断加以完善和优化,使政府在学前教育规划、投入、监管等方面发挥更加有力和有效的作用。

(五) 满足人民群众对幼有所育的美好期盼

《意见》确定了实现普及普惠的"双普"目标和办园结构目标,即"到 2020 年,全国学前三年毛入园率达到 85%,普惠性幼儿园覆盖率(公办园和普惠性民办园在园幼儿占比)达到 80%",这意味着未来绝大多数孩子能入园,10 个在园孩子中有 8 个将在普惠性幼儿园就读,对各地有效解决"入园难""入园贵"问题提出了明确的目标要求和方向指引。《意见》强调要"牢牢把握公益普惠基本方向",进一步强化了学前教育作为重要的社会公益事业的根本属性,要求优化和调整办园结构,

构建以普惠性资源为主体的办园体系,“大力发展公办园”,到2020年全国公办园在园幼儿原则上要达到50%,鼓励支持街道、村集体、有实力的国有企事业单位和高等院校办园,规范小区配套幼儿园的建设使用,引导扶持更多的民办园提供普惠性服务,坚决扭转高收费民办园占比偏高的局面,满足人民群众对幼有所育的美好期盼。

总之,《意见》的发布,在我国学前教育发展史上具有重要的里程碑意义,将对学前教育改革发展产生重大而深远的影响,开启了新时代学前教育普及普惠安全优质发展的新征程。

第二节 《中共中央 国务院关于学前教育深化改革规范发展的若干意见》的内涵及亮点

一 《中共中央 国务院关于学前教育深化改革规范发展的若干意见》的七大亮点①

2010年,国务院颁布的“学前教育国十条”在中华人民共和国史上第一次提出了普及学前教育的目标和建构公益普惠的学前教育公共服务体系的任务。时隔八年,中共中央和国务院联合印发的《意见》进一步提出了新时代学前教育的发展目标:学前教育不仅要普及普惠,更要安全优质发展。《意见》有两个鲜明的主题:一是以政府为主导和责任主体,进一步推进和完善处于起步阶段的我国普惠性学前教育公共服务体系;二是建章立制,确保我国学前教育健康发展。其中,突出的一点是为我国普惠性学前教育公共服务建立非营利的供给制度,遏制资本在学前教育领域疯狂逐利的行为。《意见》全文体现了七大亮点。

(一) 强调普及普惠

学前教育资源尤其是普惠性资源不足,是目前学前教育面临的客观问题。《意见》提出,到2020年,全国学前三年毛入园率达到85%,普惠性幼儿园覆盖率(公办园和普惠性民办园在园幼儿占比)达到80%。高收费民办园随处可见,公立园“学位难求”是目前各地普遍存在的情况。《意见》提出,着力构建以普惠性资源为主体的办园体系,坚决扭转高收费民办园占比偏高的局面。按照实现普惠目标的要求,公办园在园幼儿占比偏低的省份,逐步提高公办园在园幼儿占比,到2020年全国原则上达到50%。

(二) 多举措扩大幼教资源供给

《意见》提出,充分利用腾退搬迁的空置厂房、乡村公共服务设施、农村中小学

① 胡洁. 解读学前教育改革发展意见亮点:强调普及普惠、遏制过度逐利,新华社(2018-11-15)[2019-3-20]http://www.juesheng.com/xqjy/59744.html.

闲置校舍等资源，以租赁、租借、划转等形式举办公办园。鼓励支持街道、村集体、有实力的国有企事业单位，特别是普通高等学校举办公办园，在为本单位职工子女入园提供便利的同时，也为社会提供普惠性服务。

不少小区入住多年，承诺中的配套幼儿园却迟迟不见踪影。《意见》规定，2019 年 6 月底前，各省（自治区、直辖市）要制定小区配套幼儿园建设管理办法。配套幼儿园由当地政府统筹安排，办成公办园或委托办成普惠性民办园，不得办成营利性幼儿园。对存在配套幼儿园缓建、缩建、停建、不建和建而不交等问题的，在整改到位之前，不得办理竣工验收。

（三）健全成本分担机制

《意见》提出，合理确定公办园收费标准，加强对民办园收费价格监管，月收费不到千元的公办园和天价收费的民办园今后都将面临价格调整。根据办园成本、经济发展水平和群众承受能力等因素，合理确定公办园收费标准并建立定期动态调整机制。民办园收费项目和标准根据办园成本、市场需求等因素合理确定，向社会公示，并接受有关主管部门的监督。地方政府依法加强对民办园收费的价格监管，坚决抑制过高收费。

（四）加强师资建设

师资是学前教育的一块“短板”。《意见》提出，要严格依标配备教职工，依法保障幼儿园教师地位和待遇。要认真落实公办园教师工资待遇保障政策，统筹工资收入政策、经费支出渠道，确保教师工资及时足额发放、同工同酬。民办园要参照当地公办园教师工资收入水平，合理确定相应教师的工资收入。

为培养更多优秀的幼儿教师，《意见》提出，扩大本专科层次培养规模及学前教育专业公费师范生招生规模。大力培养初中毕业起点的五年制专科学历的幼儿园教师。

对于备受关注的师德师风建设，《意见》也作出严格规定，要求通过加强师德教育、完善考评制度、加大监察监督、建立信用记录、完善诚信承诺和失信惩戒机制等措施，提高教师职业素养，培养热爱幼教、热爱幼儿的职业情怀。对违反职业行为规范、影响恶劣的实行“一票否决”，终身不得从教。

（五）遏制过度逐利行为

根据《意见》，现有民办园根据举办者申请，限期归口进行非营利性民办园或营利性民办园分类登记。《意见》规定，民办园应依法建立财务、会计和资产管理制度，按照国家有关规定设置会计账簿，收取的费用应主要用于幼儿保教活动、改善办园条件和保障教职工待遇，每年依规向当地教育、民政或市场监管部门提交经审计的财务报告。

（六）提高保教质量

哪些玩教具和图书适宜进入幼儿园？评判幼儿园保教质量依据什么标准？

《意见》提出，国家制定幼儿园玩教具和图书配备指南，广泛征集遴选符合幼儿身心特点的优质游戏活动资源和体现中国优秀传统文化、现代生活特色的绘本。国家制定幼儿园保教质量评估指南，各省（自治区、直辖市）完善幼儿园质量评估标准，健全分级分类评估体系。

（七）严格依法监管

《意见》要求加强办园行为督导，实行幼儿园责任督学挂牌督导制度。幼儿园提供虚假或误导家长信息的，纳入诚信记录。对存在伤害儿童、违规收费等行为的幼儿园，及时进行整改、追究责任；造成恶劣影响的，依法吊销办园许可证，有关责任人终身不得办学和执教；构成犯罪的，依法追究其刑事责任。

二 《中共中央 国务院关于学前教育深化改革规范发展的若干意见》的主要内容

《意见》共分九个部分，主要内容如下。

第一部分 总体要求

明确了学前教育工作的指导思想、基本原则和主要目标，强调办好新时代学前教育，必须要坚持以习近平新时代中国特色社会主义思想为指导，认真落实立德树人根本任务，牢牢把握公益普惠基本方向，切实落实各级政府在学前教育规划、投入、教师队伍建设、监管等方面的责任，坚持公办民办并举，着力扩大普惠性学前教育资源，完善学前教育体制机制和政策保障体系，推进学前教育普及普惠安全优质发展。明确了2020年发展目标和2035年中长期目标。提出到2020年，学前三年毛入园率达到85%，普惠性幼儿园覆盖率达到80%，基本建成广覆盖、保基本、有质量的学前教育公共服务体系，有效解决“入园难”“入园贵”问题。到2035年全面普及学前三年教育，建成覆盖城乡、布局合理的学前教育公共服务体系，为幼儿提供更加充裕、更加普惠、更加优质的学前教育。

（一）指导思想

以习近平新时代中国特色社会主义思想为指导，全面贯彻党的十九大精神和党的教育方针，认真落实立德树人根本任务，遵循学前教育规律，牢牢把握学前教育正确发展方向，完善学前教育体制机制，健全学前教育政策保障体系，推进学前教育普及普惠安全优质发展，满足人民群众对幼有所育的美好期盼，为培养德智体美劳全面发展的社会主义建设者和接班人奠定坚实基础。

（二）基本原则

坚持党的领导。加强党对学前教育工作的领导，确保党的教育方针在学前教育领域深入贯彻，确保立德树人根本任务落实到位，确保学前教育始终沿着正确方向发展。

坚持政府主导。落实各级政府在学前教育规划、投入、教师队伍建设、监管等方面的责任,完善各有关部门分工负责、齐抓共管的工作机制。牢牢把握公益普惠基本方向,坚持公办民办并举,加大公共财政投入,着力扩大普惠性学前教育资源供给。

坚持改革创新。突出问题导向,统筹兼顾、综合施策,破解制约学前教育发展的体制机制障碍,补齐制度短板,激发办园活力,鼓励引导规范社会力量办园,充分调动各方面积极性。

坚持规范管理。遵循幼儿身心发展规律,实施科学保教,健全治理体系,堵住监管漏洞,完善学前教育法律法规,实现依法依规办园治园,促进幼儿健康快乐成长。

(三) 主要目标

到2020年,全国学前三年毛入园率达到85%,普惠性幼儿园覆盖率(公办园和普惠性民办园在园幼儿占比)达到80%。广覆盖、保基本、有质量的学前教育公共服务体系基本建成,学前教育管理体制、办园体制和政策保障体系基本完善。投入水平显著提高,成本分担机制普遍建立。幼儿园办园行为普遍规范,保教质量明显提升。不同区域、不同类型城市分类解决学前教育发展问题,大型、特大型城市率先实现发展目标。

到2020年,基本形成以本专科为主体的幼儿园教师培养体系,本专科学前教育专业毕业生规模达到20万人以上;建立幼儿园教师专业成长机制,健全培训课程标准,分层分类培训150万名左右幼儿园园长、教师;建立普通高等学校学前教育专业质量认证和保障体系,幼儿园教师队伍综合素质和科学保教能力得到整体提升,幼儿园教师社会地位、待遇保障进一步提高,职业吸引力明显增强。

到2035年,全面普及学前三年教育,建成覆盖城乡、布局合理的学前教育公共服务体系,形成完善的学前教育管理体制、办园体制和政策保障体系,为幼儿提供更加充裕、更加普惠、更加优质的学前教育。

第二部分 优化布局与办园结构

强调构建以普惠性资源为主体的办园体系,大力发展公办园,逐步提高公办园在园幼儿占比,到2020年全国原则上达到50%,同时,积极扶持民办园提供普惠性服务,规范营利性民办园发展,使办园结构和资源供给既满足人民群众对普惠性学前教育的强烈愿望,又满足一些家长多样化的选择性需求。

(一) 科学规划布局

各地要充分考虑人口变化和城镇化发展趋势,结合实施乡村振兴战略,制定应对学前教育需求高峰方案。以县为单位制定幼儿园布局规划,切实把普惠性幼儿园建设纳入城乡公共管理和公共服务设施统一规划,列入本地区控制性详细规划和土地招拍挂建设项目成本,选定具体位置,明确服务范围,确定建设规模,确保优先建设。公办园资源不足的城镇地区,新建改扩建一批公办园。大力发展农村学前教育，每个乡镇原则上至少办好一所公办中心园，大村独立建园或设分园，小村联合办园，人口分散地区根据实际情况可举办流动幼儿园、季节班等，配备专职巡回指导教师，完善县乡村三级学前教育公共服务网络。

（二）调整办园结构

各地要把发展普惠性学前教育作为重点任务，结合本地实际，着力构建以普惠性资源为主体的办园体系，坚决扭转高收费民办园占比偏高的局面。大力发展公办园，充分发挥公办园保基本、兜底线、引领方向、平抑收费的主渠道作用。按照实现普惠目标的要求，公办园在园幼儿占比偏低的省份，逐步提高公办园在园幼儿占比，到 2020 年全国原则上达到 50%，各地可从实际出发确定具体发展目标。积极扶持民办园提供普惠性服务，规范营利性民办园发展，满足家长不同选择性需求。

第三部分　拓宽途径扩大资源供给

主要强调四方面的措施。一是国家继续实施学前教育行动计划，重点支持农村地区、脱贫攻坚地区、新增人口集中地区新建改扩建一批普惠性幼儿园。二是积极挖潜扩大增量。充分利用乡村公共服务设施、农村中小学闲置校舍等资源举办公办园，鼓励支持街道、村集体和有实力的国有企事业单位举办公办园。三是规范小区配套幼儿园建设使用并开展专项治理，将小区配套园建成公办园或委托办成普惠性民办园。四是鼓励社会力量办园，加大力度积极扶持普惠性民办园，要求各省（自治区、直辖市）进一步完善普惠性民办园认定标准、补助标准及扶持政策。

（一）实施学前教育专项

国家继续实施学前教育行动计划，逐年安排建设一批普惠性幼儿园，重点扩大农村地区、脱贫攻坚地区、新增人口集中地区普惠性资源。

（二）积极挖潜扩大增量

充分利用腾退搬迁的空置厂房、乡村公共服务设施、农村中小学闲置校舍等资源，以租赁、租借、划转等形式举办公办园。鼓励支持街道、村集体、有实力的国有企事业单位，特别是普通高等学校举办公办园，在为本单位职工子女入园提供便利的同时，也为社会提供普惠性服务。对于军队停办的幼儿园，要移交地方政府接收，实行属地化管理，确保学前教育资源不流失。

（三）规范小区配套幼儿园建设使用

2019 年 6 月底前，各省（自治区、直辖市）要制定小区配套幼儿园建设管理办法，健全发展改革、自然资源、住房城乡建设、教育等部门联动管理机制，做好配套幼儿园规划、土地出让、园舍设计建设、验收、移交、办园等环节的监督管理。各省（自治区、直辖市）要对小区配套幼儿园规划、建设、移交、办园等情况进行专项治理，2019 年年底前整改到位。老城（棚户区）改造、新城开发和居住区建设、易地扶贫搬迁应将配套建设幼儿园纳入公共管理和公共服务设施建设规划，并按照相关标准和规范予以建设,确保配套幼儿园与首期建设的居民住宅区同步规划、同步设计、同步建设、同步验收、同步交付使用。配套幼儿园由当地政府统筹安排,办成公办幼儿园或委托办成普惠性民办园,不得办成营利性幼儿园。对存在配套幼儿园缓建、缩建、停建、不建和建而不交等问题的,在整改到位之前,不得办理竣工验收。

(四)鼓励社会力量办园

政府加大扶持力度,引导社会力量更多举办普惠性幼儿园。2019 年 6 月底前,各省(自治区、直辖市)要进一步完善普惠性民办园认定标准、补助标准及扶持政策。通过购买服务、综合奖补、减免租金、派驻公办教师、培训教师、教研指导等方式,支持普惠性民办园发展,并将提供普惠性学位数量和办园质量作为奖补和支持的重要依据。

第四部分 健全经费投入长效机制

主要有三项举措。一是优化财政投入结构,逐步提高学前教育财政投入和支持水平。中央财政继续安排支持学前教育发展专项资金,重点向中西部农村地区和贫困地区倾斜。二是健全学前教育成本分担机制,到 2020 年,各省(自治区、直辖市)出台并落实公办园生均财政拨款标准或生均公用经费标准,制定企事业单位、部队、街道、村集体办园和普惠性民办园财政补助政策。根据办园成本、经济发展水平和群众承受能力等因素,合理确定公办园收费标准并建立定期调整机制。民办园收费项目和标准根据办园成本、市场需求等因素合理确定,向社会公示,并接受有关主管部门的监督,坚决抑制过高收费。三是完善学前教育资助制度,确保接受普惠性学前教育的家庭经济困难儿童、孤儿和残疾儿童获得资助。

(一)优化经费投入结构

国家进一步加大学前教育投入力度,逐步提高学前教育财政投入和支持水平,主要用于扩大普惠性资源、补充配备教师、提高教师待遇、改善办园条件。中央财政继续安排支持学前教育发展资金,支持地方多种形式扩大普惠性资源,深化体制机制改革,健全幼儿资助制度,重点向中西部农村地区和贫困地区倾斜。研究中央专项彩票公益金等支持学前教育发展的政策。地方各级政府要健全学前教育经费投入机制,规范使用管理,强化绩效评价,提高使用效益。

(二)健全学前教育成本分担机制

各地要从实际出发,科学核定办园成本,以提供普惠性服务为衡量标准,统筹制定财政补助和收费政策,合理确定分担比例。到 2020 年,各省(自治区、直辖市)制定并落实公办园生均财政拨款标准或生均公用经费标准,合理确定并动态调整拨款水平;因地制宜制定企事业单位、部队、街道、村集体办幼儿园财政补助政策;根据办园成本、经济发展水平和群众承受能力等因素,合理确定公办园收费标准并建立定期动态调整机制。民办园收费项目和标准根据办园成本、市场需求等因素合理确定,向社会公示,并接受有关主管部门的监督。非营利性民办园(包括普惠性民办园)收费具体办法由省级政府制定。营利性民办园收费标准实行市场调节,由幼儿园自主决定。地方政府依法加强对民办园收费的价格监管,坚决抑制过高收费。

(三) 完善学前教育资助制度

各地要认真落实幼儿资助政策,确保接受普惠性学前教育的家庭经济困难儿童(含建档立卡家庭儿童、低保家庭儿童、特困救助供养儿童等)、孤儿和残疾儿童得到资助。

第五部分　大力加强幼儿园教师队伍建设

主要有三方面的举措:一是严格依标配备教职工。要求及时补充公办园教职工,严禁“有编不补”。民办园按照配备标准配足配齐教职工。二是健全待遇保障机制。认真解决公办园非在编教师待遇问题,明确提出统筹公办园教师工资收入政策、经费支出渠道,确保公办园所聘用教师工资及时足额发放、同工同酬。将公办园中保育员、安保、厨师等服务纳入政府购买服务范围,纳入地方财政预算。有条件的地方可试点实施乡村公办园教师生活补助政策。民办园要参照当地公办园教师工资收入水平,合理确定相应教师的工资收入。各类幼儿园依法依规足额足项为教职工缴纳社会保险和住房公积金。三是提高教师素质。严把幼儿园教师准入关,全面落实持证上岗制度。健全幼儿园教师培养体系,办好幼儿师范院校,扩大有质量教师供给。制定幼儿园教师培训课程指导标准,实行幼儿园园长、教师定期培训和全员轮训制度,进一步提高教师科学保教素质和能力。

(一) 严格依标配备教职工

各地要及时补充公办园教职工,严禁“有编不补”、长期使用代课教师。民办园按照配备标准配足配齐教职工。各类幼儿园按照国家相关规定配备卫生保健人员。

(二) 依法保障幼儿园教师地位和待遇

各地要认真落实公办园教师工资待遇保障政策,统筹工资收入政策、经费支出渠道,确保教师工资及时足额发放、同工同酬。有条件的地方可试点实施乡村公办园教师生活补助政策。按照政府购买服务范围的规定,可将公办园中保育员、安保、厨师等服务纳入政府购买服务范围,所需资金从地方财政预算中统筹安排。民办园要参照当地公办园教师工资收入水平,合理确定相应教师的工资收入。各类幼儿园依法依规足额足项为教职工缴纳社会保险和住房公积金。各地要根据学前教育特点和幼儿园教师专业标准,完善幼儿园教师职称评聘标准,畅通职称评聘通道,提高高级职称比例。对作出突出贡献的幼儿园园长、教师,按照国家有关规定予以表彰和奖励。

(三) 完善教师培养体系

办好一批幼儿师范专科学校和若干所幼儿师范学院,支持师范院校设立并办好学前教育专业。中等职业学校相关专业重点培养保育员。根据基本普及学前教育目标,制定学前教育专业培养规划,扩大本专科层次培养规模及学前教育专业公费师范生招生规模。前移培养起点,大力培养初中毕业起点的五年制专科学历的幼儿园教师。引导学前教育专业毕业生从事幼教工作,鼓励师范院校在校生辅修或转入学前教育专业,扩大有质量教师供给。创新培养模式,优化培养课程体系,突出保教融合,健全学前教育法规及规章制度,加强儿童发展、幼儿园保育教育实践类课程建设,提高培养专业化水平。2018 年启动师范院校学前教育专业国家认证工作,建立培养质量保障制度。

(四) 健全教师培训制度

出台幼儿园教师培训课程指导标准,实行幼儿园园长、教师定期培训和全员轮训制度。研究制定全国幼儿园教师培训工作方案,用两年半左右时间,通过国家、省、县三级培训网络,大规模培训幼儿园园长、教师,重点加强师德师风全员培训、非学前教育专业教师全员补偿培训和未成年人保护方面的法律培训等。创新培训模式,支持师范院校与优质幼儿园协同建立培训基地,强化专业学习与跟岗实践相结合,增强培训针对性和实效性,切实提高教师专业水平和科学保教能力。

(五) 严格教师队伍管理

认真落实教师资格准入与定期注册制度,严格执行幼儿园园长、教师专业标准,坚持公开招聘制度,全面落实幼儿园教师持证上岗,切实把好幼儿园园长、教师入口关。非学前教育专业毕业生到幼儿园从教须经专业培训并取得相应教师资格。强化师德师风建设,通过加强师德教育、完善考评制度、加大监察监督、建立信用记录、完善诚信承诺和失信惩戒机制等措施,提高教师职业素养,培养热爱幼教、热爱幼儿的职业情怀。对违反职业行为规范、影响恶劣的实行"一票否决",终身不得从教。

第六部分 完善监管体系

主要有五项措施:一是完善教育部门主管、各有关部门分工负责的监管机制。充实教育部门学前教育管理机构和管理人员。二是加强源头监管,严格幼儿园准入管理,严格执行"先证后照"制度。三是完善过程监管,强化对幼儿园教职工资质和配备、收费行为、安全防护、卫生保健、保教质量等方面的动态监管。四是强化安全监管,健全幼儿园安全防护体系,提升人防、物防、技防能力。五是严格依法监管。实行幼儿园责任督学挂牌督导制度。对存在伤害儿童、违规收费等行为的,依法依规严肃处理。

(一) 落实监管责任

强化各级党委和政府及各有关部门的监管责任,建立健全教育部门主管、各有关部门分工负责的监管机制。健全各级教育部门学前教育管理机构,充实管理力量,建设一支与学前教育事业发展规模和监管任务相适应的专业化管理队伍。

（二）加强源头监管

严格幼儿园准入管理，各地依据国家基本标准调整完善幼儿园设置标准，严格掌握审批条件，加强对教职工资质与配备标准、办园条件等方面的审核。幼儿园审批严格执行“先证后照”制度，由县级教育部门依法进行前置审批，取得办园许可证后，到相关部门办理法人登记。对符合条件的幼儿园，按照国家相关规定进行事业单位登记。

（三）完善过程监管

强化对幼儿园教职工资质和配备、收费行为、安全防护、卫生保健、保教质量、经费使用及财务管理等方面的动态监管，完善年检制度。各地建立幼儿园基本信息备案及公示制度，充分利用互联网等信息化手段，向社会及时公布并更新幼儿园教职工配备、收费标准、质量评估等方面信息，主动接受社会监督。教育、民政、市场监管等部门要健全家长投诉渠道，及时回应和解决家长反映的问题。健全家长志愿者驻园值守制度，充分发挥幼儿园家长委员会作用，推动家长有效参与幼儿园重大事项决策和日常管理。建设全国学前教育管理信息系统，提高学前教育信息化管理水平。

（四）强化安全监管

落实相关部门对幼儿园安全保卫和监管责任，提升人防、物防、技防能力，建立全覆盖的幼儿园安全风险防控体系。幼儿园所在街道（乡镇）、城乡社区居民委员会（村民委员会）共同做好幼儿园安全监管工作。幼儿园必须把保护幼儿生命安全和健康放在首位，落实园长安全主体责任，健全各项安全管理制度和安全责任制，强化法治教育和安全教育，提高家长安全防范意识和能力，并通过符合幼儿身心特点的方式提高幼儿感知、体悟、躲避危险和伤害的能力。

（五）严格依法监管

加强办园行为督导，实行幼儿园责任督学挂牌督导制度。幼儿园提供虚假或误导家长信息的，纳入诚信记录。对存在伤害儿童、违规收费等行为的幼儿园，及时进行整改、追究责任；造成恶劣影响的，依法吊销办园许可证，有关责任人终身不得办学和执教；构成犯罪的，依法追究其刑事责任。

第七部分　规范发展民办园

强调在坚持鼓励支持社会力量办园的同时，强化规范发展，提出了三方面的举措。一是稳妥实施分类管理，明确分类管理政策，确保分类登记平稳实施、有序进行。二是针对部分民办园过度逐利行为，明确规定了“社会资本不得通过兼并收购、受托经营、加盟连锁、利用可变利益实体、协议控制等方式控制国有资产或集体资产举办的幼儿园、非营利性幼儿园”“民办园一律不准单独或作为一部分资产打包上市，上市公司不得通过股票市场融资投资营利性幼儿园，不得通过发行股份或支付现金等方式购买营利性幼儿园资产”等规定，填补制度空白，堵住监管漏洞，促进学前教育回归教育本位。三是将无证园全部纳入监管范围，稳妥做好排查、分类、扶持和治理工作。

（一）稳妥实施分类管理

2019 年 6 月底前，各省（自治区、直辖市）要制定民办园分类管理实施办法，明确分类管理政策。现有民办园根据举办者申请，限期归口进行非营利性民办园或营利性民办园分类登记。在此期间，县级以上教育、民政、市场监管部门做好衔接等工作，确保分类登记平稳实施、有序进行。

（二）遏制过度逐利行为

民办园应依法建立财务、会计和资产管理制度，按照国家有关规定设置会计账簿，收取的费用应主要用于幼儿保教活动、改善办园条件和保障教职工待遇，每年依规向当地教育、民政或市场监管部门提交经审计的财务报告。社会资本不得通过兼并收购、受托经营、加盟连锁、利用可变利益实体、协议控制等方式控制国有资产或集体资产举办的幼儿园、非营利性幼儿园；已违规的，由教育部门会同有关部门进行清理整治，清理整治完成前不得进行增资扩股。参与并购、加盟、连锁经营的营利性幼儿园，应将与相关利益企业签订的协议报县级以上教育部门备案并向社会公布；当地教育部门应对相关利益企业和幼儿园的资质、办园方向、课程资源、数量规模及管理能力等进行严格审核，实施加盟、连锁行为的营利性幼儿园原则上应取得省级示范园资质。幼儿园控制主体或品牌加盟主体变更，须经所在区县教育部门审批，举办者变更须按规定办理核准登记手续，按法定程序履行资产交割。所属幼儿园出现安全、经营、管理、质量、财务、资产等方面问题时，举办者、实际控制人、负责幼儿园经营的管理机构应承担相应责任。民办园一律不准单独或作为一部分资产打包上市。上市公司不得通过股票市场融资投资营利性幼儿园，不得通过发行股份或支付现金等方式购买营利性幼儿园资产。

（三）分类治理无证办园

各地要将无证园全部纳入监管范围，建立工作台账，稳妥做好排查、分类、扶持和治理工作。加大整改扶持力度，通过整改扶持规范一批无证园，达到基本标准的，颁发办园许可证。整改后仍达不到安全卫生等办园基本要求的，地方政府要坚决予以取缔，并妥善分流和安置幼儿。2020 年年底前，各地要稳妥完成无证园治理工作。

第八部分　提高幼儿园保教质量

主要有四个方面的内容：一是全面改善办园条件，引导幼儿园为幼儿提供有利于激发学习探索、安全、丰富、适宜的玩教具和图书，改善办园条件。二是坚持保教结合，寓教于乐，防止和纠正幼儿园“小学化”倾向。三是完善学前教育教研体系，加强园本教研、区域教研。四是健全质量评估监测体系，将各类幼儿园全部纳入质量评估范畴，定期向社会公布评估结果。

（一）全面改善办园条件

幼儿园园舍条件、玩教具和幼儿图书配备应达到规定要求。国家制定幼儿园玩教具和图书配备指南，广泛征集遴选符合幼儿身心特点的优质游戏活动资源和体现中国优秀传统文化、现代生活特色的绘本。各地要加强对玩教具和图书配备的指导，支持引导幼儿园充分利用当地自然和文化资源，合理布局空间、设施，为幼儿提供有利于激发学习探索、安全、丰富、适宜的游戏材料和玩教具，防止盲目攀比、不切实际。

（二）注重保教结合

幼儿园要遵循幼儿身心发展规律，树立科学保教理念，建立良好师幼关系。合理安排幼儿一日生活，为幼儿提供均衡的营养，保证充足的睡眠和适宜的锻炼，传授基本的文明礼仪，培育幼儿良好的卫生、生活、行为习惯和自我保护能力。坚持以游戏为基本活动，珍视幼儿游戏活动的独特价值，保护幼儿的好奇心和学习兴趣，尊重个体差异，鼓励支持幼儿通过亲近自然、直接感知、实际操作、亲身体验等方式学习探索，促进幼儿快乐健康成长。开展幼儿园“小学化”专项治理行动，坚决克服和纠正“小学化”倾向，小学起始年级必须按国家课程标准坚持零起点教学。

（三）完善学前教育教研体系

健全各级学前教育教研机构，充实教研队伍，落实教研指导责任区制度，加强园本教研、区域教研，及时解决幼儿园教师在教育实践过程中的困惑和问题。充分发挥城镇优质幼儿园和农村乡镇中心园的辐射带动作用，加强对薄弱园的专业引领和实践指导。

（四）健全质量评估监测体系

国家制定幼儿园保教质量评估指南，各省（自治区、直辖市）完善幼儿园质量评估标准，健全分级分类评估体系，建立一支立足实践、熟悉业务的专业化质量评估队伍，将各类幼儿园全部纳入质量评估范畴，定期向社会公布评估结果。加强幼儿园保育教育资源监管，在幼儿园推行使用的课程教学类资源须经省级学前教育专家指导委员会审核。

第九部分 加强组织领导

重点强调了加强党对学前教育事业的领导、落实学前教育管理体制、完善部门协调工作机制、制定学前教育法、建立督导问责机制等举措。

（一）加强党的领导

全面加强党对学前教育事业的领导，按照管党建与管业务相结合的原则，市、县级党委教育工作部门或教育行政部门党组织统一领导和指导幼儿园党建工作。认真落实全面从严治党要求,实现幼儿园党的组织和党的工作全覆盖。充分发挥幼儿园党组织作用,保障正确办园方向,认真做好教职工思想政治工作,厚植立德树人基础。

(二)健全管理体制

认真落实国务院领导、省市统筹、以县为主的学前教育管理体制。积极推动各地理顺机关、企事业单位办幼儿园的办园体制,实行属地化管理。国家完善相关法规制度,制定学前教育发展规划,推进普及学前教育,构建覆盖城乡的学前教育公共服务体系。地方政府是发展学前教育的责任主体,省级和市级政府负责统筹加强学前教育工作,推动出台地方性学前教育法规,制定相关规章和本地学前教育发展规划,健全投入机制,明确分担责任,完善相关政策措施并组织实施;县级政府对本县域学前教育发展负主体责任,负责制定学前教育发展规划和幼儿园布局、公办园的建设、教师配备补充、工资待遇及幼儿园运转,面向各类幼儿园进行监督管理,指导幼儿园做好保教工作,在土地划拨等方面对幼儿园予以优惠和支持,确保县域内学前教育规范有序健康发展。城市街道办事处、乡(镇)政府要积极支持办好本行政区域内各类幼儿园。

(三)完善部门协调机制

教育部门要完善政策,制定标准,充实管理、教研力量,加强学前教育的科学指导和监督管理。编制部门要结合实际合理核定公办园教职工编制。发展改革部门要把学前教育纳入当地经济社会发展规划,支持幼儿园建设发展。财政部门要完善财政支持政策,支持扩大普惠性学前教育资源。自然资源、住房城乡建设部门要将城镇小区和新农村配套幼儿园必要建设用地及时纳入相关规划,会同教育部门加强对配套幼儿园的建设、验收、移交等环节的监管落实。人力资源社会保障部门要制定完善幼儿园教职工人事(劳动)、工资待遇、社会保障和职称评聘政策。价格、财政、教育部门要根据职责分工,加强幼儿园收费管理。卫生健康部门要监督指导幼儿园卫生保健工作。民政、市场监管部门要分别对取得办学许可证的非营利性幼儿园和营利性幼儿园依法办理法人登记手续。金融监管部门要对民办园并购、融资上市等行为进行规范监管。党委政法委组织协调公安、司法等政法机关和有关部门进一步加强幼儿园安全保卫工作的指导,依法严厉打击侵害幼儿人身安全的违法犯罪行为,推动幼儿园及周边社会治安综合治理。

(四)建立督导问责机制

将学前教育普及普惠目标和相关政策措施落实情况作为对省级政府履行教育职责督导评估的重要内容,作为地方各级党委和政府督查工作的重点任务,纳入督导评估和目标考核体系。国务院教育督导委员会制定普及学前教育督导评估办法,以县为单位对普及学前教育情况进行评估,省级为主推动实施,国家审核认定。省一级建立专项督查机制,加强对普惠性资源配置、教师队伍建设、经费投入与成本分担机制等政府责任落实情况的督导检查,并将结果向社会公示。对发展学前教育成绩突出的地区予以表彰奖励,对履行职责不力、没有如期完成发展目标地区的责任人予以问责。

(五)研究制定学前教育法

加快推进学前教育立法,进一步明确学前教育在国民教育体系中的地位和公益普惠属性,强化政府和各有关部门在学前教育规划、投入、资源配置、师资队伍建设和监管等方面的责任,明确举办者对幼儿园办园条件、师资聘任、工资待遇、运转保障、经费使用与财务管理等方面的责任,促进学前教育事业健康可持续发展。加大对违法违规办园行为的惩治力度,推进学前教育走上依法办园、依法治教的轨道,保障幼儿身心健康成长。

(六)营造良好氛围

教育部门会同宣传、广电部门及新闻媒体认真遴选并广泛宣传各地学前教育工作的典型经验,以及为发展学前教育事业作出突出贡献的先进个人事迹,积极开展“全国学前教育宣传月”等宣传教育活动,传播科学育儿理念和知识,集中宣传展示先进典型经验,大力营造全社会关心支持学前教育改革发展的良好氛围。

《意见》共提出的九大部分 35 条重大政策措施,是以习近平同志为核心的党中央对学前教育事业做出的重大战略决策部署,是新时代学前教育深化改革规范发展的行动指南,必将对切实办好新时代学前教育、更好实现“幼有所育”发挥极为重要的推动作用,使我国的学前教育事业会越办越好。

思考与练习

1. 如何理解《中共中央 国务院关于学前教育深化改革规范发展的若干意见》出台的背景?
2. 如何理解《中共中央 国务院关于学前教育深化改革规范发展的若干意见》出台的意义?
3. 试述《中共中央 国务院关于学前教育深化改革规范发展的若干意见》的七大亮点。
4. 简述《中共中央 国务院关于学前教育深化改革规范发展的若干意见》的主要内容。

国考聚焦

选择题

1. (2019 年上半年真题)某幼儿园为打造以艺术为特色的园本课程,决定将 70% 的课程安排为音乐、美术、舞蹈等内容。该幼儿园的做法(　　)。

A. 正确,有利于凸显幼儿园特色

B. 不正确,不利于幼儿知识学习

C. 正确,有利于培养幼儿艺术特长

D. 不正确,不利于促进幼儿全面发展

【答案】D

【解析】幼儿园发展中要促进幼儿德智体美全面发展。70%的课程为美术和音乐等,不符合幼儿身心发展规律,也违反《3—6岁儿童学习与发展指南》的要求,不利于幼儿发展和成长。因此要使学前教育深化改革规范发展。

2. (2019年上半年真题)绘画活动中,小班幼儿欢欢总是把色彩涂到轮廓线外面。下午,李老师当着欢欢的面对家长说:“欢欢画画很不认真,总是画错。”李老师的做法(　　)。

A. 错误,忽视了幼儿动作发展　　B. 错误,不能讽刺挖苦幼儿

C. 正确,提高了幼儿绘画能力　　D. 正确,应该严格要求幼儿

【答案】A

【解析】小班幼儿精细动作的发展相对缓慢,而李老师没有注意到小班幼儿动作的发展规律,就去批评幼儿画画不认真、画错,所以李老师的做法是错误的。

第九章 学前教育机构

学习目标

1. 了解什么是幼儿园，幼儿园的法律地位如何，幼儿园设置的条件及程序，以及幼儿园教育的职能。
2. 明确幼儿园的权利与义务。
3. 掌握幼儿园教育经费有哪些合法的来源渠道。
4. 了解关于早教中心和托儿所的相关规定。

学前教育是基础教育的重要组成部分，学前教育机构则是承担学前教育的载体。学前教育机构的定位、职能、设置、管理十分重要。明确学前教育机构的权利和义务，依法规范指导，有助于提升学前教育的办学质量，保障学前教育机构和幼儿的合法权益，更好地满足社会对学前教育的需求，办人民满意的教育，实现十九大报告中提出的幼有所育，为此，国家学前教育法规做了详细的规定。

第一节 幼 儿 园

案 例

未经注册成立的幼儿园涉嫌违法

某市某区某街道办事处筹办红光幼儿园，未经登记注册，便招收了45名幼儿。区教育局在处理中认为，兴办幼儿园对于促进幼儿身心和谐发展，为实施九年义务教育打好基础是十分必要的。国务院《幼儿园管理条例》第5条规定："地方各级人民政府可以依据本条例举办幼儿园，并鼓励和支持企业事业单位、社会团体、居民委员会、村民委员会和公民举办幼儿园或捐资助园。"同时，为了加强幼儿园的管理，保证办园的基础条件，该条例规定了举办幼儿园的审批程序，《幼儿园管理条例》第11条规定："国家实行幼儿园登记注册制度，未经登记注册，任何单位和个人不得举办幼儿园。”第12条规定：“城市幼儿园的举办、停办，由所在区、不设区的市的人民政府教育行政部门登记注册。农村幼儿园的举办、停办，由所在乡、镇人民政府登记注册，并报县人民政府教育行政部门备案。”这些规定体现了《中华人民共和国教育法》第28条关于“学校及其他教育机构的设立、变更和终止，应当按照国家有关规定办理审核、批准、注册或者备案手续”的要求。该街道办事处筹办幼儿园，应按上述规定履行必要的注册手续。然而，经调查，红光幼儿园未经登记注册就招生，违反了《中华人民共和国教育法》和《幼儿园管理条例》的有关规定，故应根据《中华人民共和国教育法》第75条规定和《幼儿园管理条例》第27条的有关规定予以停止办园的行政处罚。

案例分析：幼儿教育机构在设立的过程中，须按照一定法律程序，符合法定的办园资格和条件，经有关部门审理并注册登记后方可进行经营，否则就会受到法律的制裁。

学前教育机构有哪些类型？设立学前教育机构有哪些相关的规定？需要具备什么条件，遵循哪些程序呢？

幼儿园、早教中心和托儿所是组织保育和教育活动的实体，如何定义它们？作为其法人代表的园长，如何明确他们的法律地位？如何规范办园行为？怎样处理好园所与社会的关系，来维护园所自主管理、自我约束、正常运行？园所的经费来源有哪些法定渠道？其资产的范围有哪些？如何依法管好经费和资产，防止资产流失？本章就来介绍这些内容。

一 幼儿园的法律地位、设置条件及程序

（一）幼儿园的含义

一般从两种角度定义幼儿园，一是从幼儿园社会功能的角度，二是从幼儿发展的角度。两者的侧重点不同，因此，它们所定义的幼儿园在表述上有很大的差别。

从社会功能的角度讲，幼儿园为：对幼儿实施教育的专门机构。目前，我国采用的概念属于这一种。1951年《政务院关于改革学制的决定》中规定“实施幼儿教育的组织是幼儿园”，1996年国家教委发布的《幼儿园工作规程》规定“幼儿园是对3周岁以上学龄前幼儿实施保育和教育的机构”。据此定义，幼儿园具有以下三个特征。

一是以幼儿为对象，这是幼儿园不同于其他各级教育机构的地方。一般来说，幼儿的年龄范围为3—6岁。但实际上幼儿园对象的适龄范围常随社会的政治、经济、文化、生活方式、教育等的需要而变化。例如，我国的幼儿园，按1951年《政务院关于改革学制的决定》是“收3足岁到7足岁的幼儿”，2016年，教育部颁布的《幼儿园工作规程》根据我国现今发展状况，将适龄幼儿定为“3周岁至6周岁。”在日本，因有妇女婚后在家育儿的习惯，所以很多幼儿园仅以5岁幼儿为对象，实施一年学前教育。英国学制规定小学起始年龄为5岁，因此其保育学校的年龄范围定为2—5岁。

二是幼儿园实施针对幼儿的教育。由于幼儿身心发展特点区别于其他年龄段

的儿童，故幼儿园教育区别于其他各级教育机构，也区别于以幼儿为对象的纯福利机构、慈善机构。

三是幼儿园是幼儿公育的专门社会机构。幼儿公育的主张虽然远可追溯到公元前希腊大哲学家柏拉图，但这种专门机构的诞生至今还不到两百年。1809 年，英国空想社会主义者欧文在苏格兰为贫穷儿童开办了“幼儿学校”，这是世界上第一所幼儿社会教育机构。1837 年，德国儿童教育家福禄贝尔创办了世界上第一个名为幼稚园的社会教育机构。半个多世纪之后，我国第一所官办幼儿园于 1903 年在湖北武昌成立。随着社会的进步和幼儿教育的发展，世界上不少国家已将幼儿园纳入了国民教育体系，使幼儿园成为学校教育机构。

从幼儿发展的角度讲，幼儿园为：幼儿通过与其他幼儿和教师的共同生活，以获得有益的学习经验，奠定一生社会生活所必需的态度和能力的地方。这一定义侧重幼儿园教育对个体发展的功能，突出了幼儿园教育目标和教育方式的特殊性。

对幼儿实施教育的专门机构的名称不统一，除“幼儿园”之外，在日本、中国台湾、中国香港等地多称之为幼稚园。英国的保育学校、法国的幼儿成长学园、意大利的儿童之家等，实际上相当于幼儿园。我国幼儿园在其近百年的历程中也曾几度易名，开始叫蒙养园，后来更名为幼稚园、幼儿园。

（二）幼儿园职能

幼儿园的职能指幼儿园管理人员和有关幼教行政人员遵守一定的教育方针和保教工作的客观规律，采用科学的工作方法和管理手段将人、财、物等各种因素合理组织起来，调动各方面的积极性，优质高效地实现国家所规定的培养目标和幼儿园任务所进行的各种一般职能活动。教育是幼儿园的主要职能，管理是服务于教育的职能。

幼儿园教育的职能，或称为幼儿园教育功能，是表明幼儿园教育的价值所在，也是社会之所以要办幼儿园的原因所在。一般来说，幼儿园教育具有两大职能（或称两大价值），一是促进社会发展的职能，即幼儿园教育的外在价值，如促进种族的延续、民族的发展，传递和发展文化、科学，为经济建设培养人才等；二是促进幼儿身心和谐、全面发展的职能，即幼儿园教育的内在价值。

幼儿园教育两大职能各有不同的服务对象，不能直接互换，但这些服务对象并不是相互对立而是相互联系的，表现在功能的同时性和不可分割性上。幼儿园教育满足社会发展需要的职能必须通过培养身心协调、全面发展的幼儿来实现，而幼儿的健康成长又与社会物质文明和精神文明的程度密切相关。因此可以说，两大职能的结合点是幼儿，它们统一在让幼儿获得与社会要求协调的全面和谐的发展中。我国的幼儿园教育目标很好地体现了这两大职能的统一。

幼儿园的法律地位

（三）幼儿园的法律地位

从法律意义上讲，幼儿园是具有法人资格的从事学制系统内保育、教育活动的社会组织。所谓幼儿园的法律地位，主要是指其作为实施保育教育活动的社会组织和机构，在法律上享有的权利能力、行为能力及责任能力。对此，我们可以从以下三方面加深理解。

1. 幼儿园的法律地位的实质是其法律人格

幼儿园的法律人格，主要从其从事保育教育活动的权利和义务中反映出来，是其办学自主权的抽象化、形象化的法律表征。

2. 幼儿园法律地位的内容体现其任务、条件和特点

从民法意义上，社会组织的法人权利范围取决于成立该组织的宗旨和业务范围，法人没有进行违背它的宗旨和超越其业务范围的具体权利，教育机构体现了培养社会主义建设者和接班人的育人宗旨。而对不同条件和特点的学校和教育机构，如小学、幼儿园和高等学校相比较，其权利义务的具体内容也不完全相同。

3. 幼儿园法律地位在形式上由法律赋予

幼儿园是相对独立的组织保育教育活动的实体，必须具有相应的法律地位。明确幼儿园的法律地位，有利于保障其享有的民事权利，如法人财产权、债权、知识产权及名称权、名誉权、荣誉权等。同时，也有助于幼儿园以独立法人身份广泛参与与其宗旨相关的民事活动。当然，幼儿园相应的也要以独立法人的身份依法承担民事责任，包括违反合同的民事责任、侵犯其他社会组织和公民个人合法权益的民事责任。

（四）幼儿园的设置条件

根据《中华人民共和国教育法》《幼儿园管理条例》和《社会力量办学条例》，在我国境内设置幼儿园必须具有以下四个实体要件。

1. 必须有组织机构和章程

幼儿园以社会组织整体作为主体身份出现，必须有健全的内部管理机构和管理人员，并且有机构章程。健全的组织机构和管理人员的合理配备，是幼儿园工作得以运行的保证。教育机构的章程，是指为保证本机构正常运行，就办园宗旨、内部管理体制及财务活动等重大的、基本的问题，做出全面规范而形成的自律性基本文件。它是教育机构自主管理的基本依据。

2. 必须有合格的教师、保育、医务人员

拟申请设立的幼儿园要聘请具有教师资格的人。教师、保育、医务人员的数量还应和拟设立的幼儿园规模、任务相适应。

3. 必须有符合规定标准的保育教育场所及设施、设备等

幼儿园的设置条件和程序

教学场所、教育设施、设备等是进行教育和教学活动的物质条件。《幼儿园管理条例》相关规定："举办幼儿园必须具有与保育、教育的要求相适应的园舍和设施。""幼儿园的园舍和设施，必须符合国家卫生标准和安全标准。"《幼儿园工作规程》也做出了具体规定。

(1) 园舍方面的要求。一是幼儿园应按照国家的相关规定设活动室、寝室、卫生间、保健室、综合活动室、厨房和办公用房等，并达到相应建设标准。寄宿制幼儿园还应当增设隔离室、浴室和教职工值班室等。二是幼儿园应有与其规模相适应的户外活动场地，配备必要的游戏和体育活动设施，并创造条件开辟沙地、水池、种

植园地等，并根据幼儿活动的需要绿化、美化园地。三是幼儿园的建筑规划面积、建筑设计和功能要求，以及设施设备、玩教具配备，按照国家和地方的相关规定执行。

（2）幼儿园环境方面的要求。由于幼儿园的园址环境，对幼儿的健康成长影响极大。《幼儿园管理条例》在设置条件方面，专门规定："必须将幼儿园设置在安全区域内，严禁在污染区和危险区内设置幼儿园。"

（3）设施、设备方面的要求。主要是考虑幼儿的特点，《幼儿园工作规程》对幼儿的生活用具、玩教具等也作了具体规定：一是幼儿园应配备适合幼儿特点的桌椅、玩具架、盥洗卫生用具，以及必要的玩教具、图书和乐器等。二是玩教具应当具有教育意义并符合安全、卫生要求。幼儿园应当因地制宜，就地取材，自制玩教具。

4. 必须有必备的办园资金和稳定的经费来源

办学资金和稳定的经费来源，是教育机构进行正常教育教学活动的保障，也是其作为权利主体，进行各种法律活动，独立享受权利和承担义务（责任）的物质基础。

（五）幼儿园设置的程序

《中华人民共和国教育法》规定："学校及其他教育机构的设立、变更和终止，应当按照国家有关规定办理审核、批准、注册或者备案手续。"也就是说，我国对教育机构的设立实行登记注册和审批两种制度。根据《幼儿园管理条例》的规定，幼儿园实行登记注册制度。

1. 实施幼儿园登记注册制度的意义

（1）有利于政府掌握本地区学前教育的发展状况，实行宏观调控，编制事业发展规划，促进学前教育事业的发展。

（2）促进幼儿园（班）具备必要的办园（班）条件，保证办园质量。

（3）促进幼儿园领导管理体制的理顺，加强教育行政部门的业务管理。

2. 登记注册制度及程序

（1）办学登记注册的概念。办学登记注册是指主管部门对申请者提交的申请设立教育机构的报告，进行审核，如未发现有违背法律、法规规定的情形，只要拟办的教育机构符合设置标准，都必须予以登记注册，使其取得合法地位，对不符合设置标准的，予以拒绝，并通知申请者。注册的实质是确认申请者所办教育机构的法律地位。

（2）登记注册的程序。一般程序如下：①举办者提出办园申请，并附相应文件（申办报告；举办者的资格证明文件；拟任园长或者主要行政负责人及拟聘教师的资格证明文件；拟办教育机构的资产及经费来源的证明文件；拟办教育机构的章程和发展规划；审批机关要求提供的其他材料。联合举办教育机构的，还应当有联合办学协议书）。②教育行政机关对办园申请进行审核。③教育行政机关经审核后对办园申请做出答复，对符合条件者予以登记注册；对不符合条件者不予注册，并将原因通知申请者。

（3）幼儿园登记注册的机关。根据《幼儿园管理条例》的规定，城市幼儿园的举办、停办，由所在区、不设区的市级人民政府教育行政部门登记注册；农村幼儿园的举办、停办，由所在乡、镇人民政府登记注册，并报县级教育行政部门备案。至于幼儿园（班）的变更和撤销，不论任何原因，也都必须向原登记注册机关办理注销备案手续。

二 幼儿园的权利和义务

（一）幼儿园的基本权利

幼儿园的权利是指其在教育活动中依法享有的权利，即幼儿园在教育活动中能够做出或不做出一定行为的许可和保障，为教育法所确认、设定和保护的权利。

根据《中华人民共和国教育法》规定，凡经合法手续设立的幼儿园，具有以下基本权利。

1. 按照章程自主管理权

这项权利的内容主要是，幼儿园根据章程确立的办园宗旨、管理体制及各项重大原则，有权制定具体的管理规章和发展规划，自主地做出管理决策，并建立、完善自己的管理系统，组织实施管理活动，不必事无巨细地向主管部门或举办者请示。主管部门或举办者对幼儿园的符合其章程规定的管理行为无权干涉。幼儿园之所以有这样的权力，是因为它作为法人在依法批准设立时，必须具有符合国家规定的组织章程。教育法人本身是一个组织机构，组织机构的运转活动必须有自身内部的管理章程，这是设立教育机构所必须具备的四个基本条件中的第一个。幼儿园一经依法设立，即意味着具备得以设立的全部条件，也就是说其章程得到确认，因此幼儿园按照被确认的章程管理自身的活动即成为其法定权利。

2. 组织实施保育教育活动权

这项权利的内容主要是，幼儿园有权根据自己的办园宗旨和任务，依据国家教育主管部门有关规定，自行决定和实施自己的保育教育计划，决定具体课程模式和教学方法，决定选用何种教材，决定一日活动的安排，组织保教活动评比、检查评议等。这项权利是教育机构作为以培养人、教育人为宗旨的法人，被《中华人民共和国教育法》确定的从事教育活动的权利；其他领域的不是依《中华人民共和国教育法》成立的法人，均不具有从事教育活动的权利。确定这项权利，既可以保证幼儿园在全面贯彻教育方针、全面实施学前教育法规中，享有设计、安排、开展保育教育活动的自主权利，又可防止外来力量对幼儿园保教活动的冲击、对幼儿园正常的保教秩序的干扰。

幼儿园的权利与义务

3. 招生权

这项权利的内容主要是，幼儿园根据自己的办园宗旨、培养目标、任务及办学条件和能力，根据国家有关“幼儿园每年秋季招生。平时如有缺额，可随时补招”等有关招生编班的规定，有权制定本机构具体的招生办法，发布招生广告，决定招生的具体数量和人员，确定招生范围和来源。幼儿园在行使这一权利时，必须遵守国家规定，不得擅自突破国家有关招生、编班的规定，造成数额过多、影响幼儿身心健康,影响管理工作的现象。主管部门非法限制或取消幼儿园的自主招生权,实际上是侵权行为,也必须制止或纠正。

4. 学籍管理权

这项权利的主要内容是,幼儿园根据有关规定,有权确定有关幼儿报名注册的管理办法,并建立幼儿名册。幼儿学籍管理档案,包括幼儿花名册、幼儿登记表、幼儿身心发展状况记录等。此项权利是幼儿园依法实施教育活动权利的一部分,是加强对受教育者的教育、管理职能、维护教学秩序,保证教育教学质量的需要。幼儿学籍管理档案的建立,便于对幼儿园和各年龄班加强管理,也有助于教师掌握幼儿全面发展的规律,进而因材施教。

5. 聘任管理教职工权

这项权利的内容主要是,幼儿园根据国家有关教师和其他教职工管理的法规、规章和主管部门的规定,从本园的办学条件、办学能力和实际编制情况出发,有权自主决定聘任、解聘有关教师和其他职工,制定本园的教师及其他员工聘任办法,签订和解除聘任合同,并可以对教师及其他员工实施包括奖励、处分在内的具体管理活动。幼儿园用好这项权利,有利于调动教职工的积极性,提高办园质量和效益。

6. 设施和经费的管理使用权

这项权利的主要内容是,幼儿园对其占有的场地、教室、园舍、保教设备等设施、办园经费及其他有关财产,享有财产管理权和使用权。幼儿园行使此项权利,应遵守国家有关国有资产管理、教育经费投入及幼儿园财务活动的管理规定,并符合国家和社会公共利益,这项权利有利于幼儿园发展和实现其办园宗旨,有利于合理利用教育资源,幼儿园在行使这项权利时不得妨碍保教管理活动的正常进行。

7. 拒绝对保教活动的非法干涉权

依据《中华人民共和国教育法》规定,幼儿园有权“拒绝任何组织和个人对教育教学活动的非法干涉”。其内容主要是,幼儿园对来自行政机关(包括教育行政机关)、企业事业组织、社会团体、个人等任何方面的非法干涉保教活动的行为,有权拒绝和抵制。当前,社会对幼儿园的干涉及某些教育行政部门业务机构的随意检查、干预过多,干扰了幼儿园正常的保教秩序。对此,幼儿园有权抵制,并要求教育行政部门会同当地公安、司法、纪检、监察等部门,及时予以查处。幼儿园可借助本条权利予以拒绝或抵制。幼儿园也有权通过教育行政部门会同纪检、检查等部门进行综合治理,并按《中华人民共和国教育法》坚决及时地予以查处。

8. 法律法规规定的其他合法权益

这是指除前七项权利外,现行法律、行政法规及地方性法规赋予教育机构的民法中规定的一般法人权利和其他法律法规规定的权利。同时,还包括将来制定的法律、法规确定的有关权利。此项规定,是对幼儿园享有除前述七项权利外的其他合法权利的概括。此项规定,为将来制定有关教育法律、法规提供了依据,有利于进一步完善教育机构的办学自主权利。

（二）幼儿园的基本义务

教育机构的义务是指其在教育活动中必须履行的法律义务，即对教育机构在教育活动中必须做出一定行为或不得做出一定行为的约束。它根据法律产生，并以国家强制力保障实施。规定教育机构的义务，一是为保证教育机构实现育人宗旨、实施教育教学活动的需要；二是保障教育机构相对一方特别是学生受教育权利和教师合法权益的需要。从深层次上说，它也是权利义务一致性的体现。根据《中华人民共和国教育法》的规定，幼儿园应履行以下基本义务。

1. 遵守法律、法规

这项义务是基于《中华人民共和国宪法》的有关规定确立的，是法律对一般法人的要求。《中华人民共和国宪法》第 5 条中规定："一切国家机关和武装力量、各政党和各社会团体、各企业事业组织都必须遵守宪法和法律。一切违反宪法和法律的行为，必须予以追究。""任何组织或者个人都不得有超越宪法和法律的特权。"幼儿园是育人的社会组织，遵守法律、法规是其必须履行的基本义务。此项义务中的"法律"，包括宪法和国家权力机关指定的法律；"法规"包括国务院制定的行政法规和地方性法规。《中华人民共和国教育法》做出此项规定，并不是对《中华人民共和国宪法》有关内容的简单重复。它包括两层含义，既包括教育机构在一般意义上的守法，不得违背法律、法规的规定，以及不得违背根据法律、法规制定的规章；也包括教育法律、法规、规章中为教育机构确立的特定意义上的义务，这些义务与幼儿园实施教育活动，实现办学宗旨有密切联系。

2. 贯彻国家的教育方针，执行国家保育教育标准，保证保育教育质量

这项义务的内容是：①幼儿园在整个保育教育教学活动中，要坚持社会主义办学方向，贯彻《中华人民共和国教育法》第 5 条确立的国家教育方针，按国家规定的保育教育目标，面向全体幼儿，实施全面发展教育。②要执行国家关于幼儿园的保育教育标准，努力改善办园条件，加强育人环节，保证不断提高教育质量。

确立此项义务，有利于明确幼儿园教育的社会主义性质，克服当前出现的迎合少数家长心理需要，忽视幼儿兴趣和健康，搞"专长培养"；把学前班当成小学预科班，搞学前教育"小学化"等违背幼儿发展规律、违背全面发展教育方针的问题。《中华人民共和国教育法》施行后，不履行此项义务，出现上述违背国家教育方针的行为，或者不执行国家教育教学标准，已不再是单纯的教育思想和教学方法错误的问题，而将被作为违法行为对待，幼儿园及相关直接责任人员要承担相应的法律责任。

3. 维护受教育者、教师及其他职工的合法权益

这项义务的内容包括：①幼儿园自身的行为不侵犯幼儿、教师及其他职工的合法权益，如不得克扣、拖欠教职工工资，不得拒绝合乎入学标准的幼儿入园等；②当教育机构以外的其他社会组织和个人侵犯了幼儿、教师及其他教职员工合法权益时，幼儿园应当以合法方式，积极协助有关单位查处有违法行为的当事人，维护其合法权益。

这项义务的确立，有助于形成一种幼儿园爱护教师、幼儿，教师关心、爱护幼儿

园的良好教育教学关系，保持幼儿园秩序乃至社会秩序的稳定，也有助于维护幼儿、教师的合法权益。对幼儿园侵犯教师、幼儿合法权益的，教师、幼儿家长有权依法提起申诉或诉讼。

4. 以适当方式为幼儿监护人了解幼儿的发展状况及其他有关情况提供便利

这项义务的实质，是幼儿园保障幼儿监护人对幼儿在园情况的知情权，加强幼儿园教育与家庭教育联系和沟通的需要。幼儿园在履行此项义务时，要特别注意不得侵犯受教育者的隐私权、名誉权等合法权益。

案 例

幼儿园内儿童受伤家长有知情权

幼儿园中班陈华小朋友在科学实验中，被一种实验材料一枚生锈的铁钉划破了手，当班教师黄映急忙为他贴上止血贴。事后，教师隐瞒真实情况，只告诉家长孩子在自由活动时不小心擦破了皮。

案例分析：案例中这名教师的行为违反了国家对幼儿园教具的安全规定，以及《幼儿园管理条例》《幼儿园工作规程》等法规的有关规定，直接造成幼儿伤害，并且未尊重监护人对幼儿在园情况的知情权，干扰了正常治疗，幼儿园可根据相关法规或规章制度对其进行相应的行政处分或处罚。

5. 遵照国家有关规定收取费用并公开收费项目

幼儿园应按省、自治区、直辖市或地（市）级教育行政部门会同有关部门制定的收费项目和标准，从公益性质出发，按照成本分担原则，公平、合理确定本园收费标准，并向家长、社会及时公布收费的项目。《中华人民共和国教育法》确立此项义务，使国家现行有关学校及其他教育机构收费的一系列政策、规章具有法律效力。幼儿园应向社会公开收费项目，包括收费的具体名称和标准，必要时还应公开所收费用的账目，以便于家长和广大人民群众进行监督。不履行此项义务，不执行各级政府及有关主管部门的规定，巧立名目，乱收费用，甚至把幼儿园变成牟利的工具的行为，都是非法行为，幼儿园及其他直接责任人员须承担相应的法律责任。

6. 依法接受监督

这项义务是指幼儿园对各级权力机关、行政机关依法进行的检查、监督及社会各界依法进行的监督，应当积极给予配合，不得拒绝，更不得妨碍检查、监督工作的正常运行，这是幼儿园作为行政管理相对人和独立法人应承担的法定义务。特别是要符合《中华人民共和国教育法》第 8 条确立的“教育活动必须符合国家和社会公共利益”原则的基本要求，该项义务有利于促进幼儿园自觉地把保育、教育和管理活动置于主管部门和社会的监督之下，全面贯彻国家的教育方针，完成办园任务。

三 幼儿园资产与经费的相关规定

（一）国家办学投资政策

1. 借鉴国外学前教育财政投入的经验和启示

（1）国民教育向下延伸。这是包括美国在内的许多国家的做法。

（2）国家专项拨款资助面向社会处境不利幼儿的早期补偿教育。如美国的“提前开端计划”和英国的“确保开端计划”等。

（3）政府举办一定数量的公办园。对政府认可的非营利性私立教育机构提供财政补助。

（4）通过各种方式（如返还个税、发放补助等）为幼儿家庭提供保育和教育资助等。

2. 完善我国学前教育财政的对策

（1）支持中西部农村扩大学前教育资源，包括利用闲置的校舍改建幼儿园，依托有富余校舍资源的小学增设附属幼儿园，按照一定条件招聘学前教育巡回支教志愿者。

（2）鼓励社会参与、多渠道多形式举办幼儿园。中央财政安排“扶持民办幼儿园发展奖补资金”，支持发展普惠性、低收费的民办幼儿园。对地方扶持，多渠道举办普惠性、低收费幼儿园和解决进城务工人员随迁子女入园等，中央财政根据工作实绩给予奖补。

（3）从 2011 年起，将中西部地区农村幼儿教师培训纳入“中小学教师国家级培训计划”。

（4）从 2011 年秋季学期起，由地方结合实际先行建立学前教育资助制度，对家庭经济困难的儿童、孤儿和残疾儿童入园给予资助。中央财政根据各地工作情况给予奖补。

（二）经费及其管理规定

1. 经费来源

根据《中华人民共和国教育法》的规定，从幼儿园的特点出发，幼儿园经费来源主要有以下三个渠道。

（1）举办者投入。幼儿园举办者的投入情况，大体有两类：一是国办幼儿园的经费以财政拨款为主。二是企业事业组织、社会团体及其他社会组织和个人依法举办的幼儿园的办园经费由举办者负责筹措。

（2）家长交纳保育、教育费。

（3）社会捐助。

2. 经费管理

根据财政部《事业单位财务规则》（2017 年）、财政部与教育部制定的《中小学校财务制度》（2013 年）和教育部制订的《幼儿园工作规程》规定，幼儿园在财务经费管理方面,必须遵循以下四个原则。

(1) 幼儿园的经费应当按照规定的使用范围合理开支,坚持专款专用,不得挪作他用。

(2) 幼儿园举办者筹措的经费,应当保证保育和教育的需要,有一定比例用于改善办园条件和开展教职工培训。

(3) 幼儿膳食费应当实行民主管理制度,保证全部用于幼儿膳食,每月向家长公布账目。

(4) 幼儿园应当建立经费预算和决算审核制度,经费预算和决算应当提交园务委员会审议,并接受财务和审计部门的监督检查。

(三) 资产及其管理规定

1. 幼儿园资产的构成

目前,幼儿园资产主要有三种成分,即国有资产、非国有资产和自有资产。

(1) 国有资产。国有资产即政府投入的资产。国有资产是国家有所有权、幼儿园有使用权的财产。

(2) 非国有资产。非国有资产即非政府投入的资产。非政府投入的资产是他人有所有权、幼儿园有使用权的财产。这是社会力量举办的幼儿园的主要资产。

(3) 自有资产。自有资产即由幼儿园形成的资产。幼儿园自有资产是幼儿园有所有权也有使用权的财产。

2. 幼儿园资产的管理和使用

(1) 流动资产的管理和使用。首先,要建立账簿。其次,要严格遵守银行规定。

(2) 固定资产的管理和使用。第一,对固定资产要制定明细目录和财产管理的责任制,明确专人负责或专人兼管。固定资产的购入、调入或借出、拨出,都要登记入账。第二,固定资产的租赁,要经过有关部门批准,并向租赁者收取租赁费。租赁收入计入经营收入。第三,一般固定资产的报废或转让,应由幼儿园负责人批准后核销。第四,固定资产中的设备,应该定期检查,及时维修,保证安全。

(3) 无形资产的管理和使用。幼儿园无形资产,常见的是著作权、土地使用权、商标权等。

(4) 对外投资的管理。凡以实物和无形资产对外投资的,应该按照国家有关规定进行资产评估。

当前,学前教育正面临前所未有的发展机遇,学前教育相关的政策法规也更加完善,这些政策法规详细阐述了幼儿园的法律地位、权利和义务,以及幼儿园的资产管理等内容,为依法开办幼儿园提供了参考和依据,为创办有质量保障的学前教育奠定了基础。

第二节 早教中心与托儿所

早期教育是21世纪学前教育的大趋势,据最新的《中国人口和就业统计年鉴》显示，中国 0—3 岁的婴幼儿共计 7 000 万人，其中城市 0—3 岁的孩子数量为 1 090万人。“人才培养的制高点在最初阶段”“教育从 0 岁开始”等观念日益深入人心，0—3 岁幼儿的智力开发，是家长的期盼，也是目前幼教发展和市场需求的新增长点。0—3 岁幼儿的早期教育越来越受到社会关注。

一 早教中心、托儿所的概念与职能

（一）概念

1. 早教中心

早教中心是取得法人资格的社会组织，是婴幼儿早期教育服务中心等机构的简称，它有完全的民事行为能力及责任能力。早期教育是一种新兴的教育服务形式，是在婴幼儿最敏感最能接受的时期所进行的事半功倍的适时教育。其服务对象是孕妇和 0—6 岁幼儿的父母和家人。科学研究表明，科学的早期教育能够为幼儿大脑的发育和健康人格的培养打下良好的基础。

2. 托儿所

在我国，托儿所是 3 岁以前幼儿的集体保教机构，主要负责教养 3 岁前的幼儿并为其父母参加工作提供方便，具有社会福利性和保教性双重特性。

托儿所也指用于专门照顾和培养婴幼儿生活能力的地方，以及公共场所中因父母不在而由受过训练的服务人员临时照顾孩子们的房间或地方。托儿所应是能让孩子们得到锻炼成长的环境。

（二）办园形式

1. 早教中心

根据主办者的性质，可将早教中心划分为多种形式。

（1）早教中心。如花园树早教中心、聪明树早教中心、爱宝贝早教中心、运动宝贝早教中心、美吉姆早教中心、携程早教中心、北京东方爱婴咨询服务中心、爱乐祺早教中心等，是完全独立的机构。

（2）幼儿园增设的园中园。如早教班、蒙台梭利早教班、双语教学早教班等，是幼儿园为社会服务的内容和措施之一。

早期教育机构

（3）综合服务早教中心。指社区内综合服务机构，属公益性，集托育与早教为一起，为家长提供培训指导。

相比较幼儿园模式，早教中心不是全日制的，而是利用晚上或双休日、假日，对幼儿及家长提供培训指导，每周一次或数次课时，每次约 45 分钟，班级规模以 8 个幼儿为宜，也有一对一的个性化教学情况。在课程设置方面，目前市场上早教中心有三种情况：国际连锁早教机构、国内连锁早教机构、本土早教机构，各自有不同的办园理念和课程体系，以蒙台梭利教育理论、奥尔夫音乐教育理论、感统教育理论为主导，有特色课程兴趣班，也有综合课程服务，以游戏为主要活动方式，以亲子互动为特色，旨在开发幼儿思维、兴趣、语言、肢体的潜能，促进幼儿体能、认知、社交、情感等方面发展。

2. 托儿所

托儿所的办园形式和幼儿园大致相同。

早教中心和托儿所的法律地位、权利和义务，目前国家还没有出台相应的法律法规予以确定，具体问题应参照幼儿园的内容执行。

（三）早教中心及托儿所的职能

1. 早教中心的教育职能

早教中心的教育职能主要表现在以下四个方面。

（1）帮助家长科学育儿，发挥亲子教育的功能。对于年轻的父母而言，教育孩子绝对是一个新课题。通过早教中心的指导，父母逐渐开始了解孩子成长的秘密，认识儿童不同于成年人的身心发展规律，掌握孩子特有的言行、思维、情感方式，获得与孩子相处的特殊技能，使得孩子更加喜欢亲近家长，也使得家长可以对孩子的健康、幸福成长产生有效影响。

（2）促进婴幼儿自主发展，潜能得到开发的功能。早教中心强调给孩子提供一个良好的环境，这种环境无疑会促进婴幼儿各方面积极地成长，培养婴幼儿良好的行为习惯，促进他们的个性发展，为他们将来适应社会打下坚实的基础。

（3）参与亲子游戏，增进亲情关系的功能。早教中心的另一项重要功能，是为亲子游戏开展提供了一个适宜的环境及科学的指导。它可以增进成人与婴幼儿之间的情感交流，训练孩子的动作发展、手眼协调能力，促进幼儿大脑发育，培养孩子的社会情感，也使孩子感受到成人对他们的关爱。

（4）整合利用社区资源的功能。早教中心有效地融合了家长的力量，形成了一股教育合力，它们大多建在居民小区，能够很好地将社会教育的资源有机结合，充分利用各方资源，实现早期教育社会化。这一有利条件使得亲子园可以充分地对各种社会教育资源进行整合与利用，可以更好地发挥社区资源的作用。

2. 托儿所的保教任务

（1）保障幼儿健康。

（2）培养幼儿的生活习惯，与人交往等方面的良好习惯。

（3）发展语言能力，获得知识，发展智力。

（4）进行品德教育，培养活泼开朗的性格。

（5）给幼儿适宜的艺术的陶冶、萌发幼儿初步的审美情趣。

二 设置条件和程序

下面将详细介绍举办早教中心、托儿所应具备的条件及程序。

（一）早教中心的设置条件

根据早教中心的性质及服务对象要求，开办0—6岁早教中心应具备下列条件。

1. 房舍及设施

早教中心一般都设在室内,三层以下楼房内部,环境舒适温馨,备有各种益智类玩教具设备,有休息室、游乐室、大厅、饮水区、换鞋区、卫生间等,根据课程设有综合教室、感统教室、音乐教室、美术教室等。

2. 办园经费

早教中心投资者要有充足的启动经费和周转资金,加盟品牌的还需加盟费,根据品牌不同,少则十几万元、几十万元,多则上百万元不等,纯系个人投资,往往收费较高(每节课约200元),目前普及有一定难度。

3. 工作人员

工作人员主要包括市场人员、教育顾问、早教指导师及保健人员。专业早教指导师需要有相应的学历、普通话水平测试二级乙等证书(语言教师为二级甲等),体检合格证明,专业培训合格证书等。早教指导师是从事0—6岁婴幼儿保育、教育、养育的咨询、指导、顾问、教学的教师,分为育婴师、亲子教师、感统教师、蒙氏教师、奥尔夫音乐教师、入户早教师等。保健人员应具备执业医师资格或护士资格。作为一种专业教育,早期教育涉及婴幼儿生理学、心理学、教育学、营养学、脑科学,还涉及女性心理学、思维科学、行为科学、学习科学、家庭教育学等学科,这不是普通家长所能了解和掌握的。

(二)托儿所的设置条件

为了加强托儿所的管理,促进3岁以下婴幼儿的保育与教育,根据《城市托儿所工作条例(试行草案)》,设置托儿所应具备如下基本条件。

1. 指导思想

托儿所是3岁前儿童集体保教机构,要贯彻实行"以保为主、保教并重"的方针,为把儿童培育成体格健壮、品德良好、智力发达的后一代打下基础,同时,为儿童家长安心参加社会主义建设提供便利条件。

2. 托儿所规模

托儿所的规模要有利于儿童身心健康,便于管理,不宜过大。托儿所办班儿童数一般为:托儿班(2—3岁)16~20人,婴儿班(1—2岁)10~15人,哺育班(1岁以下)10人。规模较小的托儿班或哺乳室可将年龄相近的婴幼儿编为混合班,分组教养。

3. 托儿所的房舍与设施

(1)应远离各种污染源,并满足有关卫生防护标准的要求,方便家长接送。

(2)功能分区合理,避免相互干扰,方便使用管理。

(3)托儿所设于居住建筑物的底层时,应有独立出入口和相应的室外游戏场地及客观存在安全防护设施。

(4)托儿所的婴儿班应有生活室,托儿班应有活动室及卧室。托儿所要设置医务室、隔离室、喂奶室、盥洗室、幼儿厨房、厕所和工作人员办公室等。房间光照充足,场地干燥,排水通畅,环境优美,应符合住房和城乡建设部发布的《托儿所、幼儿园建筑设计规范》要求,整体建设要安全、绿化、美化、儿童化、教育化。

(5) 托儿所每班活动室不少于 70m^2,活动室内采光合理,空气新鲜,清洁卫生。应有防暑降温和防寒保暖设备。

(6) 托儿所应根据幼儿的年龄特点,配备床、桌、椅、便椅、盥洗等设备。家具的尺寸要适合幼儿的年龄特点,有助于幼儿正常发育,家具、用具要坚固、平坦、无角、易于洗刷、消毒,保证安全卫生。要在室内外为婴幼儿设置活动、游戏的器械、设备。

4. 经费

举办托儿所的单位或个人必须要具有进行教育及维修或改扩建托儿所房舍与设施的经费来源。

5. 托儿所工作人员

根据有关规定,教职工与婴幼儿的比例:全日制为 1∶(3~4);寄宿制为 1∶(2.5~3)。

所长:具有幼儿师范学校(职业学校幼儿教育专业)毕业程度,或取得专业合格证书,并经教育部门资格认可。幼儿园有三个班以下的设 1 人;四个班以上的设 2 人。

专职教师:具有幼儿师范(职业学校幼儿教育专业)毕业程度,或取得专业合格证书,并经教育部门资格认可。每班平均 1 人。

保育员:具有初中以上毕业程度,并受到幼儿保育职业培训。平均每班 3 人。

医务人员:具有医学院校毕业程度,医士或护士应当具有中等卫生学校毕业程度,或取得卫生行政部门的资格认可。单设的托儿所一般配 1 人,儿童超过 200 名的酌情增加。

炊事员:每日三餐一点的托儿所,每 40~50 名幼儿配 1 人。

托儿所所需的其他工作人员,可根据实际情况在总编制内调整安排。如三个班以上的设专职会计 1 人,小于三餐一点的酌减财会人员。

6. 托儿所的招生

托儿所每年秋季招生,平时如有缺额,也可补招。婴幼儿入所前,要按照卫生部门制定的卫生保健制度对其进行体格检查,合格者方可入所。

7. 注册登记

凡具备上述办所条件的单位或个人,需到当地妇幼保健部门办理登记注册手续;未经登记注册,任何单位和个人不得举办托儿所。

(三) 早教中心、托儿所设置的程序

1. 举办早教中心、托儿所需经过申请筹建和办所登记两个阶段,达到设置标准要求的,也可以直接申请办所登记。

2. 举办者应在每年的第三季度前,向教育行政部门提出筹建或登记的申请。要求提交下列文件资料。

(1) 申办报告(根据市制定的举办托儿所基本条件来写),具体事项包括:办园宗旨、培养目标、办所规模、园舍情况、设施设备情况、师资队伍及各部门人员配备情况、收费项目和标准、举办单位或举办人情况(详细可到区托幼办购买有关资

料了解)。

(2) 举办单位法人代表或举办者的身份、资格、健康、证明文件。

(3) 早教机构所在地的居委会或村委会同意开办证明。

(4) 资产及经费来源证明文件。

(5) 园舍场地建设方案(含园舍布局平面图)及早教中心、托儿所章程。

(6) 园舍场地房屋安全鉴定证明及建筑工程消防验收意见。

(7) 经费预算及保障措施。

(8) 拟任所长的身份及资格证明文件。

(9) 联合办所的应提交联合办所协议。

3. 审批部门应自受理申请之日起 3 个月内以书面形式给予答复。对符合条件的,发给筹建早教中心、托儿所批准书,早教机构自批准筹建之日起,在一年内达到申办的设备标准,到期达不到设备标准或不申请办所登记的,原批准部门取消其筹建资格并以书面形式通知筹办申请人。

4. 教育行政部门应自受理登记申请之日起 3 个月内,对申请开办的早教中心、托儿所进行审核,条件符合要求的,发给市教育行政部门统一制定的批准通知书和早教中心、托儿所开办许可证;审核不合格的,将结果以书面形式通知申请人,并限期 3 个月整改,如仍不合格的,取消原筹建资格。

5. 批准开办后的早教机构,应持开办许可证到区物价部门办理收费许可证后方可招生。

6. 社会力量开办的早教机构还要持开办许可证到区技术监督局登记代码,到银行建立账户,最后到区民政局民间组织管理办公室进行登记领证,并在报纸上公告后,方为合法。

7. 社会力量开办的早教机构要交纳一定的风险抵押金。

8. 境外的组织、个人在我区境内申办早教中心、托儿所的,应按国家有关规定办理,不适用本程序。

三 资产及其管理规定

早教中心、托儿所的资产及其管理对园所机构的生存与发展起着极为关键的作用,但由于自身发展的特点,相比公立办学机构,它们在财务管理方面表现出其特殊性和复杂性。

(一) 配备合格的财务人员

因为早教中心、托儿所实行自收自支、自负盈亏,对细化核算的要求很高,所以从基层的保管人员到财务机构负责人均要树立核算意识、节约意识,掌握核算技能,只有这样,才能做到实时控制、环环相扣,准确完整。财务人员必须全部取得会计从业资格证书,会计主管人员必须具备会计师以上专业技术职务资格、熟悉会计电算化管理系统,并至少具有三年以上会计工作经历,有从事企业财务管理、财务核算工作的经验。

(二) 健全财务计划和预决算管理制度

早教中心、托儿所的出资人构成一般比较复杂,他们对学校经费使用管理不可能都具体参与,必须通过计划控制和预决算管理来实现。计划和预算编制应当遵循"统筹兼顾、保证重点、注重实效、勤俭节约"的原则,注意分清轻重缓急,将有限的资金用在刀刃上。年度预算必须经董事会、股东会讨论通过。在预算执行过程中要注重分析,适时调整,发现预算执行过程中的问题,遇到一些特殊情况时要及时反馈,采取相应措施,制定最佳调整方案。决算要结合学校工作特点编制学期决算和年度决算,有条件的要编制季度决算,将其与预算进行对比分析并及时向董事会和管理层报告。

(三) 完善财务审核审批制度

财务审核、审批是财务管理与财务控制中关键的环节。学校的财务审核审批应当坚持"分类把关、分层负责"的原则,制定明确的财务审核审批管理规定。所有收支单据应经业务经办人员、业务经办部门负责人,财务部门负责人,法定代表人分别签字把关。其中,业务部门对业务的真实性、合法性、原始数据的准确性负责,财务部门对单据的合法合规性、是否符合预算管理要求负责,法定代表人在综合财务、业务部门审核意见的基础上,最终予以审批确认。

(四) 严格资产管理制度

对学校而言,资产的所有者属于投资人,而资产的使用者是学校教职员工,两者并不一致,因此做好资产管理工作,对股东和学校都有着非常重要的意义。对资产的管理要从计价范围的确定、采购验收手续的完备、报支入账程序的把关到部门内部流转程序、资产处置程序、借入借出程序均要加以明确规定,要建立固定资产定期清查和不定期抽查制度,对人为原因造成资产损失的要建立责任追究制度。

(五) 健全招投标管理制度

招投标被公认是一种行之有效的降低采购成本,保证采购公平的管理方法。学校可参照政府采购的相关管理规定,制定适合学校特点的招投标管理制度。明确需纳入招投标管理的项目范围和起点金额标准,指定招投标专职管理部门,规定招标程序、开标评标定标程序。

对通过招投标确定的采购项目,应签订书面协议,纳入合同管理。在项目竣工决算时,应附报招投标资料、合同及相关竣工验收资料。力图将整个招投标过程纳入规范化、法制化的轨道。

(六) 建立民主理财管理制度

早教中心、托儿所的出资人理所当然是学校的主人,但学校的日常管理、教育教学、校园建设等均要依靠学校教职员工的辛勤工作,学校的办学业绩、财务状况也与教职员工的工资福利待遇、个人发展休戚相关，因此学校的教职员工也是学校的主人，也应该参与到学校的财务管理工作中来，特别是在民主理财、民主监督方面更应担负起自己的责任。学校工会可组织相关方面的职工代表共同组成民主理财小组，每年组织1～2次的民主理财活动。办学规模较大、收支项目较多、财务岗位分工较细的学校还可以组织不同岗位的财务人员之间进行财务互审、互相学习、互相监督、共同提高。

（七）建立监事会财务监控和管理制度

监事会作为学校监督机构，应建立对学校财务管理和招投标管理的全程监控管理制度，在监事会内部分工中，明确财务监督的人员和相应职能。除了加强对年终财务的审查外，还应更多地加强对财务管理和招投标管理工作的事前、事中控制。要建立大宗商品采购监事会全程参与监督制、重大投资事项、财务事项向监事会报告制，充分发挥监事会监督管理职能、形成多管齐下，多措并举的财务监控管理网络，真正做到防微杜渐。

思考与练习

1. 幼儿园法律地位从哪些方面来理解？
2. 幼儿园享有哪些基本权利？可举例说明。
3. 幼儿园应履行的法定义务及其内容是什么？
4. 幼儿园的经费来源有哪些法定渠道？幼儿园财务管理应遵循哪些原则？
5. 早教中心、托儿所的设置条件有哪些？

国考聚焦

一、选择题

1. 下列不属于幼儿园权利的是(　　)。

A. 按章程自主管理　　B. 组织实施保育教育权

C. 招生权　　D. 学籍管理权

E. 聘任管理教职工　　F. 作为幼儿的监护人

【答案】F

【解析】幼儿园的基本权利包括：按照章程自主管理幼儿园权；组织实施保育教育活动权；招收新生权；学籍管理权；聘任并管理教师及其他职工权；对本单位设施和经费的管理和使用权；拒绝对保教活动的非法干涉权；法律法规规定的其他合法权益。

2. 幼儿园及早教机构的收费标准是(　　)。

A. 自主决定

B. 教育部门统一规定

C. 根据当地的经济收入水平和幼儿园的类别决定

D. 由政府部门决定

【答案】C

【解析】《中共中央 国务院关于学前教育深化改革规范发展的若干意见》规定:根据办园成本、经济发展水平和群众承受能力等因素,合理确定公办园收费标准并建立定期动态调整机制。民办园收费项目和标准根据办园成本、市场需求等因素合理确定,向社会公示,并接受有关主管部门的监督。非营利性民办园(包括普惠性民办园)收费具体办法由省级政府制定。营利性民办园收费标准实行市场调节,由幼儿园自主决定。地方政府依法加强对民办园收费的价格监管,坚决抑制过高收费。此题干中没有明确是什么类型的幼儿园,因此 A、B、D 三个选项都不全面。

二、简答题

举办幼儿园的法律依据有哪些?

【参考答案】《幼儿园管理条例》第 11 条规定:国家实行幼儿园登记注册制度,未经登记注册,任何单位和个人不得举办幼儿园。第 27 条规定,违反本条例,具有下列情形之一的幼儿园,由教育行政部门视情节轻重,给予限期整顿、停止招生、停止办园的行政处罚:①未经登记注册,擅自招收幼儿的;②园舍、设施不符合国家卫生标准、安全标准,妨害幼儿身体健康或者威胁幼儿生命安全的;③教育内容和方法违背幼儿教育规律,损害幼儿身心健康的。

第十章
学前教育教师队伍

学习目标

1. 了解国家的教师资格、职务及聘任制度；幼儿园教师资格考试及认证。
2. 掌握幼儿园教师的专业素质、职责及权利义务。
3. 掌握幼儿园园长的地位、资格、职责及岗位要求。

学前教育是基础教育的有机组成部分，是终身教育的基础阶段，是素质教育的奠基工程，而提高学前教育质量的主体是从事学前教育工作的教师队伍，学前教育是否能够健康发展，关键在于幼儿园是否拥有一批高素质的教师队伍。《中共中央 国务院关于全面深化新时代教师队伍建设改革的意见》(中发〔2018〕4号)中提到，要大力振兴教师教育，不断提升教师专业素质、能力。强调要全面提高幼儿园教师质量，建设一支高素质善保教的教师队伍。本章主要介绍国家的教师制度；幼儿园教师资格考试及认证、幼儿园教师的专业素质、职责及权利义务；幼儿园园长的地位、资格、职责及岗位要求。

第一节　国家教师制度

案例

用身体挡住水泥板

绵竹市遵道镇欢欢幼儿园的80多名孩子正在午睡时，汶川大地震发生了。30多名熟睡的幼儿被教师抱出了房间而获救。救援队赶来时在废墟里发现了许许多多的小枕头、小鞋子，也发现了年仅21岁的瞿万容和她怀中的孩子。眼前的一切已被定格：只见她扑在地上，用后背牢牢挡住一块垮塌的水泥板，胸前紧紧护住了孩子。孩子获救了，瞿老师却永远离开了我们。被救孩子的母亲跪在废墟上哭喊："瞿老师，你听到了吗？我和宝宝祝福你，去天堂的路一路走好！"

这就是大地震中的幼儿园教师！这就是幼儿教师的职业道德！在悲痛和惋惜的同时，我们也感到无比的骄傲和自豪。当前，国家非常重视教师的师德师风建设问题，实行严格的教师资格准入制度，不让师德不良、素质不高的人混进教师队伍。那么，国家教师制度包括哪些具体内容？我国有关的学前教育政策法规如何规定幼儿园教师资格考试，具备什么样的条件才能取得幼儿园教师资格？幼儿教师在哪些情况下又会丧失其教师资格？

一 教师资格制度

国家实行教师资格制度。教师资格制度是国家对教师实行的一种特定的职业许可制度。教师资格是国家对专门从事教育教学工作人员最基本的要求。它规定了从事教师工作所必须具备的条件。《中华人民共和国教师法》及《教师资格条例》要求各级各类学校必须实行教师资格制度，即中国公民在各级各类学校和其他教育机构中专门从事教育教学工作，必须依法取得教师资格。《国家中长期教育改革和发展规划纲要（2010—2020年）》明确提出要实行严格的教师资格准入制度，严禁不具有教师资格的人从事教师行业。

（一）教师资格分类

依据国务院颁布的《教师资格条例》，我国的教师资格可以分为以下几种：幼儿园教师资格；小学教师资格；初级中学教师和初级职业学校文化课、专业课教师资格（统称初级中学教师资格）；高级中学教师资格；中等专业学校、技工学校、职业高级中学文化课、专业课教师资格（统称中等职业学校教师资格）；中等专业学校、技工学校、职业高级中学实习指导教师资格（统称中等职业学校实习指导教师资格）；高等学校教师资格。

（二）教师资格条件

根据《中华人民共和国教师法》第10条的规定，教师资格必须具备以下条件。

1. 必须是中国公民。
2. 具有良好的思想政治素质。
3. 具有良好的道德品质。
4. 具有教育教学能力。
5. 具备本法规定的学历或者国家资格考试合格。《中华人民共和国教师法》第11条对取得教师资格应当具备的学历作了具体规定。

幼儿教师资格制度

（1）取得幼儿园教师资格，应当具备幼儿师范学校毕业及其以上学历。

（2）取得小学教师资格，应当具备中等师范学校毕业及其以上学历。

（3）取得初级中学教师，初级职业学校文化、专业课教师资格，应当具备高等师范专科学校或者其他大学专科毕业及其以上学历。

（4）取得高级中学教师资格和中等专业学校、技工学校、职业高中文化课、专业课教师资格，应当具备高等师范院校本科或者其他大学本科毕业及其以上学历；

取得中等专业学校、技工学校和职业高中学生实习指导教师资格应当具备的学历，由国务院教育行政部门规定。

（5）取得高等学校教师资格，应当具备研究生或者大学本科毕业学历。

（6）取得成人教育教师资格，应当按照成人教育的层次、类别，分别具备高等、中等学校毕业及其以上学历。

（三）幼儿园教师资格考试

教师是实施素质教育，提高教育质量的关键。开展幼儿园教师资格考试，完善并严格实施幼儿园教师职业准入制度，是建设高素质专业化幼儿教师队伍的重要任务，是建立健全中国特色幼儿教师管理制度的重要内容，是贯彻落实《国家中长期教育改革和发展规划纲要（2010—2020 年）》的重要举措，对于提升幼儿教师队伍的整体素质，提高教师的社会地位，吸引优秀人才从教，推动教育改革发展，具有重要意义。

幼儿园教师资格考试，由教育部教师资格考试中心负责组织实施，笔试一般在每年 3 月和 11 月各举行一次，面试一般在每年 5 月和 12 月各举行一次。师范和非师范类毕业的学生取得幼儿园教师资格都必须参加国家统一组织的考试。考试分为笔试和面试两部分，笔试通过以后才可以参加面试。笔试科目为“综合素质”和“保教知识与能力”。面试先抽题（2 选 1）、选择 1 个内容进行 20 分钟的备课，并写出教案，随后回答规定的两个结构性问题，最后是试讲、答辩等环节。根据教育部 2011 年颁布的《中小学和幼儿园教师资格考试标准（试行）》，幼儿园教师资格考试的命题依据就是教师资格考试标准和考试大纲，具体来说，主要包括考试目标和考试内容两大类。

1. 考试目标

幼儿园教师资格考试主要考查申请教师资格人员从事教师职业所必需的职业道德、专业知识与基本能力。

（1）具有先进的教育理念；良好的法律意识和职业道德；具有从事教师职业所必备的科学文化素养和阅读理解、语言表达、逻辑推理和信息处理等基本能力。

（2）掌握教育教学、学生指导（幼儿保育）和班级管理的基本原理和基本知识，并能正确解决教育教学中的实际问题。

（3）具备学科教学能力，掌握拟任教学科或专业领域的基本知识，掌握教学设计、教学实施和教学评价的基本原理和方法，并能在教学实践中正确运用。

2. 考试内容

（1）职业道德与基本素养

第一，职业理念。关爱幼儿，尊重每个幼儿的人格尊严与基本权利；理解幼儿教育在人一生发展中的重要性，能认识到幼儿教育必须以每一个幼儿的全面发展为本；理解教师职业的光荣与责任，具有从事幼儿教育工作的热情；了解幼儿教师专业发展的要求，具有终身学习与自主发展的意识。

第二，职业规范。了解国家主要的教育法律法规，了解《儿童权利公约》；熟悉教师职业道德规范，能评析保育教育实践中的道德规范问题；了解幼儿园教师的职业特点与职业行为规范，能自觉地约束自己的职业行为；有爱心、耐心、责任心。

第三，基本素养。了解自然和人文社会科学的一般知识，熟悉常见的幼儿科普读物和文学作品，具有较好的文化修养；具有较好的艺术修养和审美能力；具有较好的人际交往与沟通能力；具有一定的阅读理解能力、语言与文字表达能力、信息获得与处理能力。

（2）教育知识与应用

第一，学前儿童发展。了解婴幼儿发展的基本原理；了解婴幼儿生理与心理发展的基本规律，熟悉幼儿身体发育、动作发展和认知、情绪情感、个性、社会性发展的特点；了解幼儿发展中的个体差异及其形成原因，能运用相关知识分析教育中的有关问题；了解研究幼儿的基本方法，并能据此初步了解幼儿的发展状况和教育需求；了解幼儿发展中易出现的问题或障碍。

第二，学前教育原理。掌握教育的基本理论，并能据此分析教育现象与问题；掌握学前教育的基本理论，并能据此分析学前教育中的现象与问题；了解幼教发展简史和著名教育家的儿童教育思想，并能结合幼教的现实问题进行分析；掌握幼儿教育的基本原则和不同于中小学教育的基本特点，并能据此评析幼教实践中的问题；理解幼儿游戏的意义与作用；理解幼儿园环境创设、班级管理的目的和意义；熟悉《幼儿园教育指导纲要（试行）》，了解幼教改革动态。

（3）保教知识与能力

第一，生活指导。熟悉幼儿园一日生活的主要环节，具有将教育融入一日生活的意识；了解幼儿生活常规教育的内容和要求以及培养幼儿良好生活、卫生习惯的方法；了解幼儿保健、安全方面的基本知识和处理常见问题与突发事件的基本方法。

第二，环境创设。熟悉幼儿环境创设的原则与基本方法；理解教师的态度、言行对幼儿园心理环境形成中的重要性，并能进行自我调控；了解幼儿园常见活动区的功能，能根据幼儿的需要创设相应的活动区；理解协调家庭、社区等各种教育力量的重要性，了解与家长沟通与交流的基本方法。

第三，游戏活动的指导。熟悉幼儿游戏的类型及其各类游戏的特点和主要功能；了解各年龄阶段幼儿的游戏特点，能根据需要提供支持与指导。

第四，教育活动的组织与实施。能根据教育目标和幼儿的兴趣需要和年龄特点选择教育内容，确定活动目标，设计教育活动方案；掌握幼儿健康、语言、社会、科学、艺术领域教育的基本知识和相应的教育方法；理解各领域之间的联系和开展综合教育活动的意义与方法；活动过程中关注幼儿的表现和反应，并能据此进行调整；关注个体差异，能根据幼儿的个体需要给予指导。

第五，教育评价。了解幼儿园教育评价的目的与方法，能对保教工作进行评价与反思；能正确运用评价结果改进保教工作，促进幼儿发展。

（四）幼儿园教师资格认定

《中华人民共和国教师法》规定：“中小学教师资格由县级以上地方人民政府教育行政部门认定。中等专业学校、技工学校的教师资格由县级以上地方人民政府教育行政部门组织有关主管部门认定。普通高等学校的教师资格由国务院或者省、自治区、直辖市教育行政部门或者由其委托的学校认定。具备本法规定的学历或者经国家教师资格考试合格的公民，要求有关部门认定其教师资格的，有关部门应当依照本法规定的条件予以认定。取得教师资格的人员首次任教时，应当有试用期”。

取得幼儿园教师资格必须遵循国家法定的有关程序，必须经过法定机构的认定。幼儿园教师资格，由申请人户籍所在地或者申请人任教学校所在地的县级人民政府教育行政部门认定。

1. 申请人提出申请

教育行政部门每年春季、秋季各受理一次教师资格认定申请。具体受理期限由教育行政部门规定，并以适当形式公布。申请人应当在规定的受理期限内提出申请。申请幼儿园教师资格认定，需要提交以下材料。

（1）幼儿园教师资格认定申请表（申请表由国务院教育行政部门统一格式）。

（2）身份证明。

（3）学历证书或者幼儿园教师资格考试合格证明。

（4）普通话水平应当达到国家语言文字工作委员会颁布的《普通话水平测试等级标准》二级乙等以上标准。

（5）由教育行政部门指定的医院出具的体格检查证明。

（6）户籍所在地的街道办事处、乡人民政府或者工作单位、所毕业的学校对其思想品德、有无犯罪记录等方面情况的鉴定及证明材料。

2. 教育行政部门的审查受理

申请人提交的证明或者材料不全的，教育行政部门应当及时通知申请人于受理期限终止前补齐。教育行政部门在接到公民的教师资格认定申请后，应当对申请人的条件进行审查；对符合认定条件的，应当在受理期限终止之日起 30 日内颁发幼儿园教师资格证书；对不符合认定条件的，应当在受理期限终止之日起 30 日内将认定结论通知申请人。非师范院校毕业或者幼儿园教师资格考试合格的公民申请认定幼儿园教师资格，应当进行面试和试讲，考察其教育教学能力；根据实际情况和需要，教育行政部门可以要求申请人补修教育学、心理学等课程。

3. 颁发证书

申请人符合认定条件的，当地教育行政部门对其颁发由国务院教育行政部门统一印制的幼儿园教师资格证书。该证书在全国范围内适用，终身有效。

（五）幼儿园教师资格丧失

幼儿教师资格丧失

根据我国教育法律规范的规定，教师资格证书在全国范围内适用且终身有效，但这并不意味着已经取得教师资格者不会丧失教师资格。

《中华人民共和国教师法》第 14 条规定：“受到剥夺政治权利或者故意犯罪受到有期徒刑以上刑事处罚的，不能取得教师资格；已经取得教师资格的，丧失教师资格。”

《中华人民共和国教师法》第 37 条提出：“教师有下列情形之一的，由所在学校、其他教育机构或者教育行政部门给予行政处分或者解聘:①故意不完成教育教学任务给教育教学工作造成损失的;②体罚学生,经教育不改的;③品行不良、侮辱学生,影响恶劣的。教师有前款第②项、第③项所列情形之一,情节严重,构成犯罪的,依法追究刑事责任。”具体来说,在我国,幼儿园教师凡有上述《中华人民共和国教师法》规定的三种违法行为之一的,由幼儿园或者教育行政部门分别给予行政处分或解聘;幼儿园教师有上述三种违法行为中的后两种行为,情节严重且构成犯罪的,由人民法院追究刑事责任;幼儿园教师有上述违法行为之一,对幼儿园和幼儿造成损失或损害的,还应当依照《中华人民共和国民法总则》的有关规定赔偿损失,消除影响,恢复名誉。赔偿事项可由幼儿园或教育行政部门处理,也可由人民法院强制执行。

另外,我国颁布的《教师资格条例》第 19 条规定:“有下列情形之一的,由县级以上人民政府教育行政部门撤销其教师资格:①弄虚作假、骗取教师资格的;②品行不良、侮辱学生,影响恶劣的。被撤销教师资格的,自撤销之日起 5 年内不得重新申请认定教师资格,其教师资格证书由县级以上人民政府教育行政部门收缴。”

案 例

“天使”变“魔鬼”

2011 年 7 月,江苏南通当地出现一段“南通吉的堡幼儿园老师打小朋友”的视频,时间是 7 月 6 日,画面触目惊心:刚开始,女老师带着小朋友们唱儿歌,大家手舞足蹈,歌声悠扬轻快。这时,两个调皮的小男孩不听话,独自离开座位,女老师冲上来就是一个耳光,并把男孩多次摔倒在地。此后女老师连续暴打了多个孩子。教室里另一名女老师坐在计算机前,还有一名女老师经过,都没有上前制止,似乎见惯不怪。

打人的女老师姓王,27 岁,具有教师资格证,在该园从事英语教学 3 年,还担任班主任。事发后,王某被幼儿园辞退。事发的南通市崇川区政府教育督导室负责人表示,区教育局将向市教育局提出申请,取消打人老师的“教师资格证”,并以此为契机,在全区范围开展幼儿园师资队伍督查,杜绝类似不良事件的发生。

案例分析:教育行政部门撤销幼儿教师王某的教师资格是否恰当?幼儿教师的职业角色对从事幼教工作人员的职业道德、专业知识和专业能力都提出了较高的要求,幼儿教师一旦违背了国家对幼教工作人员的从业要求,就会丧失其教师资格。根据《中华人民共和国教师法》及《教师资格条例》的有关规定,幼儿园和教育行政部门可依法给予教师行政处分、解聘或者撤销其教师资格。本案例中,区教育局辞退幼儿教师王某并依法撤销其教师资格的行为,是合法合理的。

幼儿教师应该树立正确的儿童观、教育观,热爱幼儿、尊重幼儿,严禁体罚和变相体罚。社会上出现的虐童事件应该引起国家的重视。国家应加大惩处力度,将素质不高、不合格的幼儿教师从教师队伍中清除出去,使他们无法再踏足幼师这个行业。

（六）教师资格定期注册制度

为完善教师资格制度，健全教师管理机制，建设高素质专业化教师队伍，根据《中华人民共和国教师法》《教师资格条例》和《国家中长期教育改革和发展规划纲要（2010—2020年）》，制定《中小学教师资格定期注册暂行办法》（教师〔2013〕9号）。承担中小学教师资格定期注册改革试点的省（自治区、直辖市）组织实施教师资格定期注册工作，适用本办法。

教师资格定期注册是对教师入职后从教资格的定期核查。中小学教师资格实行5年一周期的定期注册。定期注册不合格或逾期不注册的人员，不得从事教育教学工作。中小学教师资格定期注册的对象为公办普通中小学、中等职业学校和幼儿园在编在岗教师。省级教育行政部门可根据本地教师队伍建设的实际需要，将依法举办的民办普通中小学、中等职业学校和幼儿园教师纳入定期注册范围。

教师资格定期注册应与教师人事管理工作紧密结合，将严格教师考核和促进教师专业发展作为重要的工作目标。定期注册应坚持以人为本、科学规范和公开公平公正原则，客观体现教师职业道德、业务水平和工作业绩情况。

申请首次注册的，应当具备下列条件：第一，具有与任教岗位相应的教师资格；第二，聘用为中小学在编在岗教师；第三，省级教育行政部门规定的其他条件。对于首次任教人员须试用期满且考核合格。满足下列条件的，定期注册合格：第一，遵守国家法律法规和《中小学教师职业道德规范》，达到省级教育行政部门规定的师德考核评价标准，有良好的师德表现；第二，每年年度考核合格以上等次；第三，每个注册有效期内完成不少于国家规定的360个培训学时或省级教育行政部门规定的等量学分；第四，身心健康，胜任教育教学工作；第五，省级教育行政部门规定的其他条件。幼儿园教师有下列情形之一的，注册不合格：①违反《中小学教师职业道德规范》和师德考核评价标准，影响恶劣；②一个定期注册周期内连续两年以上（含两年）年度考核不合格；③依法被撤销或丧失教师资格。

二　教师职务制度

幼儿教师职务制度

教师职务是各级各类学校根据学校教学、科研等实际工作需要设置的教师工作岗位，担任教师必须具备专门的业务知识和相应的技术水平，有明确的职责、任职条件和任期。《中华人民共和国教师法》第16条明确规定："国家实行教师职务制度，具体办法由国务院规定。"教师职务制度是国家对教师岗位设置、各级岗位任职条件和取得该岗位职务的程序等内容的规定。这一制度涉及教师的聘用、职责、待遇、考核等多方面环节。国家实行教师职务制度，其目的就是充分调动和发挥教师为社会主义教育事业服务的积极性和创造性，激励教师不断提高政治思想觉悟、文化业务水平、学术教育水平和履行职责的能力，努力完成本职工作，促进人才合理流动。

依据2015年8月28日颁布的《关于深化中小学教师职称制度改革的指导意

见》，中小学教师职称（职务），在职称等级上，设置员级、助理级、中级、副高级、正高级5个等级，与职称的三级教师、二级教师、一级教师、高级教师、正高级教师相对应。因此，经过中小学教师职称制度改革以后，幼儿园教师也可以评正高级。

根据现行的《小学教师职务试行条例》《中学教师职务试行条例》《高等学校教师职务试行条例》等各教师职务试行条例的有关规定，担任教师职务必须具备如下条件。

（1）持有相应的教师资格证书。

（2）遵守宪法、法律，贯彻国家的教育方针，遵守规章制度。

（3）具有良好的思想政治素质和职业道德，为人师表。

（4）系统地掌握本学科的基础理论和专业知识，承担相应职务的课程和规定课时的本级教育教学任务。

（5）学历、学位要求。

（6）身心健康，能正常工作。

三 教师聘任制度

《中华人民共和国教师法》第17条规定："学校和其他教育机构应当逐步实行教师聘任制。教师的聘任应当遵循双方地位平等的原则，由学校和教师签订聘任合同，明确规定双方的权利、义务和责任。实施教师聘任制的步骤、办法由国务院教育行政部门规定。"

（一）教师聘任制的含义

聘任制是以合同的形式确定事业单位与职工基本人事关系的一种用人制度，即事业单位工作人员在本单位的身份属性通过与单位签订聘任合同确定。教师聘任制，是学校和教师在平等自愿的前提下，由学校或者教育行政部门依法根据教育教学岗位设置，以签订聘任合同的方式聘请有教师资质或教学经验的人担任相应教师职务的一项教师任用制度。其基本含义主要有以下几个方面。

1. 教师聘任制度应当以双方平等自愿为原则

学校和教师必须双方地位平等、双方意思表示一致，才能形成聘任合同关系。学校或者教育行政部门可根据国家的有关规定和学校教育教学、科研工作的需要，自主选择能胜任教师岗位的专业人才，而教师也有权根据本人的专业知识、业务能力选择适合于自己的学校及工作岗位。

幼儿教师聘任制度

2. 聘任合同具有法律效力，明确规定双方的权利、义务和责任

根据我国有关规定，聘任合同一旦签订，就具有法律上的效力，对聘任双方都具有约束力，聘任双方的权利义务是对等的，双方必须按照合同的约定明确自己的权利、义务和责任，必须按照合同的约定进行续聘、解聘、辞聘等行为。聘任合同以教师和学校在教育教学过程中的权利和义务为基本内容，教师按合同享有权利、履行义务；学校按合同为教师提供教育教学、科学研究、进修等方面的条件，并支付报酬。同时，学校有权对受聘教师的业务水平、工作态度和成绩进行考核，作为提职、

调薪、奖惩和能否续聘的依据。

3. 聘任合同必须以书面形式签订，内容全面

2002 年人事部在《关于在事业单位试行人员聘用制度的意见》中明确指出，聘用合同由聘用单位的法定代表人或者其委托人与受聘人员以书面形式订立。学校和教师在签订的聘用合同中必须明确下列内容：聘用合同的期限；工作岗位及职责；岗位工作纪律；岗位工作条件；工作报酬和保险、福利待遇；聘用合同的变更、终止与解除；违约责任与经济赔偿；人事争议处理；双方约定的其他事项等。经双方当事人协商一致，可以在聘用合同中约定试用期、培训和继续教育、知识产权保护、解聘提前通知时限等条款。聘用单位与受聘人员签订聘用合同时，可以约定试用期。试用期一般不超过 3 个月；有特殊情况的，可以延长，但最长不得超过 6 个月。被聘人员为大中专应届毕业生的，试用期可以延长至 12 个月。试用期包括在聘用合同期限内。聘用单位与受聘人员订立聘用合同时，不得收取任何形式的抵押金、抵押物或者其他财物。

（二）教师聘任制的形式

教师聘任制依其聘任主体实施行为不同可以分为以下几种形式。

（1）招聘。即用人单位面向社会公开、择优选择具有教师资格的应聘人员。

（2）续聘。即聘任期满后，聘任单位与教师继续签订聘任合同。

（3）解聘。即用人单位因某种原因不适宜继续聘任教师，双方解除合同关系。

（4）辞聘。即受聘教师主动请求用人单位解除聘任的合同行为。

四　教师待遇、培养和培训、考核、奖励的有关规定

（一）教师待遇

《中华人民共和国教育法》第 34 条明确指出，国家保护教师的合法权益，改善教师的工作条件和生活条件，提高教师的社会地位。教师的工资报酬、福利待遇，依照法律、法规的规定办理。《中华人民共和国教师法》对教师的工资、住房、医疗、养老保险等待遇都作了具体的规定。

1. 教师的工资待遇

幼儿教师的福利待遇

教师的平均工资水平应当不低于国家公务员的平均工资水平，并逐步提高。国家应建立正常的晋级增薪制度，具体办法由国务院规定；中小学教师和职业学校教师享受教龄津贴和其他津贴，具体办法由国务院教育行政部门会同有关部门制定；地方各级人民政府对教师以及具有中专以上学历的毕业生到少数民族地区和边远贫困地区从事教育教学工作的，应当予以补贴。

各级人民政府应当采取措施，改善由国家补助、集体支付工资的中小学教师的待遇，逐步做到与国家支付工资的教师同工同酬，具体办法由地方各级人民政府根据本地区的实际情况规定。

2018 年 11 月 15 日，《中共中央 国务院关于学前教育深化改革规范发展的若

干意见》中提到，要依法保障幼儿园教师地位和待遇。各地要认真落实公办园教师工资待遇保障政策，统筹工资收入政策、经费支出渠道，确保教师工资及时足额发放、同工同酬。有条件的地方可试点实施乡村公办园教师生活补助政策。按照政府购买服务范围的规定，可将公办园中保育员、安保、厨师等服务纳入政府购买服务范围，所需资金从地方财政预算中统筹安排。民办园要参照当地公办园教师工资收入水平，合理确定相应教师的工资收入。

2. 教师的住房、医疗、养老保险待遇

地方各级人民政府和国务院有关部门，对城市教师住房的建设、租赁、出售实行优先、优惠政策。县、乡两级人民政府应当为农村中小学教师解决住房提供方便。

教师的医疗同当地国家公务员享受同等的待遇；应定期对教师进行身体健康检查，并因地制宜地安排教师进行休养。医疗机构应当对当地教师的医疗提供方便。

教师退休或者退职后，享受国家规定的退休或者退职待遇。县级以上地方人民政府可以适当提高长期从事教育教学工作的中小学退休教师的退休金比例。

（二）教师的培养和培训

《中华人民共和国教育法》第 35 条："国家实行教师资格、职务、聘任制度，通过考核、奖励、培养和培训，提高教师素质，加强教师队伍建设。"

1. 教师的培养

《中华人民共和国教师法》第 18 条规定："各级人民政府和有关部门应当办好师范教育，并采取措施，鼓励优秀青年进入各级师范学校学习。各级教师进修学校承担培训中小学教师的任务。非师范学校应当承担培养和培训中小学教师的任务。各级师范学校学生享受专业奖学金"。

各个国家和民族的人民文化科学水平的提高在很大程度上取决于各级各类学校教师的水平，兴办师范教育是教育工作中的一项基本建设。我国政府历来重视师范教育，特别是改革开放以来，逐步把师范教育的地位提到了前所未有的高度。尤其是近年来，国家加大了对师范院校的经费投入，为师范教育的改革和发展提供了经费保障，师范学校的办学条件得到了较大改善，他们转变教育思想，改革教学内容、方法和手段，加强学科、专业、课程和教材建设，注重科学思想、科学方法教育，完善专业思想教育、师德教育和职业技能训练，全面提高了师资的培养质量，培养了大批能胜任教师岗位的专业化人才，也充实了少数民族地区和边远贫困地区的师资力量。

另外，根据《中华人民共和国教师法》的有关规定，非师范学校也应该承担起培养中小学教师的任务。非师范类毕业生教师资格考试合格后，还要进行面试和试讲，以便考察其教育教学能力，他们只有在申请获得了教师资格证书后才能胜任教师岗位。

针对学前教育的师资培养问题，《国务院关于当前发展学前教育的若干意见》（国发〔2010〕41 号）明确指出，国家要重视对幼儿特教师资的培养，完善学前教育师资培养培训体系。《中共中央 国务院关于全面深化新时代教师队伍建设改革的意见》(中发〔2018〕4号)中强调,要加大对师范院校支持力度,实施教师教育振兴行动计划,并提到要全面提高幼儿园教师质量。2018年11月15日,《中共中央 国务院关于学前教育深化改革规范发展的若干意见》中强调,要完善教师培养体系。办好一批幼儿师范专科学校和若干所幼儿师范学院,支持师范院校设立并办好学前教育专业。中等职业学校相关专业重点培养保育员。根据基本普及学前教育目标,制定学前教育专业培养规划,扩大本专科层次培养规模及学前教育专业公费师范生招生规模。前移培养起点,大力培养初中毕业起点的五年制专科学历的幼儿园教师。引导学前教育专业毕业生从事幼教工作,鼓励师范院校在校生辅修或转入学前教育专业,扩大有质量教师供给。创新培养模式,优化培养课程体系,突出保教融合,健全学前教育法规及规章制度,加强儿童发展、幼儿园保育教育实践类课程建设,提高培养专业化水平。2018年启动师范院校学前教育专业国家认证工作,建立培养质量保障制度。

2. 教师的培训

《中华人民共和国教师法》规定:"各级人民政府教育行政部门、学校主管部门和学校应当制定教师培训规划,对教师进行多种形式的思想政治、业务培训""各级教师进修学校承担培训中小学教师的任务。非师范学校应当承担培养和培训中小学教师的任务""国家机关、企业事业单位和其他社会组织应当为教师的社会调查和社会实践提供方便,给予协助""各级人民政府应当采取措施,为少数民族地区和边远贫困地区培养、培训教师"。

学前教育是终身学习的开端,是国民教育体系的重要组成部分,党和国家必须把发展学前教育摆在非常重要的位置。当前学前教育事业蓬勃发展,专业幼儿教师远远不能满足社会需求,而高素质的幼儿教师就更是成为幼儿园急需的人才。幼儿教师队伍参差不齐,尤其在少数民族地区和边远地区,这种现象更为严重,好多幼儿教师教育理念陈旧、专业素质不高、没有获得相应的学历及教师资格证等。因此,在职幼儿教师的培训问题已经成为国家亟待解决的重要问题之一。

《国务院关于当前发展学前教育的若干意见》(国发〔2010〕41号)指出,要通过多种途径加强幼儿教师队伍建设。建立幼儿园园长和教师培训体系,满足幼儿教师多样化的学习和发展需求;创新培训模式,为有志于从事学前教育的非师范专业毕业生提供培训;三年内对1万名幼儿园园长和骨干教师进行国家级培训;各地五年内对幼儿园园长和教师进行一轮全员专业培训。教育部、财政部从2011年起,针对中西部地区农村公办幼儿园(含部门、集体办幼儿园)和普惠性民办幼儿园园长、骨干教师、转岗教师实施的"幼儿教师国家级培训计划",就是为了贯彻落实《国务院关于当前发展学前教育的若干意见》(国发〔2010〕41号)和《财政部教育部关于加大财政投入支持学前教育发展的通知》(财教〔2011〕405号)的精神,加强农村幼儿教师队伍建设,提高农村幼儿教师素质。"幼儿教师国家级培训计划"主要涉及以下培训项目:农村幼儿教师短期集中培训,即组织农村幼儿园骨干教师到省域内外高水平师范院校、综合大学、幼儿师范专科学校和教师培训机构进行短期集中培训,促进幼儿教师更新教育观念,着力解决幼儿教师在教育中面临的实际问题，提高幼儿教师的教育水平和专业能力；农村幼儿园“转岗教师”培训，即充分利用省域内外高水平师范院校、综合大学、幼儿师范专科学校、幼儿师范学校和教师培训机构，充分发挥县级教师培训机构的组织管理作用，采取集中培训、“送培到县”“送教上门”、远程培训等多种方式对农村幼儿园“转岗教师”进行120学时的岗位适应性培训，主要针对农村幼儿园新入职的未从事过学前教育工作的“转岗教师”和非学前教育专业的高校毕业生，贯彻落实《幼儿园教育指导纲要(试行)》，帮助“转岗教师”树立学前教育专业思想，掌握学前教育基本技能和方法，提高教育能力和水平；农村幼儿园骨干教师置换脱产研修，即组织高年级学前教育专业师范生、城镇幼儿园教师到农村幼儿园顶岗实习支教，置换出农村幼儿园骨干教师到高水平院校、幼儿师范专科学校和城市优质幼儿园进行为期3个月左右的脱产研修，全面提高骨干教师教育水平、专业能力和培训能力，为中西部农村培养一批在促进学前教育发展，开展幼儿教师培训中发挥辐射带头作用的“种子”，促进幼儿教师教育改革。

除“幼儿教师国家级培训计划”涉及的培训项目以外，针对目前幼儿教师队伍的现状，国家有关部门及承担幼儿教师培训任务的学校都应该积极制定培训规划，满足幼儿园、家长及社会的需求。例如，园内培训，主要培训形式包括学术报告、专题讲座、经验交流、观摩活动等；继续教育，即对在职幼儿教师进行知识更新、补充、拓展和能力提高的一种高层次的追加教育，是一种成人学历教育，幼儿教师可通过函授的方式取得专科和本科学历；组织幼儿园骨干教师到高水平师范院校、综合大学、幼儿师范专科学校和教师培训机构进行短期集中培训，促进幼儿教师更新教育观念，提高其教育水平和专业能力；远程培训，幼儿教师利用网络除可以阅读大量相关理论知识的文字、图片、资料外，也可以观看一些名师授课的视频、观摩各种类型的优质示范课录像资料，还可以进行师生互动、生生互动等。

（三）教师的考核

根据我国有关法律的规定，学校或者其他教育机构应当对教师的各个方面进行考核，并以此作为教师受聘任教、晋升工资、实施奖惩的依据。各级各类学校要加强学校内部管理，全方位思考怎样对教师进行考核、实行的考核对教师有哪些积极的意义、有哪些消极的影响等问题，从而制定出适合学校发展、提高教育教学质量的教师考核制度。考核应当客观、公正、准确，并充分听取教师本人、其他教师及学生的意见，充分调动广大教师的工作积极性，做到制度公开，奖勤罚懒。例如，部分学校制定的学生评教制度就是考核教师的有效方式之一，深受广大教师及学生的欢迎。

《中华人民共和国教师法》第五章对教师考核做了原则性的规定，即学校或者其他教育机构应当对教师的政治思想、业务水平、工作态度和工作成绩进行考核。教育行政部门对教师的考核工作进行指导、监督。结合《事业单位工作人员考核暂行规定》(人核培发〔1995〕153号)及《中华人民共和国教师法》的有关规定，教师的考核主要包括四个方面。

(1) 政治思想——德。具体来说，主要考核教师的政治、思想表现和职业道德表现。

（2）业务水平——能。具体来说，主要考核教师的业务技术水平、管理能力的运用发挥，业务技术提高、知识更新情况。

（3）工作态度——勤。具体来说，主要考核教师的工作态度、勤奋敬业精神和遵守劳动纪律情况。

（4）工作成绩——绩。这是对教师考核的重点方面，对教师的考核一定要注重工作实绩。具体来说，主要考核教师履行职责情况、完成工作任务的数量、质量、效率，取得成果的水平及社会效益和经济效益。

因此，教师应围绕考核内容，积极提高自己的思想政治觉悟，遵守宪法和法律，遵守教师职业道德，忠诚于人民的教育事业，严谨治学，爱岗敬业，尽职尽责，认真组织教学，刻苦钻研业务，勇于创新，不断提高教学质量和科研水平，努力扩大知识面，优化知识结构，做到博学多才，提升专业素质，顺利完成每学期的教育教学工作及科研工作，为学校及教育事业的发展做出突出贡献，做人民满意的优秀教师。

（四）教师的奖励

为了鼓励我国广大教师长期从事教育事业，加强教师队伍建设，提升教育教学质量，国家奖励在教育事业中做出突出贡献的教师。我国相关的教育法律、规章为教师奖励工作走上制度化、规范化、法制化提供了重要依据与保障。

（1）《中华人民共和国教育法》第 13 条规定：“国家对发展教育事业做出突出贡献的组织和个人，给予奖励。”

（2）《中华人民共和国教师法》第 33 条明确规定：“教师在教育教学、培养人才、科学研究、教学改革、学校建设、社会服务、勤工俭学等方面成绩优异的，由所在学校予以表彰、奖励。国务院和地方各级人民政府及其有关部门对有突出贡献的教师，应当予以表彰、奖励。对有重大贡献的教师，依照国家有关规定授予荣誉称号。”《中华人民共和国教师法》第 34 条明确规定：“国家支持和鼓励社会组织或者个人向依法成立的奖励教师的基金组织捐助资金，对教师进行奖励。”自 1986 年国务院批准成立“中国中小学幼儿教师奖励基金会”以来，共支出奖金和组织奖励性活动经费近亿元，奖励了大批全国优秀教师、全国优秀教育工作者和全国模范教师，组织了数十次奖励性质的教师考察、参观、讲学等活动，资助了边远贫困地区教师的特殊困难。

（3）《教学成果奖励条例》第 3 条规定：“各级各类学校、学术团体和其他社会组织、教师及其他个人，均可以依照本条例的规定申请教学成果奖。”教学成果奖的奖金，归项目获奖者所有，任何单位或者个人不得截留。获得教学成果奖，应当记入本人考绩档案，作为评定职称、晋级增薪的一项重要依据。

（4）《教师和教育工作者奖励规定》也对教师奖励的内容、条件、形式等作了具体规定。国务院教育行政部门对长期从事教育教学、科学研究和管理、服务工作并取得显著成绩的教师和教育工作者，分别授予其“全国优秀教师”和“全国优秀教育工作者”荣誉称号，并颁发相应的奖章和证书；对其中做出突出贡献者，由国务院教育行政部门会同国务院人事部门授予其“全国模范教师”和“全国教育系统先进工作者”荣誉称号，颁发相应的奖章和证书。教师奖励工作应坚持精神奖励与物质奖励相结合的原则。物质奖励主要有奖金、实物、晋升工资，组织教师考察、参观、讲学活动等；精神奖励主要是授予“优秀教师”等荣誉称号。

第二节 幼儿园教师

案例

幼儿园教师殴打幼儿被辞退

2012年5月，山东济南，怀孕教师张某殴打男童，处理结果：被幼儿园辞退并被终身禁止从事幼教行业。2011年12月，浙江义乌，教师刘某以“不睡午觉”为由，用棍棒将一男童的脸部和耳朵打伤，处理结果：被停职。2011年7月，江苏南通三名男童，因“不认真唱歌”，被教师王某毒打，处理结果：被辞退。2010年12月，江苏兴化，因“上课说话”，七名儿童被教师易某用电熨斗烫伤，处理结果：行政拘留10日，并处罚款500元。2010年9月，江苏徐州教师陈某因一女童与自己的女儿发生争执，殴打该女童十余分钟，处理结果：被辞退。

近年来，幼儿园教师虐待孩子的事件屡屡发生。国家实行严格的教师资格准入制度，严禁不具有幼儿园教师资格的人从事学前教育事业。那么，幼儿园教师的职责是什么呢？幼儿园教师必须具备哪些专业素质？幼儿园教师又有哪些权利和义务呢？本节将会探讨这些问题的答案。

一 幼儿园教师的含义

教师是教育法律关系的主体，也是办好幼儿园的关键力量，《中华人民共和国教育法》和《中华人民共和国教师法》赋予了“教师”以特定的法律含义。法律意义上的“教师”是指履行教育教学职责的专业人员，他们承担着教书育人、培养社会主义事业的建设者和接班人，提高民族素质的使命。

根据《中华人民共和国教育法》和《中华人民共和国教师法》的规定，幼儿园教师是指履行幼儿教育教学职责的专业人员，他们承担着教书育人、培养社会主义事业的建设者和接班人，提高民族素质的使命。幼儿园中，不直接从事教育工作，未履行教育职责的行政管理人员、校办产业公司人员、教育辅助人员（包括后勤服务人员等），就不能认为是教师，而应将他们归类为教育职员或其他相应的专业技术职务系列。

二 幼儿园教师的职责

按照《幼儿园工作规程》，幼儿园教师对本班工作全面负责，他们的职责主要有以下六个方面。

(1) 观察了解幼儿,依据国家有关规定,结合本班幼儿的发展水平和兴趣需要,制订和执行教育工作计划,合理安排幼儿一日生活。

(2) 创设良好的教育环境,合理组织教育内容,提供丰富的玩具和游戏材料,开展适宜的教育活动。

(3) 严格执行幼儿园安全、卫生保健制度,指导并配合保育员管理本班幼儿生活,做好卫生保健工作。

(4) 与家长保持经常联系,了解幼儿家庭的教育环境,商讨符合幼儿特点的教育措施,相互配合共同完成教育任务。

(5) 参加业务学习和保育教育研究活动。

(6) 定期总结评估保教工作实效,接受园长的指导和检查。

三 幼儿园教师的专业素质

幼儿园教师是履行幼儿园教育工作职责的专业人员,需要经过严格的培养与培训,具有良好的职业道德,掌握系统的专业知识和专业技能。《幼儿园教师专业标准(试行)》是国家对合格幼儿园教师专业素质的基本要求,是幼儿园教师开展保教活动的基本规范,是引领幼儿园教师专业发展的基本准则,是幼儿园教师培养、准入、培训、考核等工作的重要依据。根据《幼儿园教师专业标准(试行)》,作为一名合格的幼儿园教师,必须具备以师德为先、幼儿为本、能力为重、终身学习的基本理念;还应具备专业理念与师德、专业知识和专业能力。具体来说,幼儿园教师的专业素质包括专业知识、专业能力和专业态度。专业知识包括:基本文化知识、教育理论知识、教学实践知识。专业能力包括:专业基本技能、教学核心能力、反思评价能力和教学科研能力。专业态度包括:工作态度、专业发展态度、学习态度。

(一) 基本理念

1. 师德为先

热爱学前教育事业,具有职业理想,践行社会主义核心价值体系,履行教师职业道德规范。关爱幼儿,尊重幼儿人格,富有爱心、责任心、耐心和细心;为人师表,教书育人,自尊自律,做幼儿健康成长的启蒙者和引路人。

2. 幼儿为本

尊重幼儿权益,以幼儿为主体,充分调动和发挥幼儿的主动性;遵循幼儿身心发展特点和保教活动规律,提供适合的教育,保障幼儿快乐健康成长。

3. 能力为重

把学前教育理论与保教实践相结合,突出保教实践能力;研究幼儿,遵循幼儿成长规律,提升保教工作专业化水平;坚持实践、反思、再实践、再反思,不断提高专业能力。

4. 终身学习

学习先进学前教育理论,了解国内外学前教育改革与发展的经验和做法;优化知识结构，提高文化素养；具有终身学习与持续发展的意识和能力，做终身学习的典范。

（二）专业理念与师德

（1）职业理解与认识。贯彻党和国家教育方针政策，遵守教育法律法规；理解幼儿保教工作的意义，热爱学前教育事业，具有职业理想和敬业精神；认同幼儿园教师的专业性和独特性，注重自身专业发展；具有良好职业道德修养，为人师表；具有团队合作精神，积极开展协作与交流。

（2）对幼儿的态度与行为。关爱幼儿，重视幼儿身心健康，将保护幼儿生命安全放在首位；尊重幼儿人格，维护幼儿合法权益，平等对待每一个幼儿。不讽刺、挖苦、歧视幼儿，不体罚或变相体罚幼儿；信任幼儿，尊重个体差异，主动了解和满足有益于幼儿身心发展的不同需求；重视生活对幼儿健康成长的重要价值，积极创造条件，让幼儿拥有快乐的幼儿园生活。

（3）幼儿保育和教育的态度与行为。注重保教结合，培育幼儿良好的意志品质，帮助幼儿形成良好的行为习惯；注重保护幼儿的好奇心，培养幼儿的想象力，发掘幼儿的兴趣爱好；重视环境和游戏对幼儿发展的独特作用，创设富有教育意义的环境氛围，将游戏作为幼儿的主要活动；重视丰富幼儿多方面的直接经验，将探索、交往等实践活动作为幼儿最重要的学习方式；重视自身日常态度言行对幼儿发展的重要影响与作用；重视幼儿园、家庭和社区的合作，综合利用各种资源。

（4）个人修养与行为。富有爱心、责任心、耐心和细心；乐观向上、热情开朗，有亲和力；善于自我调节情绪，保持平和心态；勤于学习，不断进取；衣着整洁得体，语言规范健康，举止文明礼貌。

（三）专业知识

（1）幼儿身心发展知识。了解关于幼儿生存、发展和保护的有关法律法规及政策规定；掌握不同年龄幼儿身心发展特点、规律和促进幼儿全面发展的策略与方法。

了解幼儿在发展水平、速度与优势领域等方面的个体差异，掌握对应的策略与方法；了解幼儿发展中容易出现的问题与适宜的对策；了解有特殊需要幼儿的身心发展特点及教育策略与方法。

（2）幼儿保育和教育知识。熟悉幼儿园教育的目标、任务、内容、要求和基本原则；掌握幼儿园环境创设、一日生活安排、游戏与教育活动、保育和班级管理的知识与方法；熟知幼儿园的安全应急预案，掌握意外事故和危险情况下幼儿安全防护与救助的基本方法；掌握观察、谈话、记录等了解幼儿的基本方法；了解0—3岁婴幼儿保教和幼小衔接的有关知识与基本方法。

（3）通识性知识。具有一定的自然科学和人文社会科学知识；了解中国教育基本情况；掌握幼儿园各领域教育的特点与基本知识；具有相应的艺术欣赏与表现知识；具有一定的现代信息技术知识。

（四）专业能力

（1）环境的创设与利用。建立良好的师幼关系，帮助幼儿建立良好的同伴关系，让幼儿感到温暖和愉悦；建立班级秩序与规则，营造良好的班级氛围，让幼儿感受到安全、舒适；创设有助于促进幼儿成长、学习、游戏的教育环境；合理利用资源，为幼儿提供和制作适合的玩教具和学习材料，引发和支持幼儿的主动活动。

（2）一日生活的组织与保育。合理安排和组织一日生活的各个环节，将教育灵活地渗透到一日生活中；科学照料幼儿日常生活，指导和协助保育员做好班级常规保育和卫生工作；充分利用各种教育契机，对幼儿进行随机教育；有效保护幼儿，及时处理幼儿的常见事故，出现危险情况优先救护幼儿。

（3）游戏活动的支持与引导。提供符合幼儿兴趣需要、年龄特点和发展目标的游戏条件；充分利用与合理设计游戏活动空间，提供丰富、适宜的游戏材料，支持、引导和促进幼儿的游戏；鼓励幼儿自主选择游戏内容、伙伴和材料，支持幼儿主动地、创造性地开展游戏，充分体验游戏的快乐和满足；引导幼儿在游戏活动中获得身体、认知、语言和社会性等多方面的发展。

（4）教育活动的计划与实施。制定阶段性的教育活动计划和具体活动方案；在教育活动中观察幼儿，根据幼儿的表现和需要，调整活动，给予适宜的指导；在教育活动的设计和实施中体现趣味性、综合性和生活化，灵活运用各种组织形式和适宜的教育方式；提供更多的操作探索、交流合作、表达表现的机会，支持和促进幼儿主动学习。

（5）激励与评价。关注幼儿日常表现，及时发现和赏识每个幼儿的点滴进步，注重激发和保护幼儿的积极性、自信心；有效运用观察、谈话、家园联系、作品分析等多种方法，客观地、全面地了解和评价幼儿；有效运用评价结果，指导下一步教育活动的开展。

（6）沟通与合作。使用符合幼儿年龄特点的语言进行保教工作；善于倾听，和蔼可亲，与幼儿进行有效沟通；与同事合作交流，分享经验和资源，共同发展；与家长进行有效沟通合作，共同促进幼儿发展；协助幼儿园与社区建立合作互助的良好关系。

（7）反思与发展。主动收集分析相关信息，不断进行反思，改进保教工作；针对保教工作中的现实需要与问题，进行探索和研究；制定专业发展规划，不断提高自身专业素质。

幼儿园教师要将《幼儿园教师专业标准（试行）》作为自身专业发展的基本依据，制定自我专业发展规划，爱岗敬业，增强专业发展的自觉性；大胆开展保教实践，不断创新；积极进行自我评价，主动参加教师培训和自主研修，逐步提升自身的专业发展水平。

幼儿教师的权利与义务

四　幼儿园教师的权利与义务

《中华人民共和国教育法》第 33 条规定：“教师享有法律规定的权利，履行法律规定的义务,忠诚于人民的教育事业。”教师的权利和义务,是基于教师这一特定的职业性质,是教师专属的职业权利和义务,是由国家的教育法律规范所设定的。权利和义务是对立统一的,教师在享受权利的同时,必须履行一定的义务,正如马克思所说的那样,没有无义务的权利,也没有无权利的义务。作为一名合格的幼儿园教师,无论是恰当享受权利,还是正确履行义务,都应当在法定的界限内进行,必须自觉遵守国家教育法律规范。

(一) 幼儿园教师的权利

法律上的幼儿园教师权利,是指教师在教育活动中享有的由教育法赋予的权利,是国家对教师在教育活动中所做行为的许可与保障。依据《中华人民共和国教育法》《中华人民共和国教师法》,我国幼儿园教师具有以下基本权利。

(1) 进行保育教育活动,开展保育教育改革和实验。这项权利简称教育权。它是由教师的职业特点决定的,幼儿园教师要珍惜这一权利,忠诚于人民的教育事业,全身心投入到幼儿教育事业中去。在教育教学工作中,幼儿园教师可以根据国家有关幼儿教育的政策、幼儿园的有关要求及幼儿的自身特点进行改革和实验,适时调整教学大纲,整合教学内容,探索新的教学手段和方式,有计划、有目的地组织课堂教学。

(2) 从事科学研究、学术交流、参加专业的学术团体,在学术活动中发表意见。这项权利简称科学研究权。这项权利能够促进幼儿园教师提升自己的专业水平。只有进行科学研究,才能总结出各种理论体系,促进教学内容的整合,教学方法的更新,从而提高自身的教育教学水平。为此,幼儿园教师在完成教学任务的同时,必须进行科学研究,参加有关的学术交流活动,在学术交流中发表自己的意见和观点,把自己专业领域的研究成果撰写成学术论文、著作等。

(3) 指导幼儿的学习和发展,评定幼儿成长发展的权利。这项权利简称管理幼儿权。幼儿园教师作为幼儿园教育教学活动的主体,有权利因材施教,科学地引导幼儿的学习和游戏活动,要针对不同幼儿的身心发展水平和特点,提供适宜的教育和帮助,促进其身心和谐发展;幼儿园教师有权对幼儿的身心发展水平做出客观公正的评定,观察、分析每一个孩子的不同特点和发展需要,关心和热爱每一个孩子,成为他们发展的合作者、支持者、促进者。

(4) 按时获取工资报酬,享有国家规定的福利待遇以及寒暑假期的带薪休假。这项权利简称获取报酬待遇权。幼儿园教师享有的这项重要权利,是宪法规定的公民享有劳动报酬权及休息权的具体化。具体表现为:幼儿园教师有权要求所在幼儿园及其主管部门根据国家教育法律、教师聘用合同的规定,按时、足额支付工资报酬,包括基础工资、职务工资、课时报酬、奖金、教龄津贴、班主任津贴及其他各种津贴在内的工资收入;幼儿园教师有权享受国家规定的医疗、住房、退休等方面的各种福利待遇以及寒暑假期的带薪休假。

(5) 对幼儿园的保教工作、管理工作和教育行政部门的工作提出意见和建议,通过教职工代表大会或者其他形式,参与幼儿园管理的民主权利。这项权利简称民主管理权。教职工代表大会是幼儿园教师行使民主权利,参与幼儿园民主管理和民主监督的机构，是幼儿园管理体制中的重要组成部分。幼儿园教师有权通过教职工代表大会对幼儿园的各项工作提出意见和建议，进行批评和监督，促进幼儿园的民主建设。

(6) 参加进修或者其他方式的培训。该权利简称进修培训权。各级政府和教育行政部门以及幼儿园必须结合时代和幼儿园的发展需要，不断加强幼儿园教师队伍建设，夯实幼儿园教师的专业水平，积极承担起幼儿园教师进修培训的任务，鼓励幼儿园教师利用各种途径和机会参加学习和进修，更新知识与观念、掌握现代教育教学技术，提高自己的职业道德素质，提升自己的专业发展和幼儿园的教育教学质量。

（二）幼儿园教师的义务

教师的义务，是指教师依照《中华人民共和国教育法》《中华人民共和国教师法》及其他有关法律、法规，从事教育教学工作而必须履行的责任，表现为教师在教育活动中所做行为的约束。

(1) 遵守宪法、法律和职业道德，为人师表。在社会主义国家，一切组织和个人都是守法的主体。幼儿园教师作为一名普通的公民，必须遵守我国的宪法和法律，把宪法和法律的有关规定作为自己的行为准则，依法享有和行使权利，依法承担和履行义务，并在教育教学活动中，培养幼儿的法制观念，帮助幼儿了解我国社会主义的法律，做知法、懂法、守法的合格公民，为社会主义培养合格的建设者和接班人打下坚实的法制基础。教师作为人类灵魂的工程师，必须遵循基于教师这一职业的道德规范及与之相适应的道德观念、情操和品质，教师职业的特殊性决定了教师的职业道德比其他的职业道德具有更强的示范性，幼儿园教师作为幼儿接受教育的启蒙者，更应该着力提升自己的道德境界，强化自己的职业道德素质，为人师表，做到学为人师，行为世范，表为楷模。

(2) 贯彻国家的教育方针，遵守规章制度，执行幼儿园的保教工作计划、履行教师聘约、完成保教工作任务。保教工作是幼儿园教师最基本的职责之一，幼儿园教师必须全面贯彻党和国家的教育方针，坚持育人为本、德育为先，实施素质教育，提高教育现代化水平，培养德智体美全面发展的社会主义建设者和接班人。此外，幼儿园教师必须贯彻执行幼儿园的各项规定，按照聘任合同中的有关内容，顺利完成每学期的工作任务，更好地履行对国家的教育事业及对学校、学生和家长的责任。

(3) 按照国家规定的保育教育目标，通过活动对幼儿进行形象的爱国主义、民族团结教育、法制教育，组织、带领幼儿开展有目的、有计划的教育活动。这是对教师从事教育教学工作内容方面的全面规范。幼儿园教师要激发幼儿的求知欲望，培养幼儿爱祖国、爱科学、爱劳动的情感；激发幼儿参加有益活动的兴趣，让幼儿在活动中学会尊重和帮助别人，学会合作与分享，提升幼儿的交往能力和协调能力等。

(4) 关心、爱护全体幼儿，尊重幼儿人格，促进幼儿在德智体美等方面全面发展。爱心是幼儿园教师最基本的职业道德品质，在教育教学工作中，幼儿园教师必须平等地关爱、关心每一个幼儿，不管在任何时候，都不能忽视对每一个幼儿的爱，都不能歧视任何一个幼儿，更不能变相体罚幼儿，尊重幼儿的人格，维护幼儿的尊严，为幼儿健康成长营造一个和谐的环境，为培养德智体美全面发展的建设者和接班人保驾护航。

（5）制止有害于幼儿的行为或者其他侵犯幼儿合法权益的行为，批评和抵制有害于幼儿健康成长的现象。幼儿是祖国的未来，幼儿教育是整个社会主义教育事业的组成部分，幼儿时期是一个人健康成长的奠基时期。因此，在幼儿园工作和与保育教育相关的活动中，维护幼儿的合法权益，制止、批评和抵制有害于幼儿的行为，确保幼儿健康成长更是幼儿园教师义不容辞的义务，当然这也是我们全社会的责任，是关系到国家长治久安的大事。

（6）不断提高思想政治觉悟和教育教学水平。作为履行幼儿教育教学职责的专业人员，幼儿园教师必须不断学习马克思列宁主义、毛泽东思想、邓小平理论、"三个代表"重要思想、科学发展观及习近平新时代中国特色社会主义思想的有关精神；必须学习贯彻党和国家的教育方针政策，遵守教育法律法规，践行社会主义核心价值观，履行教师职业道德规范；必须提高自己的专业素质和专业能力，并把这些贯穿到自己的教学工作中，积极提高自己的思想政治觉悟和教育教学水平。

五 幼儿园教师教育课程标准

为落实教育规划纲要，深化教师教育改革，规范和引导教师教育课程与教学，培养造就高素质专业化教师队伍，教育部于 2011 年制定了《教师教育课程标准（试行）》。根据《教师教育课程标准（试行）》，幼儿园教师教育课程标准应坚持"育人为本""实践取向"和"终身学习"的理念，确立教师教育课程目标，优化教师教育课程结构，强化实践性教育环节，推进职前、在职教育的一体化。

（一）基本理念

1. 育人为本

教师是幼儿、中小学学生发展的促进者，他们在研究和帮助学生健康成长的同时也实现了专业发展。教师教育课程应反映社会主义核心价值观，吸收研究新成果，体现社会进步对幼儿、中小学学生发展的新要求。教师教育课程应引导未来教师树立正确的儿童观、学生观、教师观与教育观，掌握必备的教育知识与能力，参与教育实践，丰富专业体验；引导未来教师因材施教，关心和帮助每个幼儿、中小学学生逐步树立正确的世界观、人生观、价值观，培养社会责任感、创新精神和实践能力。

2. 实践取向

教师是反思性实践者，他们在研究自身经验和改进教育教学行为的同时也实现了专业发展。教师教育课程应强化实践意识，关注现实问题，体现教育改革与发展对教师的新要求。教师教育课程应引导未来教师参与和研究基础教育改革，主动建构教育知识，发展实践能力；引导未来教师发现和解决实际问题，创新教育教学模式，形成个人的教学风格和实践智慧。

3. 终身学习

教师是终身学习者，他们在持续学习和不断完善自身素质的同时也实现了专业的发展。教师教育课程应实现职前教育与在职教育的一体化，增强适应性和开放性，体现学习型社会对个体的新要求。教师教育课程应引导未来教师树立正确的专业理想，掌握必备的知识与技能，养成独立思考和自主学习的习惯；引导教师加深专业理解，更新知识结构，形成终身学习和应对挑战的能力。

（二）幼儿园职前教师教育课程目标与课程设置

幼儿园职前教师教育课程要帮助未来教师充分认识幼儿的特性和价值，理解“保教结合”的重要性，学会按幼儿的成长特点进行科学的保育和教育；理解幼儿的认知特点和学习方式，学会把教育寓于幼儿的生活和游戏中，创设适宜的教育环境，保护与发展幼儿探究、创造的兴趣，让幼儿在愉快的幼儿园生活中健康地成长。

1. 课程目标

（1）教育信念与责任

第一，具有正确的儿童观和相应的行为。其基本要求是：理解幼儿阶段在人生发展中的独特地位和价值，认识健康愉快的幼儿园生活对幼儿发展的意义；尊重和维护幼儿的人格和权利，保护幼儿的好奇心和自信心；尊重幼儿的个体差异，相信幼儿具有发展的潜力，乐于为幼儿创造发展的条件和机会。

第二，具有正确的教师观和相应的行为。其基本要求是：理解教师是幼儿学习的引导者和支持者，相信教师工作的意义在于帮助幼儿健康成长；了解幼儿园教师的职业特点和专业要求，自觉提高自身的科学与人文素养，形成终身学习的意愿；了解教师的权利和责任，遵守教师职业道德。

第三，具有正确的教育观和相应的行为。其基本要求是：理解教育对幼儿成长、教师自身发展和社会进步的重要意义，相信教育充满了创造的乐趣，愿意从事幼儿教育事业；了解幼儿教育的历史、现状和发展趋势，认同素质教育理念，理解并参与教育改革；形成正确的教育质量观，对与幼儿教育相关的现象进行专业思考与判断。

（2）教育知识与能力

第一，具有理解幼儿的知识和能力。其基本要求是：了解儿童发展的主要理论和儿童研究的最新成果；了解儿童身心发展的一般规律和影响因素，熟悉幼儿年龄阶段特征和个体发展的差异性；了解幼儿认知发展、学习方式的特点及影响因素，熟悉幼儿构建知识、获得技能的过程；了解幼儿情感、社会性发展的特点，熟悉幼儿品德和行为习惯形成的过程和规律；掌握观察、谈话、倾听、作品分析等基本方法，理解幼儿发展的需要；了解幼儿期常见疾病、发展障碍、学习障碍的基础知识和应对方法；了解我国教育的政策法规，熟悉关于儿童权利的内容以及维护儿童合法权益的途径。

第二，具有教育幼儿的知识和能力。其基本要求是：了解我国幼儿园教育的目标和任务，熟悉健康、语言、社会、科学、艺术各领域的教育目标，学会以此指导自己的学习和实践；了解幼儿教育的基本原理，理解整合各领域的内容、综合地实施教育活动的重要性，学会设计和实施幼儿教育活动；了解幼儿的生活经验，学会利用实践机会，积累引导幼儿在游戏等活动中建构知识、发展创造力的经验；掌握照顾幼儿健康地、安全地生活的基本方法和技能；了解教育评价的理论与技术，学会通过评价改进活动与促进幼儿发展；了解与家庭、社区沟通的重要性，学会利用和开发周围的资源,创设有利于幼儿发展的环境;掌握幼儿心理健康教育的基本知识,学会处理幼儿常见行为问题;了解0—3岁保育教育的有关知识和婴儿保育教育的一般方法;了解小学教育的有关知识和幼小衔接的一般方法。

第三,具有发展自我的知识与能力。其基本要求是:了解教师专业素养的核心内容,明确自身专业发展的重点;了解教师专业发展的阶段与途径,熟悉教师专业发展规划的一般方法,学会理解与分享优秀教师的成功经验;了解教师专业发展的影响因素,学会利用以课程学习为主的各种机会,积累发展经验。

(3)教育实践与体验

第一,具有观摩教育实践的经历与体验。其基本要求是:结合相关课程学习,观摩幼儿的生活和教育活动的组织与指导,了解幼儿园教育的规范与过程,感受不同的教育风格;深入幼儿园和班级,参与幼儿活动,获得与幼儿直接交往的体验;了解幼儿园保教工作的特点和幼儿园各部门工作的职责和要求,感受幼儿教育实践的丰富性和复杂性。

第二,具有参与教育实践的经历与体验。其基本要求是:了解实习班级幼儿的实际情况,在指导下设计教育活动方案,组织一日活动,获得对教育过程的真实感受;参与各种教研活动,获得与幼儿园教师直接对话或交流的机会;与家庭和社区合作,提高沟通能力,获得共同促进幼儿发展的实践经历与体验;参与不同类型的幼教机构活动和幼儿教育实践活动。

第三,具有研究教育实践的经历与体验。其基本要求是:在日常学习和实践过程中积累所学所思所想,形成问题意识和一定的解决问题的能力;了解研究教育实践的一般方法,经历和体验制订计划、开展活动、完成报告、分享结果的过程;参与各种类型的科研活动,获得科学地研究幼儿的经历与体验。

2. 课程设置

幼儿园职前教师教育课程设置主要有六个学习领域,每个领域都有相应的建议模块。三年制专科、五年制专科、四年制本科的最低必修学分要求分别为40学分、50学分、44学分;教育实践都为18周;教师教育课程最低总学分数(含选修课程)分别为60学分+18周、72学分+18周、64学分+18周。1学分相当于学生在教师指导下进行课程学习18课时,并经考核合格;学习领域是每个学习者必修的;建议模块供教师教育机构或学习者选择或组合,可以是必修也可以是选修;每个学习领域或模块的学分数由教师教育机构按相关规定自主确定。

(1)儿童发展与学习。建议模块有:儿童发展;幼儿认知与学习;特殊儿童发展与学习等。

(2)幼儿教育基础。建议模块有:教育发展史略;教育哲学;课程与教学理论;学前教育原理等。

(3)幼儿活动与指导。建议模块有:幼儿游戏与指导;教育活动的设计与实施;幼儿健康教育与活动指导;幼儿语言教育与活动指导;幼儿社会教育与活动指导;幼儿科学教育与活动指导;幼儿艺术教育与活动指导;0—3岁婴儿的保育与教育;幼儿园教育环境创设;幼儿园教育评价;教育诊断与幼儿心理健康指导等。

(4)幼儿园与家庭、社会。建议模块有:幼儿园组织与管理;幼儿园班级管理;

家庭与社区教育;教育资源的开发与利用;幼儿教育政策法规等。

(5) 职业道德与专业发展。建议模块有:教师职业道德;教育研究方法;师幼互动方法与实践;教师专业发展;教师语言技能;音乐技能;舞蹈技能;美术技能;现代教育技术应用等。

(6) 教育实践。建议模块有:教育见习;教育实习等。

(三) 在职教师教育课程设置框架建议

在职教师教育课程分为学历教育课程与非学历教育课程。学历教育课程方案的制订要以本标准为依据,考虑教师教育机构自身的培养目标、学习者的性质和特点,并参照在职教师教育课程设置框架;非学历教育课程方案的制订要针对教师在不同发展阶段的特殊需求,参照在职教师教育课程设置框架,提供灵活多样、新颖实用、针对性强的课程,确保教师持续有效的专业学习。

在职教师教育课程要满足教师专业发展的多样化需求,充分考虑教师自身的经验与优势,进一步深化和发展职前教师教育的课程目标,引导教师加深专业理解、解决实际问题、提升自身经验,促进教师专业素质的提高。

(1) 加深专业理解。主题或模块举例有:当代教育思潮、教师专业伦理、学科教育新进展、儿童研究新进展、学习科学新进展等;也可以选择哲学、人文、科技等研究领域的一些相关专题。

(2) 解决实际问题。主题或模块举例有:学科教学专题研究、特殊儿童教育、青少年发展问题研究、学校课程领导、校(园)本课程开发、综合实践活动设计与指导、档案袋评价、学生综合素质评定、教学诊断、课堂评价、课堂观察、学业成就评价、信息技术与课程的整合、校(园)本教学研究制度建设等。

(3) 提升自身经验。主题或模块举例有:教师专业发展专题研究、教育经验研究、反思性教学、教育行动研究、教育案例研究、教育叙事等。

第三节 幼儿园园长

案例

众人拾柴火焰高

某幼儿园李老师,为人正直,活泼大方,热爱幼教,业务精通,深得家长和小朋友的喜爱,敢于向领导转达群众意见,为园工作献计献策,深得教职工的喜爱,年年被评为优秀。在一次幼儿园教职工代表大会上,有些代表不同意园长的方案,李老师正要说出理由,被园长强行制止了,怕她的话有导向作用。随后,李老师对幼儿园的工作无精打采,沉默不语,她认为园长霸道、专横、工作没有人情味,不讲民主,此事在本园教职工中影响较大。

幼儿园园长在管理幼儿园工作时,应多听、善听教职工意见,提高教职工的主人翁地位,做到以情生威,以德增威,以才胜威,成为一名令人信服的好园长,让教职工在快乐的工作环境中努力工作,积极向上。那么,我国幼儿园园长的地位是怎样的呢？园长有哪些任职资格、职责及岗位要求呢？本节将会对这些问题予以解答。

一 园长的地位

《幼儿园工作规程》中明确规定,我国幼儿园实行园长负责制,园长在举办者和教育行政部门领导下,依据本规程负责领导全园工作。园长负责制是指幼儿园在上级宏观领导下,以园长对园内工作全面负责为核心,同党支部保证监督、教职工民主管理有机结合,为实现幼儿园的工作目标,充分发挥领导职能的三位一体管理格局。实行园长负责制的目的是增强幼儿园的办园自主权,使幼儿园成为独立的办园实体。

第一,园长负责制明确了园长是幼儿园的法定代表人,依法行使行政权。园长作为一园之长,作为该幼儿园的法人代表,具有最高的行政权,对外代表幼儿园,对举办者、幼儿家长和社区负责;对内统一指挥和领导全园工作,对全体教职员工、幼儿负责。

第二,园长负责制明确了园长是幼儿园的管理者,必须实行民主管理。幼儿园是对 3 周岁以上学龄前幼儿实施保育和教育的机构,是基础教育的有机组成部分,是学校教育制度的基础阶段。学前教育的特殊性和重要性都对幼儿园的管理者提出了更高的要求。园长作为一园之长,作为幼儿园的核心管理者,必须要明确自己的角色定位,除了要有爱心、细心、耐心、服务意识及奉献精神以外,还必须具备管理的智慧、管理的技巧和管理的艺术,充分发挥园务委员会、教职工代表大会的作用,听取教职工及家长的意见,调动和发挥教职工的主动性、积极性和创造性,这样才能提高管理的效率,这是保障一所优质的幼儿园全面健康发展的必备要素,民主管理已成为园长负责制必不可少的重要组成部分。

案例

家园配合效果显

园长正在办公室里,一名家长敲门而入。家长开门见山地责问园长:“园长,你们幼儿园老师怎么回事,罚我儿子半天不能玩！这么小的孩子不玩,那还能干啥？亏你们园还是一级一类园呢。”园长一听,愣了,园里可从来没发生过这样的事情,其中是不是有误会呢？见家长正在气头上,园长递给她一杯水,请她坐下,让她先消消气把事情原委说清楚。家长告诉园长:“昨天,我接孩子回家,问孩子,今天玩得怎么样,孩子说,‘老师让我半天不准玩’。园长,我孩子也就 3 岁 10 个月,哪能半天不玩呢?”园长说:“我先了解了解情况,一定给您一个满意的答复。”于是,园长找到了小二班王老师询问此事。王老师着急地向何园长解释:“园长,是这样的,明明昨天淘气,我就对他说,‘明明,你再淘气的话,老师可让你半天不准玩’。但我只是让他安静地待了一分钟，并没有真正让他半天不准玩。”保育员也向园长证实情况属实。何园长全明白了，小班孩子不能正确理解教师的话，时间观念也差，所以表达出来就引起了家长对老师的误会。园长将事情的真相告诉了家长，并且向家长道歉。家长反而不好意思了，一直说：“看来得去学学儿童心理学，谢谢园长。”事后，园长找来王老师，没有批评她，而是与她一道探讨教育的技巧，并建议她第二天主动向家长道歉。

案例分析：应该说本案例中园长的表现还是比较妥当的，充分体现了园长的管理能力。

一方面，园长对待家长的态度和行为得当。当家长怒气冲冲地对教师工作发泄不满时，园长没有与家长针锋相对，避免了矛盾激化；也没有推卸责任，对家长爱理不理；而是先稳住局面，弄清情况，进而消除误会，并主动道歉。可见，园长对幼儿园的性质和任务认识得非常清楚，能够真正地把家长当作幼儿园服务的对象，积极主动地成为家长和教师沟通的桥梁，虚心地接受家长的批评，听取家长的意见。同时，作为公益性服务机构，保教好幼儿、服务好家长是幼儿园的任务，其中保教好幼儿是基础、是主导，是设立幼儿园的根本目的，也是家长们最关心的。幼儿园也正是通过保教好幼儿为家长服务的。因此，当家长在保教工作方面有疑惑、要求时，园长和教师要尽可能耐心细致地帮助家长，较好地发挥幼儿园的社会职能。

另一方面，园长对教师的态度和行为正确。当家长反映教师工作的不足之处时，园长不是武断地否定教师，而是尊重、信任教师，深入实际，调查了解，给教师解释说明的机会，维护了教师的自尊心，使事情真相大白，同时又从中及时发现了工作中存在的问题。满足教师被尊重、被理解的需要，充分调动了教师的工作积极性，这是幼儿园管理者必须重视的一个方面。

二 园长的资格

幼儿园园长由举办者任命或者聘任，并报当地主管的教育行政部门备案。依据《幼儿园工作规程》和《教师资格条例》的规定，担任幼儿园园长必须具备如下条件。

第一，符合《幼儿园工作规程》第 39 条的规定。幼儿园教职工应当贯彻国家教育方针，具有良好品德，热爱教育事业，尊重和爱护幼儿，具有专业知识和技能以及相应的文化和专业素养，为人师表，忠于职责，身心健康。幼儿园教职工患传染病期间暂停在幼儿园的工作。有犯罪、吸毒记录和精神病史者不得在幼儿园工作。

第二，有《教师资格条例》规定的教师资格。幼儿园教师资格条件主要包括：幼儿园教师资格证、良好的思想政治素质、道德素质、教育教学能力、学历要求、身心健康等。

园长的资格及职责

第三，具备大专以上学历。

第四，三年以上幼儿园工作经历和一定的组织管理能力。

第五，园长岗位培训合格证书。

三 园长的职责

根据《幼儿园工作规程》的规定，幼儿园园长全面负责幼儿园的工作，其主要职责如下。

(1) 贯彻执行国家的有关法律、法规、方针、政策和地方的相关规定,负责建立并组织执行幼儿园的各项规章制度。

(2) 负责保育教育、卫生保健、安全保卫工作。

(3) 负责按照有关规定聘任、调配教职工,指导、检查和评估教师以及其他工作人员的工作,并给予奖惩。

(4) 负责教职工的思想工作,组织业务学习,并为他们的学习、进修、教育研究创造必要的条件。

(5) 关心教职工的身心健康,维护他们的合法权益,改善他们的工作条件。

(6) 组织管理园舍、设备和经费。

(7) 组织和指导家长工作。

(8) 负责与社区的联系和合作。

四 园长岗位要求

我国幼儿园实行的是园长负责制,幼儿教育的特殊地位和重要性对幼儿园园长的素质提出了更高的要求,国家教委颁布的《全国幼儿园园长任职资格、职责和岗位要求(试行)》,是选拔、任用、考核和培训幼儿园园长的基本依据,它对幼儿园园长的基本思想品德、岗位专业及岗位能力等方面都做出了明确的要求。

(一) 基本思想品德要求

(1) 坚持党的基本路线,拥护党的十一届三中全会以来的方针政策。努力学习建设有中国特色社会主义理论。

(2) 热爱幼儿教育事业,热爱幼儿,尊重、依靠、团结教职工。

(3) 实事求是,公正廉洁,严于律己,以身作则,作风民主。

(4) 敬业守职,努力学习,积极进取,勇于改革创新。

(二) 岗位专业要求

(1) 正确领会和掌握国家的教育方针、政策和法规的基本精神,熟悉幼儿教育法规和规章,坚持依法办园。

(2) 有一定的幼儿卫生、心理和教育的基本理论,了解和掌握幼儿身心发展和教育的基本规律,有正确的教育观念。正确掌握国家幼儿园课程的主要内容和基本精神,并能组织实施。

(3) 有幼儿园科学管理的基本知识。

(三) 岗位能力要求

(1) 能根据党和国家的有关方针、政策和法规、规章结合本园实际,制订本园发展规划和工作计划并组织实施。

(2) 有管理和指导保教工作的能力、能组织管理幼儿园卫生保健工作;指导教师制订适合幼儿发展水平的教育计划;正确评析保育教育工作;组织开展有效的教研工作,帮助保教人员提高业务水平,改进保教工作。

(3) 有一定的组织协调能力。能调动教职工的积极性,善于依靠和动员家长、社区等各方面的力量参与和支持幼儿园建设。

(4) 有一定的撰写文稿和口语表达能力。能拟定工作计划,撰写工作经验和研究报告,并指导教师撰写文稿。

总之,随着我国对学前教育事业重视程度的不断增加,我国也建立了比较完整的学前教育政策法规体系,这些政策法规体系对幼儿教师队伍提出了具体的要求,这些要求有助于幼教工作者提高自身的法律及政策水平,使他们在幼教岗位上依法执教,为学前教育的健康有序发展提供坚实的保障。

思考与练习

1. 怎样理解教师资格制度?
2. 取得幼儿园教师资格应具备哪些条件? 幼儿园教师的权利和义务是什么?
3. 幼儿园园长的岗位要求是什么?

国考聚焦

一、选择题

1. (2018 年下半年)某幼儿园为提升教师专业水平,从所有教师工资中扣除 100 元用于订阅专业刊物。该园的做法(　　)。

A. 合法,幼儿园有权管理和使用本单位经费

B. 合法,幼儿园有按照章程自主管理的权利

C. 不合法,侵犯了教师获取工资报酬的权利

D. 不合法,侵犯了教师从事科学研究的自由

【答案】C

【解析】《中华人民共和国教师法》第 7 条规定:教师有权按时获取工资报酬,享受国家规定的福利待遇以及寒暑假期的带薪休假。因此该幼儿园侵犯了教师获取工资报酬的权利。

2. (2017 年下半年)某教师积极参加幼儿集体活动,并对幼儿改革发展建言献策,该教师行使的权利是(　　)。

A. 教育教学权　　B. 科学研发权

C. 民主管理权　　D. 公正评价权

【答案】C

【解析】《中华人民共和国教师法》第 7 条规定：教师有权对学校教育教学、管理工作和教育行政部门的工作提出意见和建议，通过教职工代表大会或者其他形式，参与学校的民主管理。所以该教师是在行使民主管理权。

3. (2017 年上半年)公办幼儿园教师张某多次申报职称未果，认为是幼儿园领导故意为难他。此后，张某经常迟到、早退、教学敷衍了事，园长对其进行批评教育，但张某依然我行我素，幼儿园上报教育主管部门后将其解聘。该幼儿园的做法(　　)。

A. 正确，因张某行为给教学造成损失

B. 正确，应同时追究张某教育教学权

C. 不正确，侵犯张某教育教学权

D. 缺乏终身学习理念

【答案】A

【解析】《中华人民共和国教师法》第 37 条中第 1 款规定：故意不完成教育教学任务给教学工作造成损失的，由所在学校、其他教育机构或者教育行政部门给予行政处分或者解聘。

4. (2016 年上半年)教师钱某对幼儿园解聘自己的决定不服，可以向教育行政部门(　　)。

A. 检举　　B. 揭发　　C. 提出诉讼　　D. 提出申诉

【答案】D

【解析】《中华人民共和国教师法》第 39 条规定：教师对学校或者其他教育机构作出的处理不服的，可以向教育行政部门提出申诉。

5. (2018 年上半年) 幼儿教师李某猥亵儿童被判处有期徒刑一年，缓刑一年。李某(　　)。

A. 将终身不能从事教师职业

B. 五年内不能从事教师职业

C. 缓刑期内可继续从事教师职业

D. 可在私立幼儿园从事教师职业

【答案】A

【解析】《中华人民共和国教师法》第 14 条规定：受到剥夺政治权利或者故意犯罪受到有期徒刑以上刑事处罚的，不能取得教师资格；已经取得教师资格的，丧失教师资格。

6. (2013 年下半年)某县小学教师李某对学校给予他的处分不服，李某可以提出申诉的机构是(　　)。

A. 当地县教育行政主管部门　　B. 所在省教育行政主管部门

C. 当地县级人民政府　　D. 学校教工代表大会

【答案】A

【解析】《中华人民共和国教师法》第 39 条规定了关于教师可以向教育行政部门提出申诉的内容。

7. (2012 年下半年)教师房某经常给学生起侮辱性绰号，造成恶劣影响，对于房某的这种行为，所在学校或者教育行政部门应当给予(　　)。

A. 行政强制或拘留　　B. 行政处罚或解聘

C. 行政警告或拘留　　D. 行政处分或解聘

【答案】D

【解析】《中华人民共和国教师法》第 37 条第 3 款规定：品行不良、侮辱学生，影响恶劣的，由所在学校、其他教育机构或者教育行政部门给予行政处分或者解聘。

8. (2015 年下半年)某幼儿园安排行政人员代替教师参加教师专业培训，该做法(　　)。

A. 合法，幼儿园有选派培训学员的权利

B. 合法，幼儿园有管理教学事务的权利

C. 不合法，侵犯了教师进修培训的权利

D. 不合法，侵犯了教师的教育教学权利

【答案】C

【解析】《中华人民共和国教师法》第 7 条规定：教师具有参加进修或者其他方式的培训的权利。因此该幼儿园侵犯了教师进修培训的权利。

9. (2014 年上半年)张老师大学本科毕业后自愿到少数民族地区从事教育工作。依据《中华人民共和国教师法》应当依法对张老师(　　)。

A. 给予补贴　　B. 予以表彰　　C. 进行奖励　　D. 提高津贴

【答案】A

【解析】《中华人民共和国教师法》第 27 条规定：地方各级人民政府对教师以及具有中专以上学历的毕业生到少数民族地区和边远贫困地区从事教育教学工作的，应当予以补贴。因此张老师应依法被给予补贴。

10. (2016 年下半年)教师张某因为醉驾被人民法院判处有期徒刑，张某(　　)。

A. 永远丧失教师资格

B. 教师资格不受影响

C. 未来五年内不得从事教师职业

D. 只能在私立学校从事教师职业

【答案】A

【解析】《中华人民共和国教师法》第 14 条规定：受到剥夺政治权利或者故意犯罪受到有期徒刑以上刑事处罚的，不能取得教师资格；已经取得教师资格的，丧失教师资格。

二、材料分析题

1. (2018 年上半年)中班的睿睿很任性，处处以自我为中心。音乐课上，李老师教小朋友们唱《两只老虎》，大家都跟着老师唱，只有睿睿故意把“两只老虎”的歌词改成“两只花猫”，其他小朋友听了，也随着睿睿唱“两只花猫”，李老师警告睿睿：“如果再改歌词，你就到小班去！”但睿睿没有听老师的话，继续改歌词，甚至把调子拖得很长。李老师火了，站起来走到睿睿跟前，大声吼道：“你给我出去！”

睿睿哭着走出教室，李老师没有理会，继续教小朋友们唱歌。就这样，睿睿站在教室门口哭个不停，直到下课。

回家后，睿睿把这件事告诉了家人。第二天，奶奶送睿睿来时，找李老师理论。李老师说：“就是你们这些家长太溺爱孩子，孩子才那么任性！我们对他进行教育，难道不对吗？”

请结合材料，从教师职业道德的角度，评析李老师的教育行为。

【参考答案】

（1）李老师的做法违背了“关爱学生”的师德要求。“关爱学生”要求教师应关心和爱护全体幼儿，尊重他们的人格，平等公正地对待幼儿，对幼儿要严慈相济，做幼儿的良师益友。材料中当睿睿在音乐活动中把“两只老虎”改编为“两只花猫”时，李老师没有意识到睿睿的创编能力，而是即刻去制止，甚至对睿睿大吼“你给我出去！”把睿睿撵出教室，导致睿睿在门口哭个不停，李老师没有尊重幼儿的人格尊严和合法权益；李老师的恐吓让睿睿学习的高涨情绪变得很失落，没有体现教师对幼儿的爱与尊重，没有真正做到关心爱护幼儿。因此，李老师的行为违背了教师职业道德中“关爱学生”的要求。

（2）李老师的做法违背了“教书育人”的师德要求。“教书育人”是教师的天职，教师在工作中应遵循教育规律，实施素质教育。教师应循循善诱，诲人不倦，因材施教，培养幼儿良好品行，促进幼儿全面发展。材料中李老师对于睿睿改歌词的行为不但没有进行引导，反而简单粗暴地加以制止，甚至撵出教室，同时第二天在奶奶来找老师理论时，李老师说：“就是你们这些家长太溺爱孩子，孩子才那么任性，我们对他进行教育，难道不对吗？”将教育幼儿的责任推给了家庭，而忽视了自身作为教师所应肩负的教书育人的职责。因此，李老师的言行违背了教师职业道德中的“教书育人”的要求。

（3）李老师的做法违背了教师职业道德中“为人师表”的要求。“为人师表”要求教师严于律己，语言规范，举止文明，关心集体，团结协作，尊重同事，尊重家长。材料中睿睿的家长来幼儿园找李老师理论，李老师却一味地责怪家长，把幼儿任性的原因全部怪到家长溺爱孩子上，没有尊重家长，违背了“为人师表”的要求。

综上所述，教师应该遵循教师职业道德规范，在教学过程中要做到以幼儿为本，关心热爱幼儿，了解幼儿的需要，针对幼儿的表现要做出合理的应答和引导。

2.（2018 年下半年）一天早上，陈一航蹦蹦跳跳地走进教室，在搬椅子时，他发现旁边小朋友的椅子上有一本书没有收好，便大声喊道：“余老师，这儿有一本书没有收。”余老师笑着说：“那就请你把它送回去，好吗？”他高兴地把书拿往图书角。由于陈一航平时吃饭、睡觉、上课、活动无一不让老师费心，所以余老师一直盯着他的送书过程，生怕他把书拿到别处去。当他把书拿到书柜前，正想顺手往里面一扔时，余老师连忙说：“谢谢你哦，你帮了我一个大忙，要不等会儿我还得自己把书整理好。”他听了后连忙把书放整齐，离开书柜了，还不时地回头看看书本是否会掉下来。

余老师被陈一航的这个行为所触动，立刻走过去，轻轻拍了拍他，说：“陈一航，原来你那么会整理书啊，那你愿意做‘图书管理员’吗？把小朋友们没有收好的书，都送到这里来收放整齐。”他高兴地说：“当然可以！我放书最整齐了！”之后的一个星期，在余老师的引导下，陈一航很用心地寻找没有收回图书角的书，把书摆放整齐，在其他方面也进步了很多。

问题：从教师职业道德的角度，评析余老师的教育行为。

【参考答案】该教师的行为是正确的，践行了教师职业道德的要求。

（1）教师践行了“关爱学生”的职业道德。教师要关心爱护全体学生，尊重学生人格，不讽刺、体罚、变相体罚学生。材料中教师在对待平时较为费心的陈一航小朋友时，能够尊重他的人格，能够正确看到其送回书的这一过程，并且能恰当地加以引导。这充分说明该老师尊重学生人格，关心爱护全体学生。

(2) 教师践行了“教书育人”的职业道德。教师要实施素质教育，循循善诱，诲人不倦，因材施教。不以分数作为评价学生的唯一标准。材料中陈一航小朋友虽其他方面有时稍显调皮，但是能够主动承担任务，余老师能够抓住这一点，因材施教，使陈一航在被余老师任命为“图书管理员”后有了良好的行为表现。

综上，余老师用自己的行为为大家树立了榜样。在工作中，教师要形成正确的职业道德理念。

第十一章 学前教育中的安全与法律责任

学习目标

1. 了解幼儿园、幼儿教师和幼儿的合法权益及责任。
2. 增强安全意识。
3. 提高依法执教和维护自身权益的素质与能力。

学前教育是教育的基础阶段，学前教育机构是一种特殊的教育机构，其教育对象的特殊性，决定了幼教活动中安全问题十分重要，主客观方面的多种因素，都有可能导致幼儿园教育活动中一系列的悲剧事件发生，涉及相关当事人的法律责任，学习并掌握学前教育的安全及相关法律知识，有助于避免不该发生的事端，更好地维护幼儿及幼教机构的合法权益。

第一节　幼儿的合法权益及其法律责任

案　例

"护花天使"变身"摧花辣手"

2012 年 12 月 23 日，记者从山西省太原市迎泽区了解到，太原市蓝天蒙台梭利幼儿园一女教师，在短短十几分钟时间里，狂扇一女童几十个耳光，只因为孩子不会算"10 + 1"。其他孩子也受到不同程度的施暴。该事件随即引起社会广泛关注。随后，太原市相关部门已采取措施，对该幼儿园教师李 × × 吊销教师资格证、行政拘留 15 天，该幼儿园也已被取缔，并对在园 43 名幼儿进行了妥善分流。

案例分析： 这一事件有太多值得我们思考的地方，其一，该幼儿园在太原市迎泽区多次下令整改关闭的情况下，竟然能堂而皇之地存在。其二，这样的幼儿教师怎么能对得起教师的称号？其三，家长怎么能放心将孩子送到这样的幼儿园里？其四，孩子在幼儿园享有哪些合法权益？幼儿园及教师又负有什么样的法律责任？本节将会对这些问题予以解答。

一 幼儿的合法权益

《中国儿童发展纲要(2011—2020年)》指出,要坚持“儿童优先”原则,从“儿童与健康”“儿童与教育”“儿童与福利”“儿童与社会环境”“儿童与法律保护”五个方面保障儿童生存、发展、受保护和参与的权利,缩小儿童发展的城乡区域差距,提升儿童福利水平,提高儿童整体素质,促进儿童健康、全面发展。

联合国《儿童权利公约》(以下简称《公约》)将儿童定义为18岁以下的男孩和女孩,并认为每一个儿童既是一个独立的个人,又是家庭和社会的一分子。儿童享有一个人的全部权利。

《公约》确立了世界各地所有儿童时时刻刻应享有的基本人权:生存权;全面发展的权利;免遭有害影响、虐待和剥削的受保护权;全面参与家庭生活、文化生活和社会生活的权利。《公约》通过确立保健、教育及法律、公民和社会等方面的服务标准来保护儿童的上述权利。我国是联合国《公约》的缔约国,有义务采取行动和制定政策来保障儿童的最高利益。在幼儿园里幼儿受保护的权利有以下几点。

(一)幼儿享有生命权

生命权是以自然人的性命维持和安全利益为内容的基本人权,生命权是自然人的一项根本的人格权,它在维护自然人的生命安全的同时,也成为自然人享有其他人格权的前提。一旦公民的生命权遭到侵害,则其他的人格权也不复存在。未经法律允许,任何主体都不得剥夺公民的生命权。

生命权是每个人神圣不可侵犯的权利,《中华人民共和国未成年人保护法》等规定了幼儿作为一个独立的生命个体,享有生存权、发展权、受保护权、参与权等权利,这些权利受法律保护,任何人不得以任何理由剥夺。教师职业道德规范也要求不得体罚、变相体罚幼儿。

(二)幼儿享有人格权

人格权包括生命权、身体权、健康权、姓名权、名称权、名誉权、隐私权、肖像权。

儿童权利公约

《中华人民共和国未成年人保护法》及《儿童权利公约》等规定了儿童和成年人享有平等的人格尊严权利,这些权利受法律保护。幼儿园里的孩子年龄虽小,但他们也有自己的思想和尊严,幼儿的人格尊严应该受到保护。

(三)幼儿享有受教育权

受教育权是一项基本人权,受教育权是公民所享有的由国家保障实现的接受教育的权利,是宪法赋予公民的一项基本权利,也是公民享受其他文化教育的前提和基础。《中华人民共和国教育法》规定了公民享有从国家接受文化教育的机会和获得受教育的物质帮助的权利,包括:入学权(入园权);接受帮助,以支持其教育权的实现；享受免费教育制度；享受合理的受教育成本负担制度；享受奖学金、助学金、贷学金等扶持制度；充分发展权，通过受教育过程充分实现自身的完善发展。还包括发展自主权，让孩子根据个人的意愿自由发展；教育参与权，参与各种接受教育的机会；公正评价权，得到教育者公正的评价。

在教育活动中，以任何理由剥夺或者违背幼儿天性的行为，都是在侵犯幼儿健康成长的权利。这不仅违背儿童成长的规律，也违反了相应的法律法规。

幼儿教育属于非义务教育阶段，幼儿家长缴纳了教育费用，幼教机构应保证幼儿的受教育权，为社会和家长服务。

（四）幼儿有参与教学活动权

依照《幼儿园管理条例》和《幼儿园工作规程》及有关规定，幼儿有参与教学活动的权利，任何教师不得以任何理由剥夺幼儿参与活动的权利，比如，罚孩子久站、蹲黑屋子等，无论是正常儿童还是特殊儿童，他们均有平等的受教育权。

（五）幼儿享有获得公正评价权

幼儿教师职业道德规范要求幼儿教师公正公平地对待幼儿，不因个人的喜好厚此薄彼，以免对孩子幼小的心灵造成伤害。

（六）幼儿享有游戏娱乐权利

爱玩是孩子的天性，游戏娱乐是幼儿教育活动的主要方式，幼儿教育的原则是寓教于乐，让孩子在快乐的环境中学习成长。

（七）幼儿享有其他合法权益

除了以上权利，幼儿还享有法律赋予的其他权利，如隐私权、肖像权、名誉权等，幼儿园不得以其他理由剥夺幼儿的这些权利。

二　与幼儿相关的法律责任

幼儿权益维护及侵权赔偿

在我国，公民的权利和义务是统一的，公民既享有法律赋予的权利，又要履行法律规定的义务，没有无义务的权利，也没有无权利的义务。幼儿作为一个公民，也同样适用这个标准，只不过由于年龄及自身特点，幼儿在承担法律责任方面有其特殊性。与幼儿相关的法律责任主要有以下两种情形。

（一）他人侵害幼儿权益应承担的法律责任

无论是幼儿园，还是家庭、社会其他人员，只要是侵犯幼儿权利的，皆应该追究其相应的法律责任，概括起来，侵犯幼儿合法权益应该承担的法律责任有以下类型。

1. 幼儿园、幼儿教师侵害幼儿权益时应承担相应的法律责任，主要方式包括对幼儿的财产或者其他损失依法赔偿或承担民事责任

案 例

5 岁的辉辉就读于腾飞幼儿园,腾飞幼儿园将该园幼儿绘画作品结集出版并公开发售,其中选取了辉辉 6 幅作品。辉辉妈妈看到后,认为幼儿园应该支付稿酬。可是幼儿园园长解释说:“你儿子才 5 岁,不享有著作权。况且你儿子的作品是在我园教师的辅导下完成的。著作权应归幼儿园。”

幼儿园的做法侵害了辉辉的著作权。著作权又称版权,是文学、艺术和科学作品的作者及其他著作权人依法对其作品享有的人身权和财产权的总称。《中华人民共和国著作权法》规定,著作权包括人身权(又称精神权利)和财产权(又称经济权利)。人身权又包括发表权、署名权、修改权、保护作品完整权;财产权又包括复制权、发行权、展览权、表演权、汇编权等。

《中华人民共和国著作权法》还规定:“创作作品的公民就是作者。”著作权的取得是依据作者创作作品的事实而发生的,虽然辉辉才 5 岁,不具备完全行为能力,但是他同样享有著作权。另外,辉辉的作品虽然是在教师辅导下完成的,但幼儿园不能据此就将辉辉的著作权视为己有,因为幼儿园教师对辉辉的辅导是在履行幼儿园对辉辉的教育义务。当然如果教师参与了作品的创作,则可依据《中华人民共和国著作权法》第 13 条“两人以上合作创作的作品,著作权由合作作者共同享有”的规定,认定其享有著作权。

该案例中幼儿园侵犯了辉辉的著作权,应该及时更正,将著作权返还辉辉,并将版权所得一并归还。

2. 幼儿园、托儿所教职工对幼儿实施体罚或变相体罚屡教不改者,由上级主管部门给予行政处分,情节严重者依法追究刑事责任

案 例

山东济南某幼儿园一季姓老师,让孩子罚跪、手抱头下蹲、做金鸡独立姿势等,还让孩子看《鬼妈妈》恐怖片,导致孩子晚上做噩梦不愿去幼儿园,精神受到极大摧残,家长状告幼儿园退赔教育费、精神损失费及家长误工费等,引起媒体的广泛关注。

案例分析:“家长要求幼儿园赔礼道歉、退还费用,要求精神赔偿,这些都是非常合理的要求。”律师认为,缴纳费用后,家长与幼儿园之间就形成了服务合同关系,幼儿园的行为给幼儿身心造成摧残,严重违反了《中华人民共和国未成年人保护法》,从道德上应该受到谴责,从法律上应该受到严惩。

该所幼儿园在管理方面不规范,该幼儿教师师德失范,有关部门对该园加强整顿,对该教师进行行政处分十分必要。

3. 明知园舍有危险不采取措施，依情节轻重追究责任人行政、刑事责任

案　例

某市某实验幼儿园新近装修了活动室，购买了大批玩教具器材，激发了孩子们玩耍的热情，但因地面采用的材料防滑性能不高，偶有孩子摔倒，因刚刚修建，幼儿园就没有采取措施及时完善，结果有个孩子摔倒造成胳膊骨折，家长要求幼儿园负责。

案例分析：该幼儿园可能因认识不足或经费短缺等因素，没有及时修缮儿童活动室地面，从而造成儿童伤害事故，相关部门应依法追究其负责人责任，视其情节轻重，还可能会追究园长的行政、刑事附带民事赔偿责任。

对于明知园舍或者保育教育设施有危险，而不采取措施或者不及时报告，致使发生重大伤亡事故的，对直接责任人，处三年以下有期徒刑或者拘役；后果特别严重的，处三年以上七年以下有期徒刑。

4. 唆使幼儿违法犯罪者依法从重处罚

以劝说、利诱、授意、怂恿、收买、威胁等方法，将自己的犯罪意图灌输给本来没有犯罪意图的人，致使其按教唆人的犯罪意图实施犯罪，教唆人，即构成教唆犯。教唆不满十八周岁的人犯罪的，应当从重处罚。

案　例

告知幼儿警惕“好心人”

据媒体披露，社会上一些不法团伙，打着养育的招牌，通过诱骗，胁迫流浪儿童，对他们进行特殊培训，指使其在车站、码头、广场、公园等公共场所偷窃乘客、顾客、游人的钱财，从中牟利，引诱未成年人走上一条犯罪的道路。

案例分析：未成年人由于缺乏辨别是非的能力，偷窃他人财物，给别人带来损失，理应承担责任，但因他们情况特殊，给别人造成损失的同时也给自己带来了伤害，本质上是在别人的指使下进行的犯罪活动，我们应对违法犯罪分子教唆未成年人偷窃，从中牟利的行为，从重追究其刑事责任。

5. 家庭侵权及责任追究

家庭侵权指父母剥夺孩子的生命生存权，遗弃、虐待、家暴、让孩子辍学，剥夺孩子受教育权、私拆孩子信件，干预孩子的自由等。根据《中华人民共和国婚姻法》《中华人民共和国未成年人保护法》《中华人民共和国教育法》等应依法追究家长的相应责任。轻则赔礼道歉、改正错误，重则追究其刑事责任。

（二）幼儿的行为给他人造成损害所应承担的责任

案例

在一次幼儿游戏活动课上，老师组织孩子们排队玩溜滑梯，在等待过程中，调皮的亮亮把小枫推倒在滑梯扶手上，碰破了头部，造成轻微脑震荡，小枫家长要求幼儿园、亮亮及家长承担责任。

案例分析：在这起事故中，老师组织游戏活动符合教学规律，在管理过程中，也多次反复强调不要推搡，注意安全，但孩子调皮，又不能预见行为后果，给他人造成伤害，带来不良后果。那么谁来承担这个责任？

《中华人民共和国民法总则》规定了法定责任的年龄，不满八周岁的未成年人为无民事行为能力人，由其法定代理人代理实施民事法律行为。父母一般是幼儿的法定监护人，幼儿园对在园幼儿具有教育管理和保护责任，根据过错责任原则，依法承担部分或全部法律责任。

法律是公正的天平，无论是成年人还是孩子，在享受权利同时都对他人承担一定的责任，在幼儿园里，幼儿是受保护对象，但他们也可能伤害他人，无论幼儿有意或无意造成侵权行为，只要伤害到他人权益，都需要承担责任，由于幼儿在法律上属无民事行为能力人，其民事责任由监护人承担。为此，幼儿园及家长需要尽到教育及监护的义务。

第二节 幼儿教师的合法权益及其法律责任

《中华人民共和国教师法》规定了教师的权利和义务，旨在改善教师的工作条件和生活条件，保障教师的合法权益，提高教师的社会地位，同时规范教师的行为，幼儿教师适用《中华人民共和国教师法》等有关规定，依法享受自身的权利，自觉履行相应的责任与义务，依法执教，依法维权，愉快地从事幼儿教师职业。

在学前教育活动中，教师的行为与幼儿、家长及社会之间发生多重的联系，涉及幼儿教师的法律责任也有多种表现。概括起来可分为两种。

一 侵害教师合法权益应承担的法律责任

（一）侮辱殴打幼儿教师承担的法律责任

侮辱教师，是指公然贬低教师的人格，破坏教师的名誉。所谓“公然”，就是在众多的人面前，或者是在可能使众多的人知道的情况下。公然侮辱并不一定要求被害人在场，关键是侮辱被害人的内容已被众多的人知道，从而使被害人的人格、名誉受到损害。侮辱的方式有三种，一是行为侮辱，即对被害人施以一定的行为而使其人格、名誉受到损害，如强制被害人做出某些损害其自身人格或名誉的举动。

二是言辞侮辱，即对被害人进行嘲笑、辱骂而使其人格、名誉受到损害。三是图文侮辱，即以漫画，大、小字报等图文形式对被害人进行侮辱。殴打教师，施以暴力方法侮辱教师，或故意非法伤害教师人身健康。一般情况下，侮辱教师的行为可能会单独存在，而殴打教师的行为往往伴随侮辱教师的行为。侮辱、殴打教师是侵犯人身权利的违法行为。

法律责任主体：实施上述行为的公民个人。

执法机关及处理：对侮辱、殴打教师的，应根据不同情况，依法追究其相应的法律责任。

1. 对于国家机关工作人员或者企业事业组织，社会团体等社会组织的人员侮辱、殴打教师的，应由其所在单位给予相应的行政处分。

2. 对于违反《中华人民共和国治安管理处罚条例》殴打教师，造成轻微伤害的；公然侮辱教师的，侵犯教师人身权利，尚不够刑事处罚的，依照该条例的规定，由公安机关处以十五日以下拘留、二百元以下罚款或者警告。

3. 对于侮辱、殴打教师，依据《中华人民共和国教师法》第 35 条的规定，造成损害的，责令赔偿损失。其中造成人身伤害的，应当赔偿医疗费、因误工减少的收入等费用；造成教师的姓名权、肖像权、名誉权受到损害的，依照《中华人民共和国民法总则》第 179 条的规定，应承担民事责任的方式有：停止侵害、消除影响、恢复名誉、赔礼道歉、赔偿损失等。

4. 对于侮辱、殴打教师，情节严重，构成犯罪的，由人民法院依法追究刑事责任。

（二）打击报复幼儿教师的法律责任

幼儿教师权益维护及责任追究

申诉、控告、检举是教师的一项公民权利。对依法提出申诉、控告、检举的教师进行打击报复，是指国家工作人员、幼儿园和其他社会组织的负责人以及其他行使一定职权的人员，故意滥用自己的职权对申诉人、控告人、检举人实施报复陷害，致使教师的合法权益蒙受损害的违法行为。

法律责任主体：主要包括幼儿园负责人、教育行政部门工作人员及其他国家工作人员。

执法机关及处理：对打击报复教师的，由所在单位或上级机关责令其改正；情节严重的，由所在单位或上级机关根据具体情况给予行政处分。

《中华人民共和国教师法》第 36 条规定："国家工作人员对教师打击报复构成犯罪的，依照刑法有关规定追究刑事责任。"《中华人民共和国刑法》第 254 条规定：报复陷害罪，处二年以下有期徒刑或者拘役；情节严重的，处二年以上七年以下有期徒刑。

（三）拖欠幼儿教师工资的法律责任

拖欠教师工资，是指未按时、足额支付教师的工资性报酬，包括基础工资、岗位职务工资、奖金、津贴和其他各种政府补贴等。拖欠教师工资主要有两种情况，一是地方人民政府违反有关法律规定，拖欠教师工资；二是有关责任人员违反国家财政制度、财务制度,因挪用国家财政用于教育的经费,拖欠教师工资。拖欠教师工资,是违反《中华人民共和国教师法》、侵害教师合法权益的违法行为。不仅侵害了教师获取劳动报酬的基本权利,危及教师及其家庭的生计,还严重影响了教师队伍的稳定和保育教育工作的正常进行,损害了党和政府的威信。

法律责任主体:主要是地方人民政府或挪用教育经费的有关责任人员。

执法机关及处理:

(1) 对违反本法规定,拖欠教师工资的,无论是政府及其有关部门,还是学校及其他教育机构,无论是公办学校还是民办学校,均由地方人民政府责令其限期改正;当地政府拖欠的,由上一级人民政府责令其限期改正。

(2) 对于违反国家财政制度、财务制度,挪用国家财政用于教育的经费,拖欠教师工资的,由上级机关责令限期归还挪用的经费,并根据具体情况对直接责任人进行处罚。

(四) 其他侵权行为

其他侵权行为指教师作为公民,其人身、财产及精神等受到侵权的行为,如剥夺带薪休假权利、遭受性别歧视、不同工同酬、剥夺进修培训机会等,根据相关法律法规,依法对侵权人追究其行政、刑事或民事责任。

二 幼儿教师违反有关法律法规承担的法律责任

(一) 幼儿教师违反规定的类型

(1) 故意不完成保教任务给保育工作造成损失的。故意不完成保育教育任务,是指教师明知自己的行为会给保育教育工作造成损失,却依然纵容这种行为的。这里所说的保育教育任务,是聘任合同中约定的教师应当完成的保育教育任务。

(2) 体罚幼儿,经教育不改的。体罚幼儿,是指教师以暴力的方法或以暴力相威胁,或以其他强制性的手段,侵害幼儿的身体健康的侵权行为。教师偶尔有轻微体罚幼儿没有后果且经教育改正的,不视为构成此项违法行为。

(3) 品行不良,影响恶劣的违法行为。指教师的人品或行为严重有悖于社会公德和教师的职业道德,严重有损为人师表的形象和身份,在社会上产生恶劣影响的行为。

(4) 违反其他法律规定,侵犯幼儿的财产、隐私等行为。

法律责任主体:实施违法的教师本人。

(二) 应该承担的责任

(1) 幼儿园教师凡有上述四种违法行为之一的,按现行教师管理权限,由幼儿园或者教育部门分别给予行政处分或解聘。解聘包括解除岗位职务聘任合同,由幼儿园另行安排其他工作;也包括解除教师聘任合同,被解聘者另谋职业。

(2) 教师有上述四种违法行为中第二和第三种的行为,情节严重构成犯罪的,由人民法院追究刑事责任。

(3) 教师有上述违法行为之一，对幼儿园和幼儿造成损失或损害的，还应当依照《中华人民共和国侵权责任法》的有关规定赔偿损失，消除影响，恢复名誉。具体处罚事项可由幼儿园或教育行政部门处理，也可由人民法院强制执行。

案　例

某幼儿园张老师在组织小班开展户外体育活动时，小明举手问老师："老师，我想上厕所，可以吗？"张老师回答："好的，快点儿回来啊。"小明高兴地离开活动场地，但他没有上卫生间，而是去了幼儿园大门附近的小树旁边，站在那儿小便。此时开展活动的张老师看到小明的行为，她生气地大喊："小明，你在干什么，怎么能在那儿上厕所？"喊过后，同学们齐刷刷地看向小明，随后便是一片哄闹声和嘲笑声。接着，张老师训斥道："小明，你到教室里面去罚站，等会儿我找你。"于是张老师继续组织活动，小明待在教室里等老师。

案例分析：很显然，在这个案例中，张老师对待小明的态度不妥。也许小明有别的想法，即便是小明的做法不对，张老师也不应该让小明罚站。张老师的这种做法剥夺了小明参加教育活动的权利。张老师的行为严重违反了《中华人民共和国教育法》和《中华人民共和国未成年人保护法》等的相关规定，侵犯了孩子的合法权益，并对孩子造成精神上的伤害，根据相关法律法规，应该由幼儿园对张老师进行行政处分和处罚。

第三节　幼儿园的权益及其法律责任

幼儿园是对幼儿实施保育教育活动的社会组织和专门机构，在法律上享有一定的权利，也承担着一定的责任。根据《中华人民共和国教育法》《幼儿园管理条例》等有关规定，凡经合法手续设立的幼儿园，具有自行招收幼儿、自主管理幼儿园、管理设施和经费及拒绝对保教活动进行干预的权利，同时，作为一级法人组织机构，也应遵守国家的法律法规和教育法律规范，维护受教育者和教师的合法权益，按照国家规定合理收费，并向社会公开收费项目，接受社会监督等，依法办园，依法管理，依法维权，办社会满意、群众放心的学前教育。

幼儿园承担培养社会主义接班人和为家长解除后顾之忧的双重任务，它具有公共性、社会性的特点，关系着千家万户的利益。根据法律赋予幼儿园的权利与义务，其行为涉及的法律责任分为两种情形。

一　侵犯幼儿园权益的法律责任类型

（一）违反国家有关规定不按时给幼儿园拨付教育经费

教育经费是教育发展的前提条件，是公办学校、幼儿园及其他教育机构进行正常教育教学活动的保障，是教师工资的主要来源。有些部门违反国家有关规定，不按照预算核拨教育经费,具体表现为不按照本级人民代表大会审查和批准的本级人民政府制定的预算内容,向教育行政部门、幼儿园核拨相应的教育经费,或者擅自调整更改教育预算支出。这种行为违反了《中华人民共和国教育法》和《中华人民共和国预算法》的规定。

法律责任主体:主要包括参与教育经费预算核拨的各级人民政府及其财政部门、教育行政机关及其负责人等。

执法机关应根据情节的严重程度和危害后果,根据《中华人民共和国教育法》第 71 条的规定予以以下处理。

(1) 由同级人民政府限期核拨。

(2) 情节严重的,对直接负责的主管人员和其他直接责任人员,依法给予处分。

所谓"情节严重"是指不及时足额核拨教育经费,造成严重后果,或者拒绝、拖延执行同级政府限期核拨的要求,主管部门应当对直接负责的主管人员和其他经手、参与的直接负责人员,给予相应的行政处分。对国家行政机关工作人员,适用《国务院关于国家行政机关工作人员的奖惩暂行规定》。

(二) 违反国家财政制度,挪用克扣公办幼儿园教育经费

这种违法行为主要表现为利用职务上的便利,挪用教育经费用于个人或集体进行其他活动或非法活动等,违反有关规定,将教育经费挪作他用,无论是公用还是私用,都属于挪用行为。挪用教育经费数额较大不退还的,属贪污犯罪。

法律责任主体:主要包括各级政府的行政部门、学校、幼儿园及其企事业单位等社会组织,或者上述部门、组织的负责人以及其他经手、管理教育经费的人员。

执法机关应根据具体情节的严重程度,依据《幼儿园管理条例》第 28 条、《中华人民共和国教育法》第 71 条之规定,分别做如下处理。

(1) 由上级机关责令限期归还被挪用、克扣的教育经费。

(2) 有关部门和单位对直接负责的主管人员和其他直接责任人员,依法给予行政处分。在认定和把握是否给予行政处分和给予何种行政处分时,应根据《国家行政机关工作人员贪污贿赂行政处分暂行规定实施细则》。

(3) 构成犯罪的,根据《中华人民共和国刑法》和全国人大常委会《关于惩治贪污罪贿赂罪的补充规定》,应由人民法院以贪污罪和挪用公款罪对行为人追究刑事责任。

(三) 违反国家规定向幼儿园收费

违反国家有关规定,向幼儿园收取费用,是指一些地区和部门的单位和个人,违反国家法律法规和有关收费管理规定,向幼儿园乱收费、乱罚款和进行各种摊派。此外,有关部门不执行国家对有关学校、幼儿园及其他教育机构的税收减免政策,随意征收应当减免的税款或应当依法返还而不予返还的税款,也属于违法收费。这种行为违反了《中华人民共和国教育法》及其他法律、法规,是对教育机构财产的一种变相非法剥夺,自始无效。

法律责任主体：主要包括实施上述行为的部门、社会组织，如教育行政部门、税务部门、财政部门、居民委员会等。

执法机关应对不同主体，根据《中华人民共和国教育法》第 74 条之规定予以以下不同的处理。

（1）由政府责令退还所收取的费用。教育行政部门、财政税务部门违法收取的各种不合理费用，由同级或上一级人民政府责令退还给幼儿园。

（2）对直接负责的主管人员和其他直接责任人员，依法给予处分。

（四）结伙斗殴、寻衅滋事、扰乱幼儿园教育秩序或破坏、侵占幼儿园园舍、场地及财产

1. 结伙斗殴、寻衅滋事、扰乱幼儿园教育教学秩序的

行为分析：上述行为，主要表现为在幼儿园内或周围结伙斗殴、寻衅滋事。所谓结伙斗殴，是指出于私仇宿怨、争霸一方或其他动机而成帮结伙地进行殴斗；所谓寻衅滋事，是指在幼儿园内无事生非、肆意挑衅、起哄捣乱，进行破坏骚扰等。

幼儿园权益维护及侵权责任

幼儿园内部工作人员实施上述行为，一般是由与领导或同事之间闹矛盾、纠纷或者因对工资、待遇等方面不满引起的。其他单位的人员实施上述行为，有的是因为个人私怨，有的是因单位与学校及其他教育机构之间闹纠纷，还有的纯属无理取闹。扰乱教育秩序的行为违反了《中华人民共和国教育法》《中华人民共和国治安管理处罚条例》或《中华人民共和国刑法》的相关规定。

法律责任主体：主要是实施上述违法行为的公民个人。包括社会人员和幼儿园的工作人员或者是其他单位的直接责任人员。

执法机关应根据情节的严重程度及危害结果，依据《幼儿园管理条例》第 28 条之规定，对责任人做出如下处理。

（1）情节较轻，危害后果和影响不大的，可由主管部门对相关责任人员给予批评教育直至行政处分。

（2）情节较重，致使幼儿园的教育教学秩序、工作秩序遭到严重破坏，影响恶劣的，由当地公安机关给予治安管理处罚。

（3）情节严重，构成犯罪的，由司法机关依法追究刑事责任。

案例

打架斗殴，扰乱教学秩序

2012 年冬天的一个下午，某幼儿园办公室内，突然进来几个气势汹汹的年轻人，口里嚷嚷着园长出来，否则就砸了办公室。工作人员讲园长有事不在，有啥事坐下来慢慢说。几个小伙子还是骂骂咧咧，随手拿起东西就摔，屋内一片狼藉，有的物品还被扔到屋外。这时正值幼儿活动时间，吵闹声不仅吓着了孩子，也给幼儿园带来了不良影响。经查明，原来是该园一教职工认为幼儿园在分房方案上不公，自己房子不理想，便找了几个“朋友”来出出气的。

案例分析：该事件的发生虽有缘由，但该教师处理问题的方式实属过分，其行为给幼儿园正常教学秩序和声誉造成影响，相关的责任人应承担法律责任，对造成的损失应进行赔偿。

2. 破坏园舍、场地及其他财产的

偷窃、抢夺或哄抢、毁坏幼儿园房屋、设备、教学器材或其他物资，使园舍、场地及其他财产的价值或使用价值部分或全部地丧失，情节较轻的，属一般违反治安管理行为，情节较重构成犯罪的，系故意毁坏财物罪。

法律责任主体：主要是实施上述违法行为的公民个人，与前一行为主体相同。

执法机关应根据情节的严重程度及危害后果，分别给予处理，具体处理事项同前一行为所述。

3. 侵占幼儿园的园舍、场地及其他财产的

侵占幼儿园园舍、场地及其他财产，主要表现为偷窃、抢夺或哄抢、勒索幼儿园的教学器材或其他物资，故意毁坏幼儿园房屋和设备，占用幼儿园的房屋、场地。这种行为轻者扰乱了正常保育教育秩序，重者使保育教育工作不能正常进行。它实质上是一种民事侵权。这种行为不仅违反了《中华人民共和国教育法》，也违反了《中华人民共和国侵权责任法》《中华人民共和国治安管理处罚条例》《中华人民共和国刑法》，具有多重违法性。

案 例

某乡一私企老板在改建住宅时，将原本平房小院改为三层楼，然而，改建后的楼房因高度过高，楼间距离又不足，严重影响了邻近的幼儿园的采光与通风，对幼儿园发展和孩子们的身体极为不利，幼儿园提出强烈抗议。

案例分析：县教育局在处理过程中认为，该房主的做法严重影响了幼儿园的发展，该行为违反了《中华人民共和国教育法》精神和国务院《幼儿园管理条例》第 25 条关于“任何单位和个人，不得侵占和破坏幼儿园园舍和设施，不得在幼儿园周围设置有危险、有污染或影响幼儿园采光的建筑和设施，不得干扰幼儿园正常的工作秩序”的规定，故应根据《中华人民共和国教育法》第 72 条第 2 款和《幼儿园管理条例》第 28 条第 4 项关于对“侵占、破坏幼儿园园舍、设备的”，“由教育行政部门对直接责任人员给予警告、罚款的行政处罚，或者由教育行政部门建议有关部门对责任人员给予行政处分”的规定处理。

二 幼儿园违反有关规定应承担的法律责任

（一）使用危险园舍教学设施不采取措施，造成重大人员伤亡或财产损失

《幼儿园管理条例》第 8 条第 2 款规定，“幼儿园的园舍和设施必须符合国家的卫生标准和安全标准”，《幼儿园工作规程》第 34 条规定，“幼儿园应当按照国家的相关规定设活动室、寝室、卫生间、保健室、综合活动室、厨房和办公用房等，并达到相应的建设标准。”依照以上规定，对于违反者，应根据《幼儿园管理条例》第 27 条第 2 项规定，对“园舍、设施不符合国家卫生标准、安全标准，妨害幼儿身体健康或者威胁幼儿生命安全的”，“由教育行政部门视情节轻重，给予限期整顿、停止招

生、停止办园的行政处罚。”

（二）违反国家规定举办幼儿园

案 例

民办无证幼儿园被取缔

某市城乡接合部的康健幼儿园，是一名“80后”女子未经审批擅自开办的幼儿园，该园有一幢被装饰得色彩绚丽的三层小楼，“女园长”王某是一名技校毕业生，毕业后一直在无证幼儿园担任教师。见开办幼儿园收入颇丰，于是产生了“单干”的念头。她租了栋小楼，一楼作为厨房和办公区，二楼隔开几个房间，分成小班、中班和大班。租住在附近的外来打工者们知道此事后很高兴，因为这家幼儿园一学期收费仅1 300元，远远低于其他幼儿园，他们不仅接送孩子方便，还能省下几千元钱。但家长们不知道，这所幼儿园的园舍、设施不符合国家卫生标准和安全标准，存在严重的安全和卫生隐患。更重要的是，这是一家根本没有通过任何审批的黑幼儿园。该区教育局接到举报后，经调查情况属实，对其做出了立即停止招生、停止办园的行政处罚。但接到处罚决定书的王某，在法定期限内既不提起行政复议，也不向法院提起诉讼，居然我行我素，依旧公开办学、招生。区教育局向法院申请执行，法院审查后依法做出准予强制执行的裁定，责成该幼儿园退还了家长的保育费，并对该园幼儿实行了分流。

案例分析：在大力发展学前教育的背景下，类似这样的幼儿园普遍存在。之所以出现这种现象，一方面是由于公办幼儿园短缺，另一方面是由于政府部门缺乏监管。无证办幼儿园危害大，存在着安全隐患多、管理问题多、矛盾纠纷多、环境卫生差、师资水平差、教育质量差等方面的问题，孩子连最基本的安全都得不到保障。要彻底解决此类问题，需要政府部门扩大公办园的规模，同时扶持民办园发展。

违反法律规定，举办幼儿园的行为，根据《幼儿园管理条例》第11条、第27条规定，由教育行政部门视情节轻重，给予限期整顿、停止招生、停止办园的行政处罚。

（三）违法向受教育者收费

案 例

幼儿园收取校服费

2011年9月，广州市某公办幼儿园在开学当天即发给家长一份收费通知：孩子入园前需一次性购买28套园服，费用总计为1 069元。且该园在《新生园服明细和操作提示》中明确要求家长“于家长会当天在班主任处领取园服订购回条，并于新生家长会后交回”。部分家长认为幼儿园卖园服是乱收费，是幼儿园众多的“创收”手段之一。幼儿园解释说购买园服只是建议，家长可自愿购买，幼儿园并没有通过园服“创收”。

案例分析：幼儿统一穿着园服，有利于培植校园文化、规范幼儿行为，减少幼儿攀比现象；有利于为幼儿营造健康成长的环境，增强幼儿的集体荣誉感。但是，幼儿园不能借此强制家长购买园服，对于园服的购买，应该坚持“幼儿(及其监护人)自愿、据实收取、及时结算、定期公布”的管理原则。如果幼儿园可以做到这一点，也并不违反规定。但是，另一方面，幼儿在园不穿园服也是十分有意义的，如今社会倡导人们的个性发展，幼儿尚处于个性初具雏形的时期，统一着装不利于其个性的发展，所以，幼儿园完全不必因为园服如何进行收费而大伤脑筋，甚至不惜触犯法律。

幼儿园违反有关规定向受教育者收取费用，主要指违反国家有关收费范围、收费项目、收费标准以及有关收费事宜的审批、核准、备案以及收费的减免等方面的规定，自立收费项目或超过收费标准，非法或不合理向受教育者收取费用。这种行为不仅给受教育者的财产权益带来损害，有时也会损害受教育者的受教育权，是教育法明令禁止的行为。

法律责任主体：国家、社会力量和个人举办的幼儿园。

执法机关及处理：根据《中华人民共和国教育法》《幼儿园收费管理暂行办法》规定：幼儿园违规收取补课费、校服费、赞助费、集资建园费等，违者由教育行政部门责令退还费用，对其责任人追究行政法律责任，给予行政处分或处罚。

第四节 幼儿园事故类型及其处理

案例

两次偶然的相遇

一天笔者在医院陪护住院的家人，竟然中午一点和下午四点两次在同一家医院的整形科，遇到学校附属幼儿园的负责人，她和家长一起陪同孩子来处理伤情，我原以为是一起事件，不料却是两个孩子因不同原因相继受伤，一个在头部，一个在下巴，由此我深深体会到，幼儿园教师的辛苦与不易，也感受到作为幼儿教师的责任与使命。

在幼儿园的工作中，安全的重要性就好比氧气对生存的重要性，安全就是生命。因此，《幼儿园教育指导纲要(试行)》指出：“幼儿园必须把保护幼儿的生命和促进幼儿的健康放在工作的首位。”笔者通过多年来深入幼儿园的实践经历，观察发现幼儿园是一个事故易发与多发的场所，在某种程度上讲，幼儿是一个弱势群体，孩子年龄小，缺乏自理能力，稍有不慎，就有可能造成事故，为此深入研究和掌握幼儿园的事故类型，防患于未然，及时处理伤情，对于保护幼儿和维护教师自身的权益十分必要。

一 幼儿园的事故类型

（一）幼儿同伴活动中互相伤害或自伤

案 例

萌萌和飞飞是某幼儿园的同班级小朋友。一日，教师王某带领幼儿到户外活动，在排队时，王老师一再交代："小朋友排队下楼梯时，不要拥挤、打闹。"下楼梯时，飞飞站在萌萌的背后，两人均在队尾，趁队伍行走拉开距离时，二人嬉闹，萌萌背飞飞时摔倒，导致飞飞的左股骨中段发生斜形闭合性骨折。

（二）教学游戏设施伤害

案 例

教具老化伤害事故

在大班的体育课上，老师们为激发小朋友们学习打羽毛球的兴趣，安排两名老师打羽毛球做示范表演，小朋友们则坐在两旁观看。当示范的王老师正在聚精会神地与另一老师进行表演时，手中的羽毛球拍突然断裂，球拍前端飞出击中在旁边观看的小朋友张珊的头部，造成张珊鼻骨裂伤。事后，因与幼儿园无法协商一致，张珊的父亲为赔偿事宜向法院起诉，要求幼儿园和王老师赔偿各种损失共计 78 万元。经鉴定，该球拍断裂系材质老化、受力过重所致。

案例分析：这是一起因幼儿园玩具或教具老化而发生意外伤害事故的责任认定问题。幼儿园为开展正常的教学活动，安排老师为幼儿进行教学示范并没有过错。但是，教学过程中使用的教具或玩具应符合安全标准，《中华人民共和国未成年人保护法》第 22 条第 2 款规定："学校、幼儿园、托儿所不得在危及未成年人人身安全、健康的校舍和其他设施、场所中进行教育教学活动。"《学生伤害事故处理办法》第 9 条第 1 项亦规定："学校的校舍、场地、其他公共设施，以及学校提供给学生使用的学具、教育教学和生活设施、设备，不符合国家规定的标准，或者有明显不安全因素的""造成的学生伤害事故，学校应当依法承担相应的责任"。

（三）儿童丢失

案 例

重庆冒名"叔叔"接走 4 岁女童，家长置疑幼儿园接送制度

某园 4 岁的小女孩晶晶（化名），被陌生人从重庆市某幼儿园带走，摧残得浑身是伤。记者从有关方面获悉，小女孩的父母已将该幼儿园起诉到重庆九龙坡区法院，要求其赔偿精神损失费8万余元及医疗费。据了解，当年5月24日17:00许，晶晶的父亲唐某去幼儿园接女儿时，却接了个空。唐某找到值班老师询问，老师也一脸茫然。经老师仔细回忆和在幼儿园四处查询，才回忆起晶晶尚未放学时，就被一名自称“叔叔”的男子接走。

（四）意外伤害

案例

体育课上，小朋友在老师的指导下在操场上玩“老狼老狼几点钟”的追逐游戏。活动前，老师已经带领孩子们做好了相关准备工作。活动中，幼儿杨阳被扮演老狼角色的幼儿王蒙定为追逐目标，不料在一次转身奔跑躲闪中，杨阳突然一下子失去平衡，摔倒在地，造成骨折。在场教师林晓立即与幼儿园保健医生为杨阳进行骨折肢固定，并送院治疗。但事后，杨阳的家长还是向幼儿园和王蒙的家长提出损害索赔。幼儿园认为这是体育活动中的意外，不应负法律责任；王蒙的家长则认为王蒙追逐杨阳是正常教学活动中的合理行为，是杨阳自己失去平衡跌倒的，王蒙无过错，也不应承担责任。

案例分析：园内游戏，孩子自己玩耍失衡，骨折不是老师的责任。根据《最高人民法院关于审理人身损害赔偿案件适用法律若干问题的解释》第7条关于对幼儿园伤害事故过错责任的规定，本事故中，杨阳受损害的事实存在，但教师、王蒙均无过错，并不存在违法行为。原因是：教师对体育游戏组织合理，活动前检查清理了场地，对幼儿服装也做了检查整理；所选活动内容符合幼儿身心发展的年龄特点，没有超出幼儿的现有运动水平；游戏前安排了适当的准备活动，对游戏玩法和注意事项做了详细说明，游戏进行时一直在旁看护；运动场地也合乎规格。而王蒙也并无违反体育游戏规则，没有故意伤害杨阳。根据民事责任的归责原则中的过错责任原则，任课教师和王蒙都无须承担责任，杨阳的跌倒纯属意外。

至于幼儿园方面，也可依据《学生伤害事故处理办法》第12条第5项在对抗性或者具有风险性的体育竞赛活动中发生意外伤害的学生伤害事故，事发前，学校已履行相应的职责，而且履行的职责并无不当之处，学校无法律责任的规定而免除民事责任。

总而言之，在这起事故中，造成幼儿伤害的因素是幼儿动作突然失去平衡，这是幼儿园及教师在主观上不能预见、不能避免的，所以幼儿园无法律责任，杨阳及其监护人所提出的损害赔偿主张没有法律依据，损失依法应由其自行承担。

幼儿园事故及防范

二 幼儿园的事故原因及防范措施

（一）幼儿园事故的发生原因

幼儿意外事故发生的原因很复杂，既有客观方面的，也有主观方面的，主要包括以下几个方面。

1. 制度问题

制度不严，管理不善，是造成幼儿园事故的主要原因之一。在实践中有些幼儿园不注意加强园内的建章立制工作，没有严格的门卫制度、食宿卫生制度、教师值班制度等，安全防范管理出现漏洞，造成严重后果。有些幼儿园虽有比较完备的制度，但未能严格执行，如有的幼儿园门卫管理不严，出现陌生人出入现象，造成不良甚至严重后果。有的教师在离园时将幼儿交给未受家长委托的熟人，也容易造成不良后果。

2. 设备问题

幼儿园内设备陈旧老化，而幼儿园又未对其采取安全防护措施，这就潜伏着安全隐患，如某幼儿园滑梯年久失修，虽然教师反复强调不能去玩，但由于幼儿本身并无控制能力，有的幼儿仍然上去玩，结果因滑梯不稳，摔成重伤。在这里，幼儿园是负有责任的，因为它违背了严禁在幼儿园内设置威胁幼儿安全的危险建筑物和设施的规定，同时也并未采取防护手段和措施。

3. 教学管理问题

主要指教职员工在保育教育过程中出现的管理问题，包括以下几方面。

（1）体罚或变相体罚给幼儿造成的伤害。如超强度的动作、罚打扫卫生、罚跑步，以及教育幼儿时态度粗暴、使用侮辱性语言，给幼儿造成身心伤害。

（2）违反国家有关的幼儿管理法规给幼儿造成的伤害。安排或选择的教育内容与方法违背了幼儿教育规律，有损幼儿身心健康活动的。如给幼儿讲授小学的有关课程，其强度和难度超过了幼儿的承受能力，造成幼儿不堪重负，妨碍了他们身心健康和全面发展。

（3）玩忽职守、缺乏责任心造成的幼儿伤害。从法律上讲，玩忽职守与工作责任心不强属于不同性质的行为，前者为渎职行为，通常要承担法律责任，后者是认识问题，主要给予批评教育。某市幼儿园在春节后开学不久，因到园幼儿不足，将小班、中班、大班的部分幼儿合在一起，这本身要求教师加强看护，但该园教师因办私事委托院内一临时工照看，结果发生了大班一个幼儿打伤小班一个幼儿的重大事故。虽然这样的事件是个别现象，但在实践中也确实存在着教师责任心不强而造成事故的现象，如有的教师怕脏怕麻烦，强迫幼儿憋尿、憋屎，造成幼儿严重的身体损害等。

（4）安全措施保障不力。在户外活动及幼儿园组织的园外活动中常常因为教师对幼儿所做的安全保障措施不力而引发事故。

4. 儿童自身问题

儿童自身问题是指由于儿童的特殊疾病造成的伤害。如某幼儿园在组织幼儿做操时，一幼儿突然倒地身亡。经检查该幼儿患有先天性心脏病，这就是由于幼儿特殊疾病引起的。幼儿园、教师所实施的教育教学方式并无不妥，而不同幼儿的心理承受能力有所不同，有些幼儿可能会因为教师的管理方式不适合自己而受到心灵的伤害。

（二）幼儿园事故防范措施

1. 健全幼儿园规章制度

制定和完善安全工作的各项规章制度，如幼儿园安全保卫制度、安全检查制度、园所检查维护制度、晨检制度、接送制度、食品卫生消毒制度、安全隐患报告制度等。通过各种制度的建立，使安全工作纳入幼儿园工作的各个环节，使教职工的行为受到规章制度的约束，从而起到“有章可循，有制可依”的作用。

健全幼儿园安全工作责任制。认真落实幼儿园安全工作责任制，实行目标责任管理，明确职责分工。与上级主管部门签订安全工作目标责任书，落实“谁主管，谁负责”的原则，同时与教职工签订安全承诺书，使每个职工清楚自己的岗位职责，懂得安全工作人人有责、人人知责、人人尽责的道理，同时园长是幼儿园安全工作的第一负责人。

2. 加强设备安全检修

幼儿园应按照规定配置教学玩教具器材，定期对其进行检查维护，并培训教师和保育人员规范操作，避免事故发生。

3. 依法规范幼儿园管理

依据安全管理制度等规定，提高管理人员的资质和管理能力。在食物、药品、饮用水等方面严格按照规定标准供给，避免管理人员因管理不力引发的安全问题。教师及保育人员应遵守职业道德，为人师表，以贯彻儿童的最大利益原则，不得给学生安排与其身心不相适应的活动和教育行政部门禁止的活动，以及高风险性教育活动（园内：体育课、运动会等；园外：春游、参观访问等），不得体罚或变相体罚学生，对幼儿安全负起责任。

4. 树立正确的儿童教育观，正确认识幼儿在教育活动中的地位

幼儿处于成长的敏感期，教师应针对幼儿特点进行安全教育，培养孩子安全防范意识，帮助孩子初步掌握防水、防火、防电、防烫、防拐骗的能力，告知违纪行为如攀爬危险设施、吸食管制物品等可能带来的伤害，引导幼儿加强体质锻炼，提升自我保护能力。

三 幼儿园事故的赔偿责任

在对幼儿园事故的类型和原因进行分析的基础上，遵循谁有过错，谁承担赔偿责任的法律原则，从而确认幼儿园事故涉及的赔偿主体，包括幼儿园、监护人、保险公司。下面分别对这三类赔偿主体进行分析。

（一）幼儿园赔偿责任

幼儿园赔偿责任既包括因幼儿园过错引起的伤害赔偿，也包括因教职员工工作失误引起的伤害赔偿，后者赔偿是先由幼儿园代替教职工赔偿，然后幼儿园再对教职工进行行政处分或追偿。根据幼儿园事故发生的原因、情节及过错情况，幼儿园赔偿责任可分为完全责任、部分责任和免除责任。

（1）完全责任。指过错完全在幼儿园。如在园内建厕所，一无图纸，二无合同，三无主管部门审核，导致建造的厕所蹲坑不符合标准，从而造成儿童伤害；或对通往幼儿园有障碍的道路，未采取安全措施标识，导致幼儿不慎掉进去摔伤等。

（2）部分责任。即幼儿园事故发生，其过错一部分是由幼儿园或教职工引起的，另一部分是由其他因素引起的。如幼儿在课间追打，教师在旁看见，虽制止但不得力，最终酿成事故，那么教师负有一定责任。

（3）免除责任。即指幼儿园事故的发生，由幼儿自身原因引起，或纯属意外，幼儿园不可预料。如某幼儿患有某种疾病或属于特殊体质，家长并没有告诉幼儿园教师，幼儿园教师在不知情的情况下，实施教育教学活动，造成伤亡，幼儿园并无责任。

（二）监护人赔偿责任

监护人赔偿责任指幼儿给他人造成损害时，由其监护人代为承担赔偿责任。

这里须搞清楚监护人的范围责任。所谓监护，法律上指对无民事行为能力人和限制民事行为能力人的人身、财产权益依法实行的监督和保护，其中所设定的监督保护人是监护人，目前我们采用三种设定监护人的方式。

一是法定监护。《中华人民共和国民法总则》规定，有三类监护人属于法定监护：①近亲属。包括父母，无父母或父母丧失监护能力的，由祖父母、外祖父母，或兄、姐承担。②其他愿意担任监护人的个人或者组织，但是须经未成年人住所地的居民委员会、村民委员会或者民政部门同意。③没有依法具有监护资格的人的，监护人由民政部门担任，也可以由具备履行监护职责条件的被监护人（所在地的）居民委员会、村民委员会担任。从现有法律规定来看，幼儿园不是幼儿的法定监护人。

二是指定监护。对监护人的确有争议的，由被监护人的父母或被监护人住所地的居民委员会、村民委员会或者民政部门指定监护人。因此幼儿园也不是指定的监护人。

三是委托监护。根据《中华人民共和国民法总则》第 30 条的规定："依法具有监护资格的人之间可以协议确定监护人。协议确定监护人应当尊重被监护人的真实意愿。"被监护人的侵权行为需承担民事责任的，应当由监护人承担，但另有约定的除外；被委托人确实有过错的负连带责任。根据这一意见，幼儿在入园时，家长从未将监护责任委托给幼儿园或教师。即使有委托，如果被委托的幼儿园或教师有过错，那么他们应当承担民事责任，如果无过错，则民事责任应当由监护人承担，而不是由幼儿园或教师承担。寄宿制幼儿园的幼儿管理事宜，应由家长和幼儿园签订委托合同事宜。

通过对监护人进行法律分析，我们发现，幼儿园既不是法定的监护人，也非指定的监护人，同时幼儿园与家长也没有签订委托合同，因此监护人对其子女给他人造成的伤害，应该依据事故的原因和情节轻重承担相应的赔偿责任，而不能一概认为应由幼儿园负责；至于纯属幼儿自身原因造成伤害，监护人应承担完全责任。

根据《中华人民共和国民法总则》的规定，父母是自己未成年子女的法定监护人，一般父母的监护职责是不能随便委托给其他人的，但是在特殊的情况下可以变通考虑，只有在父母没有监护能力的情况之下才可以由其他人担任监护人。

（三）保险公司责任

学校、幼儿园建议家长给儿童缴纳保险金，参加学平险以便于侵权或疾病时，得到赔偿，以化解风险，共渡难关，减轻家庭负担。

对幼儿在幼儿园内发生的人身伤亡，保险公司应依据担保人与公司签订的险种、险别条款，承诺相应的赔偿责任。值得指出的是，在赔偿责任的分担中，并不是三种赔偿主体在任何一个幼儿园事故中都负有赔偿义务，也并非是平均分配，而是根据幼儿园的事故原因、情节轻重等因素，对具体问题进行具体分析。对于任何一方都无过错而造成的伤害事故，根据《侵权责任法》第 24 条规定："受害人和行为人对损害的发生都没有过错的，可以根据实际情况，由双方分担损失。"活动课上，幼儿甲将足球踢到正在奔跑的幼儿乙身上，从乙身上又反弹到幼儿丙的眼睛上，造成幼儿丙视力伤害。在这一事故中，教师在教学设计、组织安排和场地条件等方面均无不当，幼儿甲、乙、丙均为正常踢球，且无过错行为，因此，本案例应由幼儿园、幼儿甲和幼儿乙分别承担赔偿责任。

思考与练习

1. 幼儿的合法权益有哪些？
2. 幼儿教师的合法权益有哪些？
3. 幼儿园的合法权益有哪些？
4. 幼儿园的常见事故类型有哪些？如何进行防范？

国考聚焦

一、选择题

1. 某幼儿教师陈某在教育幼儿实践中，经常敲打拖拽幼儿，造成幼儿身体多处瘀伤，陈某侵犯幼儿的权利是（　　）。

A. 受教育权　　B. 人格尊严权　　C. 人身自由权　　D. 生命健康权

【答案】B

【解析】人格尊严权是人格权中的核心权利，是民事主体作为一个"人"所应有的最起码的社会地位并且受到他人和社会的最基本尊重，是民事主体对自身价值的认识与其在社会上享有的最起码尊重的结合，幼儿在人格上和成年人是平等的。

2. 学校侵犯了教师的合法权益，受理教师申诉的机关是（　　）。

A. 当地人民政府　　B. 当地检察院　　C. 当地法院　　D. 主管教育的行政部门

【答案】D

【解析】根据《中华人民共和国教师法》第39条规定，教师对学校或者其他教育机构侵犯其合法权益的，或者对学校或者其他教育机构作出的处理不服的，可以向教育行政部门提出申诉，教育行政部门应当在接到申诉的三十日内，作出处理。教师认为当地人民政府有关行政部门侵犯其根据本法规定享有的权利的，可以向同级人民政府或者上一级人民政府有关部门提出申诉，同级人民政府或者上一级人民政府有关部门应当作出处理。

3. 有的教师怕影响整体成绩，不让成绩差的学生参加考试，这侵犯了学生的（　　）。

A. 受教育权　　B. 人身安全权　　C. 隐私权　　D. 名誉权

【答案】A

【解析】根据《中华人民共和国教育法》第43条规定，受教育者享有下列权利：①参加教育教学计划安排的各种活动，使用教育教学设施、设备、图书资料；②按照国家有关规定获得奖学金、贷学金、助学金；③在学业成绩和品行上获得公正评价，完成规定的学业后获得相应的学业证书、学位证书；④对学校给予的处分不服向有关部门提出申诉，对学校、教师侵犯其人身权、财产权等合法权益，提出申诉或者依法提起诉讼；⑤法律、法规规定的其他权利。

4.（　　）是学生最基本的权利。

A. 人身权　　B. 受教育权　　C. 财产权　　D. 健康权

【答案】B

【解析】受教育权是学生最基本的权利，它受到法律的保护。《中华人民共和国宪法》《中华人民共和国教育法》《中华人民共和国义务教育法》等多部法律法规对其都有明文规定。

5. 教师不得对学生进行谩骂、体罚、变相体罚和有其他侮辱学生的行为，这是由学生的（　　）决定的。

A. 人身自由权　　B. 荣誉权　　C. 隐私权　　D. 人格尊严权

【答案】D

【解析】教师对学生的体罚和侮辱行为，其实质是教师的人格凌驾于学生人格之上的一种表现；每一次体罚都会对学生心灵造成不同程度的伤害，且这种心灵伤害是永久的、很难愈合的，有时甚至是无法愈合的。

6. 幼儿园小朋友洋洋的画被推荐发表，所得稿酬应归于（　　）。

A. 幼儿园　　B. 洋洋本人　　C. 洋洋的父母　　D. 洋洋的老师

【答案】B

【解析】根据联合国《儿童权利公约》《中华人民共和国宪法》《中华人民共和国未成年人保护法》《中华人民共和国民法总则》及《幼儿园管理条例》等规定，幼儿作为独立的个体，与成年人一样平等享有受抚养权、受教育权、生命健康成长权、受保护权、肖像权、名誉权、财产保护权、荣誉权、著作权等权利，所以洋洋的作品稿酬应该归本人，教师只有指导的署名权。

7. 小华的父母出差，将其委托给好友胡某代为监护，胡某带着小华在小区内玩耍，在与小朋友的追逐打闹中，小刚将小华推倒摔伤。对小华所受的伤害承担赔偿责任的是（　　）。

A. 小华的父母　　B. 胡某　　C. 小刚的父母　　D. 胡某与小刚的父母

【答案】C

【解析】《中华人民共和国民法总则》对法定责任年龄规定，八周岁以下公民不负民事责任，他们是无民事行为能力的人,对他人造成损害的应由监护人承担赔偿责任。小刚的父母对小刚具有监护的责任和义务,应该对小华承担赔偿责任。

二、简答题

幼儿园可以扣发参加进修教师的工资吗?参加进修教师应该如何依法维权?

【参考答案】幼儿园无权扣发参加进修教师工资。参加进修教师有权向幼儿园所在地的教育行政部门申诉。《中华人民共和国教师法》第7条规定,教师享有参加进修或者其他方式的培训的权利。《中小学教师继续教育规定》第4条规定:"参加继续教育是中小学教师的权利和义务。"第16条规定:"经教育行政部门和学校批准参加继续教育的中小学教师,学习期间享有国家规定的工资福利待遇。学费、差旅费按各地有关规定支付。"第22条规定:"本规定所称中小学教师,是指幼儿园,特殊教育机构,普通中小学,成人初等、中等教育机构,职业中学以及其他教育机构的教师。"

根据以上规定,教师参加进修进行继续教育,是其权利也是其义务。经过教育部门和幼儿园批准,教师参加进修,学习期间应享有国家规定的工资福利待遇,幼儿园不得扣发其工资,而且还应按当地规定向教师支付学费和差旅费。对于幼儿园扣发其工资,参加进修教师可向幼儿园所在地教育行政部门申诉,以维护自己的合法权益。

第十二章 国外学前儿童教育与保育的政策与法规

学习目标

1. 了解各国的学前教育机构。
2. 掌握世界先进的学前教育理念。
3. 了解美国、日本关于幼儿园办学的条例与法规。

美国著名教育家南希·M. 罗宾逊将世界各国的学前教育机构划分为四种模式:盎格鲁–撒克逊模式、拉丁–欧洲模式、斯堪的纳维亚模式和社会主义模式,四种模式概括了世界各国的学前教育机构。然而,各国的学前教育机构在这四种模式下又各有其特色。蒙台梭利的儿童观为学前教育的发展涂上了浓墨重彩的一笔;杜威强调学校的社会功能,重视儿童的自我活动和自我教育;光谱方案善于抓住儿童最关键的思考点;瑞吉欧的教育理念在世界许多国家和地区得以接受并发展。为适应新时代学前教育体系的需要,美国、日本等国相继制定和推行了一系列的教育条例和法规,从而保证学前教育得以顺利实施。

第一节 国外学前儿童教育及保育发展概况

案例

实践是最好的老师

在美国,小班学习的单词除了“你好、谢谢”等简单的交流语之外,都是大自然中植物及动物的名称。小班的老师每周都会有两天的时间带小朋友到大自然中玩耍,比如,在土里挖几个坑,分别将塑料袋、纸、玻璃、香蕉皮等埋入,几周之后再过来看有什么变化,据此对小孩讲解土地可以或不可以吸收哪些垃圾。像土地不会吸收玻璃,而且还会伤害到人和动物的脚,太阳光反射聚焦还会引起火灾,所以不可乱扔玻璃垃圾。美国人对环境的保护是与他们从小所受的环保教育分不开的。

案例分析:案例通过实践的形式教育了孩子保护环境的重要性,该方式便于儿童接受,这种做法培养了孩子对大自然的热爱,这种对生活及对人类热爱的教育方法是值得我们借鉴的。

根据上述案例,试分析幼儿园教育和保育的重点是什么?

一 国外学前教育机构

美国著名教育家南希·M. 罗宾逊将世界各国的学前教育机构划分为四种模式,第一种模式是盎格鲁－撒克逊模式,采用该模式的国家有英国、美国、加拿大、以色列。该模式通过两种平行方式照顾和教育幼儿,照顾功能由健康和社会福利部门管辖,教育功能则由教育部门管辖。第二种模式是拉丁－欧洲模式,[①]采用该模式的国家有法国、比利时、意大利、瑞士、日本等。该模式根据学前儿童年龄的不同,将对幼儿的培养划分为两个层次,3 岁前的学前教育机构由健康和社会福利部门负责,3 岁至入小学前的儿童由教育部门负责。第三种模式是斯堪的纳维亚模式,采用该模式的国家有德国、荷兰、挪威等。在该模式下,儿童入小学前只有一种专门的照顾和教育儿童的教育机构。比如,德国的学前教育机构招收 2—5 岁的儿童,照顾和教育的功能合二为一,由社会福利部门管辖。第四种模式是社会主义模式,采用该模式的国家有中国、波兰、匈牙利等。该模式采用中央集权的行政体系,从政策、大纲到日常生活的各个细节,都由中央下达行政规定,地方执行中央规定。近些年来,中央十分重视地方政府的积极性,把权力下放到地方,保护和尊重地方的特色。

国外学前教育机构设立的基本条件中,设备和设施是必备的,幼儿园给孩子提供什么样的环境直接决定了将来孩子培养的方向。比如,加拿大要求幼儿园的设备设施遵循三大基本原则:一是以幼儿的发展、保育和保护为设计宗旨,创设有利于幼儿整体学习的环境;二是幼教机构设备设施既要符合幼儿的年龄阶段特征,又要有利于每一个个体的发展,为幼儿提供合适的实践锻炼;三是必须符合该省颁发的《关于幼儿园设施设备的指导性意见》的要求。[②]

(一) 美国学前教育机构

美国独立后最早出现的学前教育机构是欧文于 1824 年在印第安纳州创办的共产主义公社活动幼儿学校,该机构的创办主要受英国空想社会主义者欧文的影响,在其影响下,美国的许多州陆续创办了幼儿学校。早年美国先后受英国及德国学前教育思想的影响很深,19 世纪 50 年代,德国福禄贝尔式的幼儿园开始传入美国,并成为主流形式。1855 年,德国移民玛格丽特·舒尔兹在美国威斯康星州的瓦特镇创办了全美第一所福禄贝尔式的幼儿园,该幼儿园是一所德语幼儿园,主要

① 霍力岩. 论世界幼儿教育的基本经验[J]. 比较教育研究,1998(6):31.
② 杨莉君. 学前教育政策法规概论[M]. 长沙:湖南师范大学出版社,2008:245.

招收德国移民的子女。1860 年,伊丽莎白·皮博迪(美国)创办了美国第一所英语幼儿园。1870 年,在美国出现了一所慈善幼儿园,主要招收因无人照顾而流浪街头的贫民子女,目的是通过对他们实行免费教育来缩小贫富差距。1873 年,哈里斯和布洛在圣路易斯市的德斯皮尔学校建立美国第一所公立幼儿园,开始公立幼儿园运动,从此极大推进了美国 19 世纪后期学前教育的发展,公立幼儿园在全美各地陆续创办,进而成为公立学校的阶梯被纳入具有美国特色的单轨学制。20 世纪以来,美国的学前教育获得飞速发展。受"进步主义教育运动"的影响,美国兴起"进步主义幼儿园运动",并对传统教育进行批判。1910 年,意大利教育家蒙台梭利的教育思想一度受到美国人的追捧,一度出现"蒙台梭利热"。1915 年,在英国麦克米伦保育学校的影响下,美国创办了第一所保育学校,1919 年,美国正式设立第一所公立保育学校。直到 20 世纪 70 年代的公共教育运动之前,美国学前教育机构都属于开创时期,主要照搬欧洲幼儿园的模式,而且局限于局部各州,规模小,自发性强,主要以民间私营性质为主,并未得到相关当局的重视。

当前,美国的学前教育机构主要有两种形式:保育学校(3—4 岁)和幼儿园(5 岁为主)。这两类学前教育机构彼此独立,各有所侧重。

(1) 保育学校。保育学校主要招收 3—4 岁的儿童,年限为 1 ~ 2 年,是幼儿园的向下延伸,有时也招收 5 岁的儿童。一般来讲,保育学校以半日制为主,主要培养儿童讲卫生的习惯,通过游戏、绘画、音乐和律动等活动促进儿童各方面的发展。在当今的美国,保育学校已经成为保护儿童安全和全面发展的教育中心。保育学校的班级人数一般在 16 ~ 17 人,幼儿每天按时进行常规活动。保育学校主要以私立为主,种类繁多,有各级公立学校附设的,有民间团体、福利机构、基金会、教会,也包括联邦政府主办的"开端计划"学校。有的保育学校归于早期儿童教育的分部行政单位内,属于基础学校的一部分。

(2) 幼儿园。幼儿园招收 4—6 岁儿童,主要为 5 岁儿童服务,每班约 20 人,活动以游戏为主,富教育于游戏之中,其程度比保育学校略高一些,没有正规的学科安排。从 1870 年开始有些州就已经把幼儿园看成是正规教育的一部分。20 世纪 80 年代末,美国掀起了"普及幼儿园"运动,目前至少有 42 个州设立了政府财政拨款的公立幼儿园。幼儿园的类型有研究型的,有暑期的,也有与保育学校结合的。从入园年龄来看,不仅有学前幼儿园、高级幼儿园,专门运用蒙台梭利的理论开展的幼儿园,还有采用皮亚杰的理论开展的幼儿园。幼儿园的教学计划比较灵活,重点是发展儿童的良好习惯,培养与人合作的精神,通过游戏、音乐、讲故事和律动等形式促进儿童各方面的发展,其原则是"做中学",为入小学做准备。

除此之外,美国学前教育机构还有其他类型:学前教育中心,招收 2.5—5 岁儿童,为他们进入幼儿园和小学做准备;家庭日托,是在家庭中的自然状态下为儿童提供的服务;儿童保育中心,招收从出生到 6 岁的儿童,以全日制为主;游戏学校,这类学校以游戏活动作为主要的组织形式,幼儿由老师带领做一些益智的游戏。

（二）英国学前教育机构

英国是世界上最早发展学前教育的国家。1816 年，欧文在新拉纳克正式创办第一所幼儿学校；1824 年，“英国幼儿教育协会”成立，进一步推动了幼儿教学机构的发展。1870 年颁布的《初等教育法》规定，儿童入学年龄为 5 岁。这一规定致使 5 岁以下的儿童无人看管，从而引发了社会问题，这引起了政府的关注。1911 年，麦克米伦姐妹创建了第一所保育学校，主要针对 3—5 岁幼儿，其创办宗旨是确保贫民和工人家庭子女的健康、预防流行疾病。教育方法以福禄贝尔式为主，蒙台梭利方法为辅，其原则就是重视儿童的自由游戏，反对拘谨的形式教育，从此，英国的学前教育得到了快速发展。

当今的英国，学前教育机构主要分为四种类型，第一种是由教育部门举办的学前教育机构，如托儿所、幼儿学校、幼儿班和小学附设托儿所等。附设在小学里的幼儿学校，是英国最主要的学前教育机构，它们的经费由国家提供，由教育当局和教育科学部共同承担。幼儿学校招收 3—4 岁的儿童免费入学，有全日制和半日制两种形式。教学活动的内容由教师根据孩子们的身心发展需要来安排。第二种是由私人或团体举办的学前教育机构，如托儿所、学前游戏小组、教会托儿所、幼儿学校、亲子小组、儿童保育中心等。学前游戏小组，是第二次世界大战后英国根据公立保育设施的不足而建立起来的，学前游戏小组主要设在农村及没有幼儿学校的地方，主要接收 2—4 岁幼儿，学前游戏小组通常设一名游戏辅导员，及时为儿童提供各种游戏活动，并邀请家长共同参与。第三种是由社会福利部门举办的学前教育机构，如日托中心、托儿所和社区中心婴儿室等，来满足家长随时接送孩子的需要。日托中心要收取学费，但对大多数父母实行全部或部分减免。这些日托中心全年开放，招收 8 周至 5 岁的儿童。第四种是由卫生保健部门举办的学前教育机构，如日托中心和游戏小组。一般来说，英国的学前教育机构以公共教育机构为主，大部分是单独设立的，有小部分是附设在小学内部的。

总的来说，英国目前的学前教育机构类型多种多样，除了为一般学前儿童开办的以保育为主的保教机构外，还有专门照顾残障儿童的特殊教育中心，为超常儿童开办的“天才儿童教育中心”，为家长开办的“亲子中心”及为准备入学的幼儿开办的“预备班”等。①

（三）法国学前教育机构

法国最早的学前教育机构是由新派教师实柏林创立的编织学校，照顾和教育 4—7 岁的学前儿童。1826 年，柯夏创立法国第一所日间看护中心，招收因年龄太小不能上学，或因父母太穷、太忙不能照顾的 2—6 岁儿童。1844 年，巴黎政府官员马尔波设立第一所托儿所。19 世纪 80 年代，凯果玛领导学前教育机构改革，促使政府将日间看护中心改造为母育学校，将其纳入国民教育体系。

法国的学前教育机构有公立和私立之分，有以下五种不同的形式。

---

① 胡福贞．英国学前教育发展现状及启示[J]．幼儿教育(教育科学)，2007.

（1）幼儿学校。这种形式的幼儿机构同其他国家的幼儿园相似，是法国学前教育的主要形式，主要招收 2—6 岁的儿童，一般按年龄组分成三个班：小班 2—4 岁，中班 4—5 岁，大班 5—6 岁。

（2）幼儿班。附设在小学，一般招收 3—5 岁儿童，其主要任务是为儿童进入小学做准备。

（3）托儿所。一般招收 2—5 岁儿童，其主要任务是对儿童进行良好的礼貌和行为教育。

（4）保育室。为有急事的家长临时照看孩子，解除家长的后顾之忧。

（5）流动车。针对偏远地区的儿童，实行到家中服务，送教上门。[①]

与其他国家相比，法国的学前教育机构承担着更多种职能，包括教育、保育、诊断和治疗，把社会、卫生和心理三者综合起来，重视学前儿童的维护和学习习惯的培养，重视幼儿的人格健康及各种潜能的发展，重视天才教育和防治低能。

（四）德国学前教育机构

19 世纪初，德国最早最负盛名的学前教育机构是侯爵夫人巴乌利美开设的保育所。它招收母亲从事日间农业劳动且已断奶的 1—5 岁的幼儿，重点在于保护公共安全和健康。1819 年，幼儿教育家瓦德切克设立了柏林最早的常设托儿所，以城市劳动阶级的子女为对象，招收 9 个月至 2 岁的婴幼儿。受英国幼儿学校影响，1835 年，弗利托娜创立了奥柏林式的编织学校，一年后改名为“幼儿学校”，主要招收贫困工人的子女，年龄一般在 2 岁到学龄期间。1837 年，福禄贝尔在德国创办一所学前教育机构，1840 年，将其命名为幼儿园。与以往幼儿保育机构不同，幼儿园以教育而非看护为主要内容，以中上层家庭的儿童为对象，由此，德国幼儿教育机构呈现出双轨趋势。1922 年，《青少年法》提出，要建立“白天的幼儿之家”，包括幼儿园、托儿所及其他幼儿保护机构，该法案的影响持续至今。

德国的学前教育机构呈现多元化的特点，形式多样，种类繁多，但归纳起来可以分为以下六种。

（1）普通幼儿园。它指的是德国传统的幼儿园，分为全日制和半日制。德国的幼儿园无论是公立还是私立的，都接受政府的补助。德国的幼儿园实行收费制度，公立和私立的幼儿园收费大致相同。国家遵循儿童入园自愿的原则，不做强制规定。幼儿园招收 3—5 岁的儿童，并且德国幼儿园一个明显的特点就是采取“混龄编班”，并且混龄班在全德国所有的幼儿园中实施。

（2）学校附设幼儿园和学前班。这种学前教育机构与小学相连，由国家教育行政机构管辖，绝大多数是公立幼儿园，儿童入学免费。1939 年，德国在汉堡创办了第一所学校附设幼儿园。目前的学校附设幼儿园数目较少，适合那些年龄已满或将达 6 周岁但智力与体力均未达到入学标准的儿童，他们在这里进行智力和心理的训练，为读小学做准备，它是真正意义上的幼小衔接的过渡，有明显的针对性。

（3）以教育家命名的幼儿园。如裴斯泰洛奇和福禄贝尔幼儿园、蒙台梭利幼

---

① 王小英，蔡珂馨．国内外幼儿教育改革动态与趋势［M］．长春：东北师范大学出版社，2004.

儿园和瓦尔多夫幼儿园等。

（4）特殊幼儿园。它是为有特殊障碍的幼儿能顺利融入社会而提供的必要教育场所。这类幼儿园根据儿童情况对儿童进行分类，并提供专门人员对幼儿进行看护和实施教育。

（5）其他形式的托幼机构。如托儿所、“白天的母亲”和父母管理中心等。“白天的母亲”是由联邦青年、家庭、健康部于1974年核准设立的幼儿保教计划。主要由政府提供少量的经费，让一些年轻妇女在照管孩子之余帮助邻近的职业妇女在白天照管小孩，以解决实际困难。这些“白天的母亲”须参加短期培训，只有获得科学育儿知识才能担任此工作。

（6）林间“幼儿园”。是在20世纪90年代末出现的一种托幼方式，没有房屋、围墙、教师在树林里对幼儿进行教育。

（五）俄罗斯学前教育机构

1860年，俄国出现了第一所幼儿园。1869年，彼得堡发行俄国最早的学前教育月刊《幼儿园》，促使“学前教育学”成为俄国教育学中独立的分支。此外，“福禄贝尔幼儿园”运动波及俄国，推动了俄国学前教育的发展。1880年，在莫斯科纳门纺织厂附近设立第一所工厂托儿所。1891年，开设农村孤儿院。1894年，在圣彼得堡开设最早的免费平民幼儿园。1900年，在莫斯科开办了第一所以聋哑儿童为对象的纳费的寄宿幼儿园。

当前俄国的学前教育机构有三种形式：托儿所、幼儿园和托儿所－幼儿园联合体。

（1）托儿所。这是俄罗斯学前教育机构的第一个层次，他们大都是私立机构，主要招收2个月至3岁的儿童，每天的开放时间为8～12小时，每周工作6天，但生源极不稳定。[①] 托儿所的主要任务是“看管”“监护”“保养”，目的是保护孩子的身体不受外界伤害，教育是次要目的。

（2）幼儿园。这是俄罗斯学前教育机构的主要类型。分为公立和私立两种，主要招收3—7岁儿童。公立幼儿园由政府创办，收费较低，分为小班、中班、大班，每班儿童15～30人不等，并配有1～2名幼儿教师和1名助手。私立幼儿园由各单位、企业、社会团体组建，这种私立幼儿园收费颇高，只有经济条件好的家庭的子女才能进入，贫困家庭的孩子欲入无门。据调查，私立幼儿园的月平均收费在300～500美元，在莫斯科，收费最高的私立幼儿园竟达1000美元/月，这对工薪阶层来说的确是个不小的数目。但是，由于私立幼儿园的教学环境优越、教学设备先进、教师素质高，还是吸引了不少家长的眼球。

（3）托儿所－幼儿园联合体。[②] 这是俄罗斯学前教育机构的重要组成部分，主要招收2个月至7岁的儿童，是家长喜欢的一类学前教育机构。托儿所－幼儿

---

① 冯永刚．托儿所：俄罗斯学前教育机构体系的第一个层次[J]．教育导刊：下半月，2007(5)：57.

② 冯永刚．托儿所——幼儿园联合体：深受家长欢迎的学前教育机构[J]．教育导刊(幼儿教育)，2007(7)：60－61.

园联合体坚持整体性教育原则,有利于孩子受到一贯的、连续的教育。它们从办学思想、管理体制、教学体制、托幼衔接、整合资源、师资建设等方面都体现了整体教育思想。但这并不意味着要同等对待2个月至7岁的儿童,因此,这对从事此类教育机构的教师的专业素养提出了更高的要求。

此外,俄罗斯还有专门为贫困家庭、残障儿童、孤儿创办的社会服务性学前班;有根据儿童兴趣开办的儿童体育学校;在经济不发达地区,有充分利用家长资源的家长管理中心等,这些都属于俄罗斯的学前教育机构。

(六) 日本学前教育机构

1876年,日本第一个学前教育机构——东京女子师范附属学校幼儿园正式开班。招收3—6岁的幼儿,依据年龄分班。1884年,文部省实行奖励开设简易幼儿园的办法,简易幼儿园为贫民子女所办,收费低廉,入园可免费或只交少量入园费。1891年,日本第一间托儿所在新泻市成立,由民间人士赤泽钟美夫妇出于慈善动机开办,专为贫民子女服务。1919年,第一所公立托儿所在大阪设立。20世纪中期,日本逐渐形成幼儿园和托儿所并行的学前教育机构,这一体制一直延续至今。

日本正规的学前教育机构主要有两种:幼儿园和保育所。

(1) 幼儿园。幼儿园是学校教育体制的组成部分,是学校教育的前期准备,归文部省领导,它以促进儿童发展为目标,是日本学前教育机构的主要形式,主要招收3—5岁的儿童,有国立、公立和私立之分。日本的私立幼儿园居多,占全国幼儿园的50%以上。公立幼儿园的收费标准略低于私立幼儿园,幼儿园不属于义务教育范畴,父母必须承担学费。[①]

(2) 保育所。保育所属于公共福利事业,由厚生劳动省领导,招收家中缺乏保育条件的0—6岁的婴幼儿,是为父母都参加工作,家中又没有老人看管的儿童提供家庭服务的机构,具有补充和完善的功能,保育所规模平均75人。[②] 每天保育时间8小时以上。在保育体系中,私立保育所属于接受政府资助并接受政府监督,属半官半民形式。日本的幼儿园和保育所有很大的差异,总体来讲,它们都是实施养护与教育一体化的学前教育机构,但保育所更侧重于养护任务,更偏重社会服务功能,而幼儿园更侧重于教育,每天规定保教活动4小时,每年保教220天以上。保育所没有寒暑假,儿童可随时入学,而幼儿园规定有寒暑假,入园时间为每年4月。

现在还有一种新设立的教育机构——认定幼儿园。2006年,日本政府通过《关于推进学前儿童综合提供教育和保育等的法律》,开始设立认定幼儿园。认定幼儿园是在现有的幼儿园和保育所的基础上设立的,有幼保合作型、幼儿园型、保育所型、地方酌情裁定型,是集幼儿园和保育所的功能于一体的教育机构,对0—6岁儿童实施教育和保育,同时为家庭提供教育支援。

---

① 李永连,李秀英. 当代日本幼儿教育[M]. 太原:山西教育出版社,1997.

② 李永连,李秀英. 当代日本幼儿教育[M]. 太原:山西教育出版社,1997.

二 学前教育理念与教育方式

随着经济全球化时代的到来,文化意识和教育思想进入了一个新的发展时期。外国的学前教育理念与教育方式发生着巨大的变化,有代表意义的外国学前教育理念很多,如蒙台梭利的学前教育理念、杜威的教育理念、光谱方案和瑞吉欧教育体系等。

(一) 蒙台梭利的学前教育理念

玛丽拉·蒙台梭利(1870—1952)是继福禄贝尔之后的又一位意大利著名的幼儿教育家,她为教育运动及儿童教育的发展涂上了浓墨重彩的一笔。20 世纪初,蒙台梭利创办了“儿童之家”并总结了创办经验之后,又出版了《蒙台梭利方法》。她崭新的理念,在世界学前教育界引起了不小的轰动。欧美一些国家的教师、学者纷纷来罗马参观学习,与此同时,欧洲一些国家陆续开设了蒙台梭利式的教育机构,蒙台梭利方法得到全世界的肯定。

1. 蒙台梭利的教育理念

儿童观。蒙台梭利继承了卢梭、裴斯泰洛奇、福禄贝尔等人强调儿童天赋潜能的观点,主张在充满爱与自由的环境下发展儿童潜能的观点。她认为儿童不是一个事事依赖成人的呆滞生命,相反,是儿童创造了成人,倘若一个人不经历童年的创造,就不可能有成人的存在,换句话说,儿童是成人之父。她认为,成人应该向儿童学习,建立互相尊重的师生关系,建立健康的成人与儿童的关系。

教育观。蒙台梭利认为教育有两方面的目的:一是生物性的目的,即帮助个人的自然发展;二是社会性的目的,即个人能适应并利用环境。“使每个儿童的潜能在有准备的环境中都能得到自我发展的自由。”蒙台梭利所谓的“有准备的环境”,就是一个符合儿童需要的真实环境,是一个供给儿童身心发展所需的环境,是一个充满自由、爱、营养、快乐与便利的环境。她认为,当儿童被置于上述“有准备的环境”中,他们就能按自己内部的需要、发展速度和节奏来行动,最终成长为具有一系列优良品质和惊人智慧的人。①

国际学前教育理念

“吸收性心理”。蒙台梭利认为儿童的成长受内部潜能的驱使,她认为儿童有一种下意识、不自觉的感受能力与特殊的鉴别能力,这种能力简称“吸收性心理”,即通过与周围环境的密切接触和情感的联系,获得各种印象和文化,“利用他周围的一切塑造了自己”,儿童这种无意识的心智并不一定是低级的。无意识的心智可以是非常有智慧的。②

敏感期。蒙台梭利认为生物界存在一个事实,即各类生物对于特殊环境刺激都有一定的敏感期,这种敏感期与生长现象密切联系,并与一定的生长阶段相适应。儿童的发展也有各种敏感期,在发展过程中,每个阶段的心理倾向各不相同,

① 吴式颖. 外国教育史教程[M]. 北京:人民教育出版社,1999:491.

② 黄瑾,裴小倩,柳倩. 学前教育课程[M]. 上海:华东师范大学出版社,2002:252.

过了特定的时期，其敏感期则会消失。她提出儿童从出生到 5 岁是感觉的敏感期（2—2.5 岁达到顶峰）；秩序的敏感期是从 1 岁多到 4 岁左右；语言的敏感期是在出生后两个月到 8 岁；动作的敏感期是从出生到 6 岁。

2. 蒙台梭利的“儿童之家”

蒙台梭利认为“教育并非教师教的过程，而是人的本能发展的一种自然过程。”她强调儿童心理变化只有通过有机体与环境的相互作用才能产生，“并只有通过对环境进行的自由活动所得的经验才能完成”。① 1907 年，蒙台梭利对于当时的教育现状强烈不满，在罗马贫民区开办了一所招收 3—6 岁贫民儿童的幼儿学校，并命名为“儿童之家”。“儿童之家”的设立解决了妇女外出工作无法照看孩子的问题，使得家庭教育为社会服务的功能增强，并且“儿童之家”的设立具有很浓的教育意义，它根据儿童的年龄特点对其进行教育，为儿童提供适宜的环境，促进儿童的身心和谐发展。

“自由活动”是蒙台梭利教育学说的基本特征之一。她把“自由活动”看作实现儿童自由的关键。她认为儿童是通过自主的活动来吸收知识的，她在“儿童之家”里为孩子们精心创造了一个特殊的世界，每一样东西的选取都非常的用心，不仅与儿童的身材相称，而且轻巧、美观，足以吸引孩子们的眼球。儿童在那里可以随意取用，自由活动。人们把蒙台梭利的这种做法看作教育观念的惊人革新。她认为自由并不等于放任或为所欲为，自由选择有趣的工作能满足儿童的需要，为儿童提供“活动动机”。当儿童把注意力集中到他所感兴趣的事物并为他提供有益的练习时纪律就产生了。蒙台梭利将“工作”作为契机，把自由和纪律协调起来的思想极具创见性。

“儿童之家”的教育方法有感官教育、实际生活训练、读写算练习、自然教育与体力劳动等。蒙台梭利极为重视感官教育，尤其重视触觉，她在“儿童之家”里专门设计了特殊的教具来训练儿童的感官，在训练感官的同时也发挥了儿童的想象力，使儿童获取想象所必需的材料和培养儿童准确感知事物就显得十分重要。“进行事物之间的区别的智力训练为富于想象的建筑奠定了坚实的基础。”②实际生活练习包括 4 项内容：清洁、秩序、安静和绘画。从儿童自身讲卫生，保持安静和轻拿轻放物品为起点进行教学，教师的作用不再是指导，而是纠正不正确的举动。读写算训练中，蒙台梭利认为 3—6 岁儿童已经具备学习知识的能力，应为儿童提供适当的材料加以训练，并与感官教育有机结合，手脑并用，使儿童按照自己的发展进度，自然地“爆发式”地学会读写算。“自然教育”引导儿童增长关心生物的热忱，进而会感激教师和妈妈对他们的爱护，引导儿童通过自然教育，培养对大自然的热爱并使他们沿着人类发展的道路前进。体力劳动中，她十分推崇泥塑，她让儿童用黏土自由捏自己喜欢的各种东西，她在“儿童之家”中教儿童制作陶器，用小砖砌墙等，这些做法有利于儿童了解人类由游牧到定居的生活过程。

---

① 蒙台梭利．蒙台梭利幼儿教育科学方法[M]．任代文，主译校．北京：人民教育出版社，1993：405.

② 蒙台梭利．蒙台梭利幼儿教育科学方法[M]．任代文，主译校．北京：人民教育出版社，1993：405.

3. 教育的环境及自由、纪律与工作

蒙台梭利认为良好的教育环境包含三个组成部分：教师、学生和环境。这种环境有六个要素：自由的观念、结构与秩序、真实与自然、美感与气氛、蒙台梭利教材和群体生活发展。① 她强调要为3—6岁的儿童提供“有准备的环境”，目的是激发儿童活动的动机。这种“有准备的环境”无论是身体还是心理都要符合美的原则，她特别强调将美感包含进学习材料中，在美的环境中，有各种各样的玩具和材料，来满足儿童自由的选择和玩耍。

蒙台梭利指出，教育的基本原则是给儿童自由活动的空间，允许儿童自发地表现，她认为赖以建立纪律的自由活动并非随心所欲，而是手脑并用，身心协调。她还指出儿童的各种感觉训练和日常生活技能都是在工作。将“自由”与“纪律”有机地统一起来，即工作可促进非压迫、非强制的纪律的形成。

（二）杜威的教育理念

约翰·杜威是美国的哲学家和教育家，是20世纪人类历史上少有的具有影响的教育家之一，他从实用主义哲学的角度出发，将教育视为经验的改造，强调学校的社会功能，重视儿童的自我活动和自我教育，在其庞大的杜威教育理论体系中，学前儿童教育是其中重要的组成部分。

1. 教育的基本理论

杜威将实用主义、机能心理学与教育相联系，从而提出了“教育即生长”“教育即生活”“教育即经验的改造”等口号，提出“从做中学”的教学原则，并根据这一原则提出了教学的五个步骤。

在“教育即生长”的观点中，他认为教育是儿童本能和能力不断生长的过程，教育者必须为儿童提供必要条件。“教育即生活”并不是说教育是生活的预备，而是说教育是儿童现在生活的过程，学校所呈现的课程必须是着眼于儿童现有的生活经验，不能是文字符号的满堂灌，这就要求学校必须改革教材和教法。与学习科目相互联系的中心是儿童本身的社会活动，应提供过去由家庭负责的那些教育因素，把各种不同形式的主动作业如烹饪、缝纫、木工等引进学校，使人人在生活过程中学习。② “教育即经验的改造”指一切教育寓于经验之中，经验的改造有助于人们更好地适应环境。

杜威要求从做中学，从经验中学，要求以活动性的主动作业来取代传统的书本知识，他认为这些活动，既能满足儿童心理需要，又能满足社会需要，还能使儿童活动全面和谐地发展。他认为如果我们用与儿童最初的经验相类似的方法将会大大提高教学效果。同时，他指出“做中学”的教学方法对于儿童和成人都适用。与“做中学”对应的课程不应只考虑学科本身的逻辑性，还要顾及儿童生活和经验的

---

① 郑健成．学前教育学[M]．上海：复旦大学出版社，2011：278.

② 杜威．民主主义与教育[M]．王承绪，译．北京：人民教育出版社，2001：59.

连续性和统一性。从“做中学”并不是指用手工来代替课本的学习①,“做中学”的教材关键点是达到心理化的目的,要抓住儿童的注意力和兴趣。

杜威的“五步教学法”是根据思维的五个步骤提出的:“第一,学生要有一个真实经验的情境——要有一个对活动本身感兴趣的连续的活动;第二,这个问题情境内部产生一个真实的问题并作为思维的刺激物;第三,他要占有知识资料,从事必要的观察对付这个问题;第四,他必须负责任有条不紊地开展他所想出的解决问题的方法;第五,他要有机会和需要通过应用来检验他的观念,使这些观念意义明确,并且让他自己发现它们是否有效。”②

2. 杜威的儿童观

杜威认为人类的幼年期比较长,幼年期是打基础的阶段,儿童的未成熟状态是一种发展能力,他将严格意义上的幼儿期(4—6 岁)扩展为 4—8 岁,他认为这一阶段的儿童教育是学校教育的第一个阶段,因此,他的学前教育理念不仅仅局限于早期的儿童教育。尽管杜威并不是“儿童中心”的首创者,但他极力倡导“儿童中心”这一思想,最典型的一段话:“现在,我们教育中将引起的政变是重心的转移。这是一种变革,这是一种革命,这是和哥白尼把天文学的中心从地球转到太阳一样的革命。这里,儿童是中心,教育的措施便围绕他们而组织起来。”

杜威认为学前儿童的课程不应是经过成人加工过的材料,他主张以照料布娃娃为契机来引起儿童的注意,如布娃娃需要穿衣服,儿童就会专注地做合适的衣服,布娃娃需要房间、家具、洗漱用品等,儿童就会自己动手去操作为布娃娃布置房间,如此便训练了儿童的主动性和自主能力,并逐渐形成一定的条理。杜威还主张从儿童的兴趣组织活动课程,如让儿童折纸、照看花园、试做玩具、讲故事和唱歌等。

杜威认为最好的教育儿童的方法是“行动”和“兴趣”。他认为“教学方法论”的核心是“行动”,要发展儿童的推理和判断能力,必须参照行动方法来选择教材和安排教程。“兴趣是生长中的能力的信号和象征”③这对教师提出了更高的要求,教师必须以儿童的兴趣作为教学工作的出发点,并给儿童提供与之发展水平相适应的教具和材料。教师必须对儿童的兴趣采取正确的态度,既不能放任也不能压抑。

综上所述,杜威的教育理念产生于社会发生重大变革的历史时期,其理论系统而全面,论证精微,洋溢着时代气息,大大超出前人。他探讨了一系列的教育问题,建立起现代完整的理论体系。他提出“做中学”的教学论体系,设计了以儿童直接经验为主的活动课程,从经验出发,他主张通过儿童主动的活动来安排儿童的课程。他的教育观的历史价值在于立足新现实、新理论,宣告了教育理论旧时代的终结和新时代的开始。其主张成为美国“进步主义幼儿园运动”的重要理论依据。

---

① 杜威. 学校与社会·明日之学校[M]. 赵祥麟,任钟印,吴志宏,译. 北京:人民教育出版社,1994:261.

② 杜威. 民主主义与教育[M]. 王承绪,译. 北京:人民教育出版社,2001:179.

③ 杜威. 学校与社会·明日之学校[M]. 赵祥麟,任钟印,吴志宏,译. 北京:人民教育出版社,1994:175.

（三）光谱方案

1. 光谱方案的理论基础

光谱方案是1984年由哈佛大学的加德纳教授和塔夫茨大学的费尔德曼教师合作完成的，它是基于这样两个理论：一是加德纳（H. Gardner）的多元智力理论，二是费尔德曼（D. Feldman）的非普遍性理论。每个儿童所展现的能力各具特色，犹如智慧之光。智能并不是一成不变的，丰富的材料和活动的环境及教育的机会能促进它的能量，一旦这种能量被发现，教师即可以设计一个个性化的教育方案。这两大理论的共同之处是都承认儿童具有独特性，并且在智力上的发展存在多样性，都提倡给儿童提供更多的发展机会，使每一个儿童都有机会发挥和实现自己的潜能，从而奠定了光谱方案的基调。多元智力理论包括七大智力领域[①]：言语－语言、逻辑－数理、视觉－空间、音乐－节奏、身体－运动、自我反省和人际交往智力，基于此，光谱方案设置了八大课程领域和八大评估领域。八大课程领域包括：机械和建构、科学、音乐、数学、运动、社会理解、语言、视觉艺术活动；八大评估领域包括：运动、语言、数学、科学、社会理解力、视觉艺术、音乐、工作风格。费尔德曼的非普遍性理论确认了人类对非普遍性领域的追求。

2. 光谱方案的课程内容

光谱方案的课程内容是基于多元智力的七大智力领域建构起来的，如机械和建构活动，让儿童练习操作工具，提高动手能力，加深他们对物理世界的基本原理的理解，从而使儿童的动作技能更加精炼。音乐活动，儿童将探索音乐的概念，如感知节奏、音调、色调等，同时可以进行简单的谱曲练习，并学会使用简单的打击乐和律动乐器。数学活动，帮助儿童进行逻辑思维能力的训练，养成动脑、动手的习惯。数学内容分为三个部分：数字推理、空间推理和解决逻辑问题。运动活动，为了锻炼儿童身体协调能力，这部分的关键能力主要包括：身体控制能力、节奏感、表现力、产生运动创意能力、对音乐做出呼应的能力。[②] 社会理解活动，主要包括对自己的理解、对他人的理解及对文化背景中有价值的社会角色的认同三个方面。语言活动，旨在培养儿童听说读写的能力，这部分的关键能力主要包括：讲故事的能力、描述语言的能力和运用诗歌语言的能力。

光谱方案的研究者立足于每个儿童都有各自的学习方式和思考问题的方法，他们都以各自不同的方式理解和思考世界，教师对儿童的学习方式了解得越多，观察得越透彻，他们就越能抓住儿童最为关键的思考问题的点，就越容易掌握儿童最为重要的技能，因此，“光谱方案坚持它的两个原本的目的：尝试扩展幼儿智力的概念，为评价尽可能多的智力方面提供可操作的技术。”光谱方案的框架在学业的和以儿童为中心的课程中架起桥梁，它以系统的方式培养儿童的认知技能，而认知技能包括许多不同的领域。光谱方案的研究者们认为，在每种文化中，人们都可以认真确定适合本文化的领域所包含的方面。

① 之后，加德纳又提出了自然观察智力和存在智力.

② 郑健成. 学前教育学[M]. 上海：复旦大学出版社，2011：299.

3. 光谱方案的实施

光谱方案的实施,分为以下四个步骤:第一,要积极引导儿童广泛地接触八个领域的知识,以拓展儿童的知识面。将八个领域的知识设计成不同的活动区,从而为所有的儿童提供在八个活动区进行探索的机会。在儿童进行直接操作的过程中,儿童一些在平时的学习中所没有体现的智力得以突显,比如,搭建积木和建造高塔等一些动手能力比较强的活动,这些活动的设计将为儿童提供新的活动领域,或许这些材料的提供就是儿童潜能里面所擅长的学习领域。第二,确认并发展儿童的强项。在光谱方案中,教学跟评价是同时进行的,教师可以根据儿童的表现通过正式或非正式的评价来观察并确定儿童的强项,并且,光谱方案针对每个学习领域都有一套"关键能力",根据儿童参与某个领域活动的能力及成果来判断其是否具备"关键能力"发展的水平。值得注意的是,在把儿童引入到某个领域时,要给儿童充足的时间让他们自由地探索,教师要根据他们完成任务的情况及时地判断他们在此领域所拥有的潜能。第三,巩固并加强儿童的专长领域。光谱方案鼓励教师积极发展儿童的某强项,当识别儿童在某领域的强项后,教师将从课程的设置和教学的方法上探索更适合儿童在该领域的兴趣和能力。例如,当教师发现某儿童能歌善舞,教师可以邀请该儿童担任音乐课的组长,这样该名儿童就可以带领其他同学一起进行该领域的学习,并对其他同学起到榜样的作用,在这一过程中,不但这名儿童的技能得到了发展,其他同学也会被他的能力所鼓舞,从而起到了正面强化的效果。第四,利用强项领域为其他领域搭建桥梁。光谱方案在实施的过程中,关键的一步就是让儿童利用对某一项领域的专长来带动和引导其他领域的学习,称为"搭建桥梁"的过程。"搭建桥梁"的好处在于能够帮助儿童将在某个领域感觉良好的心理状态带到其他相对较困难的领域,从而使儿童对较困难的领域产生信心。例如,儿童有音乐智力强项,如果将语言故事配以音乐的形式,就会产生共鸣,从而发展其在语言方面的能力。

光谱方案的活动形式也是多种多样的,包括以儿童活动为主的活动形式、以教师指导为主的小组活动、以儿童活动为主的大组活动、以教师指导为主的大组活动等。

(四) 瑞吉欧教育体系

瑞吉欧·艾米利亚是意大利东北部一座小城,有着良好的艺术和人文氛围,自20世纪60年代以来,马拉古奇带领当地幼教工作者亲手创建了一所新的民间学校,从而掀起了意大利非宗教式幼儿学校的开端,该学校凭借政府和社区居民的支持,经过数十年的艰苦努力,终于继蒙台梭利之后,又推出了一个颇具特色,影响世界的儿童教育体系。据1991年的美国《新闻周刊》报道,世界十大最佳学校中,学龄前学校首推瑞吉欧·艾米利亚的学前教育机构,并称其为"全世界最好的学前班"。在美国著名幼教专家凯兹、爱德华兹、福门等人的推广下,瑞吉欧的教育理念在世界许多国家和地区得以接受并发展。

1. 基本教育理念

以儿童为中心的儿童观。在瑞吉欧人的眼中,儿童是自我成长的主角,主动的学习者,是富有巨大潜能的孩子,他们有着强烈的学习、探索和了解周围世界的欲望,是社会文化的参与者,是他们共同演绎了历史,他们同成人一样,是一个个拥有独特权利的活生生的个体,这就要求我们要以儿童的思维和立场来分析看待一切,瑞吉欧教育的一大特点就是走进儿童心灵的教育观。在《儿童的一百种语言》一书中,马拉古齐的一首诗《其实有一百》充分表达了这一思想。他说:"孩子是由一百组成的,/孩子有一百种语言,一百只手,一百个念头,一百种思考方式、游戏方式及说话方式;/还有一百种……/孩子有一百种语言(一百一百再一百),但被偷去九十九种……"在这首诗中,我们可以充分感受到他对儿童独立思考、探索、幻想的尊重。针对儿童具有的敏感、好奇、随机应变的社会适应能力及对世界充满幻想和渴望的特点,瑞吉欧采用弹性课程,以儿童为中心,从儿童的兴趣和需要出发。教师的角色只是适时引导,尽量减少介入干扰孩子,"与其牵着儿童的手,倒不如让他们靠自己的双脚站立着"。瑞吉欧重视儿童与社会之间的联系,将儿童的个人成长融入社会这样大背景下,这样才能对儿童、社会及两者之间的关系有更深刻的理解。瑞吉欧人认为儿童有能力担当自己成长过程中主人的角色,尽管与周围人存在一定的差异,但他们试图通过与他人沟通、互动与协商等形式来找到自己的定位,并找出自己和别人的不同之处,完善自己某方面的习惯和能力。

"互动合作"的教育取向。"互动合作"是瑞吉欧教育取向的一个重要理念,也是贯穿在整个教育活动过程中的一项原则。"互动合作"包括教师和学习者的互相沟通,关怀和控制的不断循环,以及教育活动相互引导的过程。"互动合作"的理念也表现在幼儿机构的管理方面,他认为教育是整个市镇活动和文化分享。"社区应参与学校"的观念已形成具体的管理特色,表现在托儿所和幼儿园以社区为基础的管理方式上,同时,幼儿园都有"咨询委员会",以此来传达家长与教育者的需要。市镇的托儿所、幼儿园董事会,由幼托机构中的咨询委员代表、当地的幼教行政主管、教学协调人员及选出的教育官员等人组成。家庭和学校的互动合作,可帮助教育新方法的发展,并将其视为不同智慧汇集的要素,儿童教育责任由学校和家庭共同承担。他们深信,只有当教师与家长共同参与时,才可能带给儿童最好的经验。

教学观。瑞吉欧的教学观跟儿童观是紧密联系在一起的,在吸收和借鉴杜威进步主义教育思想的同时,也采纳了皮亚杰、维果斯基和加德纳等人的思想理念。在教学方法上,瑞吉欧人反对传统的灌输式的教学,认为那样太单调了,他们主张让儿童在情境中,在与人、事、物相互作用的过程中主动建构知识,并且应该让儿童在教育教学过程中有参与和决策的机会。在对待教与学的关系上,瑞吉欧人更注重儿童的"学",即以学定教。尽管在制作主题网络的时候,有些内容是教师预设的,但主题的开展都是以儿童的活动为中心,儿童的活动决定了主题活动的开展。正如马拉古奇所说"站在一旁等一会儿,留出学习的空间,仔细地观察幼儿在做什么,然后,假如你也能透彻了解,你的教法也许与以前大不相同。"[①]瑞吉欧的幼教工作者认为,儿童教育的成功与否,关键还在于教师能否抓住适当的时机,并找到

---

① 卡洛琳·爱德华兹,莱拉·甘第尼,乔治·福尔曼. 儿童的一百种语言[M]. 罗雅芬,连英式,金乃琪,译. 南京:南京师范大学出版社,2006:137-140.

适当的方法去介入，协助儿童发现问题，解决问题。

2. 课程体系的设计

瑞吉欧的课程设计目的有这样一段描述："让儿童更健康、更聪明、更具潜力、更愿学习、更好奇、更敏感、更具随机应变的适应能力，对象征语言更感兴趣、更能反省自己、更渴望友谊。"①因此，瑞吉欧在设计课程内容的时候没有局限内容，也没有固定的教材或预先设计好的"教学活动案例"。课程内容来自儿童的日常生活和周围的环境。日常生活中的资源取之不尽，如积木、故事、游戏、家务、穿衣、手工等。项目活动是瑞吉欧学校课程与教学中最全面的概括。它不是一种预定的教学模式，而是一种弹性课程和研究式教学。该活动的关键在于解决实际生活中的问题。问题的起点在于教师对儿童在某一主题活动的观察，并根据儿童的兴趣进行敏锐的判断，其过程会有难以预计的偶然性，会激发儿童的思考，逐渐把问题引向更深更广的方向，随即会出现一些新的主题，其结果是儿童在不断思考的过程中，自由地探索并创造性地解决问题。儿童会根据自己发现的成果，用所谓的"一百种语言"表达他们的感受和想法，然后创作出自己感兴趣的作品：绘画、模型、手工、折纸、泥塑，等等。儿童使用各种语言表达自己想法的思想也是瑞吉欧教育体系的一大闪光点，儿童可使用的语言分为：认知语言、想象语言、逻辑语言、表达语言、道德语言。在课程实施的过程中，瑞吉欧非常重视小组的工作，小组一般分为3~5人，这种小组的方式有利于保证同伴之间的合作研究。小组工作在瑞吉欧人的眼里，更为看重的是儿童在合作交流的过程中所获得的认同感及发生的矛盾和冲突，进而，儿童会适时地重新评价自己并改变自己的一些看法，这也是儿童间真正的小组"合作活动"。这种"合作活动"使儿童获得的不仅仅是友谊和情感，更重要的是在与其他儿童切磋与交流中，在认识上的满足。

第二节　美日关于幼儿园办园的政策与法规

案　例

据统计，1996年，美国俄亥俄州，婴儿所在班级的师生比是1:5，1—1.5岁幼儿所在班级的师生比是1:6，1.5岁—3岁幼儿所在班级的师生比是1:8，4—5岁儿童所在班级的师生比是1:12，学龄儿童所在班级的师生比是1:18，根据美国"幼儿教育协会"的要求，每个班最少要有两名教师，婴儿所在班级的师生比最高不应高于1:4，2—3岁儿童所在班级的师生比最高不应高于1:7，4—5岁儿童所在班级的师生比最高不应高于1:10。根据该协会的师生比例标准，目前，美国俄亥俄州的学前教育班级中师生比严重高于规定的标准。在美国，不仅俄亥俄州存在类似现象，美国大部分州在师生比例上没有任何规定。

① 冯晓霞．幼儿园课程[M]．北京：北京师范大学出版社，2000：194－195.

案例分析：幼儿园师生比失调的问题不仅在美国存在，很多国家都存在该现象，这将严重影响幼儿园的教学质量。基于此，出台相关的政策和法律来规范师生比就显得尤为重要。

幼儿园师生比失调将会带来哪些难题？我们应该通过哪些途径来解决？本节将会给出这两个问题的答案。

一 美国

美国为了适应走向新时代的学前教育体系的需要，相继制定和推行了一系列的教育条例和法规，以推动美国学前教育的新步伐。

（一）“开端计划”

1965年秋，美国政府通过了一项国家政策，即在全国范围内实行“开端计划”（head start program，又称“先行计划”），为社会处境不利的3—5岁的儿童提供补偿教育，联邦政府开始投入巨资实施这一计划。具体做法是：联邦政府拨款，免费接收贫困而又缺乏文化条件的家庭中4—5岁儿童到公立学校特设的学前班，进行为期数月至一年的保育，内容包括日常护理、体检、治病、集体活动、户外活动、文化活动等，以消除贫困儿童与其他儿童入小学前的差异，最终实现学前教育机会均等的目的。1975年，联邦政府颁布了《开端计划实施标准》（Head Start Performance Standard），详细规定了3—5岁儿童服务具体细则。1981年，颁布《开端计划法案》（Head Start Act），将服务对象从贫困幼儿扩展到残疾幼儿和移民家庭幼儿，出台质量标准，开展系统实验。《开端计划实施标准》与《开端计划法案》一起成为保障开端计划地方项目服务质量的强制性法规。

之后，美国国会先后颁布了一系列侧重点不同的授权方案。1990年，颁布《开端计划扩展和质量提高法案》（The Head Start Expansion and Quality Improvement Act），以设置提高质量专项资金为特点，规定将全部拨款中的2%应用于培训项目。1992年、1998年两次颁布《开端计划改进法案》（The Head Start Improvement Act）。其中，1992年强调建立质量标准和质量监督，要求授权代理机构提供自我评价；1998年强调提高教育质量，通过改进教学策略提高儿童的读写能力。2007年，美国国会通过《改进开端计划入学法》（The Improving Head Start for School Readiness Act），提出继续扩大服务人数，提高教辅人员资格和培训要求，同时加强与其他早教机构合作。[①] 开端计划实施以来，扩大了处境不利儿童受教育的机会，发挥多重教育功能，有助于处境不利家庭和幼儿摆脱贫困并获得发展，受益儿童不断增多。2014—2015学年，为1 100 000名0—5岁婴幼儿和孕妇服务，为1 007 000个家庭服务。[②]

国际学前教育政策发展趋势

“开端计划”在美国学前教育的发展中占有非常重要的地位。贫困家庭的儿童开始得到政府的补偿和全社会的关注，更多致力于学前教育的专家也在这次计

① 李国歌．美国“开端计划”的历史发展进程［J］．云南农业大学学报（社会科学）．2016(01)：77.

② 邬春芹．美国“开端计划”的历史考察及反思［J］．教育导刊．2018(02)：96.

划中得到了更好的发展和研究,人们也普遍认识到早期教育对儿童成长的重要性。“开端计划”积极利用了综合的、家庭中心的取向,进而影响了早期儿童教育专家努力发掘家长在早期教育中的重要作用。① 目前,美国正在对该计划进行改革,使之不断完善,以为本国学前教育发展提供新的动力。

(二) 20 世纪 80 年代以来的学前教育政策

20 世纪 80 年代以来,美国开始了整体性、综合性的教育改革运动。1988 年,美国国会通过了《中小学改善修正案》和《家庭援助法案》。《中小学改善修正案》提出“公平教育计划”,它是一项关于家长及其儿童的联合教育法案,由联邦政府每年拨款 5 000 万美元为家庭和 1—7 岁儿童提供早期教育服务。《家庭援助法案》则是政府给家庭发托儿费津贴。1990 年,国会分别通过了《儿童早期教育法》(Early Childhood and Education Act)和《儿童保育和发展固定拨款法》(Child Care and Development Block Grant Bill)。1998 年,克林顿总统提出了“幼儿教育五年计划”。该计划加强对“开端计划”的投入,是美国有史以来力度最大的一次投资计划,投资金额高达 200 亿美元。此项计划的内容包括:帮助工薪阶层支付保育费用、加强师资培训、帮助从业者取得教师认证资格、加大对托幼机构的质量评估等措施,以保证托幼机构的教育质量。同时,还设立专项奖学金帮助和鼓励从事幼教工作的学生。1998 年年底,美国联邦政府提交《1999 年法案:向所有儿童提供优质教育》,从立法上保证了幼教的质量。奥巴马上台后提出《0—5 岁教育计划》(Zero to Five Plan),要求每年联邦政府拨款 100 亿,资助各州普及学前教育,使每个儿童(不分贫贱)在幼儿时期获得平等教育,在入学前都能得到充分的准备。②

(三)《美国 2000 年:教育战略》

1991 年,布什总统签发了《美国 2000 年:教育战略》(America 2000:An Education Strategy)的教育文件,该文件提出了美国教育改革的“四项教育战略”和“六项国家教育目标”。该目标指出:学前教育要保证所有美国儿童都做好入学准备。即所有的处境不利儿童都能进入相应的高质量的幼儿教育计划;对家长进行培训使之胜任儿童的首任教师;使儿童得到足够的营养和医护,以保证入学时有健康的身体和大脑。③《美国 2000 年:教育战略》是美国历史上第一次由总统提出的详细而又具体的教育改革文件,体现了联邦政府对学前教育的重视。

(四)《不让一个孩子掉队》

2001 年,小布什总统签署了题为《不让一个孩子掉队》(No Child Left Behind)的教育改革计划,从而掀起了美国 21 世纪教育改革的新篇章,小布什总统在该文

---

① 周采. 美国先行计划的现状与趋势[J]. 比较教育研究. 2001(10):49 - 53.

② 刘静. 美国学前教育政策的实施特点及对我国的启示[J]. 青年文学家. 2013(02):129.

③ 朱旭东. 新比较教育[M]. 北京:高等教育出版社,2008:368.

中明确指出："如果我们的国家不能履行起教育每个儿童的职责，我们就可能在其他许多领域失败。但如果我们成功地教育了我们的青年，那么许多成功就会在整个美国和我们公民的生活中随之而来。"《不让一个孩子掉队》显然在教育改革中极大加强了联邦政府在教育体系中的作用，并加大了对学前教育财政支持的力度。这一改革也成为有史以来美国所有教育改革中最深入的一次总结和梳理。

二 日本

日本根据国际国内形势发展学前教育的需要，不断修改和完善学前教育的内容和方法，突出表现在1956年、1964年、1989年、1999年、2008年数次对《幼儿园教育大纲》的修订，针对学前儿童的教育开展的一系列的振兴计划，以及在世界大潮的影响下日本政府2001年颁布的《21世纪教育新生计划》（亦称彩虹计划）上。进入21世纪，日本进一步调整了总的教育方针，学前教育也随之发生了一系列的变化。学前教育机构、学前教育课程及学前教育师资方面都严格按照《幼儿园教育大纲》中所规定的内容执行，这在法规上保证了学前教育的顺利实施。

（一）"第二次世界大战"后日本的学前教育政策

1947年，日本通过了"第二次世界大战"后最重要的教育法——《学校教育法》，它强调幼儿园是受文部省管辖的正规"学校"的一种，规定3—6岁的儿童为招收对象，并把幼儿园的儿童跟小学生、中学生、大学生作为平行的立法对象而出现，《学校教育法》明确规定学前教育是学校教育中的重要组成部分，并有详细的专门条款对此进行论述，日本学前教育从此有了法律的保障。《学校教育法》的相关规定保证了幼儿园教育的实施，从此幼儿园教育在整个教育系统中的地位得到了提升，这对第二次世界大战后日本学前教育的发展有着深远的积极意义。《学校教育法》为日本学前教育的发展制定了基本框架，并为以后颁布的《保育大纲》和《幼儿园教育大纲》提供了有利的依据。

（二）修订、完善《幼儿园教育大纲》

1956年，日本受美国等西方国家对学前教育改革的影响，开始注重早期智力开发和幼儿园的知识教育，改变了幼儿园的课程体系，开始在原有的基础上增加了绘画、英语、美术等科目，并将《保育大纲》改称《幼儿园教育大纲》，增加了幼小衔接方面的内容，跟小学的分科教学极为接近。然而，修订后的《幼儿园教育大纲》出现了一系列的问题，如幼儿园的课程"小学化"倾向比较严重。针对这一现象，1964年，文部省再一次修订了《幼儿园教育大纲》，要求注意幼儿园教育与小学教育的区别，避免幼儿园教育的"小学化"倾向，重视幼儿园游戏和各种活动的教育，但又在一定程度上走上了对智育认识不足的另一个极端。1989年，日本再一次修订了《幼儿园教育大纲》，主要目的是改善幼儿园的教育环境，具体包括要以儿童为主体，突出游戏的指导作用，发挥儿童的个体特点等。1999年，日本对《幼儿园教育大纲》进行了一次全面完整的修订，为迎接新世纪做准备，并于2000年要求全国范围内的幼儿园正式实施该大纲。此次修订是日本教育整体改革的重要组成部分，新大纲进一步强调幼儿的主体性和幼儿的可持续发展，突出了家庭的重要性，鼓励幼儿园在课程建设中发挥创造性。2008年，修订了2000年实施的《幼儿园教育大纲》，修改最多的是人际关系领域，其次是健康领域。

（三）多次制定幼儿教育振兴计划

1962年，日本文部省根据政府提出的人才培养政策，制定了《幼儿园七年计划》，该计划于1964年开始实施，旨在提高5岁幼儿入园率，明确要求10 000人以上的城镇儿童入园率达到60%以上。结果，1971年的幼儿入园率是63.5%，振兴计划完全实现。目标达到后，文部省在1972年制定了第二次《振兴幼儿园十年计划》，目标是保证4—5岁幼儿的入园率达到100%。为此，该计划鼓励家长将子女送入幼儿园并制定了一系列的奖励制度，贫困的家庭实行减免保育费的制度。该计划实行的几年里，日本的入园率大大提高。据统计，1985年，日本的3—4岁幼儿入园率为70%，5岁幼儿的入园率达到了90%，在世界学前教育入园率排名中名列前茅。1991年，文部省制定了第三次幼儿教育振兴计划，目的是确保在今后的十年里，充分保证3—5岁幼儿入园的机会，政府划拨专项资金用于幼儿园的建设，从而保证了3岁以上幼儿的入园率。此次振兴计划重点放在3岁以上幼儿的保育工作上。1999年，日本颁布了《幼儿园教育大纲》，该大纲充分强调要根据3岁以上幼儿的特点进行教学，并将幼儿园的教学内容分为环境、语言、人际关系、健康和表现五大领域，从课程上充分体现出对3岁以上幼儿的保教工作。2001年，文部省颁布《全面幼儿教育的充实——幼儿教育振兴计划》(2001—2005)，对前三次计划做了补充，主要包括充实幼儿园的教育活动和教育环境，提高教师素质，支援儿童养育，促进幼小衔接，促进幼儿园和保育所之间的沟通和联系，进一步促进日本学前教育的发展。2006年，日本又制定实施新的幼儿教育振兴计划(2006—2010)，此计划来源于《关于适合环境变化的今后的幼儿教育的应有状态——为了幼儿的最佳利益》咨询报告中"七大政策支柱"，首次将认定幼儿园制度相关内容列入其中。

日本的振兴计划以儿童的入园率为出发点，并把学前儿童的教育作为人才培养的基础环节来抓，充分体现出日本对学前教育的重视。

（四）20世纪90年代以来的育儿支援政策

从20世纪90年代开始，日本政府为了营造更加宽松的育儿环境，相继出台了一系列的育儿政策和法规以确保幼儿园保育工作的顺利开展，这些政策和法规包括1991年出台的《育儿休假法》、1994年出台的《关于今后育儿支援的基本方向》和《天使计划》、1995年出台的《紧急保育对策五年计划》、1997年出台的《儿童福利法》、1999年出台的《关于应重点推进的少子化对策的具体实施计划》、2002年出台的《少子化对策+1》、2003年出台的《少子化社会对策基本法》和《下一代培育支援对策推进法》、2004年出台的《少子化对策大纲》等。除了国家性的一系列的育儿支援政策之外,近几年日本当地政府根据各地特点出台了一系列的地方性措施来支援幼儿园的发展,从而有力地促进了学前教育的发展。

本章从国外学前教育机构、先进的学前教育理念及教育方式和国外关于幼儿园办学的条例与法规三个方面详细地阐述了国外学前儿童教育和保育的发展。国外学前教育机构各有特色,然而它们又有一些相同之处,依据财政来源的不同,国外的学前教育机构大致分为三种类型:公立机构、私立机构和"半官半民"机构;国外先进的学前教育理念中,本章重点介绍了蒙台梭利的学前教育理念、杜威教育理念、光谱教育方案和瑞吉欧的教育体系;国外关于幼儿园办学的条例与法规中,本章重点介绍了美国和日本关于幼儿园办学的政策和法律,之所以选择这两个国家是因为它们对学前教育较为重视,制定了一系列政策和法律来保证幼儿园办学活动的顺利实施。

思考与练习

1. 简述学前教育机构的四种模式。
2. 试分析美国、法国、德国、日本四国学前教育机构的特点。
3. 简述蒙台梭利的学前教育理念。
4. 简述杜威的幼儿教育理念。
5. 简述光谱方案。
6. 简述瑞吉欧教育体系。
7. 简述美国、日本关于幼儿园办学的条例与法规。

国考聚焦

一、选择题

1. (2012 下半年"保教知识与能力"真题)创建"活教育"体系的教育家是(　　)。

A. 陈鹤琴　　B. 福禄贝尔　　C. 杜威　　D. 蒙台梭利

【答案】A

【解析】陈鹤琴,现代教育家、儿童心理学家和儿童教育专家,中国现代幼儿教育的奠基人。他毕生致力于中国化新教育的研究和探索,创建了"活教育"理论体系。

2. (2013 上半年"保教知识与能力"真题)提出"教育即生活"的教育家是(　　)。

A. 蒙台梭利　　B. 福禄贝尔　　C. 卢梭　　D. 杜威

【答案】D

【解析】蒙台梭利提倡"感觉教育",设计了一系列感知觉的教具,认为幼儿的发展存在敏感期。福禄贝尔被誉为幼儿教育之父，首次提出“幼儿园”这个词，在世界上第一次阐明幼儿游戏的价值。卢梭是自然主义的代表人物，提倡“自然后果法”；杜威提出“教育即生活”“学校即社会”，提倡教育与生活经验相联系。

3. （2017 上半年“保教知识与能力”真题）对杜威“教育即生长”的正确理解是（　　）。

A. 教育以儿童的本能和能力为依据

B. 儿童的生长以教育目标为依据

C. 教育以促进教师的专业成长为基础

D. 教育应促进儿童的身体发育

【答案】A

【解析】杜威提出“教育即生长”，其本意并不是要把教育和生长混为一谈，实际上是揭示了一种新的儿童发展观和教育观。杜威认为，当时的学校无视儿童的天性，他提出“教育即生长”的根本目的在于将儿童从被动的、压抑的状态中解放出来。杜威的“教育生长论”要求尊重儿童，使一切教育和教学适合于儿童的心理发展水平、兴趣和需要。

4. （2018 下半年“保教知识与能力”真题）下列说法中属于蒙台梭利教育观点的是（　　）。

A. 注重感官教育　　B. 注重集体教学作用

C. 重视实物使用　　D. 通过游戏使自由与纪律相协调

【答案】A

【解析】蒙台梭利注重感官教育。

5. （2019 年上半年）联合国《儿童权利公约》所指“儿童”是指（　　）。

A. 18 岁以下的任何人

B. 16 岁以下的任何人

C. 10 岁以下的任何人

D. 6 岁以下的任何人

【答案】A

【解析】《儿童权利公约》第 1 条规定，为本公约之目的，儿童是指 18 岁以下的任何人，除非对其使用之法律规定成年年龄低于 18 岁。

二、简答题

（2014 下半年“保教知识与能力”真题）简述加德纳的多元智能理论的主要观点，智力种类及教育启示。

【参考答案】

（1）主要观点：加德纳认为，每个学生都在不同程度上拥有九种基本智力，智力之间的不同组合表现出个体间的智力差异，智力并不是一个容易“被测量”的东西，目前所能够测量的多是言语－语言智力和逻辑－数理智力。如果一定要去测量智力，那么应当侧重于该智力所要解决的问题或在运用该智力时表现来的创造力。在他看来，智力是一种或一组个人解决问题的能力，或制造出在一种或多种文化背景中被认为有价值的产品的能力。智力是以组合的方式来进行的，每个人都是具有多种能力组合的个体，而不是只拥有单一的、用纸笔测验可以测出的解答问题的能力的个体。

（2）智力种类：言语－语言智力、逻辑－数理智力、视觉－空间智力、音乐－节奏智力、身体-运动智力、人际交往智力、自我反省智力、自然观察者智力和存在智力。

（3）教育启示：教育工作者应该向儿童提供多种多样的智力活动机会，在充分尊重儿童发展独持性的同时，保证儿童的全面发展。教师要改变以往的儿童观，用赏识和发现的目光去看待儿童；重新定位教学观，考虑个体差异，因材施教；教师要改变自己的教学目标，让每个儿童都有所学，学有所得，得有所长，注意鉴别并发展儿童的优势智力领域，注重培养儿童的创造力，根据儿童的不同情况来确定每个儿童最适合的发展道路。

三、材料分析题（2012 下半年“保教知识与能力”真题）

材料：

儿童的一百种语言

孩子是由一百组成的。
孩子有
一百种语言，
一百只手，
一百个念头，
一百种思考、游戏、说话的方式，
还有一百种倾听、惊奇和爱的方式
有一百种快乐，去唱歌去理解
一百种世界去探索去发现
一百个世界去发明
一百个世界去梦想

问题：

1. 你能从诗中读到幼儿心理发展的什么特点？

2. 依据这些特点，教师应该怎样对待幼儿？

【参考答案】《儿童的一百种语言》是瑞吉欧理论体系创始人马拉古奇的著作，这个标题体现了瑞吉欧创办者对儿童无限潜能的尊重、赞赏和期待，要追随儿童，真正尊重、体现并维护儿童的权利。瑞吉欧教育理念的核心就是真正地追随儿童，真正地走进儿童的内心世界。他们十分强调要尊重、体现并维护儿童的权利。

1. 幼儿的心理发展特点

（1）幼儿是一个独立的人，是不断发展的积极个体，是一个主动的环境探索者。

（2）幼儿有其自身发展的差异性，每个幼儿心理发展都有自身的优势领域，如有的幼儿有良好的语言能力，有的幼儿在动作发展上有着相当强的协调能力。在同样的心理发展过程中，幼儿在发展水平上呈现出差异性。

2. 给教师的启示

（1）教师首先要树立科学的儿童观和教育观。现代的儿童观与教育观告诉我们，儿童是人，具有生存权，具有人的尊严及其他一切基本人权：儿童是一个全方位不断发展的人，他具有满足生存和发展需要的权利。

（2）教育不是教教材，而是教育儿童，儿童有其特有的身心发展特点，学前课程必须遵循这些特点，在此基础上构建课程的目标体系、内容体系和方法体系。

附录

学前教育法规政策汇总

1. 有关法律

《中华人民共和国宪法》

《中华人民共和国未成年人保护法》

《中华人民共和国教师法》

《中华人民共和国教育法》

《中华人民共和国民办教育促进法》

《中华人民共和国劳动法》

《中华人民共和国民法总则》

《中华人民共和国侵权责任法》

2. 相关法规条例

《幼儿园管理条例》

《幼儿园工作规程》

《教师资格条例》

《〈教师资格条例〉实施办法》

《学生伤害事故处理办法》

《中小学幼儿园安全管理办法》

《幼儿园教育指导纲要（试行）》

《3—6 岁儿童学习与发展指南》

《幼儿园收费管理暂行办法》

《幼儿园教师专业标准（试行）》

《学前教育督导评估暂行办法》

《校车安全管理条例》

《托儿所幼儿园卫生保健管理办法》

《幼儿园教职工配备标准（暂行）》

《幼儿园园长专业标准》

《托儿所、幼儿园建筑设计规范》

《幼儿园办园行为督导评估办法》

3. 政策性文件

《劳动人事部、国家教委关于颁发〈全日制、寄宿制幼儿园编制标准（试行）〉的

通知》

《国家教育委员会、建设部城市幼儿园建筑面积定额(试行)》

《幼儿园玩教具配备目录》

《卫生部、国家教委关于颁发〈托儿所、幼儿园卫生保健管理办法〉的通知》

《教育部关于印发〈幼儿园教育指导纲要(试行)〉的通知》

《关于幼儿教育改革与发展的指导意见》

《禁止使用童工规定》

《教育部关于加强民办学前教育机构管理工作的通知》

《国务院关于当前发展学前教育的若干意见》

《关于加大财政投入支持学前教育发展的通知》

《教育部关于规范幼儿园保育教育工作 防止和纠正“小学化”现象的通知》

《教育部办公厅关于开展0—3岁婴幼儿早期教育试点工作有关事项的通知》

《教育部 中央编办 财政部 人力资源社会保障部关于加强幼儿园教师队伍建设的意见》

《教育部办公厅 财政部办公厅关于做好2014年中小学幼儿园教师国家级培训计划实施工作的通知》

《教育部 国家发展改革委 财政部关于实施第二期学前教育三年行动计划的意见》

《教育部等四部门关于实施第三期学前教育行动计划的意见》

《国务院办公厅关于加强中小学幼儿园安全风险防控体系建设的意见》

《中共中央 国务院关于全面深化新时代教师队伍建设改革的意见》

《教育部办公厅关于开展幼儿园“小学化”专项治理工作的通知》

《中共中央 国务院关于学前教育深化改革规范发展的若干意见》

参考文献

[1] 卡洛琳·爱德华兹,莱拉·甘第尼,乔治·福尔曼. 儿童的一百种语言[M]. 罗雅芬,连英式,金乃琪,译. 南京:南京师范大学出版社, 2006.
[2] 虞永平,张斌. 改革开放40年我国学前教育的成就与展望[J]. 中国教育学刊,2018(12):18-26.
[3] 陈鹏,祁占勇. 教育法学的理论与实践[M]. 北京:中国社会科学出版社,2006.
[4] 杜威. 学校与社会·明日之学校[M]. 赵祥麟,任钟印,吴志宏,译. 北京:人民教育出版社,1994.
[5] 杜威. 民主主义与教育[M]. 王承绪,译. 北京:人民教育出版社,2001.
[6] 冯晓霞. 幼儿园课程[M]. 北京:北京师范大学出版社,2000.
[7] 冯永刚. 托儿所:俄罗斯学前教育机构体系的第一个层次[J]. 教育导刊:下半月,2007(5):57-58.
[8] 甘永涛. 美国学校体罚与管教之新探[J]. 外国中小学教育,2012(3):43-48.
[9] 葛晓英. 本土文化教育园本课程的建构与探索[J]. 学前教育研究,2011(9).
[10] 胡洁. 解读学前教育改革发展意见亮点:强调普及普惠、遏制过度逐利. 新华社(2018-11-15)[2019-3-20]http://www.juesheng.com/xqjy/59744.html.
[11] 胡福贞. 英国学前教育发展现状及启示[J]. 幼儿教育(教育科学),2007.
[12] 朱家雄,黄瑾,李召存,张婕. 幼儿园课程的理论与实践[M]. 上海:华东师范大学出版社,2016.
[13] 霍力岩. 论世界幼儿教育的基本经验[J]. 比较教育研究,1998(6).
[14] 孔杰. 我国早期教育政策的作为和保障[J]. 早期教育,2003(7).
[15] 李春秋,王引兰. 中小学教师职业道德修养[M]. 北京:北京师范大学出版社,2012.
[16] 李克建. 破解当前难题,为长远发展奠基—解读《国务院关于当前发展学前教育的若干意见》[J]. 幼儿教育(教育科学),2011(1、2):1-4.
[17] 李季湄,冯晓霞.《3—6岁儿童学习与发展指南》解读[M]. 北京:人民教育出版社,2013.
[18] 李季湄. 幼儿园教育学基础[M]. 2版. 北京:北京师范大学出版社,2017.
[19] 步社民. 学前教育的"市场化之伤":以浙江省部分区域为例[J]. 教育发展研究,2008(20).
[20] 李生兰,等. 学前教育法规政策的理解与运用[M]. 南京:南京师范大学出版社,2012.
[21] 李岩. 做一个专业的幼儿教师[M]. 北京:教育科学出版社,2012.
[22] 李永连,李秀英. 当代日本幼儿教育[M]. 太原:山西教育出版社,1997.
[23] 梁志燊. 学前教育学[M]. 北京:北京师范大学出版社,1998.
[24] 林雪卿. 幼儿教育法规[M]. 北京:科学出版社,2010.
[25] 柳华文. 儿童权利与法律保护[M]. 上海:上海人民出版社,2009.
[26] 刘珊. 幼儿园安全事故分析与对策[J]. 读写算教研版,2013(11).
[27] 刘苏. 一个明智的举措——谈激励幼儿教师的精神需要[J]. 学前教育研究,1997(3):

45 - 46.
[28] 罗长国,胡玉智. 幼儿园管理[M]. 2版. 北京:高等教育出版社,2014.
[29] 吕萍. 建国以来我国关于幼儿教育事业发展的政策述评[J]. 中国青年政治学院学报,2008(2):108 - 112.
[30] 毛锴彦. 500多名幼儿家长为孩子入托彻夜排队[N]. 内蒙古日报(汉),2011 - 7 - 4(005).
[31] 蒙台梭利. 蒙台梭利幼儿教育科学方法[M]. 任代文,主译校. 北京:人民教育出版社,1993.
[32] 庞丽娟. 中国教育改革30年(学前教育卷)[M]. 北京:北京师范大学出版社,2009.
[33] 庞丽娟,范明丽. 当前我国学前教育管理体制面临的主要问题和挑战[J]. 教育发展研究,2012(4).
[34] 彭海蕾,王楠,姚国辉. 中国学前教育政策发展历程及其特点研究[J]. 教育导刊,2010,(3).
[35] 彭俊英. 南京市某园幼儿发展评价情况的调查研究报告[J]. 教育导刊,2002(24).
[36] 沙莉,庞丽娟. 明确学前教育性质,切实保障学前教育地位——法国免费学前教育法律研究及其对我国的启示[J]. 学前教育研究,2010(9):7 - 8.
[37] 石华勋. 现代幼儿教师专业成长阶梯[M]. 重庆:西南师范大学出版社,2002.
[38] 苏令,禹跃昆. 各地学前教育三年行动计划编制结束[N]. 中国教育报,2011 - 9 - 29(1).
[39] 苏令. 凝心谋跨越,聚力育新蕾——我国学前教育实现快速发展[N]. 中国教育报,2012 - 11 - 15(3).
[40] 孙葆森,刘惠容,王悦群. 幼儿教育法规与政策概论[M]. 北京:北京师范大学出版社,1998.
[41] 孙绵涛. 教育政策论[M]. 武汉:华中师范大学出版社,2002.
[42] 孙明. 扣发工资起纷争[J]. 早期教育,2005(3):29.
[43] 孙明,擅自办园属违规[J]. 早期教育,2004(1):23.
[44] 孙明. 疏于维修的教训[J]. 早期教育,2004(10):26.
[45] 孙明. 疏忽法规埋祸根[J]. 早期教育(教师版),2004(2):36.
[46] 童宪明. 教师剪去幼儿手指,刑事处罚罪难逃[J]. 山东教育,2003(6).
[47] 王海英. 从特权福利到公民权利——解读《国务院关于当前发展学前教育的若干意见》中的普惠性原则[J]. 幼儿教育(教育科学),2011(1、2):7.
[48] 王相荣. 幼儿教育政策与法规[M]. 北京:新时代出版社,2008.
[49] 王小英,蔡珂馨. 国内外幼儿教育改革动态与趋势[M]. 长春:东北师范大学出版社,2004.
[50] 卫建国. 教育法规与教师道德[M]. 北京:北京师范大学出版社,2012.
[51] 武祥海,李小红. 以案释法——幼儿园涉法事务全解析[M]. 南京:南京师范大学出版,2011.
[52] 武祥海. 侵害幼儿合法权益案例三则[J]. 早期教育,2007(1).
[53] 伍香平. 幼儿教师易犯的150个错误[M]. 北京:中国轻工业出版社,2012.
[54] 伍香平. 幼儿园园长易犯的80个错误[M]. 北京:中国轻工业出版社,2013.
[55] 吴式颖. 外国教育史教程[M]. 北京:人民教育出版社,1999.
[56] 吴遵民,黄欣. 新编教育法教程[M]. 上海:华东师范大学出版社,2004.
[57] 颜芳. 为一张"报名表"排队两昼夜,家长都喊幼儿入园难,然而幼儿园也有一肚子苦水[N],新华日报,2010 - 3 - 15(A07).
[58] 严仁英. 儿童早期教育专业教程[M]. 北京:新星出版社,2011.

[59] 杨莉君．学前教育政策法规概论［M］．长沙：湖南师范大学出版社，2008.
[60] 虞永平．幼儿园应做科学育儿的“领头羊”［N］．中国教育报，2013－2－24（1）.
[61] 张乐天．教育法规导读［M］．上海：华东师范大学出版社，2001.
[62] 张乐天，等．学前教育政策与法规［M］．北京：中央广播电视大学出版社，2011.
[63] 张念宏．中国教育大百科全书［Z］．北京：海洋出版社，1991.
[64] 郑健成．学前教育学［M］．上海：复旦大学出版社，2011.
[65] 周采．美国先行计划的现状与趋势［J］．比较教育研究，2001（10）.
[66] 周玉衡，范喜庆．学前教育史［M］．上海：复旦大学出版社，2009.
[67] 朱家雄，张亚军．给幼儿园园长的建议［M］．上海：华东师范大学出版社，2010.
[68] 朱家雄．当今我国学前教育事业发展面临的主要问题及政策导向［J］．幼儿教育，2012（5）.
[69] 朱旭东．新比较教育［M］．北京：高等教育出版社，2008.
[70] 教育部．3—6 岁儿童学习与发展指南．（教基二〔2012〕4 号）.
[71] 国家中长期教育改革和发展规划纲要（2010—2020 年）.
[72] 国务委员刘延东 2010 年 12 月 1 日在全国学前教育工作电视电话会议上的讲话．幼儿教育·教育科学［J］，2011（1、2）.
[73] 国务院关于当前发展学前教育的若干意见（国发〔2010〕41 号）.
[74] 教育部基础教育司．《幼儿园教育指导纲要（试行）》解读［M］．南京：江苏教育出版社，2002.
[75] 教育部关于规范幼儿园保育教育工作防止和纠正“小学化”现象的通知（教基二〔2011〕8 号）.
[76] 教育部学前教育专家指导委员会就《3—6 岁儿童学习与发展指南》答记者问．
[77] 幼儿园工作规程（国家教委会第 25 号）.
[78] 幼儿园教育指导纲要（试行）（教基〔2001〕20 号）.
[79] 中国大百科全书出版社编辑部．中国大百科全书：教育［Z］．北京：中国大百科全书出版社，1985.
[80] 中国学前教育发展战略研究课题组．中国学前教育发展战略研究［M］．北京：教育科学出版社，2010.
[81] 中央财政如何支持学前教育发展——财政部教育部和发改委有关部门负责人答记者问．
[82] 李国歌．美国“开端计划”的历史发展进程［J］．云南农业大学学报（社会科学），2016（01）：77.
[83] 邬春芹．美国“开端计划”的历史考察及反思［J］．教育导刊，2018（02）：96.
[84] 刘静．美国学前教育政策的实施特点及对我国的启示［J］．青年文学家，2013（02）：129.

教师使用教材意见反馈

高等教育出版社以“铸传世精品、育天下英才”为目标。为不断锤炼精品，我们期待您对教材的宝贵意见和建议。欢迎您将教材使用意见发送至本书责任编辑。

一、您的基本情况

您现正使用的教材：________________/________(书名/作者)

姓名：______，职称：______，授课年限：__ 年，班级：__ 个，学生数：______人

您的电话(手机)：________________ E - mail：__________

地址：____________________邮编：__________

二、问题反馈(请举例说明，如不够可以另附页)

1. 教材中是否有格式、文字、科学等方面的错误？(□是/□否____________________________)

2. 教材的编排设计是否科学合理？(□是/□否____________________________)

3. 教材的内容与课程的理念及要求是否相符合？(□是/□否____________________________)

4. 教材内容是否体现产教融合，贴近最新的应用实际？(□是/□否____________________________)

5. 教材配套的教学和学习资源制作水平和质量如何？是否够用？(□是/□否____________________________)

6. 教材的表达方式和呈现方式等是否有不合适的地方？(□是/□否____________________________)

7. 您在使用教材时遇到的最大问题是什么？您是怎样解决的？____________________________

8. 与同类教材相比，您有何建议与意见？您觉得在哪些方面还可以有所创新？____________________________

教学服务说明

为服务学校教学，出版社将向使用本教材的教师免费提供教学资源。为尊重课件作者的知识产权，确保本资源为教学所用，请填写如下内容，发送至本书责任编辑邮箱，出版社收到后将免费赠送配套教学资源。

____________学院____________系/院第______学年(□上/□下学期)开设的____________课程，采用高教社的______/______(书名/作者)为教材。

任课教师为____________，职称：______，授课年限：______年，学生____________个班，共____________人。

电话(手机)：____________ E - mail：____________

地址：________________邮编：____________

____________(签字)

年 月 日

责任编辑：赵清梅

高等教育出版社 高等职业教育出版事业部 综合分社

地 址：北京朝阳区惠新东街4号

邮 编：100029

联系电话：010 - 58556361

E - mail：zhaoqm@ hep. com. cn 专业教师 QQ 群：69466119

专业教师QQ群 表格电子版下载